国家社会科学基金重大项目子课题"殷墟甲骨文译注与语法分析及数据库建设"阶段成果

汉字字源
及应用解析 500 例

主编 洪飏　副主编 朱添

辽宁师范大学出版社
·大连·

ⓒ 洪飚 2019

图书在版编目(CIP)数据

汉字字源及应用解析 500 例 / 洪飚主编. -- 大连：
辽宁师范大学出版社, 2019.11
ISBN 978-7-5652-2913-8

Ⅰ. ①汉… Ⅱ. ①洪… Ⅲ. ①汉字—字源—研究
Ⅳ. ① H12

中国版本图书馆 CIP 数据核字 (2019) 第 049950 号

主　编：洪　飚
副主编：朱　添
编　者：樊忆南　高　卓　姜　珊　裘晓晨　张　雨（按姓氏音序排列）

出版人：王　星
策　划：王　星
责任编辑：祝美好　孙　琳
责任校对：武晓琳　朱国光
装帧设计：方力颖
插图绘制：刘明业

出 版 者：辽宁师范大学出版社
地　　址：大连市黄河路 850 号
网　　址：http://www.lnnup.net
　　　　　http://www.press.lnnu.edu.cn
邮　　编：116029
营销电话：（0411）82159126　82159915　82159912（教材）
印 刷 者：大连金华光彩色印刷有限公司
发 行 者：辽宁师范大学出版社

幅面尺寸：170mm×230mm
印　张：25
字　数：343 千字

出版时间：2019 年 11 月第 1 版
印刷时间：2019 年 11 月第 1 次印刷
书　号：ISBN 978-7-5652-2913-8

定　价：78.00 元

前言

  汉字是中国悠久文化的源头活水，一笔一画蕴含着中国人独特的思维方式，我们只有学好汉字才能更好地领略灿烂的中国文化。习近平总书记在哲学社会科学工作座谈会上的重要讲话中明确指出："要重视发展具有重要文化价值和传承意义的'绝学'、冷门学科。这些学科看上去同现实距离较远，但养兵千日、用兵一时，需要时也要拿得出来、用得上。还有一些学科事关文化传承的问题，如甲骨文等古文字研究等，要重视这些学科，确保有人做、有传承。"在2017年9月中央电视台综合频道播出的《开学第一课》上，开篇即是北京师范大学王宁教授带来的生动的汉字讲解，她现场演示了"正""直"两个字的演化过程和造字思路。行不离轨就是"正"，目不斜视就是"直"，朝着正确的目标行进，就是"正直"，讲解直观而生动。"汉字叔叔"理查德·西尔斯也来到了《开学第一课》，讲述他为汉字奋斗、坚守二十余年的故事。这位年近七十岁的美国人都在为发扬中国汉字文化不断地努力奋斗，我们又有什么理由不去保护和传承祖国的汉字文化呢？汉字和汉字文化之所以能够绵延不绝，是因为其生命就在民间，更在我们的学校群体中。只有将汉字文化真正地融入每个人的血液中，才能更好地继承和弘扬它。生逢其时，传承汉字文化我们责无旁贷！

  汉字是表意体系的文字，汉字的形体蕴含着丰富的文化内涵。通过字形分析，我们能够更好地掌握汉字的形、音、义。但是，在日常学习汉字的过程中，我们常常不得要领，死记硬背，并不能达到令人满意的学习效果。为了方便大家更好地学习汉字，我们编写了这本书。书中对常用的基础汉字做了字源梳理，让学习者知其然又知其所以然；对单个字的字义做以梳理，起到提纲挈领的作用，以便学习者能够触类旁通。这样可以改变死记硬背学汉字的方式，提高学习兴趣，加深对汉字文化的热爱。

本书以1000个常用汉字为基础，从中选取使用频率高、有源可探、意蕴丰富的汉字，以及那些虽不常用但作为部首的汉字，共500例。这些字大部分可以追溯到甲骨文的写法，据其字形可以探究其本义。小部分甲骨文字形不明或没有甲骨文写法的汉字，因其常出现于初高中文言文篇目中，或其构形与本义关系密切，也在本书收录之列。

本书在编写上首先罗列字形，力求将某字从甲骨文到楷书的发展演变过程呈现给读者，并加以解释。然后就字形分析其本来意义，并结合《说文解字》的讲解，辅以文献上的使用例证，进一步梳理汉字由本义发展而来的一系列相关引申意义。另外，如果是部首字，说明该部首的意义；如果是形近字或者同音字，则加以辨析；如果该字蕴含比较丰富的文化内涵或有跟其相关的成语，则进一步展开加以说明。书后附有笔画检索表，方便读者查找使用。

本书既可以作为初中生、高中生、大学生文言文学习的课外读物，也可以作为教师教学的参考资料，还适用于对汉字文化感兴趣的读者朋友。本书上篇由洪飚撰写，下篇由樊忆南、高卓、姜珊、裘晓晨、张雨、朱添共同完成，洪飚和朱添负责全书的统稿和校订。在编写过程中，我们参考借鉴了汉字研究的相关成果，并参以我们自己的认识和判断。如有不当之处，敬请批评指正。

编　者

2019年10月

目 录

上篇 汉字基本知识

第一章 汉字概说 ································ 1
    一、什么是汉字 ································ 1
    二、汉字与汉语的关系 ································ 2
    三、汉字在汉语学习中的重要性 ································ 6

第二章 汉字的结构 ································ 10
    一、六书说的形成 ································ 11
    二、六书说的内容 ································ 12

第三章 汉字的特点 ································ 29
    一、汉字的形体特点 ································ 29
    二、汉字的字音特点 ································ 30
    三、汉字的字义特点 ································ 33

第四章 汉字形体的演变 ……………………………………………… 34
    一、汉字的形体发展 ………………………………………………… 34
    二、汉字演变的趋势 ………………………………………………… 42

下篇　汉字解析 500 例

一画 ……………………………………………………………………… 47
二画 ……………………………………………………………………… 48
三画 ……………………………………………………………………… 56
四画 ……………………………………………………………………… 76
五画 …………………………………………………………………… 118
六画 …………………………………………………………………… 156
七画 …………………………………………………………………… 214
八画 …………………………………………………………………… 254
九画 …………………………………………………………………… 299
十画 …………………………………………………………………… 334
十一画 ………………………………………………………………… 356
十二画 ………………………………………………………………… 370
十三画 ………………………………………………………………… 380
十四画 ………………………………………………………………… 387
十五画 ………………………………………………………………… 389
十六画 ………………………………………………………………… 390
笔画索引 ……………………………………………………………… 392

上篇 汉字基本知识

 第一章 汉字概说

一、什么是汉字

要弄清楚什么是汉字，必须先弄清楚什么是文字。关于文字的定义，《辞海》（第六版）中是这样界定的：文字是记录和传达语言的书写符号，扩大语言在时间和空间上的交际功用的文化工具，对人类的文明起很大的促进作用。任何符号都是由形式和内容两部分组成的，语言也是一种符号系统。声音是它的形式，意义是它的内容。人类为什么要选择声音作为语言符号的基本形式呢？主要因为声音具有使用方便、信息量大、效果好等优点，但是也有其不足，比如留声机发明以前，声音是无法保存的。此时此地发出的声音，后来的人听不到，远方的人也听不到，在时间和空间上都有很大的局限性。因此古代的先民就曾经借助卦画和结绳等形式来突破这种局限。但是，这种方式并不能将语言所要表达的意思准确而详尽地记录下来，能够完成这一使命的只有文字。

文字是怎样记录语言的呢？首先，文字体系中的每一个字形都必须与语言中具体的词建立起固定的音义联系，反映语言中特定的词的发音，反映一定的意义，这就构成了文字的形、音、义三要素。

现在我们知道世界上的文字有400多种，汉字只是其中的一种。作为记录语言的书写符号系统，每种文字都必须是某种具体语言的记录，都与某种具体语言相联系。英文是对英语的记录，俄文是对俄语的记录，同样的，汉字就是对汉语的记录。按照文字的定义方式，所谓汉字，就是记录汉语的书写符号，扩大汉语在时间和空间上的交际功用的文化工具。

二、汉字与汉语的关系

任何文字都是为适应具体语言的需要而产生的。汉语是汉民族使用的语言，汉字是汉族人民为记录汉语而创造出来的，是书写这种语言的符号系统。几千年来，汉语从比较原始的氏族语言发展到较为发达的民族共同语。汉字也由以表意字为主的文字逐渐演变成以象形符号为基础、以形声字为主体的方块汉字。汉语与汉字两者之间既紧密联系，又相互促进。

（一）汉字与汉语基本相适应

1. 汉字一字一音的特点与汉语以单音节为语素的基本形式相适应

汉语的语素以单音节为主要形式，而汉字是代表音节的，所以从语音形式看，汉字与汉语的语素正相适应，一般来说，一个汉字记录一个语素，一个语素用一个汉字表示。在早期汉语中，单音词占绝对优势，这种情形表现尤为突出。古代汉语中的词往往就是一个个的字，所以前人研究古代汉语常以字为单位。"字"与"词"也不严格区分，"虚词"也被称为"虚字"，"名词""动词"也被称为"名字""动字"。据统计，甲骨文的词汇已经出现了复音化的萌芽，金文复音词较甲骨文而言有了长足的发展，但直到春秋战国时代，复音词才占全部词汇的20%以上。

2. 以形表意为基础的构字方式与同音词多的情形相适应

汉语里面的音节计 1400 多个,如果以通用汉字 7000 字计算,平均一个音节对应近 5 个汉字,所以汉语的一个主要特点就是同音词多。如何区别众多的同音词?一般除了借助具体的语言环境来区分同音词(如"坐"和"座","坐车出行"和"车上有个座位"),主要还是利用汉字字形的表意功能加以区分(如"峰"、"锋"和"蜂",不难发现"峰"指的是山峰,"锋"大多指工具、武器锐利,而"蜂"大多与昆虫有关)。

3. 单音节的汉字与汉语表达语法意义的手段相适应

在语言学科分类中,汉语被称为"孤立语",原因是汉语不是用词的形态变化来表示语法关系的,汉语的语法关系,是用词的顺序和虚词来表达的,而印欧语系讲究数、格、时态等变化,语法关系比较复杂。因为汉语词的形态不是用字形变化来表示的,所以汉字的字形也就没有变化,这使得汉字几千年来仍然得以保持一音一字的单音节特点。不仅如此,汉字字形的稳定性,也使得汉字历经几千年的发展仍然保持该字在初创阶段时的基本字形结构和字义,从而使中华文化延续几千年而不断绝。例如,在汉语里,"我打他"和"他打我",词形相同,词序不同,不同的意义表达主要是通过词序的变化完成的。又如"信而见疑,忠而被谤",其被动关系是通过虚词"见""被"来表示的,它们都是单音节词。

4. 汉字的超方言性与汉语的多方言状态相适应

汉族活动区域广泛,由于政治、经济、地理等原因,汉语长期以来形成了多方言的状态。不同方言区的语音、词汇差距很大,因而不同方言区的人要通话并非易事。而汉字形、音、义兼有的特点,就使不同方言区的人得以用汉字进行交流。汉字之所以具备这种超方言性,原因在于汉字是表意体系的文字,字形直接反映语义而不是语音。从古到今,汉字字形的变化比字音的变化慢得多。各方言区的用字基本相同,所以我们能用同一种文字记录差异很大的各种方言。

以上表明，汉字与汉语是基本相适应的。正因为如此，汉字才能够随着汉语的发展保存下来，一直沿用到现在。

（二）汉字与汉语相互矛盾

由于语言和文字发展的不平衡，汉字在记录汉语的过程中也出现了一些不协调甚至相互矛盾的地方。主要表现在以下几个方面：

1. 字与词的矛盾

在汉语中，字和词不是同一个概念，字是单个的汉字，词是由语素构成的能独立充当句子成分的最小的语法单位。单音节词写出来就是一个汉字，双音节词写出来是两个汉字。字和词明显不同，但有重叠的情况。古代汉语以单音节词为主，基本一个字就是一个词，所以古代汉语字与词基本一致。现代汉语中因双音节化的影响，很多时候由两个字组合成一个词，还有时候由三个字或更多的字组合在一起才成为一个词，其中有许多音译词、象声词等，如歇斯底里、叮叮咚咚等。这都表现出汉语中字与词明显的不一致。

2. 一字数义与一义数字的矛盾

一个字在它刚刚被创造出来时，总是单义的，随着社会的发展和语言的日益丰富，在长期的使用过程中，有些字逐渐具有了多种意义。在现代通用汉字中，少数是单义字，大多数是多义字。多义字的多项意义之间，并不是平等的、彼此孤立的，它们之间有主次、常用和不常用、派生和被派生的关系。一个汉字的本义是根据其字形分析和古代文献能证明的最早意义。如"引"，像以手拉弓，本义是拉开弓弦。《孟子·尽心上》："君子引而不发，跃如也。"（把箭放在弦上拉开弓却不射出去，做出跃跃欲试的样子。）又如"走"字，金文上部像人的两手摆动，下部像脚形，人两手摆动的幅度很大，像跑起来的样子，因此，"走"的本义就是跑，成语"走马观花"中的"走"即保留此意。

引申义是指从本义引申派生出来的意义。引申的方式多种多样，有时几个引申义都是直接从本义引申出来的。如"引"字，本义是拉开弓，拉开弓指把弓弦拉长，所以"引"引申为延长、伸长，如《左传·成公十三年》："我君景公引领西望。"（我君晋景公伸长脖子向西望。）拉弓即把箭导向后方，所以"引"又引申为引导、带领，如《史记·高祖本纪》："项羽乃引兵东击彭越。"（项羽就带领军队向东攻打彭越。）又因为拉弓是向后拉，所以"引"引申为退却，如《战国策·赵策》："秦军引而去。"（秦军向后退，离开了赵国。）延长、引导、退却都是直接从"引"的本义"拉开弓"引申出来的。有时某个字的几个引申义不都是直接从其本义引申出来的，而是从本义派生出来的意义中又派生出新的意义。如"朝"，本义为早晨，从早晨引申为朝见（古时的大臣们早晨朝见君王），又从朝见引申为朝廷，再从朝廷引申为朝代。

假借义是指由于用字假借而产生的意义。假借字不是从字的本义直接或间接引申发展出来的意义，而是由于用字的假借而产生的意义，与它同字的本义没有任何联系。如"花钱"的"花"借"花朵"的"花"来表示，"耳朵"的"耳"借为句末语气词"耳"。

有时候人们假借几个不同的字来记录同一个词，这是造成一义数字的重要原因之一。例如第二人称代词"汝"，古书中又写作"女、如、尔、而"等。异体繁多也是一义数字产生的重要原因。异体字，是指字音、字义相同而字形不同的一组字。形声字里有因义近形旁改换而造成的异体字，如"咏"和"詠"；有因音近声符改换而造成的异体字，如"线"和"線"；有因偏旁位置不同而造成的异体字，如"峰"和"峯"；有因造字方法不同而造成的异体字，如"泪"和"淚"；还有因繁简不同而造成的异体字，如"头"和"頭"。

一字数义是书写符号少于语言中的词，一义数字则正好相反，这反映出汉字在记录汉语的过程中出现的字与词的矛盾。

3. 言文不一致的矛盾

鲁迅在《门外文谈》里说："中国的言文，一向就并不一致的。"语言作为社会符号系统体现在具体的语言现象中，具体的语言现象的存在形式有两类：一类是口头语言，即口语；另一类是文字产生之后出现的，是书写和阅读文章所使用的语言，即书面语。从古到今，口语和书面语就是不一致的。书面语的存在虽然以文字的存在为条件，但书面语却属于语言现象。口语是第一性的，书面语是第二性的。一方面，书面语是口语的加工形式，规范着口语的发展；另一方面，书面语并不是口语的绝对忠实的记录。二者由于使用的环境、条件不同，而存在许多差异。口语是书面语进一步发展的动力，口语的变化总要先于书面语的变化。口语不断提供鲜活的材料，促进书面语向前发展。有些口头上的词没有适当的文字可以表达，这种情况在方言中表现尤为突出。即使是有字可写的词，在许多方言中还流行着文白两种读法，这些都是文字发展落后于语言发展的表现。

4.汉字"超方言性"特点与汉语规范化的矛盾

随着汉民族共同语的形成和发展，汉语方言迅速向民族共同语靠拢和集中，这是总的发展趋势。但是汉字的"超方言性"，也会成为方言向共同语靠拢和集中的障碍，这是汉字不能很好地适应汉语发展的又一个方面。

汉字与汉语相适应是发展的主流，两者出现某些不协调的地方是可以因势利导、加以克服的。汉字记录汉语就是在这种新旧矛盾的统一中不断向前发展的。

三、汉字在汉语学习中的重要性

（一）识读古籍的需要

我国古代的典籍浩如烟海，继承古代文化遗产要学习汉字，包括对出土文献和传世古籍的学习。前者主要是古汉字；后者因古书中多借字、讹字、异体字等，影响古籍的阅读。如：

（1）虽及胡耇，获则取之，何有于二毛？（《左传·僖公二十二年》）

（2）取彼狐狸，为公子裘。（《诗经·豳风·七月》）

（3）取妻如何？匪媒不得。（《诗经·豳风·伐柯》）

（4）郑国多盗，取人于萑苻之泽。（《左传·昭公二十年》）

上面列举的文献中的句子里各有一个"取"字，但意义却各不相同。这就需要利用文字学知识，弄清楚哪一个用的是本义，哪些用的是引申义。用本义、引申义都解释不清楚的，就要考虑是否使用了假借义。

学习出土文献，也需要掌握文字学知识。历经秦火和战乱，大量的先秦古籍亡佚绝世。汉代广开献书之路，我们今天看到的古书很多都是汉代人整理留下的，但古书历经传抄，错讹较多，相比之下，出土文献更具可靠性。近些年，山川呈瑞，地不爱宝，大量的简帛文献的发现和出土，为我们提供了许多第一手资料，而要利用这些资料，首先就需要进行识字的工作。《清华简·厚父》里有"民心惟本，厥作惟叶"一句，其中"本"字作""，写法很特别，但是根据下一句与之对应的地方写作"叶"，"本"与"叶"相对，用的正是其本义。民心是政治的根本，民心的向背决定了政权兴替。民要做什么事情、有什么倾向、说什么样的话，都是从民心里派生出来的，所以民心决定了人民的趋向和发展。可见掌握文字学知识对于识读和理解出土文献具有十分重要的作用。

（二）学习语言和文化的需要

1. 汉字字形对研究汉语史有独特意义

（1）有些形声字的声符可以标示语源（判断同源词）

例如，从圣得声的字有细、直而长的意义，如"经、径、泾、胫、颈、茎"。又如，从辟得声的字有不正、偏、在边上的意思，如"嬖、避、壁、癖、僻、臂"等。

（2）形声字的声符反映上古语音系统及其演变规律

从非得声的字有"菲、扉、霏"等，中古音是轻唇音；有"悲、辈、琲"等，中古音是重唇音。而这些字的上古读音一样，反映出"古无轻唇音"这一重要的上古声纽现象。"竺"和"笃"都是从竹得声的形声字，"竺"中古音是知母，"笃"中古音是端母，反映出"古无舌上音"的语音现象。

（3）有些历时的异体字反映词义的发展历史

《说文解字》："獘，顿仆也。从犬，敝声。《春秋传》曰：'与犬，犬獘。'獘或从死。""獘"的本义是倒下去，由倒下去的意思可以引申为死去的意思，所以后来又造出一个将义旁换成"死"的异体字"斃"，如《左传·成公二年》："射其左，越于车下；射其右，斃于车中。"

2. 有助于研究中国的文化习俗

汉字不仅是用来记录汉语的工具，它还积淀、凝聚了丰富、深厚的中国文化习俗，是中华民族五千年文明充满魅力而且最具生命力的载体。比如，古人认为天圆地方，天空像一个大圆盖，地的四角有四个大圆柱支撑着天。天下可分为东西南北中，"中国"居天下之中。这种思维反映到建筑上，比如故宫，四四方方，中间有中轴线，左右对称；老北京的四合院，呈四方形，正房和厢房对称分布。反映到汉字上，从甲骨文到楷书字体，都是规规矩矩、方方正正，所以汉字又称"方块汉字"。

通过古文字字形可以了解古代的文化习俗。甲骨文的字形可以反映上古时代刑罚的残酷，如"𠂤"，反映出古代砍去腿的刑罚，即刖刑；"𠚎"，反映出古代砍去鼻子的刑罚，即劓刑。从字源角度可以考察汉字文化，如从羊的字，有嘉、善之意，如"祥、美、善、鲜、羞"等。从宀的字跟房屋有关，如"宇宙"，既表示人住的房屋，也表示广大的天地空间；又如"安宁"，既表示人住的地方，也表示人心理上的安宁。

汉字字形有助于了解古代的民俗。例如古代有掠夺婚，这从"婚、娶、妻"等字可以看出来。"婚"，本写作"昏"，《说文解字》："娶妇以昏时。妇人，阴也，故曰婚。"文献记载古时娶亲在夜间进行，驾黑色的车子，娶亲的人穿黑色的衣服，如《仪礼·士昏礼》："主人爵弁……从者毕玄端，乘墨车；从车二乘，执烛前马。"《礼记·曾子问》："嫁女之家，三夜不熄烛，思相离也。娶妇之家，三日不举乐，思嗣亲也。""娶"，《说文解字》："娶，取妇也。"即把女子抢取过来，或者通过战争手段强夺女子，或者男子到另一个部落抢女子。"妻",甲骨文作"𡚽",像用手揪着女子的头发之形,描绘掠夺妇女的画面。

(三)汉字教学的需要

我国的汉字教学起源很早,学习汉字的方法更是由来已久。成书于战国时代的《周礼》记载,古代贵族子弟八岁入小学,学习的内容之一即为"六书"。一般认为"六书"是关于汉字的六种书体。周宣王时期太史籀作《史籀篇》,是有史料记载的最早的童蒙识字课本,体例为四字一句,尾字押韵,便于学童诵习。其后有《急就篇》《三字经》《百家姓》《千字文》等识字课本,学童既可以集中掌握大量的汉字,又可以从中学到文化知识。现代关于汉字的教学法主要有"集中识字法"和"分散识字法",前者继承了古代集中识字的经验,把汉字归类,先集中认识一批生字后再去阅读含生字的课文;后者也叫"随文识字法",先教生字,再学习课文,一边识字,一边阅读,寓识字于阅读之中,既增加了阅读量,又提高了识字效率。

古代汉字是表意体系的文字,字形和字义的关系很密切。现代规范汉字,有很多已经看不出其表意性,利用古汉字溯源教学可以激发学生学习的兴趣,加深记忆。教授汉语中的一些基本词汇(如表示人体类的——"人、大、自、目、口、耳、首"等,动植物类的——"牛、羊、鹿、鱼、兔、虎、木、果、米、粟、禾"等,自然地貌类的——"山、水、石、泉、土"等,天象类的——"日、月、雨、雪、星、云"等,器用类的——"车、舟、鼎、衣、皿、门、斤、鼓"等,表示动作的——"步、涉、行、降、采、休、受"等)都可以使用这种办法。在汉字教学过程中,可以适当地引入六书理论,帮助学生记忆汉字。例如"库",解释为放车的房子;"疯",从疒风声,"疒"表示字义"疾病","风"表示读音。再比如"耸"字,上面的"从"表示读音,虽然跟"耸"的读音不一样,但这是语音发展变化的结果;下面的"耳"表示意义,因为耳朵是立着的,所以"耸"就是立的意思,可组成词语"耸立"。

第二章　汉字的结构

汉字属于表意体系的文字，它同拼音文字的区别在于文字符号不直接反映语音。相反，字形与字义之间的联系非常密切，分析字的形体结构，是进一步认识汉字形、音、义的基础，这在汉字学乃至整个传统语言学研究中都占有极其重要的地位。

汉字是形、音、义的结合体，见其形进而知其音和义，所以分析汉字的构造，是为了更好地了解字义。例如"徒"，《说文解字》分析为："步行也。从辵，土声。""徒"的本义是徒步行走，由"徒"的造字结构可知，从辵，表明字义跟动作有关；土声，表明它是一个从土得声的形声字。分析汉字的结构，还有助于我们了解字的古代读音。例如在《山海经·海外北经》里，有一个著名的"夸父逐日"的故事，这里的"父"通"甫"，是古代男子名字后面所加的美称。"甫"小篆写作"𤰇"，从用父声，因此"甫""父"二字是可以相通的。

汉字的构造不同于汉字的书写结构。从书写结构的角度看，"徒"可以分为"彳、走"两部分，这种分析可以告诉我们"徒"的写法，却不能回答"徒"的本义是什么的问题。所以我们这里所谈的汉字的结构指的是汉字的形体结构。

汉字是表意体系的文字，传统的汉字结构理论主要是六书说。了解并掌握汉字的基本字形，对汉字进行结构分析，能够更好地掌握汉字的形、音、义的本源，有利于正确地认识和使用汉字。掌握汉字的造字方法，认识汉字的结构规律，既有利于正确地辨析词义，从而进行识字教学；也有利于对汉字的进一步整理和未来对汉字的进一步改革。

一、六书说的形成

六书的名称，最早见于一般认为成书于战国时代的《周礼·地官·保氏》："保氏掌谏王恶，而养国子以道，乃教之六艺：一曰五礼，二曰六乐，三曰五射，四曰五驭，五曰六书，六曰九数。"这说明在先秦时期已有了"六书"的概念。这里只是列举了六书的名目，其内容具体所指是否即后来解释的六种造字法，历来说法很多。不过从一些先秦古书的记载来看，在春秋战国之时分析汉字结构的风气是比较盛行的。

《左传·宣公十二年》："楚子曰：'非尔所知也。夫文，止戈为武。'"（楚成王说）

《左传·宣公十五年》："故文，反正为乏。"（伯宗说）

《左传·昭公元年》："于文，皿虫为蛊。"（医和说）

《韩非子·五蠹》："古者仓颉之作书也，自环者谓之私，背私谓之公。"

据说许慎在《说文解字》里解说字形时，采用了孔子的说法，例如"一贯三为王""牛羊之字以形举也""视犬之字如画狗也"。

及至汉代，这种分析汉字构造的实践活动随着文字教学的深入而加深，其解析文字的言论也多为许慎所引据，例如：

《说文解字·艹部》："折，从斤断草，谭长说。"（卷一）

《说文解字·卜部》："贞，一曰鼎省声，京房所说。"（卷三）

《说文解字·卜部》："用，从卜从中，卫宏说。"（卷三）

以上这些解释未必都是正确的，但是反映了人们对汉字结构分析认识的过程。到了汉代，统治阶级重视对文字的教育以及古文经的发现，进一步加强了对文字现象的整理与研究（有《仓颉篇》《急就篇》等）。人们对汉字结构内部的感性认识不断深化，终于上升到一种理性思维。到了东汉，班固、郑众、许慎三家先后把《周礼》的六书解释为六种造字法。

班固在《汉书·艺文志》中说："周官保氏掌养国子，教之六书，谓象形、象事、象意、象声、转注、假借。"《周礼》郑玄注引郑众说："六书，象形、会意、转注、处事、假借、谐声也。"许慎《说文解字·叙》："《周礼》八岁入小学，保氏教国子，先以六书，一曰指事……二曰象形……三曰形声……四曰会意……五曰转注……六曰假借……"三家对六书的分类基本一致，但具体名称和次第不同。如果从他们的师承关系上进行考察，可以看出来龙去脉。西汉末年古文经学派创始人刘歆作《七略》，班固的《艺文志》本于《七略》，则关于六书的细目，可以说源自刘歆；郑众的父亲郑兴是刘歆的弟子；许慎出自贾逵门下，贾逵的父亲贾徽也是刘歆的弟子，所以三人关于汉字的结构的认识完全可以导源于刘歆。这三人中，班固、郑众只提出名称而无界说，只有许慎在前人基础上既规定六书界说，又举出了例子。班固的排序比较符合汉字自身的发展趋势，即由浅入深、由简单到复杂，许慎的命名则更具概括性，所以后世研究六书，一般采用许慎的命名，班固的顺序[1]。

二、六书说的内容

许慎不仅对当时存在的六书名称进行了归纳，提出了自己的看法，而且给每一种字类都规定了界说，举出了例字。这种对汉字结构所作的说明，奠定了汉字形体学的基本理论，人们习惯上称这种基本理论为"六书说"。后来六书说的内容不断丰富，成为传统文字学理论的基本组成部分。

（一）象形

许慎在《说文解字·叙》里对象形的界定是："象形者，画成其物，随体诘诎。"并举出了"日、月"二字作为例证。"诘诎"即曲折之意。象形这类字是把事物的形态描绘出来，其字形随事物不同的形体而曲折变化，具有很强的直观性。这样看来，凡是有形可像的人或物都可以用这种方式表现出来，比如天象、地理、人体、动物、器物、宫室等。下面略举几例加以说明。

《说文解字·雨部》："雨：水从云下也。一象天，冂象云，水霝其间也。"

---

[1] 现代有的学者因为意识到从文字的发展规律来看，假借先于形声，所以将假借放在形声的前面，例如梁东汉《汉字的结构及其流变》、张桂光《汉字学简论》等。本书还是依据传统，采纳班固的顺序。

（卷十一）"雨"字甲骨文写作"⿰、⿰、⿰、⿰"等形，正像有雨滴从天空降落之形。

《说文解字·雨部》："雲：山川气也。从雨，云，象云回转形……云，古文省雨。"（卷十一）"云"字甲骨文写作"⿰、⿰、⿰、⿰"等形，可证《说文解字》"雲"字古文写法乃有其来源。

《说文解字·鹿部》："鹿：兽也。象头角四足之形。鸟鹿足相似，从匕。凡鹿之属皆从鹿。"（卷十）"鹿"字甲骨文写作"⿰、⿰、⿰、⿰"等形，突出鹿的角、大大的眼睛和奔跑时灵动的四肢。

《说文解字·目部》："目：人眼。象形。重童子也。凡目之属皆从目。"（卷四）"目"字甲骨文写作"⿰、⿰、⿰"，眼眶、眼珠的形象一目了然。

常见的象形字还有下表中所示：

楷书	小篆	甲骨文	楷书	小篆	甲骨文
示			网		
牛			人		
止			舟		
行			页		
册			水		
豕			犬		
又			马		
虎			鱼		
自			车		
木			子		
日			矢		
月			女		

至于对如"一、二、三、四、方、圆"等字类属的讨论，学术界一直都没有停止过。有的学者认为这些字是"纯符号指事字"，如杨五铭的《文字学》，陈世辉、汤余惠的《古文字学概要》等。裘锡圭在《文字学概要》里则称之为"抽象字"，认为它们是由抽象的意符构成的。

郭沫若在《卜辞通纂·考释》里说："十位数字中，于文字之结构上可判为二系，一至三为一系，五至十又为一系，是也。""数生于手，古文一二三四作一二三三，此手引之象形也。"很明显，他以"一、二、三、四"诸字为象手形的象形字。近年张桂光《汉字学简论》里认为"一、二、三、四"都是横放算筹代表个位数的算筹形象，"十、廿、卅、卌"则是竖放算筹代表十位数的算筹形象，它们都应该属于象形字。至于"方、圆、回、丩、小、丫、凹、凸"等字，他认为实际上是抽象的象形字。古人在造字时已具备了抽象思维，这些抽象概念可以用手势之类的方式表达，理解为手势之类的象形字也是合理的。

象形的特点是具有很强的直观性，凡是有形可象的人或物大多可以用这种方式表现出来，因此象形字是汉字造字的基础，六书里面的会意字、形声字都是在其基础上产生的，一部分指事字也是以其为基础造出来的。但是由于文字演变，很多象形字在小篆里已经失掉了其本来面目。许慎依据的资料主要是秦汉时期的文字材料，他不清楚文字的发展变化情况，根据已变化了的字形进行说解，出现错误自然是难免的。例如，《说文解字》解释"止"字："下基也。象草木出有址，故以止为足。"甲骨文"止"字作"Ψ、Ψ、Ψ"，像人足趾形，为"趾"本字。又如，《说文解字》解释"申"字："神也。七月阴气成体，自申束，从臼，自持也。"这种解释令人匪夷所思。甲骨文"申"作"㇏、ㇳ、㇃"，像雷电闪耀屈伸的形状，可证《说文解字》"申"字古文写法不误，假借为干支用字。

象形字与原始图画的关系非常密切。当图画表示的概念确定了，抽象成线条，成为形象化的符号，与语言里的词发生了联系，有了固定的读音，就成为文字。因此，象形字可以记录语言里的词，但它毕竟刚从图画脱胎出来，只能反映人类思维最初阶段的水平，是最原始的一种造字法，不可避免地会有它的缺陷和局限性。主要表现在以下几个方面：第一，象形字一般是对具体事物的描摹，用这种方法造字数量是有限的，而且多半是名词，远远不能满足记录语言的需要。第二，事物的名称有具体的，有抽象的。抽象的概念无形可象，画不出来，如方位词"东"。第三，一些物体的局部不易用象形的方法表现出来，如要画树根（本）或者树梢（末），不画出树来就不好表现。第四，靠勾廓的方式，一些形近的事物不好区分，如虎与豹、狗与狼等。第五，只有语法意义而没有词汇意义的虚词更是不好表现。因此，总结象形造字法的不足，可以帮助我们更好地认识其他造字法，客观地学习文字学理论。

（二）指事

许慎在《说文解字·叙》里对指事的界定是："指事者，视而可识，察而见义。"并举出了"上、下"二字作为例证。意思是看了就可以认识，进一步考察就知道它的意义。指事字是以象形为基础的，但是它不是通过形体直接表现事物的形态，而是通过一些特定符号的提示作用表达一定的意义。甲骨文"上"写作"⌒"，"下"写作"⌒"，以一长横线作标准线（或代表地平面），上边或下边的短画，表示物体所处的位置，起到指示事类的作用。例如：

《说文解字》"甘"字："美也。从口，含一。一，道也。"甲骨文作"ᗞ"，口中加一短画，表示口中有物。

《说文解字》"曰"字："词也。从口乙声，亦象口气出也。"甲骨文作"ᗞ"，从口为象形，一短横表示词之气从口出。

《说文解字》"刃"字："刀坚也。象刀有刃之形。"甲骨文作"ᠯ"，"刀"字是象形字，在刀口上加一点作标记，提示其锋利之所在。

《说文解字》"亦"字："人之臂亦也。从大，象两亦之形。"甲骨文作"夵"，是"腋"的本字。所从的"大"字象人形，用两个小点指示腋窝之所在。"臂亦"即臂腋。典籍中尚未见到使用本义的例子，《说文解字》保存了该字的本义。

以上几个字都是在象形字的基础上添加指事符号来表示新造字的含义，应该算是指事字中常见的情况。另外，有的学者指出指事字中还有一些变例。一类是在象形字的基础上，减去某些部件以揭示字义之所指。例如"孑""孓"两字，小篆分别写作"ᛞ""ᛞ"，都是以象形字"子"为基础，用省减去字形的右边笔画，来提示"孑"的右无臂、单的意义；用省减去字形的左边笔画，来提示"孓"的左无臂、短的意义。同样的例子还有"片"字，小篆作"爿"，以象形字"木"为基础，用省减去其字形左半来表示劈木成片的意义。一类是在象形字的基础上，改变位置或方向从而揭示字义的。例如，甲骨文的"屰"字写作"ᛞ"，以正立着的大人形倒置，来提示不顺之意。甲骨文的"左"字写作"ᛞ"，以改变"又"（右手象形）方向示意。这种以改变象形字的方向来提示新造字的词义的字例还见于《说文解字》。例如"县"小篆作"縣"，是一种断首倒悬的酷刑，将象形的"首"字倒置，以提示其倒首之意。"弃"字上部所从的"厽"字，小篆作"ᛞ"，将"子"字倒置，来表示"不顺忽出也"之意。此外还有厎，甲骨文作"ᛞ"（从反永，即"派"的表意初文）、"匕"小篆作"ᛞ"（从倒人，变化的"化"字的表意初文）、"乚"小篆作"ᛞ"（从反亅，表钩识意）等。需要注意的是，《说文解字》对反向指事字的分析不一定可靠，例如《说文解字》"吕"字，小篆作"ᛞ"，许慎认为"从反巳"，但是甲骨文"吕"字作"ᛞ"或"ᛞ"。《说文解字》引《左传》说"反正为乏"，战国中山王墓铜壶"乏"字作"ᛞ"，可证《说文解字》对于字形的分析并不完全可信。这种"反向指事字"被裘锡圭在《文字学概要》里称作"变体字"。

于省吾在《甲骨文字释林·释古文字附画因声指事字的一例》一文中指出，有一类指事字的特征是在某个独体字上附加一种极简单的点画作为标志，以赋予它新的含义，但仍以原来的独体字为声符，而其读音又略有转变。例如：

　　　白——百　　　　　　口——甘

史——吏　　　　　　母——每
人——千　　　　　　月——夕

这一观点的提出，对研究文字的发展与演化有着理论意义，是对传统六书的补充。

指事字的造字法比较抽象，因此这种字的数量其实是不多的。清代文字学家朱骏声统计《说文解字》里指事字一共有125个，王筠在《说文释例》里统计的还要多很多，有一些是不可信的。许慎作《说文解字》时依据的主要是秦汉时期的文字资料，没有看到更早的甲骨文、金文材料，因此在说解文字时难免有一些错误。例如，"朱"字甲骨文写作"朱"，这个字的构形是在象形字"木"上加指事符号"●"或"━"，表示木干处，这个意思后来写作"株"。文献中有表示其本义的用例，如《韩非子·五蠹》："兔走触株，折颈而死。"《说文解字》："朱，赤心木，松柏属。从木，一在其中。"《说文解字》对于"朱"字的字形分析合理，但是给出的所谓本义应该是其后起义。再如，"孔"字金文写作"孔"，构形是在象形字"子"上加指事符号"丶"，指示小儿头顶上有孔，就是小儿头上的囟门，囟门就像窗孔，所以"孔"有"孔洞"的意思。有孔洞的地方则通达，故"孔"字可以引申为通达义。《说文解字·乙部》："孔，通也。从乙，从子。乙，请子之候鸟也，乙至而得子，嘉美之也。古人名嘉，字子孔。"许慎不明"孔"字古字写法，不知道它是一个指事字，所以在字义分析上出现了错误。

（三）会意

许慎在《说文解字·叙》里对会意的界定是："比类合谊，以见指㧑。"并举出了"武、信"二字作为例证。"谊"通"义"。指㧑，即指向，指相关的两个字结合在一起产生新的意义。"比类合谊，以见指㧑"就是说把两个相关的字合在一起，两字意义相合表示的就是新字的字义。"武"和"信"就属于这类字。许慎认为"武"是由"止、戈"二字合成的，止戈意味着停止斗争。《说文解字》："武，楚庄王曰：'夫武，定功戢兵。故止戈为武。'"

这源自于《左传》："夫文，止戈为武，定功戢兵。""武"的最终目的是停止战争，这反映的是古人对"武"字的看法，但并不符合"武"的造字本义。"止"在古文字中表示行动、前行义，如"之、出、前"等字皆从止，本义是前进，停止、制止是"止"后来的引申义。"武"表示的应该是武力行动、征讨的意思。"信"，《说文解字》："诚也。从人从言，会意。"人言为信，也是当时的一种观念，强调要言而有信。从古文字资料来看，在战国的中山王方壶上，"信"写作"䚱"，从言身；古玺上写作"䚫"，从口千，"身"或"千"都可以看作"信"的声符。这说明《说文解字》中的"信"字出现得比较晚，表达的意义也比较抽象。随着文字的发展变化，后世出现了不少这样的抽象会意字，如"少力"为"劣"，"不正"为"歪"，"不好"为"孬"，"小土"为"尘"，"入米"为"籴"等。这种靠偏旁所具含义的联合来表意的会意字，有人称之为以意会意。

《说文解字》"向"字："北出牖也。从宀从口。《诗》曰：塞向墐户。"甲骨文作"䆠、䆡、䆢"，像壁上有窗孔。

《说文解字》"臽"字："小阱也。从人在臼上。""臽"即"陷"的本字，甲骨文作"䧟"，表示一个人掉到陷坑里，会陷落之意。

《说文解字》"及"字："逮也。从又从人。"甲骨文作"及、及、及"，表示用手把人抓住，相及之意甚明。

《说文解字》"祭"字："祭祀也。从示，以手持肉。"甲骨文作"祭、祭、祭"，与《说文解字》解释相合。

《说文解字》"休"字："息止也。从人依木。"甲骨文作"休、休、休"，表示人倚靠树休息之意。

《说文解字》"折"字："断也。从斤断草。谭长说。"甲骨文作"折、折、折"，与《说文解字》解释相合。篆文"折"从手，作"折"，这里的从手乃从草之讹。

《说文解字》"取"字："捕取也。从又从耳。《周礼》获者取左耳。

司马法曰：载献聝。聝者，耳也。"甲骨文作"𦒃、𦒌、𦒍"等，以手取耳意甚明。

《说文解字》"析"字："破木也。一曰折也。从木从斤。"甲骨文作"𣂑、𣂒、𣂓"，会以斧斤斫木之意。

《说文解字》"戍"字："守边也。从人持戈。"甲骨文作"𢦏、𢦐、𢦑"，表示人持戈护卫之意。

《说文解字》"陟"字："登也。从𨸏从步。"甲骨文作"𨽰、𨽱、𨽲"，足趾登山，会登攀之意。

（四）形声

许慎在《说文解字·叙》里对形声的界定是："形声者，以事为名，取譬相成。"并举出了"江、河"二字作为例证。形声字，顾名思义，即此类字是由形旁和声旁两部分组成的。一般认为"以事为名"说的是形，"取譬相成"说的是音。这里的"名"即字的意思，是说根据事类选取一个字作为义符，再选取一个读音相同或相近的字作为声符，这个义符和声符组合成的字就是形声字。"江"和"河"都是水名，都跟水有关，所以选取"氵"作表意偏旁，"工"和"可"就是声旁。《说文解字》中的会意字都标明"从某某"，形声字则标明"从某，某声"。根据这个通例可知，一个合体字，如果偏旁中没有声符，就是会意字；反之，偏旁中有声符就是形声字。需要说明的是，我们分析形声字的声符，一定要以古音为标准，不能光看其现代的读音。"工"和"可"在古代的读音与"江"和"河"一定是相同或相近的，所以可以用作声符。有的声符我们现在读起来与其所在的形声字的读音差异比较大，这是语音发展变化的结果。据统计，在现代汉字里，形声字的声符能够准确标示其读音的还不到五分之一，所以对于形声字的声符，我们要从历史的角度来分析。而《说文解字》中的形声字则比较好分辨，例如："祸，害也，神不福也。从示咼声。""祇，敬也。从示氏声。""祖，始庙也。从示且声。"

在六书中，形声是一种最高产的造字法。形声字由义符和声符两部分组成，这样前面讲过的象形、指事、会意三种字都可以作为义符、声符来组合成新字。而且，形声字本身就可以作为一个声符组成新字。下面通过一个例子来说明形声字的组字能力。以"父"为基本字形，可以产生出"甫、斧、釜、蚥、布"等字；再以"甫"为基本字形，可以产生出"尃、铺、浦、埔、莆、脯、捕、哺、逋、晡、辅、榑、盙"等字；再以"尃"为基本字形，可以产生出"溥、博、搏、膊、愽、傅、缚、敷、赙"等字；以"溥"字为基本字形，可以产生出"薄、簿"等字；以"薄"为基本字形，可以产生出"礴、欂、镈"等字。这种造字法弥补了象形、指事的局限，而且具有比较灵活的应变能力。比如，为适应近代化学的需要，就造出了"氧、氢、氦、氖"等形声字。形声字的这种造字能力，使得汉字的数量急剧增加。据学者统计，形声字在《说文解字》中约占百分之八十，在现代汉字中约占百分之九十，从这个数量上可以看出形声字的重要性。但是，从另一个角度看，形声字也增加了使用汉字的难度，例如《汉赋》中形容水声、水势的由形声字组成的词有"洶涌、滂沸、潝汨、澎濞、沆瀁、滞沛、潢漾"等，这些字词不仅大多数不见于先秦文字，而且很多字词后代也都不再使用。我们在看到形声造字法优势的同时，也要认识到这种开放式方法的局限性。

唐代的贾公彦在《周礼疏》中把形声字划分为六种结构形式，并举例说明：

①左形右声，如"江、河"；
②右形左声，如"鸠、鸽"；
③上形下声，如"草、藻"；
④上声下形，如"婆、娑"；
⑤外形内声，如"圃、国（國）"；
⑥外声内形，如"闉、阓"。

唐兰先生将最后两个例字改作"闻"和"问"。这种结构形式是根据字形已经较为规范的楷书来立论的，对于古汉字字形则不完全适用，因为偏旁位置不固定是古文字的特点之一，例如"狼"字，甲骨文作"🐾"，又作"🐾"。

形声字是由义符和声符两部分组成的。义符表示形声字的意义，声符表示形声字的读音。但义符表意并不意味着其与形声字的意义相同。义符与形声字的意义相同的汉字可以称作等义字,例如"爸"所从的义符"父"与"爸"同义,"船"所从的义符"舟"与"船"同义。这种情况很少见,多数情况下义符表示形声字所属的意义范畴。义符相同的形声字,在意义上大都和义符所标示的事物或行为有关,例如以"木"为义符的形声字"橘、橙、柚、梨、桃、棠、榆、桂、杨、柳、桶、柏、梧、桐"等,都是和树木有关的字;以"贝"为义符的形声字"财、货、贿、资、赍、赠、赏、赐、贷、责、贸、赊、账、贪、贵、贱"等,都是和财物有关的字。

研究形声字义符的时候,要注意以下几种情况:

第一,有些形声字我们看不出它的义符和《说文解字》所提供的古义有直接联系,例如《说文解字》:"试,用也。从言式声。"以"言"字为义符的形声字要么和言语有关,如"语、谈、请、访、谋、读、训"等;要么和人的品格有关,如"谨、谦、诚、谅"等。"试"字的意义与义符"言"字所表示的意义范畴没有联系,在这种情况下,我们宁愿说"试"的本义可能早已消失了。

第二,有一些后起的形声字的义符不一定表示本义所属的意义范畴。例如"悬"字,从心县声,但是"悬挂"跟"心"有什么关系呢?"悬挂"的"悬"本作"县",《说文解字》载"县,系也",金文写作"",是"悬"的本字,表示树上系挂着一个人头。后来"县"假借为"州县"的"县",又造了从心的"悬"来表示悬挂之意,所从的"心"字旁跟悬挂之意是没有联系的。

第三,有些义符由于它们表示的意义范畴关系密切,可以互相通用,造成很多异体字。例如,"言""口""欠"三个义符关系较近,所以出现了"咏"与"詠"、"啸"与"歗"、"䜣"与"欣"等异体字。这种情况也见于《说文解字》中,如:"哲,知也。从口折声。悊,哲或从心。""唾,口液也。从口垂声。涶,唾或从水。"

关于形声字还有三个问题需要加以说明,一是亦声的问题,二是右文说的问题，三是省声的问题。

在形声字中义符表意，有时候这个义符还兼有表音的作用，《说文解字》里将这种情况称作"亦声"，常见的术语是"从某，某亦声"。后来的学者把这种现象也叫作"会意兼形声"。例如《说文解字》："诏，告也。从言从召，召亦声。""谊，人所宜也。从言从宜，宜亦声。"

形声字中这种声符兼表意的现象，后来演绎为右文说。真正提出这一学说的是宋代的王圣美。王圣美，字子韶，曾作《字解》，其与王安石的《字说》齐名，因藏于家中，故后世不传。沈括的《梦溪笔谈》（卷十四）载："王圣美治字学，演其义以为右文。古之字书，皆从左文。凡字，其类在左，其义在右。如木类，其左皆从木。所谓右文者，如'戋'，小也；水之小者曰'浅'，金之小者曰'钱'，歹而小者曰'残'，贝之小者曰'贱'。如此之类，皆以'戋'为义也。"

清代和近代有不少学者都研究过右文现象并取得了可观的成果。清代最著名的研究成果当属段玉裁的《说文解字注》了。段玉裁是在汉字音近义通的范围之内，运用右文法来探寻汉字源头的，即"凡从某字皆有某之义"。他的创新之处在于从语音的角度审视汉字，把声符看作形声字的记音符号，声符不同但是读音相同或相近的形声字，只要所表的意义相通，也可以将其联系在一起。这种利用汉字形体的结构进行的同源词研究，是对右文说的继承。同时他又认为"古今先有声音而后有文字"，提倡以声为义说，主张直接从声音来探求词义，所以能够在一定程度上突破字形的束缚来探求同源词，克服了右文说的缺点，把右文说的研究提升到新的发展高度。近代的研究中当首推沈兼士。他于1933年写下的著名的《右文说在训诂学上之沿革及其推阐》一文，归纳出了右文的七种表达方式：①右文之一般公式；②本义分化式；③引申义分化式；④借音分化式；⑤本义与借音混合分化式；⑥复式音符分化式；⑦相反义分化式。并在此基础上将其归纳为"由本义分化及由借音分化的两派"。"两派""七表式"无疑构建了新的右文说体系，在展示了右文与孳生字各种灵活的音义关系的同时，用超出传统右文的狭隘界域的方法，提升了右文说在词族系联中的综合效用。

右文说的出现，打破了长期以来"以形索义"一统天下的局面，不但在方法上，而且在理论上对训诂学的发展起到了举足轻重的作用。后世的学者受到右文说的启示，从词源学的角度出发，通过汉字的谐声系统，丰富了词汇系统的整理方式。但右文说仍然存在局限性，这主要体现在两个方面：一是在某些形声字中，右文在字体结构中位置并不居右，造成名实不符；二是在寻求某些文字词源的时候，依据右文说无法得到详实的结果。

省声也是《说文解字》标音的一种方式，就是省去形声字一部分声符的现象。之所以立"省声"之名，原因在于同从一声符的形声字，它们的声符往往小有变异。弄清楚省声问题，对于正确认识形声字有帮助。例如，"融"在《说文解字》中的解释为："从鬲，蟲省声。"在简化字里，"虫"读"chóng"，古时读"huǐ"；"蟲"读"chóng"。"融"字的声符应该是"蟲"，而不是"虫"，《说文解字》所说不误。省声可以分作三种情形：一是把字形繁复或占面积太大的声旁省去一部分，例如"袭"，《说文解字》载"从衣，龖省声"，所录籀文正作"从龖从衣"，不省；又如"珊"，《说文解字》载"从玉，删省声"都属于这种情况。对于一般人来说，这一类字的声旁多数已经丧失表音作用。第二类是省去声旁的一部分，空出的位置就用来安置形旁，例如"夜"，《说文解字》载"从夕，亦省声"，这种写法已见于金文；《说文解字》所收的"寨、骞、寒"等字都分析为从寒省声。第三类是声旁和形旁合用部分笔画或一个偏旁，例如"齋"（"斋"的繁体），《说文解字》载"从示，齊省声"，"齋"字中的"二"是"齊"字下部，与"示"字共用；"羆"，《说文解字》载"从熊，罷省声"，该字中的"能"既可看作"罷"的下部，也可看作"熊"的上部。

虽然省声的现象很常见，但是《说文解字》中有一些关于省声的阐述是不正确的。有的是许慎误析字形所致。例如，"龙"本来是一个象形字，而《说文解字》载"从肉，飞之形，童省声"显然是不正确的。有的是把非省声字当作了省声字，如"喧"字，《说文解字》载"从口，宣省声"，其实"宣"字本身是从亘得声，二者同音，"喧"也当从亘得声，不应该说是"宣省声"。关于省声的问题可以参看朱德熙《说省声》和陈世辉《略论〈说文解字〉中的省声》等文章。

（五）转注

许慎在《说文解字·叙》里对转注的界定是："转注者，建类一首，同意相受。"并举出了"考、老"二字作为例证。后世对转注的解说很多，不下几十种。可大致分为形转说、音转说、义转说三类，下面简单加以介绍。

1. 形转说

代表人物是徐锴和江声。徐锴以与形旁可以互训的形声字为转注字，如"寿、耋、耄、耆"可以称作"老"，反过来"老"也可称为"耆"。而"江、河"可以称作"水"，"水"却不可以称作"江、河"，这种就不能算是转注字。江声认为《说文解字》的540部首，其分部即"建类"，"首"即部首，"凡某之属皆从某"即"同意相受"。按照江声的说法，部首内的字都可以互相注释，都是转注字。

2. 音转说

代表人物是杨慎、章炳麟等。杨慎认为文字转读他音以表示另一个意义就是转注。例如"少"本读上声，转读去声而用为"少年"之"少"。章炳麟认为音同或音近的二字，意义相同，由同一语根分化，就叫转注。他说："盖字者，孳乳而浸多。字之未造，语言先之矣。以文字代语言，各循其声。方语有殊，名义一也。其音或双声相转，叠韵相迤，则为更制一字。此所谓转注也。"

3. 义转说

代表人物是朱骏声、戴震等。朱骏声以词义引申为转注，认为文字的本义辗转引申为他义就是转注。例如，命令的"令"转为官名之"令"；长短的"长"

转为"少长"之"长"，又转为官名之"长"。戴震则以同义词的互训、同训为转注。例如，他认为《尔雅·释诂》的"初、哉、首、基、肇、祖、元、胎、俶、落、权舆，始也"就是转注。

于省吾说："六书中的转注是属于义训的范畴，但自来各家说法分歧，有形转、音转、义转之别，今不备述。《说文解字·叙》称：'转注者，建类一首，同意相受，考、老是也。'（以古文字验之，'考、老'初本同名，'老'为'考'的分化字，许氏知其流而不知其源。）依照许氏所说，是以同一偏旁而音通义同者为准。清戴震《答江慎修先生论小学书》以文字的互训为转注。我认为转注的定义，许氏说的是狭义的，戴氏所说是广义的。清代学者之论六书，以象形、指事、会意、形声为四体，以转注、假借为二用。凡文字之音近或音同者均可互借，凡文字之义同者均可互注，必如是才能够充分发挥'二用'的效能。因此可知，戴氏以文字的互训为转注是正确的。"戴震的以文字的互训为转注之说影响比较大，《说文解字》里不乏这样的例子，如"缠"，绕也；"绕"，缠也。"挤"，排也；"排"，挤也。"欹"，歟也；"歟"，欹也。

在诸多的说法中，裘锡圭认为徐锴的形转说似乎比较符合《说文解字》的原意，但是也不完全赞同。他说："（形转说）也许比较符合《说文》的原意。但是按照这种说法，转注字只是比较特殊的一种形声字，似乎没有独立为一书的必要。而且严格说起来，'老'字跟'考''寿''耋''耄''耆'等字也并不是完全同义的。"所以对于转注字的争论，裘锡圭的意见是值得借鉴的："我们认为，在今天研究汉字，根本不用去管转注这个术语。不讲转注，完全能够把汉字的构造讲清楚。至于旧有的转注说中有价值的内容，有的可以放在文字学里适当的部分去讲，有的可以放到语言学里去讲。总之，我们完全没有必要卷入无休无止的关于转注定义的争论中去。"

（六）假借

许慎在《说文·叙》里对假借的界定是："假借者，本无其字，依声托事。"并举出了"令、长"二字作为例证。"本无其字"是说本来没有这个字,"依声托事"是指找一个同音字或音近字来表示这个词义。语言里通常是先有某个词,但是还没有跟它对应的文字的记录,就借用一个同音的字来代替。例如"莫",甲骨文写作"茻",从字形上可以看出,是太阳落到草里,会日暮之意(这个意义后来写作"暮"),与否定副词"莫"在意义上没有丝毫的联系。由于否定副词表达的意义比较虚,很难用象形、指事、会意等方法造出字来,而它的读音又跟"莫(暮)"的读音相同或相近,所以就用表示日暮的"莫"来表示否定副词"莫"了。再比如,第一人称代词"我",甲骨文写作"我",从字形上可以看出,它是一种有齿兵器的象形,与第一人称代词"我"在意义上没有丝毫的联系;由于代词"我"很难用象形、指事、会意等方法造字,而第一人称代词读音又跟表示兵器的"我"读音相同,所以就用表示兵器的"我"来表示代词"我"了。这都是本无其字的假借。

许慎关于假借的定义是明确的,但是他所举的两个例字"令"和"长"都是不恰当的。段玉裁也遵照许慎所说,把"令、长"二字都讲成是假借。他说:"托者,寄也。依傍同声而寄于此。则凡事物之无字者,皆得有所寄而有字。如汉人谓县令曰县长。县万户以上为令,减万户为长。令之本义发号也,长之本义久远也。县令、县长本无字,而由发号、久远之义引申展转而为之,是为假借。许独举'令、长'二字者,以今通古,谓如今汉之县令、县长字即是也。""令"的本义是号令、命令,"长"的本义是长者、长老,而"令""长"用为"县令""县长",应该是词义的引申,并非假借。

说到假借,还有一种"本有其字"的假借,就是古书注解中说的通假、通借或古字通。阅读古书的时候,常常会遇到通假字。《经义述闻》序中引王念孙语:"训诂之旨存乎声音。字之声同声近者,经传往往假借。学者以声求义,破其假借之字而读以本字,则涣然冰释。如其假借之字而强为之解,则诘鞫为病矣。"下面以王引之《经义述闻》里的一条考证为例来看一下读破假借的重要性。

《诗经·秦风·终南》:"终南何有?有纪有堂。"其中的"纪"和"堂"

字,《毛传》曰:"纪,基也。堂,毕道平如堂也。"但是"纪"和"堂"到底怎么理解,众说纷纭。王引之为了解释"纪"和"堂",研究了整部《诗经》的体例和全篇诗的结构,发现《诗经》一书凡说山有某物都是指草木,而本诗前一章所说的"终南何有?有条有梅"的"条"和"梅"也正是树木,所以推测"纪"和"堂"也应当是草木。"纪、堂"均为假借字,"纪"读为"杞","堂"读为"棠"。他是这样论证通假关系的:

《左氏春秋·桓二年》:"杞侯来朝。"《公羊》《谷梁》并作"纪侯";《左氏春秋·桓三年》:"公会杞侯于郕。"《公羊》作"纪侯"。《广韵》"堂"字注引《风俗通》曰:"堂,楚邑大夫五尚为之,其后氏焉。即《昭二十年》棠君尚也。""棠"字注曰:"吴王阖闾弟夫概奔楚,为棠谷氏。"定四年《左传》作"堂谷"。《楚辞·九叹》:"执棠谷以刜蓬兮。"王注曰:"棠谷,利剑也。《广雅》作'堂谷'。"《史记·齐世家》索隐引《管子》:"棠巫。"今《管子·小称篇》作"堂巫"。是"杞、纪""棠、堂"古字并通也。

王引之认为"纪"与"杞"相通,"堂"与"棠"相通,不仅引古书上的用例佐证,还指出,同样一句话在汉人所传的《韩诗》正作"有杞有棠",更可印证其说。

"本有其字"的假借,本字与借字是共时存在的,本应写某字而用一个同音字来代替,多数是出于一种习惯和约定俗成。而"本无其字"的假借,本字与借字是历时的,当本字被借作他用后,通常情况下又另造新字来表示本字。例如,"东"字甲骨文写作"🀰、🀱",是橐囊的象形,是"橐"的本字。方位名词东方的"东",很抽象,用象形、指事、会意等都不好造字,古人就用音近的橐囊象形字来表示东方的"东"。橐囊的象形"🀱(东)"被借去以后,就又造了"橐"字来记录橐囊义。

六书中,假借是一种利用声音记录语词的形式,它的重要性表现在两个方面。第一,它扩大了汉字的使用范围,特别是在造字初期,汉字字数比较少,没有假借这种方法,汉字就难以发挥它记录汉语的作用。在甲骨文时期,假借这种方法就被广泛使用了。据姚孝遂统计,甲骨文里假借字可以占到90%。例如甲骨文里关于占卜天气的一句话:"其自东来雨?"(其自东来雨?)意思是说:"该是从东边来雨吧?"这一句话的五个字(词)里,除了"雨"字用的是象形造字法外,其他四个字都是假借。第二,假借是借用旧有的同音字来记录新词的,因此有人说它是用字法而不是造字法。但是,它却是创造新字的桥梁,推动了新字的产生。例如"其"字本指畚箕,即一种撮土的工具。"其"被借用为代词、语气词后,只好再造"箕"字记录它的本义。所以有人说假借是"以不造字为造字",也是有一定道理的。

总之,汉代的六书说,导源于刘歆,阐发于许慎。六书说是我国文字学创始阶段提出的关于汉字造字方法的理论。应该指出的是,古人并不是先定出六书的原则然后才造字的。文字是社会历史发展到一定阶段的产物,创造文字的并不是某一个人,不可能事先定好条例再着手造字。六书只是后人根据汉字的实际情况,加以客观分析所得出的结论。这种分析是合乎汉字实际情况的,它是汉字创造和应用的逻辑结果,在上古时代,人们能做出这种分析,是难能可贵的。所以,从古到今,研究文字形、音、义的人都十分重视六书理论,这不是没有道理的。

在很长的一段时间里,许慎的六书理论被奉为真理,无人跳出六书的藩篱。但是由于种种原因,六书说也有其不可避免的局限性。许慎等人主要依据秦汉时期的文字资料对六书条例进行归纳,他们既没有见过比之更加古老的甲骨文、金文材料,也没有见到后世取代小篆和隶书而流行起来的现代汉字,因此会遇到一些没法解决的困难。另外,许慎对于六书条例的解说过于简单,且欠严密,以至于专家们对其中某些观点众说纷纭,迄无定论。六书中的转注、假借,作为造字法与前四种显示出的不一致是很多人都意识到的关于六书的一个重大缺陷。为了克服六书的缺点,历代文字学家都做过不少努力,相继提出了一些修正和改良的方案。具有代表性的如四经二纬说、四体二用说、三书说、四书说、二书说等,这些讨论都有利于我们进一步认识和完善汉字结构。

第三章 汉字的特点

汉字尤其是古代汉字的形、音、义之间原本存在着一定的联系。传统观点认为汉字属于表意体系的文字，是形、音、义的统一，有见形知义的特点。有的字可以从字形联想到字义，如"人、山、火"；有的字可以从组成部分判断出大致的意义，如"林、看、从"；有的字可以从组成部分大致推想出字义类属，如"江、河、湖"都跟水有关，"树、松、柏"都跟树木有关。不过，随着汉字的发展，古代汉字在经过隶变、楷化之后，其字形的表意功能已经不是很明显，许多字的形、音、义之间的理据要经过一定的分析以后才能看出，而且相当一部分字的字义跟字形之间已经失去了联系。

一、汉字的形体特点

汉字经过几千年的发展，形体上发生了很大的变化。现在我们之所以还能认出古代的汉字，除了掌握正确的方法外，最主要的原因就是不同时代的汉字都有一些共同的特征。例如古代汉字里异体字众多，形体由繁变简等，这将在本书第四章《汉字形体的演变》中作以介绍，此不赘述。与古代汉字相比，现代汉字有自己独特的形体特征，认识并掌握这些特征，对于我们正确学习和使用汉字很有帮助。

现代汉字字形结构的层次性是汉字最基本的形体特点。笔画、部件、整字形成了现代汉字的三个层级。笔画是最小的构形单位；部件具有较大的灵活性，有些部件与汉字的读音和意义关系密切。汉字结构的这种层次性决定了汉字形体可以拆分，是汉字教学中偏旁、部件教学法形成的基础，也是汉字拆字诗、拆字对联形成的基础。

现代汉字中一部分笔画少、结构简单的独体字具有构字和组词的双重功能。有的汉字作为部件时的意义与成词的词义之间有直接的联系，如"口"

作为部件参与构字，其意义与"口"有关，如"吃、唱、嘴"等字；"口"又可以单独成词，表示事物的名称。类似的还有"手、女、山"等。有的汉字作为部件时的意义与成词的词义之间毫无联系，如"又"作为部件，出现在"叔、受、取"等字中，表示的是"手"；出现在"难、鸡、欢"等字中，则是一个记号。而"又"在现代汉语中的词义是副词"再、还"，其意义与它作为部件时的用法毫不相关。

同一个部件在不同的汉字里具有不同的功能。有的具有表意功能，有的具有表音功能，有的只有记号的功能。如"口"，在"吃、喝、吹、叫"等字中具有表意功能，在"扣、叩、钜"等字中具有表音功能，在"句、回、右"等字中具有记号功能。再如"刀（刂）"，在"利、割、剑"等字中具有表意功能，在"到、钊、叨"等字中具有表音功能。

二、汉字的字音特点

（一）同音字众多

同音字就是汉语里语音相同，但字形、意义不同的字。同音字多是汉字的主要特点之一。其原因如下：①造字时就同音。处于不同时代、不同地区的人在原有语言基础上创造的新词、新字很难避免在语音上出现偶合现象。②语音系统的演变造成不同音的字同音。如"達、答"在中古时期读入声，后来在普通话里入声韵尾 –t 消失，与"达"同音。③意义的分化。有些同音词在古代是一个多义词，后来它原来的几个意义逐渐分化解体，失去了原有的联系，而分化后的字的语音却没有发生变化，就形成了同音字。如"辟"是一个多义词，后来分化成"避、壁"和"譬、僻"等。

大量同音字的存在，无疑给汉字的书写和表达带来了麻烦，因此我们要学会辨别同音字。

首先，对于同音的形声字，可以通过不同的形旁来判定它们所表示的意义。比如"燥、躁、噪"都读"zào"，提到"干 zào、急 zào、zào 声"三个词，应该立刻能想到拼音分别对应的是"燥、躁、噪"三个字。这几个字的意义都由形旁标识得清清楚楚，辨别起来并不难。再如"辩论"和"分辨"，人们常常会混淆"辩"和"辨"的形义。如果同时列出其他从辡声的字，如"辫、瓣"等，从中可以发现其规律：这些字所从的"辡"在字里都作声符用，"辩论"要用语言，所以从言；"分辨"要把相近的东西区别开，所以从刀，这样就能掌握从辡声的一系列字了。其次，对于常用的同音字，要随时留意它们经常和哪些字搭配使用，表示什么意思。例如，人们常常把"部署"写成"布署"，把"布置"写成"部置"；把"刻苦"写成"克苦"，把"克服"写成"刻服"等，这主要是由于没有注意到每个字不同的搭配习惯。其实，像这类同音字，有时从意义上分辨起来比较困难，只要随时注意它们的搭配习惯，就能运用自如了。

（二）多音字尤其是多音多义字大量存在

据统计，7000个通用汉字中有625个多音多义字，其中三分之二是常用字。多音多义字的存在，虽然从总量上减少了汉字的字数，但是也增加了学习的难度。多音字产生的原因大致有以下几种：

①读音有区别词性和词义的作用。这种类型的多音字在文言文中叫作"破音异读"，约占全部多音字的80%。对这类多音字，我们应该根据不同的读音加以辨析、记忆。如"好"，读"hǎo"时，作形容词，形容一切美好的事物，或表示同意、应允；读"hào"时，作动词，表示喜欢的意思。

②使用情况不同，读音也不同，读音有区别用法的作用。如"薄"，读"báo"，是不厚的意思，一般单用——"家底儿薄"；读"bó"，一般用于合成词——"薄礼、厚古薄今"；读"bò"——"薄荷"（专有名词）。

③文白异读，主要体现为口语和书面语的读音不同。如"血"，口语读"xiě"，一般单用；书面语读"xuè"——"血液、鲜血"等。

④方言分歧造成多音。这类多音字比较少，仅限于部分地区。如"亲"读"qīn"——"亲戚"；读"qìng"（方言）——"亲家"等。

⑤文言文中的一些通假字延续使用到现在而形成了多音字，普通用法和人名、地名等用法不同而造成多音等。如"番"，读"fān"——"三番五次"；读"pān"，地名——"番禺"。

（三）形声字声旁表音的局限性

据统计，7000 个通用汉字中，形声结构的字有 5631 个，声符的总体表音率为 66.04%。形声字声符也叫声旁，声旁的表音功能既有一定的规律性，也有很大的局限性。这种局限性主要表现在声旁的读音跟形声字的读音不一样，声旁表音的准确率不高，据统计，声旁能准确表音的形声字占比还不到全部形声字的五分之一。

形声字声旁表音有以下几种情况：一是声调不一致，如"方"是阴平字，而以"方"为声符的字却有阳平（如"防、妨、肪、坊、房"）、上声（如"访、仿、舫、昉"）、去声（如"放"）；二是韵母不同，如"偷"跟"俞"，"悔、晦、诲"跟"每"，"仍、扔"跟"乃"；三是声母不同，如"波、跛"跟"皮"，"挤、剂"跟"齐"，"版、板、扳、阪、坂、舨"跟"反"；四是声母、韵母和声调都不同，如"杠、扛、项"跟"工"，"读、犊、渎、椟、牍、黩"跟"卖"，等等。

绝大多数声旁的位置很好辨识，或上或下，或左或右，或内或外，标示字音。但有些形声字的声旁却不易辨识。有的声旁的位置比较特殊，如"修、脩"的声旁是"攸"，"颖、颕"的声旁是"顷"，"疆"的声旁是"畺"等；有的声旁出现在形旁经常出现的位置上，如"锦"的声旁是"金"，"视"的声旁是"示"，"问、闻"的声旁是"门"等。

造成声旁读音不准确的原因有很多。有些形声字在造字之初选择声旁就不严格，有时为了避免用生僻字或形体繁复的字，不得不在语音上降低要求，如"燦"—"灿"，"燈"—"灯"；有时在没有同音字的情况下，往往选择读音相近的字来代替，如"袄"—"夭"；有些分化字是为了表示母字的引申义而造的，在文字产生之前，语言里就通过语音的细微变化派生出新词，记录新词的分化字当然就不会完全同音，如"解"—"懈"；用作假借字的声旁跟它原来的读音也不一定完全相同，在假借字的基础上加注形旁而成的形声结构的分化字，其读音跟声旁也不一定完全相同，如"北"—"背"，"莫"—"暮"。古今语音的演变也造成（或扩大）声旁与形声字的读音差异。有些形声字本来与声旁完全同音，但由于两者的语音演变不一样，造成读音不同，如从者得声的字，读"著、锗、奢、屠、绪、都、渚"等。有些形声字的读音会由于受声旁或同从一声的其他形声字的读音的影响而发生变化，如"怖"，《广韵》音"普故切"，今音读为"pù"，由于声旁"布"的影响，读为"bù"。

三、汉字的字义特点

字义不完全等同于词义。一般来说，字义在单音节词中与词义等同；在多音节词中，更多地表现为语素义。

（一）字的多义性

由于汉字形体的有限性和词义的无限性，一个字势必担负着多个义项。一个汉字，用在不同的场合，其意义往往会有所不同。有人以"打"字为例，归纳其用法，其意义竟达一百余种。在众多的意义之中，有的语素义之间是本义与引申义的联系，如"止"字，由停止意义（如"止步""学无止境"中的"止"等），引申而有使止住的意义（如"止血""止疼"中的"止"等），进一步引申而有时间和数量上的停止意义（如"到8号为止""不止一次"中的"止"等）。有的语素义之间没有联系，如"花钱"的"花"和"花瓣"的"花"之间没有任何联系。

现代汉语中有的常用字的本义已经不作为该字的常用义，而是出现在固定的词语或成语中，如"走"的本义是跑，在现代汉语里的常用意义是行走，"跑"的意义保留在成语"走马观花"中。有的只是作为构字的偏旁义保留在一个合体字中，如"自"本义是鼻子，在现代汉语里经常用作介词，"自"作为鼻子的意义保留在"鼻、臭"等字中。

（二）字义和词义的相关性

一个汉字可以构成多个词，字义和词义相关，因此掌握一定数量的高频字的意义，就可以进一步掌握成百上千个词。如"女"字，可以独立成词，又可以和别的字组成一系列常用词——"女人""女士""少女"等，组成词后该字的基本意义不变，读音也不变。再如"理"字，从其造字结构看，是"从玉里声"的形声字，本义与"玉"有关。从文献资料看，《说文解字》："理，治玉也。"《韩非子·和氏》："王乃使玉人理其璞而得宝焉。"以字形和文献为根据，可以知道"治玉"是"理"的本义。因为"治玉"指雕琢玉石，对玉进行加工，由此引申出治理、打理、文理、条理等意义。

第四章　汉字形体的演变

一、汉字的形体发展

汉字的形体发展经历了商代甲骨文、商周金文、战国文字、秦汉篆隶、楷书几个阶段的变化，历时三千多年。

（一）商代甲骨文

商代甲骨文，因刻写在龟甲和兽骨上而得名。因其内容多与占卜有关，所以又叫作"卜辞""贞卜文字""甲骨卜辞"。甲骨文最早的出土地在今河南省安阳市郊区的小屯村，历史上叫"殷墟"，所以甲骨文又称"殷墟文字""殷墟书契"。甲骨文记录了商代第二十个王盘庚迁殷到商纣亡国，历经十二位王，共二百七十三年的历史。内容涉及天文、地理、军事、农业、狩猎、自然、征伐等，是研究商代历史和文化的最重要、最可靠的史料。

甲骨文是目前所见到最早的成熟的文字体系。其特点从"最早"和"成熟"两个词可以看出来：最早，说明其具有早期文字的特征，即图绘性强；成熟，说明其自成体系，文字体系中的表意、假借和形声都已经具备。具体来说有以下几个特点。

1. 图绘性强

首先表现在字形表义的直观性上。甲骨文里象形字的数量比较多，能较为直观地表现字义，如"日"作"☉"，"月"作"☽"等。《左传·宣公二年》："晋灵公不君，厚敛以彫墙。从台上弹人，而观其辟丸也。"《说文解字》："弹，行丸也。从弓持丸。""弹"字甲骨文作如下之形：

《合集》10458	《合集》13523 正	《合集》9283 正	《合集》9410 正
《合集》18477	《合集》10048	《怀》1582	《合集》25

甲骨文的"弹"字字形将弓形和弹丸之形直观地描绘了出来。

其次是字形表义的不确定性。古汉字以形表义，有时候不能准确、细致地传达相关信息，导致人们对汉字构形往往产生歧解，如甲骨文里"若"表示"顺"的意思，字形作" 、 "，既可理解为用手捋顺头发，也可以理解为人举手投降归顺。再如"美"，甲骨文字形作" 、 "，既可以理解成羊大为美，也可以理解成人头戴羊形或羊头装饰。有时候对同一个字形理解的角度是相反的。如"朝"，甲骨文写作" 、 "，既像日月同见草木之中，又像太阳已出、月亮未落之形，还可以从相反的角度理解为日已下山，月正当空之形。这种字形表义的不确定性，要求人们结合具体的语言环境限定字的形、音、义三者的关系，尤其强调音的作用。

最后，甲骨文还保留着许多原始的用字习惯。比如甲骨文中常把文字和图画混合在一起，字形往往随语言环境而发生改变。如甲骨卜辞里常常提到商王向祖先进献食品的"登祭"活动，《周礼》载"祭祀，割羊牲，登其首"，这里的"登"字既作" "，又作" 、 "。到了商代后期，这种比较原始的用字习惯基本上消失了，从米的"登"字作为异体字被保留了下来。

再如，同样是"牡"字，有以下几种写法——" 、 、 、 "，分别表示雄性的牛、羊、豕、鹿。表达意义的对象非常具体，这也是甲骨文字形原始性的一种表现。

2."一形多义"和"一义多形"

这里说的"一形多义",跟我们在字典等工具书里常见的一个字有本义、引申义、假借义的情况不同。一形多义,也称作"数字共一用""一形多用"等,即不同的字写法相同,但这些字的读音和意义都不同。如"隻",甲骨文写作"", 表示获得,后来写作"獲";也表示获得隹的数量是一只,即"隻"字,与"雙"字相对。再如"月"和"夕"、"大"和"夫"。早期甲骨文里"月、夕"不分,共用字形,后来分化,""表示月,""表示夕。其结构性质也不同,"月"字应该归入象形字;"夕"字应该归入指事字。又如像成年人的"",本来既可用作"大"字,也可用作"夫"字。作"夫"字应该是象形字,作"大"字应该是指事字。后来"夫"字作"",是通过在字形上加注符号分化完成的。

"一义多形"则主要表现为异体字的大量存在。如"莫(暮)"字就有以下异体:

《合集》27397	《合集》29807	《合集》10729	《合集》23148	《合集》29806

3. 形声化趋势

甲骨文里有形声字,但数量比较少,且已有了形声化的趋势。如"桑"字甲骨文作""、""等形,"丧"字甲骨文作如下之形:

《合集》19492	《合集》32914	《合集》54	《合集》30781	《合集》28915

这些"丧"字表示众口哀嚎,是从口桑声的形声字。《说文解字》:"丧,

从哭从亡，会意，亡亦声。"这是依据讹变了的小篆字形作的解释。

有时为了区别近似的事物，则会通过在表意字上加注声符，使其变成形声字。如"犬"甲骨文作"🐕、🐕"，像犬之形。而与犬形态类似的动物，如"狐"，甲骨文作"🦊、🦊"，"狈"甲骨文作"🐺、🐺"，都是通过在表意偏旁上加声符完成的。

又如"凤"和"星"。凤的繁体作"鳳"，还可见从鸟凡声。甲骨文作"🦚、🦚、🦚、🦚"，又加声符"凡"，作"🦚、🦚、🦚"。"星"甲骨文作"⭐、⭐"，又加声符"生"，作"⭐、⭐"。

还有一些形声字是在假借字的基础上加注义符完成的，如"翌"字甲骨文作"🦋、🦋"，又作"🦋、🦋"，是在象形的"翼"上加注表意偏旁"日"形成的形声字。形声化的趋势表明甲骨文已经是成熟的文字体系，突破了表意字和假借字的局限，是一种进步。

（二）商周金文

金文又称青铜器铭文，是铸或刻在青铜器上的文字。"金文"中的"金"是指铜、锡、铅的合金。由于青铜器中礼器占大宗，而其中以钟和鼎最常见，所以金文又称"钟鼎文"。铸或刻在青铜器上的文字，凹下去的称为"款"，凸出来的称为"识"，所以又称"款识"。青铜器的铸造历史很悠久，在新石器时代的遗址中就发现了青铜器，如刀、斧等。河南偃师二里头的夏代遗址中就有爵一类的器皿出土。商代以后，青铜铸造技术已经有了很大的进步，出现了种类繁多的青铜礼器。大约从商代中期开始，青铜器上出现了铭文。商代的铭文较短，到了西周时期，铭文字数大大增加，最多的如著名的毛公鼎，达497字。

金文早在汉代就已不断出土，被学者所研究。如许慎在《说文解字·叙》里说："郡国亦往往于山川得鼎彝，其铭即前代之古文，皆自相似。虽叵复见远流，其详可得略说也。"金文是研究西周、春秋、战国文字的主要资料，也是研究先秦历史的最珍贵的资料。甲骨文笔道细，直笔多，转折处多，与甲骨文相比，金文多肥笔，笔道肥粗，弯笔多，团块多。金文内容丰富，记载了很多重大的历史事件，反映了西周政治、经济、军事、文化、外交等多方面的历史风貌。如西周早期的利簋，1976年出土于陕西省临潼县（注：今西安市临潼区）零口镇，现收藏于中国国家博物馆。器内底铸铭文4行33字，作器者名"利"，跟随武王伐纣，胜利后受到奖赏，铸造这件铜器以记功并用来祭奠祖先。利簋铭文内容还可以印证古代文献的记载，如《尚书·牧誓》中的"时甲子日昧爽，王至于商郊牧野"，以及《逸周书·世俘》《淮南子·兵略训》等相关的记载，具有非常重要的史料价值。

利簋及其铭文

（三）战国文字

战国时期社会的变革，政治、经济和文化的发展，使得文字进入了大发展的阶段，使用文字的人也越来越多。这一时期的文字不像甲骨文、金文那么单纯，包括金文、简帛文字、玺印文字、陶文、货币文字等。诸侯割据，使得各国的政治、经济、文化都得以自由发展，文字的演变也蒙上了地方色彩，造成了各地区间文字较大的差异。书写材料的多样性，还造成了形体差异，出现了文字异形。由于文字使用频繁，对文字的简化要求也越来越高，因此战国文字简化现象比较常见。

战国文字"马"(《汉语古文字字形表》377页)

(四)秦汉篆隶

战国时期各诸侯国文字的显著特点是异形很严重,这给社会交往带来很多不便。秦始皇统一中国后,就着手于文字的统一,即"书同文",使用的标准字体就是小篆,以春秋战国时秦国文字为基础,吸收各国文字优点而成。小篆的特点是把以前的象形符号线条化、简省化、定型化。小篆的制定,实质上是对汉字进行有计划、有领导的整理和规范。李斯的《仓颉篇》、赵高的《爰历篇》、胡毋敬的《博学篇》,既为学童识字之用,同时也为推广规范字体之用。再加上秦始皇到各地巡行,刻石纪功,所以小篆很快就成为全国统一的字体。

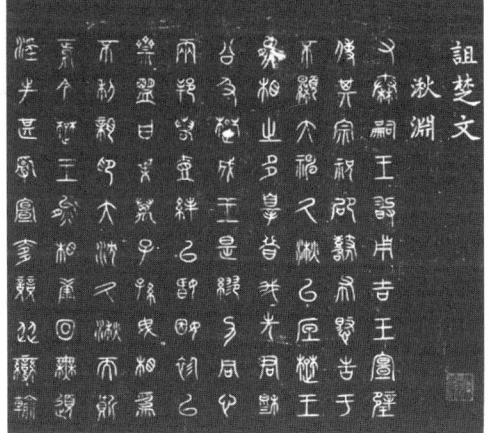

春秋战国时代秦国的诅楚文

春秋战国时期秦国的石鼓文　　　　秦始皇二十六年秦权铭文

　　秦隶是指秦代使用的隶书，将小篆的圆转转为方折，并在形体上加以改造，加快了书写节奏。西汉初年，百废待兴，休养生息，律令制度、文字等都因袭秦代，所以出土的西汉初年的马王堆汉墓帛书、银雀山汉简等都是用秦隶书写的。秦隶是小篆的草写，最大的特点是篆书与草书因素并见，当它在民间通行的时候，并无大碍，但要上升为官方法定文字的时候，要求它要有一定的尊严，要美化、规范化，这就形成了汉隶。汉隶的重要标志是篆书形体的消失和波磔的开张，字形扁平，结构左右对称，由竖向伸展变为横向伸展。篆书结体的消失，宣告了古文字阶段的彻底终结，隶变也就成了古今汉字的分水岭。

　　隶变对汉字偏旁影响很大，主要体现为以下两种情形。一种是偏旁分化，即古汉字中本是同一写法的偏旁，在隶变过程中变为若干个不同写法的部件。以"人"旁为例，偏旁"人"隶变后还写作"人"，属于正常的变化，如"企、仄"所从；偏旁"人"隶变后写作"亻"，如"休、伐"所从；偏旁"人"隶变后写作"卜"，如"卧、咎"所从；偏旁"人"隶变后写作"𠂉"，如"监、临"所从；偏旁"人"隶变后写作"𠂆"，如"及、㕞、危"所从；偏旁"人"隶变后写作"儿"，如"兕、光、先"所从。另一种是偏旁混同，即古汉字写法本不相同的偏旁，在隶变过程中变成写法相同的部件。以"月"旁为例，"月"作为偏旁在古汉字里表示与月亮有关的事物，如"朝、明"等。"前"和"服"等字所从的"月"本是"舟"，隶变后与"月"混同；"背"和"胡"

睡虎地秦墓竹简《法律答问》
（局部）

马王堆汉墓帛书《战国纵横家书》
（局部）

汉隶《曹全碑》（局部）

等字所从的"月"本是"肉",隶变后与"月"混同;"青"字所从的"月"本是"丹",隶变后与"月"混同。

(五)楷书

楷书出现于汉末魏初,即今日通行的正体字,"楷",含有楷模、规范的意思。楷书将隶书的波磔改造,将雁尾变为平收。行书是楷书的快写,取名"行"缘自其为"民间最为流行的书体"。行书介于楷草之间,它保留了楷书的形体,既克服了草书放肆难认的缺点,又承袭了草书书写便捷的优点,从而弥补了楷书过于拘谨的缺陷。

汉字的形体从甲骨文演变到楷书,发生了巨大的变化,各阶段汉字形体的差异是很明显的。但是,这其中也不是没有规律可寻,只要我们细加分析和归纳,就会发现有其中起支配作用的规律。下面我们分别从简化、分化、形声化和规范化几个方面加以说明。

二、汉字演变的趋势

(一)汉字形体存在简化趋势

作为表意体系的文字,汉字最初的形体大都很复杂,在数千年的使用过程中,汉字经历了一个由繁到简的自然演变过程。

1. 汉字简化由来已久

甲骨文里已有简化字,如"弃"字甲骨文写作"🀫",又写作"🀫";"遘"字写作"🀫",又写作"🀫"。有些现代简化字来源于古代汉字,如"禮"简化成"礼",其战国时期就已有"🀫"的写法。"昏",曾经写作"昬",马王堆帛书《老子》:"民多利器而邦家兹昬。"《说文解字》:"昬,日冥也。从日氐省。氐者,下也。一曰民声。"后简化作"昏"。

2. 汉字简化的方式

①笔画简省,如"滅"—"灭","竈"—"灶"。②同音替代,如"鬥"—"斗","義"—"乂"—"义"。

3. 需要注意的问题

①简化要避免混淆

繁体字"鷄"简化写作"鸡",用简化符号"又"代替声旁"奚"。"鷄"的异体"雞"如果也采取前面的简化方式,就会变成"难";而"难"是繁体字"難"的简化字。再如,繁体字"嘆"简化写作"叹",用简化符号"又"代替声旁"堇"。"嘆"的异体"歎"如果也采取相同的简化方式,就会变成"欢";而"欢"是繁体字"歡"的简化字。

②正确看待类推简化

类推简化的情况比较复杂。有些偏旁在其所从的字中统一简化,形体划一,如"識、織、幟、職"分别简化作"识、织、帜、职";有些偏旁在部分字中简化了,而在另一部分字中没有简化,如"裝、壯、狀"简化作"装、壮、状",而"奘、瘖、痳"却没有简化;有些不同偏旁的字简化后写法相同,如"運、動、會",简化后写作"运、动、会",都用"云"字代替了原字中的部分构件。有的时候却不能进行类推,如"運"简化作"运",用笔画少的"云"代替笔画多的"軍",如果以此类推,"渾"就应该简化作"沄",但实际写作"浑",两者不同。

③简化不成功的情况

汉字的简化使汉字书写由繁变简,节省了书写的时间。汉字是音、形、义的结合体,即使简化了,也并没有损伤汉字的功能,因此汉字简化得以顺利实施并广为接受。但是汉字简化中也有做得不成功的地方,例如汉字中有很多形声字,简化后其字义或读音容易令人费解。如"面粉"的"面",原先繁体作"麵",从麦面声,简化后作"面",与"颜面"的"面"同形,失去意符"麦",表意作用尽失。再如,"燈",从火登声,简化作"灯",虽然笔画减少了,但是声旁"丁"表示读音的准确性却降低了。

④注意繁简转换问题

在汉字的繁简转换过程中,"一简对一繁"的关系比较单纯,可以利用一些文字处理应用程序直接进行繁简或者简繁转换;"一简对多繁"的关系则比较复杂，是汉字繁简转换中比较常见的问题。如简化字"发"对应繁体字"髮"和"發"，简化字"复"对应繁体字"復"和"複"，简化字"历"对应繁体字"曆"和"歷"等，在转换过程中要注意其对应关系。繁简关系中有同音替代或者假借关系的，如"云"雨的"云"对应"雲"，但是"云"还假借为表示说话意义的"云"，这种用法的"云"就不能转换为"雲"。简化字"斗"是"鬥"的同音替代字，但是星斗的"斗"却不能转换作"鬥"。

（二）汉字形体存在形声化趋势

甲骨文中主要是象形字和会意字，形声字所占的比例仅为10%，到了许慎《说文解字》，形声字已占80%，今天汉字中的形声字所占比例更高达90%以上。可以看出汉字的发展表现出形声化的趋势。因为人类语言所表达的内容十分丰富，所以有一些汉字仅靠象形和会意是难以表现的。好在象形字是独体字，用同音声符字增添上表示意义的意符字，就构成表达新的意义的形声字。因为形声字可以由独体象形字大量组合，并可以方便地表达语言中新的意思，所以解决了汉字不足的困难。

形声字的产生主要有以下几种方式。①在表意字上加注声符，如"裘"本作"⿱"，象形，后又作"⿱、⿱"，加注声符"又"或"求"而成。"齿"作"⿱"，象形，后加注声符"止"作"⿱"，变成形声字。②把表意字字形的一部分改换成声符，如"何"作"⿱"，像人负荷农具之形，后来像农具之形变形音化作"可"，变成形声字；"羞"作"⿱"，像以手持羊，表示进献，后来像手形部分变形音化为"丑"作声符，变成形声字。③在已有的文字上加注义符，又分三种情形：一是为明确假借义而加注义符，如"师"，本义是师旅，跟军队有关，文献中假借指称动物狮子。后来在"师"上加注表意偏旁"犭"分化出"狮"，成为表示动物狮子的专字。二是为明确引申义而加注义符，如"解"，本义是分割动物的肢体，引申义有分解、分开、消解、溶解等，进一步引申指人心理上的放松，后来专为表示这个意义造了"懈"字。三是为明确本义而加注义符，如"莫"字，本义是日落草木之中，表示日暮时分。后来假借为否定副词和否定代词"莫",为进一步明确本义,在"莫"上加表意偏旁"日"而成"暮"字,变成形声字。

(三)汉字形体存在规范化趋势

汉字的发展变化,自古至今一直没有停止过。早期的汉字形体没有固定的、明确的规律,偏旁位置不固定,或左或右,或上或下,同字异体现象也相当严重。汉字在简化的同时也不断变得规范化。汉字的规范化主要是由官方完成的,改朝换代,兴利除弊,无不以确定文字规范为治国之要务。正如许慎在《说文解字·叙》中所说:"盖文字者,经艺之本,王政之始,前人所以垂后,后人所以识古。"汉字规范化过程中最重要的一环就是秦相李斯主持完成的"书同文",其后,东汉经学家许慎的《说文解字》、东汉的《熹平石经》、三国曹魏时的《正始石经》、唐代的《开成石经》等都在推动汉字的规范化方面发挥了很大的作用。

汉字规范化的做法主要有两种。一是淘汰异体。如"明"又作"朙",《说文解字》中"明"字小篆从囧,古文从日。《说文解字》:"囧,窗牖丽廔闿明,象形。""曌"字即"照",是武则天为自己的名字而造的专字。骆宾王《为徐敬业讨武曌檄》把"曌"写作"瞾"。《说文解字》:"瞾,左右视也。"《说文解字》:"瞿,鹰隼之视也。""皈"又作"归、皈","皈依"是身心归向它、依靠它的意思,"皈"后讹作"皈",成为正体。二是优化选择,如音译外来词"葡萄",《史记》《汉书》中均作"蒲陶",《后汉书》《玉篇》又作"蒲萄",受上下文影响,后来类化作"葡萄"。联绵词"方皇",作"仿徨",又作"彷徨",后者从彳,突出其与动作有关的状态,后来成为规范字体。

参考文献

[1] 于省吾. 甲骨文字释林［M］. 北京：中华书局，2009.

[2] 裘锡圭. 文字学概要［M］. 北京：商务印书馆，2013.

[3] 林沄. 古文字学简论［M］. 北京：中华书局，2012.

[4] 唐兰. 古文字学导论［M］. 上海：上海古籍出版社，2016.

[5] 陈梦家. 殷墟卜辞综述［M］. 北京：中华书局，1988.

[6] 詹鄞鑫. 汉字说略［M］. 沈阳：辽宁教育出版社，1991.

[7] 张玉金，夏中华. 汉字学概论［M］. 南宁：广西教育出版社，2001.

[8] 陈世辉，汤馀惠. 古文字学概要［M］. 福州：福建人民出版社，2011.

[9] 张桂光. 汉字学简论［M］. 广州：广东高等教育出版社，2017.

[10] 向光忠. 说文学研究：第五辑［M］. 北京：线装书局，2010.

[11] 姚孝遂. 中国文字学史［M］. 长春：吉林教育出版社，1995.

[12] 苏培成. 现代汉字学纲要［M］. 北京：商务印书馆，2014.

[13] 杨润陆. 现代汉字学［M］. 北京：北京师范大学出版社，2008.

[14] 王力. 汉语史稿［M］. 北京：中华书局，2018.

[15] 王宁. 汉字构形学讲座［M］. 上海：上海教育出版社，2002.

[16] 刘钊. 古文字构形学［M］. 福州：福建人民出版社，2016.

[17] 黄德宽. 汉字理论丛稿［M］. 北京：商务印书馆，2006.

[18] 张玉金. 汉字造字法新探［J］. 古汉语研究，1999（04）：45-50.

[19] 黄天树. 论汉字结构之新框架［J］. 南昌大学学报：人文社会科学版，2009，40（01）：131-136.

[20] 刘又辛. 从汉字演变的历史看文字改革［J］. 中国语文，1957（05）.

下篇　汉字解析500例

一画

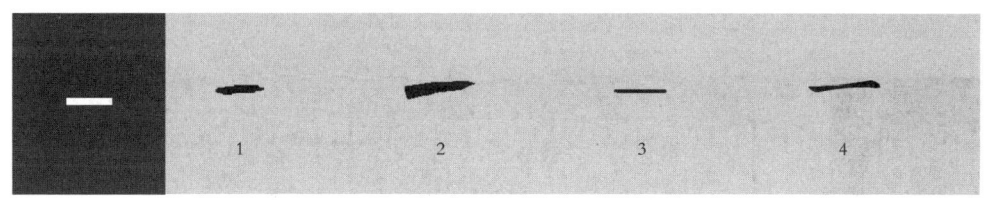

　　1形是甲骨文写法，表示记数符号"一"。2形是金文写法，承袭甲骨文。3形是小篆写法。4形是楷书写法。从字形上看，"一"字从古至今变化不大。
　　指事字。《玉篇·一部》："一，王弼曰'一者，数之始也。'"本义是最小的正整数，如《诗经·郑风·子衿》："一日不见，如三月兮！"引申表示序数词第一，如《左传·庄公十年》："夫战，勇气也。一鼓作气，再而衰，三而竭。"进一步引申为专一，如《荀子·劝学》："蚓无爪牙之利，筋骨之强，上食埃土，下饮黄泉，用心一也。"又有统一之意，如杜牧

《阿房宫赋》："六王毕，四海一，蜀山兀，阿房出。"虚化为副词，有整个、一旦等意思，如范仲淹《岳阳楼记》："而或长烟一空，皓月千里，浮光跃金，静影沉璧，渔歌互答，此乐何极！"《史记·魏公子列传》："公子诚一开口请如姬，如姬必许诺。"

"一"是一个部首字，从一的字大都跟数字有关，如"三、七、丁、丙、万、丈、世、无"等。

成语"一巢悬木末"出自皇甫谧《高士传》"巢父者，尧时隐人也。山居不营世利，年老以树为巢，而寝其上，故时人号曰巢父"。后用此语比喻隐士或隐居生活，如刘沧《赠天台隐者》："回望一巢悬木末，独寻危石坐岩中。"

二 画

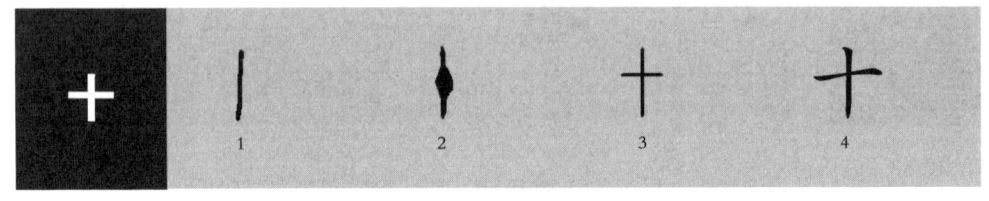

1形是甲骨文写法，一竖即一个契刻符号。2形是金文写法，在竖笔中间加肥笔，变成一个圆点。3形是小篆写法，中间的圆点逐渐演变成横画。4形是楷书写法。

指事字。《说文解字》："十，数之具也。"本义即具体的数字十，如杜牧《阿房宫赋》："五步一楼，十步一阁。"辛弃疾《永遇乐·京口北固亭怀古》："四十三年，望中犹记，烽火扬州路。"因为十是完备的数字，因此引申为完满、圆满，如孙介《丁未仲夏赏月》："两姓包三乐，同寮庆十全。"

"十里长亭"是古时设在路旁的亭子，常用作送别饯行之处；"十番"是合奏乐以十种乐器演奏的名称。

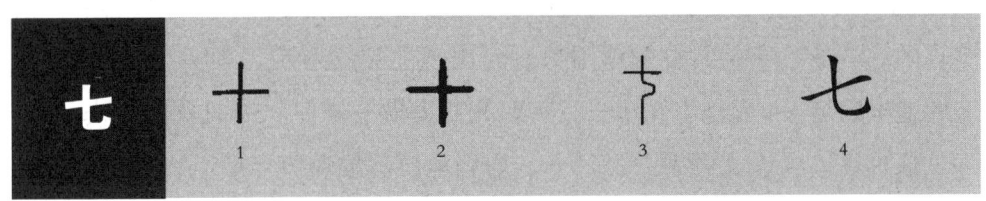

1形是甲骨文写法，在一横中间加一竖，会切断之意。2形是金文写法，承袭甲骨文。3形是小篆写法，为了与"十"相区别，横下一竖笔变弯折。4形是隶变后的楷书写法。

会意字。《说文解字》："七，阳之正也。""七"的本义是"切"，后来被假借为数词，本义就逐渐不再使用了，而另加义符"刀"作"切"字表示其本义。"七"作为数词在我国的社会生活中有着特殊的意义，如《庄子·应帝王》："人皆有七窍，以视听食息。""七窍"就是指头面部七个孔窍，即眼二、耳二、鼻孔二、口。中医学中还把喜、怒、忧、思、悲、恐、惊称为"七情"。在阴阳学中，七是由阳转阴的分界，因此人死了以后，每七天一祭，至七七四十九日，称为"满七"。

"七出"是指我国古代男子休妻的七种理由，又称为"七去"。《仪礼·丧服》："出妻之子为母。"贾公彦《仪礼义疏》曰："七出者：无子，一也；淫佚，二也；不事舅姑，三也；口舌，四也；盗窃，五也；妒忌，六也；恶疾，七也。"《大戴礼记·本命》记载："妇有七去：不顺父母去，无子去，淫去，妒去，有恶疾去，多言去，窃盗去。不顺父母，为其逆德也；无子，为其绝世也；淫，为其乱族也；妒，为其乱家也；有恶疾，为其不可与共粢盛也；口多言，为其离亲也；盗窃，为其反义也。"

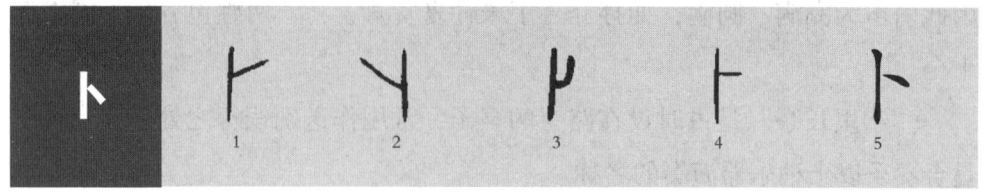

　　1、2形是甲骨文写法，古人用火在龟甲兽骨上烧出裂纹来进行占卜，预测吉凶。"卜"字就是烧灼龟甲兽骨时出现的裂纹形状。3形是金文写法，字形基本固定。4形是小篆写法，字形演变为横平竖直。5形是楷书写法。

　　象形字。《说文解字》："卜，灼剥龟也。象灸龟之形。一曰象龟兆之纵横也。"本义是占卜、卜问，读作"bǔ"。如《诗经·卫风·氓》："尔卜尔筮，体无咎言。"引申为猜测、估计、预料，如嵇康《与山巨源绝交书》："自卜已审，若道尽涂穷，则已耳。"成语"前途未卜"中的"卜"也是这个意义。

　　在古代汉语中，"占""卜""筮"是有区别的，《尔雅》解释说："占者，视兆以知吉凶也。"可见"占"是占卜的整个过程。《周礼·大卜》注："问龟曰卜。"可见"卜"是用龟甲占卜的方法，根据龟壳的裂纹预测吉凶。《礼记·曲礼》："龟为卜，蓍为筮。"所以"筮"是用蓍草来占卜的方法，根据蓍草的排列预测吉凶。但在现代汉语中，三者的区别已经很不明显，既可以称作"占卜"，也可以称作"卜筮"。

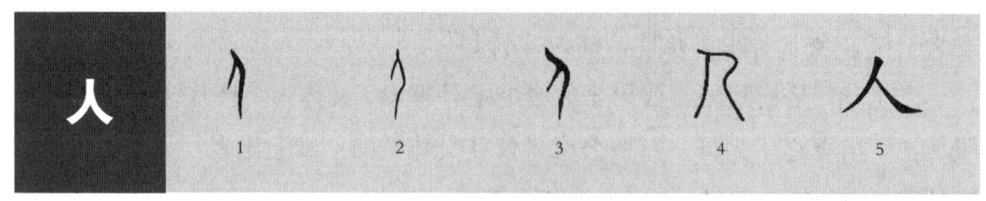

　　1、2形是甲骨文写法，像侧立的人形。3形是金文写法。4形是小篆写法，都是在1形的基础上演变而来的。5形是隶变后的楷书写法。

　　象形字。《说文解字》："人，天地之性最贵者也。象臂胫之形。"本义就是指人。如白居易《钱塘湖春行》："乱花渐欲迷人眼，浅草才能没马蹄。"

孟浩然《过故人庄》："故人具鸡黍，邀我至田家。"崔颢《黄鹤楼》："昔人已乘黄鹤去，此地空余黄鹤楼。"用作代词，表示别人、有人，如《韩非子·外储说左上》："人曰：'何不试之以足？'"《籍川笑林·火烧裳尾》："有人性宽缓，冬日共人围炉，见人裳尾为火所烧。"

"人"是一个部首字，用作偏旁在左时写作"亻"，如"仁、保、代、件"等；用作偏旁在上时写作"人"，如"全、仝、合、众"等。

成语"人为刀俎，我为鱼肉"出自《史记·项羽本纪》"如今人方为刀俎，我为鱼肉"，比喻人家掌握生杀大权，自己处在被宰割的地位。

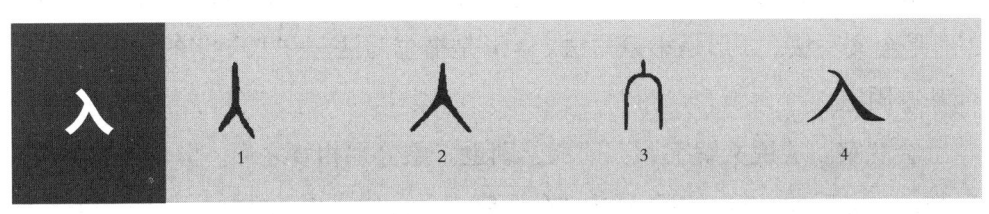

1形是甲骨文写法，像锋利的楔子。2形是金文写法，承袭甲骨文。3形是小篆写法。4形是隶变后的楷书写法。"入"字与"人"字相似，易混淆，最终确定为左撇短写，右捺探头的形式。

象形字。"入"字是"内"字的分化字，"入"字的初形与"内"字中的"入"形相同。《说文解字》中"入、内"互相训释——"入，内也。""内，入也。""入"字是楔形，楔形东西容易进入到其他物体内，因此"入"的本义是进入，与"出"相对。如卜辞中有："癸亥卜：王其入商？"（《合集》27767）《孟子·离娄下》："三过其门而不入。"引申为进入朝廷，如《孟子·告子下》："入则无法家拂士，出则无敌国外患者，国恒亡。""入"与"内"、"纳"古本同源，因此"入"又有采纳、收纳、交纳、缴纳等义，如《左传·僖公四年》："尔贡包茅不入，王祭不共，无以缩酒，寡人是徵。"晁错《勿收农民租疏》："边食足以支五岁，可令入粟郡县矣。"柳宗元《捕蛇者说》："殚其地之出，竭其庐之入。"

成语"入境问俗""入国问禁"均出自《礼记·曲礼上》"入竟（境）而问禁，入国而问俗"。意思是进入别国的境界，先问清他们的禁令；进入别国的都城，先问清他们的风俗。

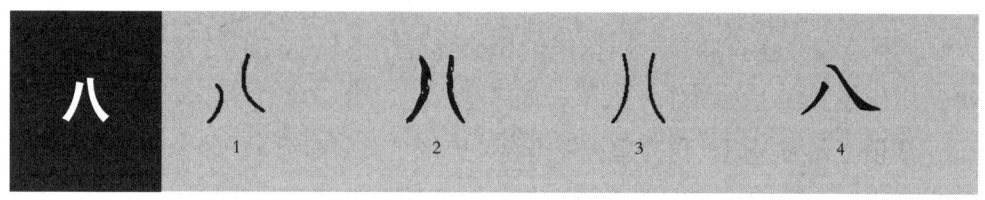

1形是甲骨文写法，两画相背，分向张开，表示一个东西被分成两半。2形是金文写法。3形是小篆写法。4形是楷书写法。"八"字的字形从古至今基本固定。

会意字。《说文解字》："八，别也。象分别相背之形。"本义是分开、分割，此义后加义符"刀"另造"分"字表示。假借表示数目，如辛弃疾《西江月·夜行黄沙道中》："七八个星天外，两三点雨山前。"孟浩然《望洞庭湖赠张丞相》："八月湖水平，涵虚混太清。"岑参《白雪歌送武判官归京》："北风卷地白草折，胡天八月即飞雪。"

"八"是一个部首字，在从八的字中，还可以看出"八"字的本义，它们大多与分的意义有关，如"分、半、公、扒"等。

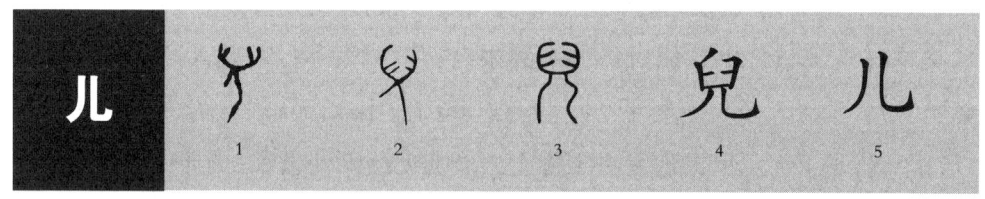

1形是甲骨文"兒"字写法，像小孩头颅上的囟门没有闭合的样子。2形是金文写法，与1形大同。3形是小篆写法。4形是隶变后的楷书写法。5形是简化后的楷书写法。

象形字。《说文解字》:"兒,孺子也。从儿,象小儿头囟未合。"后泛指小孩,如《列子·汤问》:"孔子东游,见两小儿辩斗,问其故。"引申指儿子、后代,如《木兰诗》:"阿爷无大儿,木兰无长兄。"李白《将进酒》:"五花马,千金裘,呼儿将出换美酒,与尔同销万古愁。"又引申指青年男子,如王勃《送杜少府之任蜀州》:"无为在歧路,儿女共沾巾。"白居易《卖炭翁》:"翩翩两骑来是谁?黄衣使者白衫儿。"

"儿"是一个部首字,从儿的字大都与人有关,如"兄、党、先、兆、兜、允"等。

在现代汉语中,"儿化"指普通话和某些方言中的一种语音现象。后缀"儿"字不自成音节,而和前面的音节合在一起,使前一音节的韵母成为卷舌韵母。汉语方言里,北京话以多儿化而闻名。如"小猫儿、小孩儿、小球儿、金鱼儿、脸蛋儿"等。

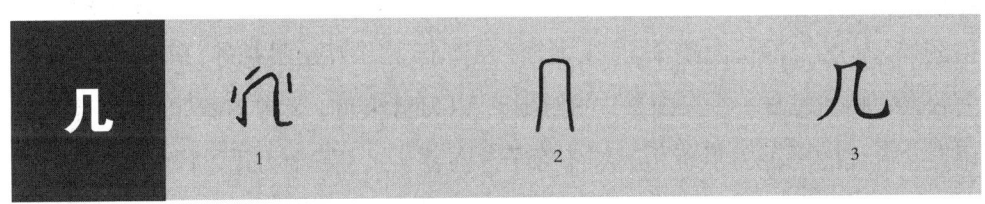

1形是甲骨文写法,像几案之形。2形是小篆写法。3形是隶变之后的楷书写法。

象形字。《说文解字》:"几,踞几也。"本义为古人席地而坐时供倚靠的低矮器具,读作"jī",后指用于搁置物品的低矮桌子,如归有光《项脊轩志》:"吾妻来归,时至轩中,从余问古事,或凭几学书。"

"几"还作为"幾"的简化字,用作副词,表示几乎、接近于,如贾谊《论积贮疏》:"汉之为汉,几四十年矣。"柳宗元《捕蛇者说》:"今吾嗣为之十二年,几死者数矣。"还用作疑问代词,询问时间或数目,读作"jǐ",如苏轼《水调歌头·明月几时有》:"明月几时有,把酒问青天。"李煜《虞美人·春花秋月何时了》:"问君能有几多愁,恰似一江春水向东流。"杜甫《江南逢李龟年》:"岐王宅里寻常见,崔九堂前几度闻。"

"几"是一个部首字,从几的字大都跟桌凳等家具有关,如"凭、凳"等。

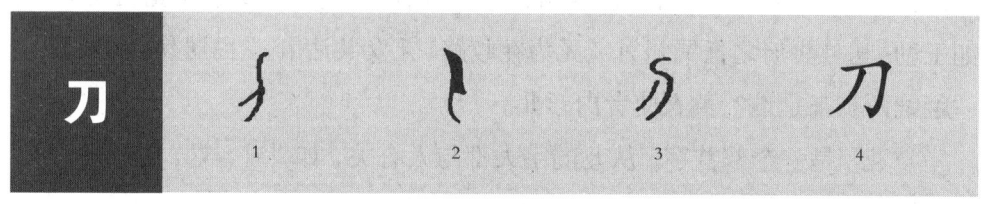

1形是甲骨文写法,像刀器之形。2形是金文写法。3形是小篆写法。4形是隶变之后的楷书写法。

象形字。《说文解字》:"刀,兵也。"本义指古代的一种兵器,如《史记·游侠列传》:"人怒,拔刀刺杀解姊子,亡去。"引申指用于切割、砍削的锋利工具,如《庄子·养生主》:"良庖岁更刀,割也。"《木兰诗》:"小弟闻姊来,磨刀霍霍向猪羊。"崔国辅《从军行》:"刀光照塞月,阵色明如昼。"蒲松龄《聊斋志异·狼三则》:"屠暴起,以刀劈狼首,又数刀毙之。"又指"刀币",古代的一种刀形货币,如《管子·国蓄》:"黄金刀币,民之通施也。"又通"舠",指小船等,如《诗经·卫风·河广》:"谁谓河广,曾不容刀。"

"刀"是一个部首字,从刀的字大都跟刀具等义有关,如"劈、刃、切、分、剪"等。用作偏旁又写作"刂",如"创、划、刊、刎、刺、削、刨"等。

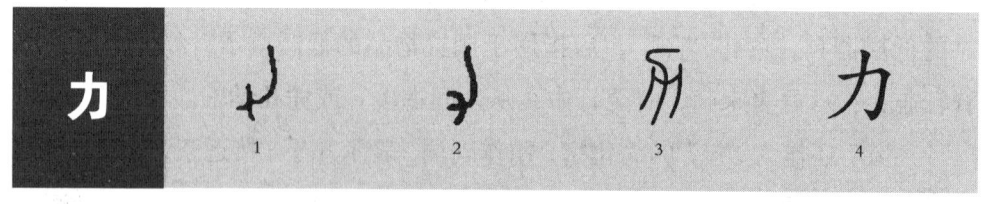

1形是甲骨文写法,像犁地的工具形,短画表示犁地时脚踏的横木。2形是金文写法,横木形变为曲笔。3形是小篆写法,曲笔上移。4形是隶变后的楷书写法。

象形字。"力"的本义为一种犁地用的农具,为"耒"之初文,因犁地需要用力,故而引申为力气,并渐渐成为常用义,如《列子·汤问》:"以君之力,曾不能损魁父之丘,如太行王屋何?"《史记·项羽本纪》:"力拔山兮气盖世。"李商隐《无题》:"相见时难别亦难,东风无力百花残。"又指劳力,如《韩非子·五蠹》:"不事力而衣食,则谓之能。"又引申为能力,如《周易·系辞下》:"德薄而位尊,知小而谋大,力小而任重,鲜不及矣。"又引申为权势、武力,如《孟子·公孙丑上》:"以力服人者,非心服也。"又引申为功劳、功效,如枚乘《七发》:"赖君之力,时时有之,然未至于是也。"又用作副词,表示用力、努力,如《礼记·中庸》:"好学近乎知,力行近乎仁,知耻近乎勇。"

"力"是一个部首字,从力的字大都跟力量、功效等义有关,如"办、功、务、动、助、劫、劲"等。

在现代汉字中,"力"字用作偏旁常常会跟"刀"字用作偏旁发生混同。凡是用"刀"作偏旁的字往往与刀具义有关,如"劈"表示分成两半,"刃"指锋利的刀尖,"分"指分开。用"力"作偏旁的字往往与力量有关。二者字形虽然相近,但是意思不相关。

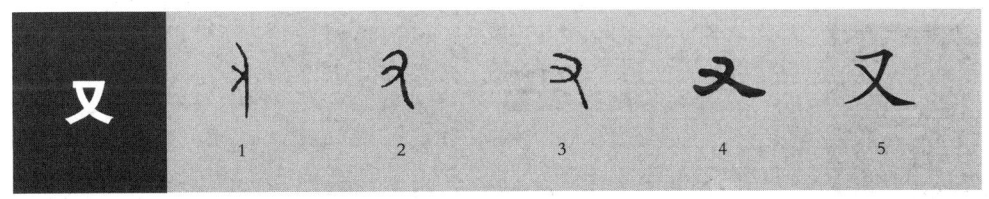

1形是甲骨文写法,像右手形。2形金文写法和3形小篆写法大体相同。4形是隶书写法,进一步演化。5形是楷书写法。

象形字。《说文解字》:"又,手也。象形。三指者,手之列多略不过三也。"本义为右手。假借为副词,表示同一行为的重复、继续,如《韩非子·难一》:

"楚人有鬻盾与矛者,誉之曰:'吾盾之坚,物莫能陷也。'又誉其矛曰:'吾矛之利,于物无不陷也。'"白居易《赋得古原草送别》:"野火烧不尽,春风吹又生。"杜甫《江南逢李龟年》:"正是江南好风景,落花时节又逢君。"王安石《泊船瓜洲》:"春风又绿江南岸,明月何时照我还?"又表示动作同时进行或情况同时存在,如《论语·八佾》:"子谓《韶》:'尽美矣,又尽善也。'"也表示轻微的转折,如苏轼《水调歌头·明月几时有》:"我欲乘风归去,又恐琼楼玉宇。"又可以加强反问语气,如《左传·庄公十年》:"肉食者谋之,又何间焉?"还可用作连词,连接整数和零数,如《大盂鼎铭文》:"六百又五十又九夫。"由于"又"后来经常被用作虚词,于是在"又"形上加"口"分化出"右"字,表示右手之意。

"又"是一个部首字,从又的字多与手的部位或手部动作有关,如"叉、取、叠、受"等。

三 画

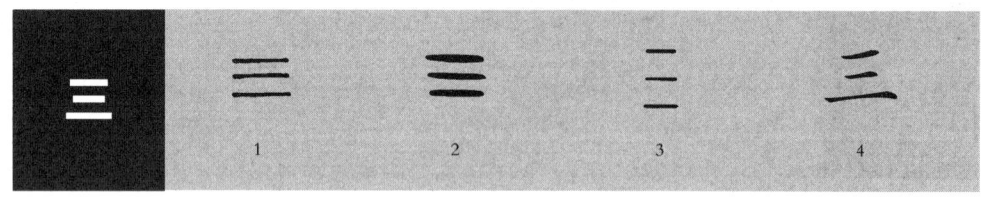

1形是甲骨文写法,表示计数符号三。2形是金文写法,承袭甲骨文。3形是小篆写法,承袭金文。4形是楷书写法。"三"的字形古今差异不大。

指事字。本义是数字三,如杜甫《石壕吏》:"听妇前致词,三男邺城戍。"引申表示序数词第三,如《左传·庄公十年》:"一鼓作气,再而衰,三而竭。"

进一步引申为多数、多次，如《史记·项羽本纪》："范增数目项王，举所佩玉玦以示之者三。"进而引申为约数，指众多，如杜甫《茅屋为秋风所破歌》："八月秋高风怒号，卷我屋上三重茅。"

"三尺"指剑，因为剑长三尺；也指法律，古代把法律写在三尺长的竹简上。有时还用作谦辞，指身份卑微，如王勃《滕王阁序》："勃，三尺微命，一介书生。""三辅"是古代治理京畿地区的三个行政长官的名称，也指他们所管辖的区域，后泛指京城附近的地区。"三宫"，即诸侯的后宫，天子六宫，诸侯减半；也指皇帝、太后、皇后。"三军"，即全军、军队的通称。古代诸侯大国军队分上军、中军、下军，步、车、骑三军，如毛泽东《长征》："更喜岷山千里雪，三军过后尽开颜。"

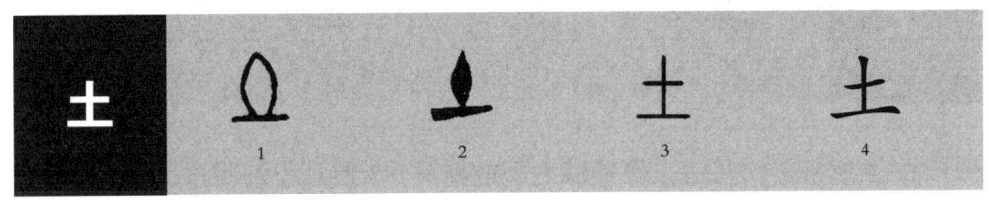

1形是甲骨文写法，像地面突出的土堆之形。2形是金文写法，由于在青铜器上铸成，金文写法填实，更为形象。3形是小篆写法。4形是隶变后的楷书写法。

象形字。《说文解字》："土，地之吐生物者也。"本义是土壤，如《荀子·劝学》："蚓无爪牙之利，筋骨之强，上食埃土，下饮黄泉，用心一也。"《列子·汤问》："以残年余力，曾不能毁山之一毛，其如土石何？"引申为农田，如柳宗元《捕蛇者说》："退而甘食其土之有，以尽吾齿。"又引申为国土，如苏洵《六国论》："燕赵之君，始有远略，能守其土，义不赂秦。"又引申为家乡、乡土，如《论语·里仁》："君子怀德，小人怀土。"钱起《赠汉阳隐者》："乐道复安土，遗荣长隐身。"

"土"的词义很广，由乡土、本土之意又可以引申为与"洋"相对的土气、俗气之意。"土"又是"社"的古文，甲骨文亳土、唐土等皆指其地之社神，即土地神。

"土"是一个部首字，从土的字多与土地有关，如"地、坡、壁"等。在中国文化中，土为五行之一，司中方，于儒家推崇的"五常"（即"仁义礼智信"）中主信。古人对土地神的敬仰源自对土地的崇拜。因为土地生长五谷，滋长万物，是人类赖以生存的基础，便从崇拜土地到祭土地神，这是古人"亲地"的自然崇拜。中华民族自古就有的"安土重迁"的文化心理，正是来源于这种土地崇拜意识。

1、2形是金文写法，像斧钺之类的器具。3形是小篆写法。4形是楷书承前写法。三种形体一脉相传。

象形字。本义为斧钺之类的器具，引申指代使用斧钺的人，即武士、勇士，如《战国策·燕策三》："风萧萧兮易水寒，壮士一去兮不复还。"刘邦《大风歌》："安得猛士兮守四方！"引申为士兵，如《孙子兵法·谋攻》："杀士三分之一而城不拔者，此攻之灾也。"贾谊《过秦论》："胡人不敢南下而牧马，士不敢弯弓而报怨。"又可指古代贵族等级中最低的一级，即士人阶层。周代将贵族分为四个等级：天子、诸侯、大夫和士，士与其他三个等级不同，他们没有田产的分封，而是依附在大夫和诸侯身边，为他们做事，如《论语·泰伯》："士不可以不弘毅，任重而道远。"又泛指男子，如《诗经·卫风·氓》："于嗟鸠兮！无食桑葚。于嗟女兮！无与士耽。士之耽兮，犹可说也。女之耽兮，不可说也。"

工

1形是甲骨文写法，像比量直角或方形的曲尺形。2形是金文写法。3形是小篆写法，将下部简化为一横，易于书写。4形是隶变后的楷书写法。

象形字。本义为曲尺，《说文解字》："工，巧饰也。"引申指手操工具干活的劳动者，如《论语·卫灵公》："工欲善其事，必先利其器。"韩愈《师说》："巫医乐师百工之人，不耻相师。"工人做工要精致且精巧，故引申为细致、巧妙，如韩愈《进学解》："子云，相如，同工异曲。"成语"异曲同工"即出于此。又引申为擅长，如《韩非子·五蠹》："工文学者非所用。"《韩非子·说林上》："子虽工自树于王，而欲去子者众，子必危矣。"

"工"是一个部首字，在汉字中凡从工的字大都与工具、技能、法规等义有关，如"式、巧"等。

才

1形是甲骨文写法，像小木桩之形。2、3形是金文写法。4形是战国包山楚简中的写法，笔画开始分离。5形是小篆写法。6形是楷书写法。

象形字。《说文解字》："才，草木之初也。"此释义有误。本义为打进土中的小木桩，为"弋（杙）"的分化字。假借表示人的资质、才能，如贾谊《过秦论》："才能不及中人。"引申为有才能的人，如《论语·先进》："才不才，亦各言其子也。"《论语·子路》："先有司，赦小过，举贤才。"又假借为副词，有刚刚（表示时间）、仅等意思，如陶渊明《桃花源记》:"初极狭,才通人。"白居易《钱塘湖春行》:"乱花渐欲迷人眼,浅草才能没马蹄。"

"才、材"二字为同源字,"材"本义指有用的木头,后来也指其他材料,如木材、钢材等,这种情况不可写作"才"。"材"有时也用于指有资质的人,是比喻用法,如"栋梁之材"。在表示"才能"之意时,二字可通用,如王安石《伤仲永》:"其受之天也,贤于材人远矣。"孟浩然《洛中访袁拾遗不遇》:"洛阳访才子,江岭作流人。"

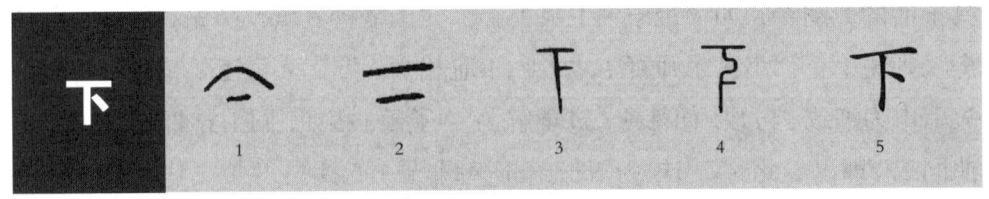

1形是甲骨文写法,像两横上下罗列之形,长横表示地平线,短横是指事符号。2、3形是金文写法,2形承袭甲骨文,3形在2形的基础上添加一竖笔,以区别于"二"。4形是小篆写法,笔画弯曲。5形是楷书写法。

指事字。本义指方位,与"上"相对,《荀子·劝学》:"上食埃土,下饮黄泉,用心一也。"引申表示下等,如《战国策·齐策一》:"闻寡人之耳者,受下赏。"进而引申表示自谦,如《史记·魏公子列传》:"公子为人仁而下士。"又引申为落下,如岑参《白雪歌送武判官归京》:"纷纷暮雪下辕门,风掣红旗冻不翻。"林嗣环《口技》:"忽然抚尺一下,群响毕绝。"又引申为战争中的攻下、占领,如《史记·陈涉世家》:"蕲下,乃令符离人葛婴将兵徇蕲以东。"又引申为低于,如韩愈《师说》:"今之众人,其下圣人亦远矣。"

"在下",谦辞,指自己,古人常用"区区在下"表自谦。"标下"则是武官对于上级的自称。

寸

1 形是小篆写法，"㝵"是手形，横画是指事符号，手下一寸之地即为寸口处，表示寸口。2 形是楷书写法。

指事字。《说文解字》："十分也。人手却一寸动脉，谓之寸口。"本义指寸口。后来被用作长度单位，如《春秋公羊传·僖公三十一年》："触石而出，肤寸而合，不崇朝而遍雨乎天下者，唯泰山尔。"因为寸的距离很短，可以引申为短小之意，如左思《咏史（其八）》："外望无寸禄，内顾无斗储。"孟郊《游子吟》："谁言寸草心，报得三春晖。"

成语"尺有所短，寸有所长"出自屈原《楚辞·卜居》"夫尺有所短，寸有所长；物有所不足，智有所不明；数有所不逮，神有所不通"，指人或事物都有自己的长处和短处。

大

1 形是甲骨文写法，像正面站立的大人形。2 形是金文写法。3 形是小篆写法。4 形是隶变后的楷书写法。

象形字。《说文解字》："天大，地大，人亦大，故大象人形。"本义指大人。引申指在容量、体积、面积、年龄等方面超过一般或者超过所比较的对象，如《列子·汤问》："日初出大如车盖，及日中则如盘盂，此不为远者小而近者大乎？"王维《使至塞上》："大漠孤烟直，长河落日圆。"引申表示重要的事情，如《孟子·告子下》："天将降大任于是人也，必先苦其心志，劳其筋骨。"又引申为家族中排行第一的，如《木兰诗》："阿爷无大儿，木兰无长兄。"

"大"是一个部首字，从大的字都带有某方面大的含义，如"夸、奇、奃、天、央、太"等。

"大"又通"太"，如《左传·隐公元年》："请京，使居之，谓之京城大叔。""大"和"太"是一对古今字。"大"是古字，"太"是今字。《广雅》："太，大也。"段玉裁《说文解字注·水部》："后世凡言大而以为形容未尽则作太，如大宰俗作太宰，大子俗作太子，周大王俗作太王是也。"因此，如《春秋》中的"大子""大上"，《史记》中的"大上皇""大后"，其中的"大"都应读为"太"。

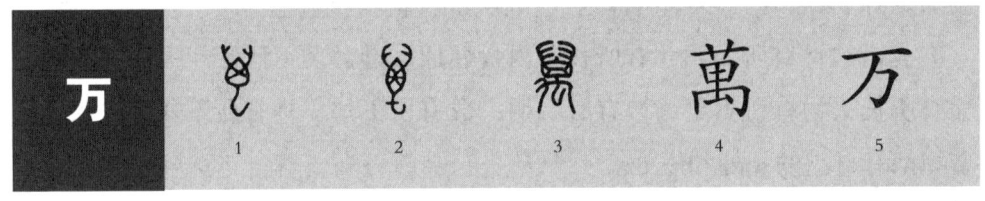

1形是甲骨文写法，像有头、尾的蝎形。2形金文承袭甲骨文，尾部增加一短横作为饰笔。3形是小篆写法，饰笔更加繁化。4形是隶变后的楷书写法。5形是简化后的楷书写法。

象形字。本义是虫子、蝎子，《说文解字》："萬，虫也。"假借为数词，指千的十倍，如《庄子·逍遥游》："鹏之徙于南冥也，水击三千里，抟扶摇而上者九万里，去以六月息者也。"元稹《遣悲怀》："今日俸钱过十万，与君营奠复营斋。"引申为很多，陶渊明《归去来兮辞》："善万物之得时，感吾生之行休。"归有光《项脊轩志》："借书满架，偃仰啸歌，冥然兀坐，万籁有声。"王之涣《凉州词》："一片孤城万仞山。"又指古代的一种大型舞蹈，即干戚之舞，如《诗经·邶风·简兮》："简兮简兮，方将万舞。"

上

1、2形是甲骨文写法，下面一长横表示地平线，上面的短横为指事符号，表示在地面之上。3、4形是金文写法，3形与甲骨文无异，4形在3形的基础上添加一竖笔，以便和"二"字区分。5形是《说文解字》中的古文字形，上面仅有一竖作为指事符号。6形是小篆写法。7形是隶变后的楷书写法。

指事字。《说文解字》："上，高也。"本义指方位，与"下"相对，引申指高处、上面，如李白《蜀道难》："上有六龙回日之高标，下有冲波逆折之回川。"又引申指天，如《尚书·文侯之命》："昭升于上。"马融注："上，谓天。"又如《上邪》："上邪！我欲与君相知，长命无绝衰。"进一步引申指地位高的君王，《广雅·释诂一》："上，君也。"《史记·绛侯周勃世家》："居无何，上至，又不得入。"

"上"字在《说文解字》中作为部首字出现，但在现代汉语中，"上"字已不再作为部首使用。在现代汉语中"上"多用作趋向动词（如上升、上交、上街等）和方位名词（如脸上、书上、思想上等）。在成语中，"上""下"经常同时构成一个成语，如"上蹿下跳、上梁不正下梁歪、上行下效、上下其手"等。

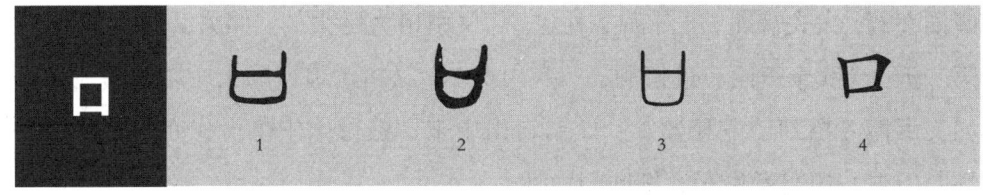

1形是甲骨文写法，像一张口形。2形是金文写法。3形是小篆写法。4形是楷书写法。从字形的演变上看，"口"的字形变化不大。

象形字。《说文解字》:"口,人所以言食也。"本义指嘴,如《孟子·告子上》:"口之于味,有同嗜焉。"可以引申为人口义,如《孟子·梁惠王上》:"百亩之田,勿夺其时,数口之家,可以无饥矣。"又引申为出入通过的地方,如陶渊明《桃花源记》:"山有小口,仿佛若有光。"

"口"是一个部首字,从口的字往往与嘴或方形物体有关,如"吃、叫、吻、啄、唱、呵"等。

成语"口无遮拦"指说话随意,不分场合。其反义词是"守口如瓶",形容说话谨慎或严守秘密。

1形是甲骨文写法,像众多山峰耸立之形。2形是金文写法,填实中间部分。3形是小篆写法,承袭金文。4形是楷书写法。

象形字。《说文解字》:"山,宣也。宣气散生万物,有石而高。象形。"本义是地面上的高耸部分,如《列子·汤问》:"太行、王屋二山,方七百里,高万仞。"刘禹锡《陋室铭》:"山不在高,有仙则名;水不在深,有龙则灵。"引申为形状像山一样的东西、山形的纹饰,如《新唐书·吴元济传》:"其长子也,山首燕颔,垂颐,鼻长六寸。"《荀子·大略》:"天子山冕,诸侯玄冠,大夫裨冕,士韦弁,礼也。"又引申为巨大的,如关汉卿《双赴梦》第二折:"我奉玉瓯,进御酒,一齐山寿。"又指僧道或隐士所居住的地方,如文彦博《招刘伯寿秘监》:"君自山中来,熟见山中事。我亦山中人,素怀归山志。切望青牛车,细问归山计。"

"山"是一个部首字,从山的字大都跟山石、高大等义有关,如"岖、岭、岩、崇、崩、岱、嵘"等。

成语"日薄西山"出自《汉书·扬雄传》"临汨罗而自陨兮,恐日薄于西山"。薄,迫近,即太阳快要落山了。该成语后用来形容人已经衰老,或引申为事物日渐衰败没落,如李密《陈情表》:"但以刘日薄西山,气息奄奄,人命危浅,朝不虑夕。"

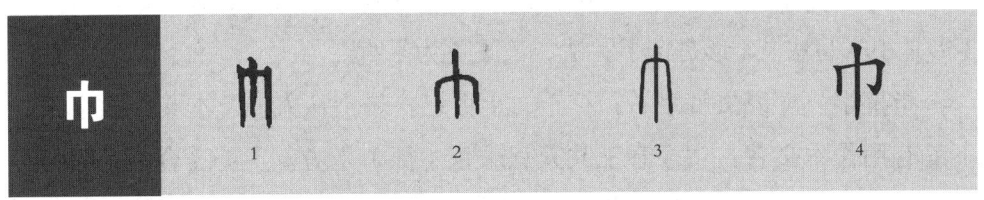

1形是甲骨文写法,像下垂的佩巾之形。2形是金文写法,承袭甲骨文。3形是小篆写法,承袭金文。4形是楷书写法,进一步演化。

象形字。《说文解字》:"巾,佩巾也。从冂,丨象糸也。"本义是佩巾,如《诗经·郑风·出其东门》:"缟衣綦巾,聊乐我员。"又引申为擦拭用的布帛、手帕,如王勃《送杜少府之任蜀州》:"无为在歧路,儿女共沾巾。"又指头巾,如苏轼《念奴娇·赤壁怀古》:"羽扇纶巾,谈笑间,樯橹灰飞烟灭。"用作动词,表示用织物来缠束或覆盖,如《庄子·秋水》:"吾闻楚有神龟,死已三千岁矣,王巾笥而藏之庙堂之上。"

"巾"是一个部首字,从巾的字大都跟布有关,如"布、帷、幕、幡、幔、帛"等。

在现代汉语中,有"巾帼豪杰"一词,"巾"和"帼"是古代妇女戴的头巾和发饰,借指妇女;"豪杰"指才能出众的人。该词整体解释为女性中的杰出人物。如朱由检《崇祯帝制诗(其一)》:"学就西川八阵图,鸳鸯袖里握兵符。由来巾帼甘心受,何必将军是丈夫。"这里描写的是明朝末年著名女将秦良玉。

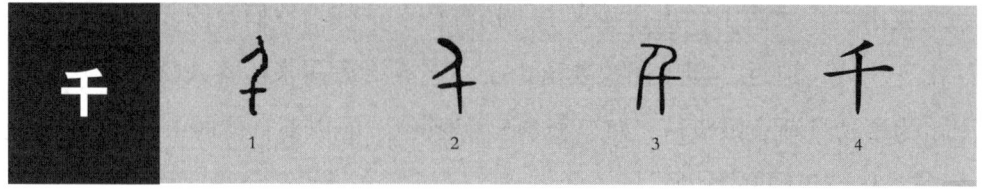

1形是甲骨文写法，从人从一，短横表示区别符号。2形是金文写法。3形是小篆写法。4形是楷书写法，笔画更为平直。

指事字。《说文解字》："千，十百也。从十从人。"本义为数字千，卜辞有用作本义者："今春王共人五千正（征）土方。"（《合集》6409）意思是今春王召集五千人征伐土方。引申泛指极多的，如杜甫《兵车行》："君不闻汉家山东二百州，千村万落生荆杞。"白居易《琵琶行》："千呼万唤始出来，犹抱琵琶半遮面。"辛弃疾《青玉案·元夕》："东风夜放花千树。"

又通"阡"，指田间南北相通的小路，如孟浩然《登总持寺浮图》："四门开帝宅，千陌俯人家。"睡虎地秦简《法律答问》："盗徙封，赎耐。可（何）如为'封'？'封'即田千陌。"意指偷偷地移动田界的标志，处以剃掉男子的须鬓的耐刑，或可以用金钱赎刑。什么是田界的标志呢？就是田间小路。南北向的田埂名叫"阡"，东西向的田埂名叫"陌"。现"阡陌"合用，泛指田间小路。

"秋千"是"鞦韆"的简写，是一种深受喜爱的游戏、运动用具，如苏轼《蝶恋花·春景》："墙里秋千墙外道。墙外行人，墙里佳人笑。"

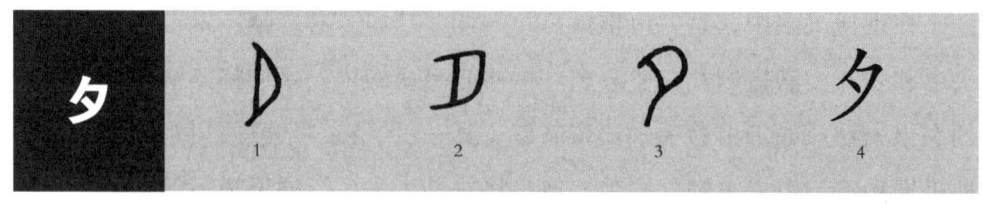

1形是甲骨文写法，像月初之形。"夕"与"月"本为一形，后分化为两个字。2形是金文写法，承袭甲骨文。3形是小篆写法。4形是隶变后的楷书写法。

象形字。《说文解字》:"夕,莫(暮)也。从月半见。"本义是傍晚。卜辞有用作本义者:"戊戌卜,永贞:今日其夕风?"(《合集》13338)意思是戊戌这天卜问:今天傍晚会刮风吗?引申表示夜晚,如苏轼《水调歌头·明月几时有》:"不知天上宫阙,今夕是何年。"

"夕"是一个部首字,从夕的字大都跟月、夜有关,如"夜、夙、梦、汐"等。

农历的七月初七是七夕节,又称"乞巧节""七巧节""七姐节"。古代诗人创作了大量描写七夕的诗句,如杜牧《秋夕》:"天阶夜色凉如水,卧看牵牛织女星。"李商隐《马嵬(其二)》:"此日六军同驻马,当时七夕笑牵牛。"孟浩然《他乡七夕》:"他乡逢七夕,旅馆益羁愁。"范成大《鹊桥仙·七夕》:"双星良夜,耕慵织懒,应被群仙相妒。"

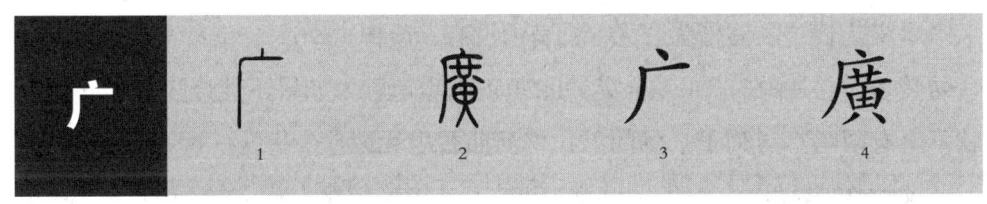

1形是小篆"广"字,像建筑在山崖上的房屋之形,读作"yǎn"。2形是小篆"廣"字,从广黄声。"广"和"廣"在古代是不同的两个字,读音和意义也各不相同,隶变后楷书分别写作3、4形。简化后均写作3形。

象形字。《说文解字》:"因广为屋,象对刺高屋之形。"本义为屋舍。"廣"为形声字,《说文解字》:"廣,殿之大屋也。"本义是有顶而四周无墙壁的大屋,故引申为大,如《尚书·周书·周官》:"功崇惟志,业广惟勤。"《荀子·修身》:"君子贫穷而志广。"又引申为广泛,如《汉书·艺文志》:"汉兴,改秦之败,大收篇籍,广开献书之路。"又引申作动词,表示扩大,如《周易·系辞上》:"夫易,圣人所以崇德而广业也。"引申为扩散、传播,如《礼记·乐记》:"是故君子反情以和其志,广乐以成其教。"又引申为宽阔,与"狭"相对。如《诗经·卫风·河广》:"谁谓河广,曾不容刀。"(刀:小船。)

"廣"的简化字作"广",在现代汉字中,"广"和"廣"两个意义都用同一个字形"广"来表示。因为"广"字是房屋的象形,故从广的字大都与房屋有关,如"府、庭、库"等。

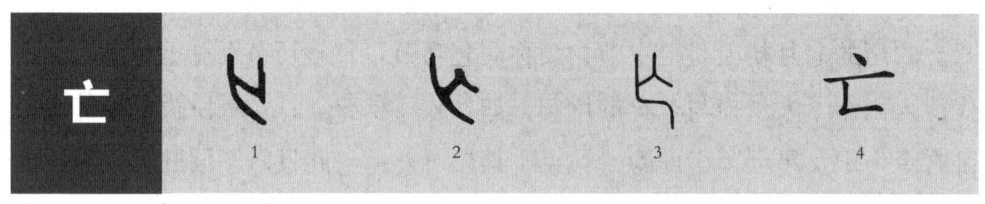

1形是甲骨文写法,从刀,用一竖笔指示有锋利刀锋的刀刃。2形是金文写法,竖笔演变为弧笔。3形是小篆写法。4形是隶变后的楷书写法。

本义为锋芒,假借为"无",表示没有,读作"wú",卜辞有用此义者:"勿焚姜,亡其雨。"(《合集》1121正)此句意为如果不焚烧姜这个女性,就不会有雨吗?《列子·汤问》:"河曲智叟亡以应。"

又读作"wáng",表示逃跑、逃亡。《说文解字》:"亡,逃也。"《史记·廉颇蔺相如列传》:"怀其璧,从径道亡。"《史记·陈涉世家》:"今亡亦死,举大计亦死。"又引申为丢失,如《韩非子·说林上》:"上索我者,以我有美珠也,今我已亡之矣。"又引申为外出,如《论语·阳货》:"孔子时其亡也,而往拜之。"又引申为灭亡,如《孟子·告子下》:"入则无法家拂士,出则无敌国外患者,国恒亡。"苏洵《六国论》:"诸侯之所亡,与战败而亡者,其实亦百倍。""是故燕虽小国而后亡。"

"亡羊补牢"一词中的"亡"就指丢失。该词出自《战国策·楚策四》"见兔而顾犬,未为晚也;亡羊而补牢,未为迟也",意为羊丢失了才修补羊圈,比喻在受到损失之后想办法补救,避免再受类似损失。

门 門 門 門 門 门
　1　2　3　4　5

　　1形是甲骨文写法，像两扇门。2形是金文写法，承袭甲骨文。3形是小篆写法，承袭金文。4形是隶变后的楷书写法。5形是简化后的楷书写法。

　　象形字。《说文解字》："门，闻也。"本义是建筑物的门，卜辞有用作本义者："王于南门逆羌？"（《合集》32036）此句意为大王在南门迎接羌人？又如《晏子春秋·内篇·杂下》："楚人以晏子短，为小门于大门之侧而延晏子。"又泛指出入口，如徐霞客《徐霞客游记·粤西游日记一》："棹舟而入，洞门甚高，而内更宏朗。"引申为家族、门第，如李密《陈情表》："既无伯叔，终鲜兄弟，门衰祚薄，晚有儿息。"又引申为派别，如曾国藩《诫子书》："孔门教人，莫大于求仁。"又引申为做事情的方法、途径，如屈原《九章》："事君而不二兮，迷不知宠之门。"

　　"门"是一个部首字，从门的字大都跟门户有关，如"间、闸、闺、闲、闭、闯、闪"等。

　　玉门关是古代重要的军事关隘和交通要道，因此有许多描写玉门关的诗句。如王之涣《凉州词》："羌笛何须怨杨柳，春风不度玉门关。"王昌龄《从军行》："青海长云暗雪山，孤城遥望玉门关。"

　　1形是甲骨文写法，像足踏地，出发去某地。2形是金文写法。3形是小篆写法。4形是隶变后的楷书写法。

本义为前往，到……去，如《韩非子·外储说左上》："至之市，而忘操之。"《史记·项羽本纪》："项伯乃夜驰之沛公军，私见张良。"《史记·陈涉世家》："与人佣耕，辍耕之垄上。"《诗经·卫风·伯兮》："自伯之东，首如飞蓬。"彭端淑《为学一首示子侄》："吾欲之南海，何如？"

借用为指示代词，相当于"这"，如《庄子·逍遥游》："之二虫又何知。"又用为第三人称代词，如《诗经·周南·关雎》："窈窕淑女，寤寐求之。"《论语·学而》："学而时习之，不亦说乎。"韩愈《杂说四·马说》："执策而临之，曰：'天下无马。'"

借用为结构助词，相当于"的"，如《淮南子·人间训》："丁壮者引弦而战，近塞之人，死者十九。"用作结构助词，宾语前置的标志，如《论语·子罕》："何陋之有？"韩愈《师说》："句读之不知，惑之不解。"还可用于主谓之间，使一个句子变成分句，如《韩非子·难一》："吾盾之坚，物莫能陷也。"《列子·汤问》："虽我之死，有子存焉。"

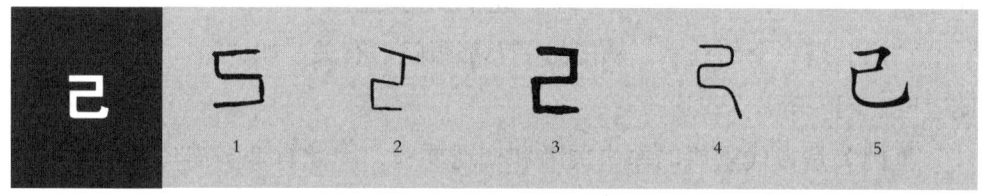

1、2形是甲骨文写法，字形有向左和向右两种，所像之形不明。3形是金文写法，西周以后，"己"字向右的写法淘汰，只剩下向左的一种，沿袭至今。4形是小篆写法。5形是隶变后的楷书写法。

象形字。《说文解字》："己，中宫也。象万物辟藏诎形也。己承戊，象人腹。"大多认为"己"是"纪"的本字，上古时期人们靠结绳记事，而"己"的字形就像一根绳索。《释名》："己，纪也。皆有定形，可纪识也。"假借为天干第六位，《左传·僖公二十二年》："冬十一月己巳朔，宋公及楚人战于泓。"又作代词，指自己，如《论语·学而》："不患人之不己知，患不知人也。"高适《别董大》："莫愁前路无知己，天下谁人不识君。"

"己、已、巳"三字字形十分相似，"己"读作"jǐ"，如"自己、己任"。"已"读作"yǐ"，如"已经、已知"。"巳"读作"sì"，是地支的第六位，如巳时（古代计时法，指九时到十一时）。

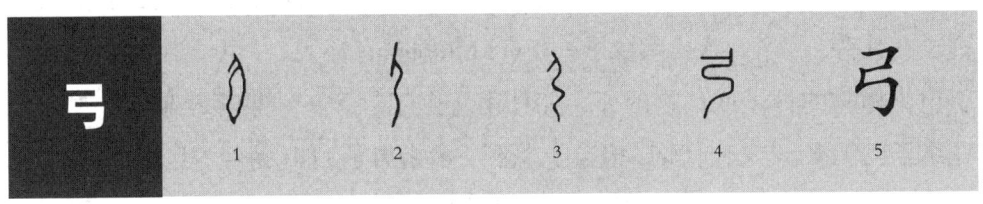

1、2形是甲骨文写法，像一把弓的形状，1形中能完整地看出弓弦，2形中弓弦省略，后来的字形基本沿用此形。3形是金文写法，承袭甲骨文字形。4形是小篆写法，线条趋于平直。5形是隶变后的楷书写法。

象形字。本义是射箭用的器具，如《诗经·大雅·公刘》："弓矢斯张，干戈戚扬。"《史记·绛侯周勃世家》："已而之细柳军，军士吏被甲，锐兵刃，彀弓弩，持满。"岑参《白雪歌送武判官归京》："将军角弓不得控，都护铁衣冷难着。"苏轼《江城子·密州出猎》："会挽雕弓如满月，西北望，射天狼。"辛弃疾《破阵子·为陈同甫赋壮词以寄之》："马作的卢飞快，弓如霹雳弦惊。"引申表示像弓一样弯曲，如姜夔《月下笛·与客携壶》："多情须倩梁间燕，问吟袖弓腰在否？"

"弓"是个部首字，从弓的字大都与弓矢有关，如"弦、弹、张、弛、弩"等。

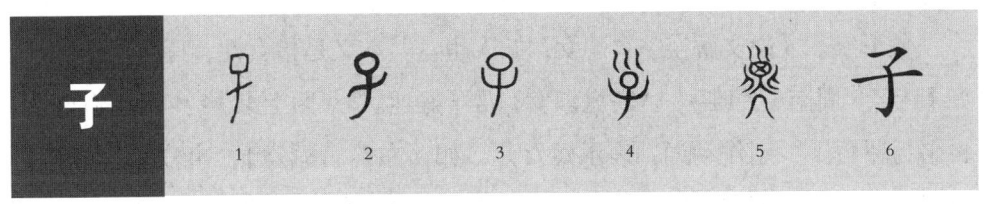

1形是甲骨文写法，像伸出双臂的婴儿形，双腿被包裹在襁褓里。2形

是金文写法。3形是小篆写法。4形是《说文解字》中的古文写法,上有婴儿头发。5形是《说文解字》中的籀文写法,突出婴儿头部的囟门。6形是隶变后的楷书写法。

象形字。本义是婴儿,如《荀子·劝学》:"干、越、夷、貉之子,生而同声,长而异俗。"引申为儿女,如白居易《观刈麦》:"复有贫妇人,抱子在其旁。"辛弃疾《南乡子·登京口北固亭有怀》:"生子当如孙仲谋。"引申为植物的种子或动物的卵,如杜甫《少年行》:"巢燕养雏浑去尽,江花结子已无多。"又作代词,相当于"您",多指男子,如《诗经·卫风·氓》:"送子涉淇,至于顿丘。匪我愆期,子无良媒。"《韩非子·难一》:"以子之矛陷子之盾,何如?"或写在姓氏后面,作为对人的尊称,如"孔子、老子"。

"子"假借为地支字,表示地支的第一位。用于纪月,指十一月;用于纪时,指二十三时至一时。

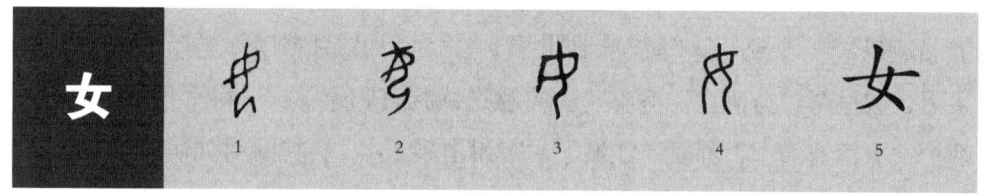

1形是甲骨文写法,像双手在胸前交叉、跪坐在地上的女人形。2、3形是金文写法,2形在女子头部加一横画表示女子头上的饰物,凸显女性的特征,3形女子由跪坐形变为站立形。4形是小篆写法,承袭金文写法。5形是隶变后的楷书写法。

象形字。《说文解字》:"女,妇人也。"本义是指女性,特指未婚女性,如《诗经·周南·关雎》:"窈窕淑女,君子好逑。"《陌上桑》:"秦氏有好女,自名为罗敷。"用作动词,表示嫁女儿,如《左传·桓公十一年》:"宋雍氏女于郑庄公,曰雍姞,生厉公。"又可作第二人称代词,读作"rǔ",如《诗经·魏风·硕鼠》:"硕鼠硕鼠,无食我黍。三岁贯女,莫我肯顾。"

"女"是一个部首字,从女的字大体分为两类:一是与女性及女性的优良特质相关的,如"姐、妹、姥、姝、妍、姗"等;二是与一些不好的事物相关的,如"奸、妒、婪"等。

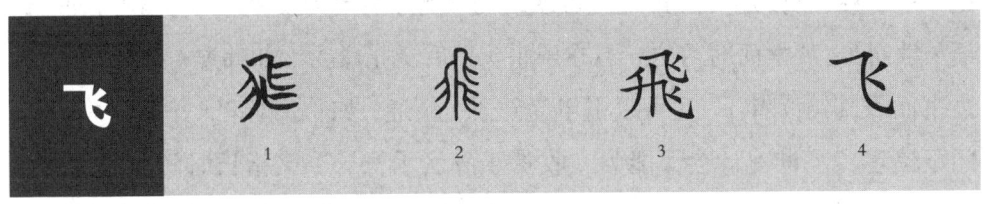

1形是战国楚文字写法,像鸟展翅飞翔的样子。2形是小篆写法。3形是隶变后的楷书写法。4形是简化后的楷书写法。

象形字。《说文解字》:"飞,鸟翥也。"(翥:读作"zhù",飞。)本义指鸟飞翔,如《诗经·邶风·燕燕》:"燕燕于飞,差池其羽。"后泛指在天上飞,如《周易·乾卦》:"飞龙在天,利见大人。"又引申为事物在空中的运动,如杜甫《茅屋为秋风所破歌》:"茅飞渡江洒江郊,高者挂罥长林梢,下者飘转沉塘坳。"由飞引申为快速,如《汉书·天文志》:"彗孛飞流,日月薄食。"(孛:星光四射。)李白《望庐山瀑布》:"飞流直下三千尺,疑是银河落九天。"辛弃疾《破阵子·为陈同甫赋壮词以寄之》:"马作的卢飞快,弓如霹雳弦惊。"又引申为意外的、凭空而来的,如《三国志·吴书·吴主五子传》:"然奋之诛夷,横遇飞祸矣。"

"蜚",古同"飞",指无根据的、无缘无故的。"流言飞语""飞短流长"又写作"流言蜚语""蜚短流长"。

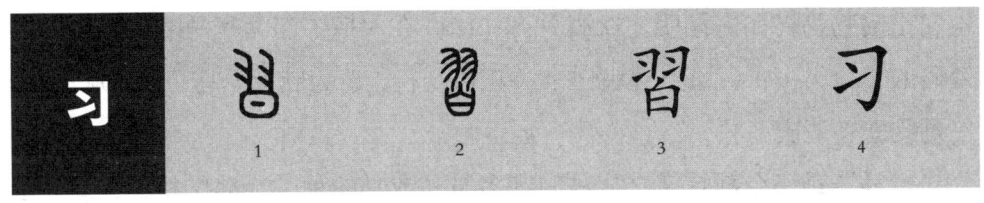

1形是甲骨文写法,上面是两羽毛形,下面是太阳形,表示鸟在日光下

练习飞翔。2形是小篆写法，由于"日"和"白"字形相近，因此发生了讹变。3形是繁体楷书写法。4形是简化后的楷书写法。

会意字。《说文解字》："习，数飞也。"本义是鸟类多次练习飞翔，如《礼记·月令》："鹰乃学习"即老鹰数次练习飞翔。引申为反复练习、复习，如《论语·学而》："学而时习之，不亦乐乎？"后泛指学习，如韩愈《师说》："授之书而习其句读者。"还可以引申为熟悉、精通，如《战国策·齐策四》："问门下诸客：'谁习计会，能为文收责于薛者乎？'"又指长时间养成的生活和处世的方式，即习惯，如《论语·阳货》："性相近也，习相远也。"

成语"习非成是"出自扬雄《法言·学行》"一哄之市政，必立之平；一卷之书，必立之师，习乎习，以习非之胜是，况习是之胜非乎"，意思是对某些错误事情习惯了，反以为本来就是对的。

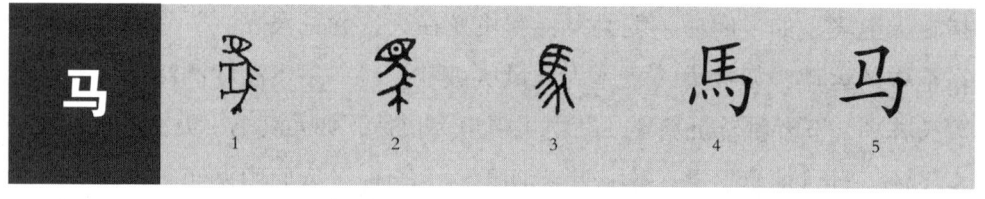

1形是甲骨文写法，像头、身、四足及尾巴都勾画出来的马形，还突出了马脸长和马背部有鬃毛的特点。2形是金文写法，略有简化，马身一笔下来，但依然保存着马的特点。3形是小篆写法，字形进一步简化，但仍可依稀辨认出马形。4形是隶变后的楷书写法。5形是简化后的楷书写法。

象形字。《说文解字》："马，怒也。武也。象马头毛尾四足之形。"本义是动物马，如陶渊明《饮酒》："结庐在人境，而无车马喧。"假借为筹码的"码"，如《礼记·投壶》："正爵既行，请为胜者立马，一马从二马，三马既立，请庆多马。"

"马"是一个部首字，从马的字多与马或马的种类、动作相关，或表示与马相似的动物，如"骐、骥、骈、驰、驼、驴"等。

现在常用"千里马"比喻人才；用"伯乐"比喻有真知灼见、善于发现人才、选拔人才的人。伯乐名叫孙阳，是春秋时期一个善于相马的人，有鉴别千里马的特殊技能。由于他十分善于相马，人们就用天上掌马星伯乐的名字来称呼他。韩愈在《杂说四·马说》中说："世有伯乐，然后有千里马。千里马常有，而伯乐不常有。"

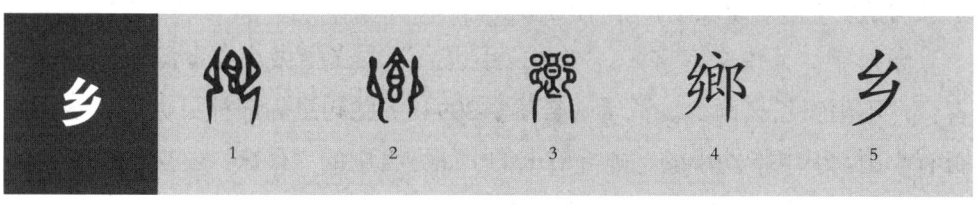

1形是甲骨文写法，像两个人对坐享用食物之形，是"饗（飨）"字的初文。2形是金文写法，承袭甲骨文。3形是小篆写法，由两个"邑"和食器的象形构成。4形是隶变后的楷书写法。5形是简化后的楷书写法。

会意字。《说文解字》："饗，乡人饮酒也。从食从鄉，鄉亦声。"本义是以酒食招待人，读作"xiǎng"，假借为"響（响）"，表示声响，如《汉书·天文志》："犹景之象形，响之应声。"

又假借为古代的一种居民组织，一万二千五百户为一乡，读作"xiāng"，如《周礼·地官·大司徒》："五州为乡。"（州：二千五百户为一州。）《庄子·逍遥游》："故夫知效一官，行比一乡，德合一君，而征一国者，其自视也亦若此矣。"由此引申为家乡，如晁错《论贵粟疏》："不农则不地著，不地著则离乡轻家。"贺知章《回乡偶书二首》："少小离家老大回，乡音无改鬓毛衰。"

又假借为方向之"嚮（向）"，读作"xiàng"，如《荀子·赋》："天地易位，四时易乡。"也假借为"曏（嚮、向）"，表示从前，如《论语·颜渊》："乡也吾见于夫子而问知。"

1形是甲骨文写法,像丝束之形。2形是金文写法,承袭甲骨文。3形是小篆写法。4形是隶变后的楷书写法。

象形字。《说文解字》:"幺,小也。"本义指微小,卜辞有用作本义者:"不雨?乙幺雨少。"(《合集》20948)此句意为向神灵贞卜,这天是否有小雨。引申指幼小的,排行最末的,如方言中的"幺妹、幺叔、幺儿"等。又指数词"一",如骰子或骨牌中的一点均读作"幺"。

"幺"是一个部首字,从幺的字大都跟细小意义有关,如"幼、幽、幾"等。

"幺""丝"古文字形都是用丝的纤细表示微小,只是一束丝还是两束丝的区别。《说文解字》:"丝,微也。"后加"艸"写作"兹",后作"兹",表示草木生长。

四 画

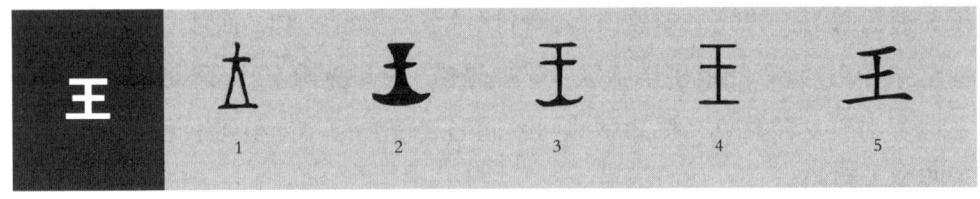

1形是甲骨文写法,像斧钺之形。2、3形是金文写法,下端的斧刃更像实物。4形是小篆写法,中横偏上,与"玉"区别。5形是隶变后的楷书写法。

象形字,以斧钺之形象征王权。《说文解字》:"王,天下所归往也。"本义指古代的最高统治者,读作"wáng",《尔雅·释诂》:"王,君也。"

引申为统治，读作"wàng"，如《诗经·大雅·皇矣》："王此大邦，克顺克比。"又如《史记·项羽本纪》："先破秦入咸阳者王之。"

"王"是一个部首字，从王的字大都与君王、天子有关，例如"皇、闰"等。另外，"王"更多时候作为声旁，多位于字的右边，如"旺、往、汪"等。

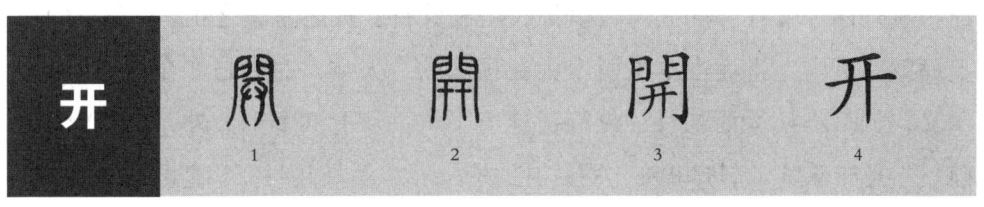

1形是《说文解字》中的古文写法，会双手拿掉门闩开门之意。2形是小篆写法，双手与门闩形讹变为"开"形。3形是隶变后的楷书写法。4形是简化后的楷书写法。

会意字。《说文解字》："开，张也。"本义为开门，如《木兰诗》："开我东阁门，坐我西阁床。"后来引申为打开，如贾谊《过秦论》："秦人开关延敌，九国之师，逡巡而不敢进。"杜牧《阿房宫赋》："明星荧荧，开妆镜也。"又引申为花开放，如岑参《白雪歌送武判官归京》："忽如一夜春风来，千树万树梨花开。"进一步引申为开辟，如杜甫《兵车行》："边庭流血成海水，武皇开边意未已。"又引申为攻克，如李白《蜀道难》："一夫当关，万夫莫开。"还有开设、设置等义，如李白《春夜宴从弟桃花园序》："开琼筵以坐花，飞羽觞而醉月。"白居易《琵琶行》："移船相近邀相见，添酒回灯重开宴。"

1、2形是甲骨文写法，1形像人形，突出其头部；2形在人的头部加上

指示性符号，指出头部位置。3形是金文写法，头部用实心圆点表示，更为形象。4形是小篆写法，和现在的"天"字相似。5形是楷书写法。

指事字。《说文解字》："天，颠也。至高无上。""天"的本义是头顶。古时有天刑，为凿顶之刑，如《周易·睽》："其人天且劓。"《山海经·海外西经》："刑天与帝争神，帝断其首，葬之常羊之山。"人的头顶上面就是天空，进而由本义引申为在顶部的、天空，这也是如今"天"的常用义，如辛弃疾《西江月·夜行黄沙道中》："七八个星天外，两三点雨山前。"又如苏轼《水调歌头·明月几时有》："明月几时有，把酒问青天。"又引申为用于计算天数的"一天"、自然、气候、季节等，如晏殊《浣溪沙·一曲新词酒一杯》："一曲新词酒一杯，去年天气旧亭台。"杜甫《茅屋为秋风所破歌》："俄顷风定云墨色，秋天漠漠向昏黑。"在中国古代社会中，人们信奉"天"是自然界的主宰者、造物者，在神话传说或原始宗教信仰中，认为天能够主宰人的命运，如《论语·为政》："五十而知天命。"《论语·子罕》："无臣而为有臣，吾谁欺？欺天乎？"曹操《龟虽寿》："盈缩之期，不但在天。"罗贯中《三国演义》："谋事在人，成事在天。不可强也！"

因为"天"具有无上的权威，故古代社会的统治阶级把他们的政权说成是受天命而建立的，因此帝王自称"天子"来彰显其政权的合法性。

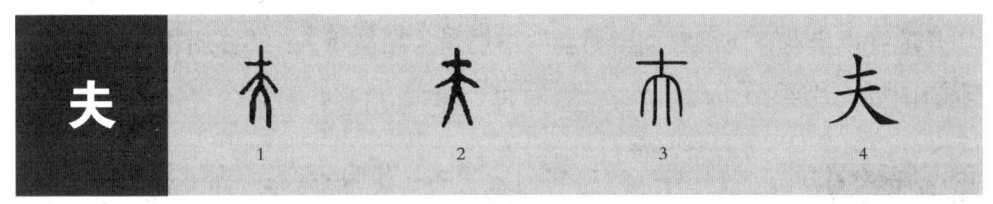

1形是甲骨文写法，从大从一，会头上插簪为成人之意。2形是金文写法。3形是小篆写法。4形是隶变后的楷书写法。

会意字。古代男子二十岁行加冠礼，将头发束起来插上簪子，表示已经成人。"夫"本义为成年男子，如《左传·宣公十二年》："且成师以出，闻强敌而退，非夫也。"《列子·汤问》："遂率子孙荷担者三夫，叩石垦壤，箕畚运于渤海之尾。"李白《蜀道难》："一夫当关，万夫莫开。"进一步引申为女子的配偶，如《陌上桑》："使君自有妇，罗敷自有夫。"林嗣环《口技》："遥闻深巷中犬吠，便有妇人惊觉欠伸，其夫呓语。"

"夫"还读作"fú"，用为代词，意为这些、那些，如柳宗元《捕蛇者说》："故为之说，以俟夫观人风者得焉。"又作助词，用于句首，表示引发议论或表示判断，如《韩非子·难一》："夫不可陷之盾与无不陷之矛，不可同世而立。"苏洵《六国论》："夫六国与秦皆诸侯。"又用于句尾，表示感叹，如《论语·子罕》："逝者如斯夫，不舍昼夜。"

1形是甲骨文写法，用短横指示头的部位，以表示人头之所在。2、3形是金文写法，2形较甲骨文大致相同；3形像人形，突出其头部，更为形象。4形是小篆写法，为了书写规整，将左侧撇拉长向下。5形是隶变后的楷书写法。

指事字。本义为人头，如《孟子·滕文公下》："志士不忘在沟壑，勇士不忘丧其元。"这里的"不忘"是不怕的意思。引申为一段时间的开头、开始，《说文解字》："元，始也。"此释义当为引申义，如《春秋公羊传·隐公元年》："元年者何？君之始年也。'"又引申为天地万物的本原，如《周易·乾卦》："彖曰：'大哉乾元，万物资始。'"董仲舒《春秋繁露·重政》："故元者为万物之本，而人之元在焉。"用作形容词，引申指为首的、居第一位的，如《左传·僖公二十七年》："于是乎搜于被庐，作三军，谋元帅。"又作副词，表示本来，如陆游《示儿》："死去元知万事空，但悲不见九州同。"用作名词，指圆形的货币，如银元。后又用作量词，指货币的单位。

无

1形是甲骨文写法，会人两手持物而舞之意，是"舞"的本字。2形是金文写法，承袭甲骨文。3形是小篆写法，人的两臂与口形之竖笔相交。4形是《说文解字》中的古文奇字。5形是隶变后的楷书写法。6形是简化后的楷书写法，承袭4形。

会意字。"無（舞）"的本义是舞蹈，后假借为有无之"无"，意为没有。《说文解字》："無，亡也。"如柳宗元《三戒·黔之驴》："黔无驴，有好事者船载以入。"又作不定代词，表示没有什么，如《孟子·梁惠王上》："察邻国之政，无如寡人之用心者。"又作副词，表示不要，如《孟子·梁惠王上》："鸡豚狗彘之畜，无失其时，七十者可以食肉矣。"又作连词，意指不论、不管，如韩愈《师说》："是故无贵无贱，无长无少，道之所存，师之所存也。"

成语"金无足赤，人无完人"出自戴复古《寄兴》"黄金无足色，白璧有微瑕。求人不求备，妾愿老君家"，比喻不能苛求别人不犯错。

韦

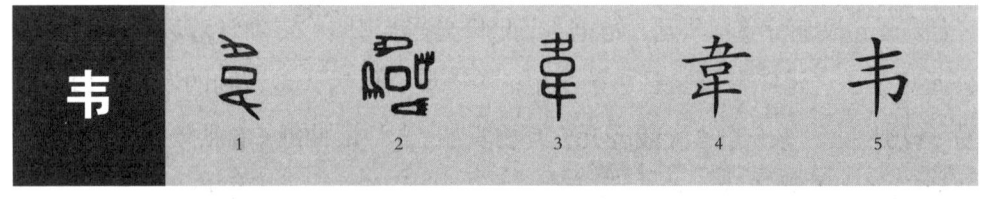

1形是甲骨文写法，从口（城邑或聚落）从二"止"，会众人围城之意。2形是金文写法，从四止，更为形象。3形是小篆写法。4形是隶变后的楷书写法。5形为简化后的楷书写法。

会意字。本义是包围、环绕，后加义符"囗"写作"围"；又有违离之义，《说文解字》："韦，相背也。"为了分化字义，背离之义另加义符"辵（辶）"写作"违"。又有"保卫"之义，另加义符"行"写作"衛"，如今简化作"卫"。

"韦"作为名词，假借指经过加工后的熟牛皮，如《左传·僖公三十三年》："及滑，郑商人弦高将市于周，遇之，以乘韦先，牛十二犒师。"

"韦"是一个部首字，从韦的字大都跟环绕、皮革有关，如"韬光养晦"的"韬"字，指弓或剑的套子；"韧"字形容柔软而结实，不易折断；"韩"字本义指围绕等。

成语"韦编三绝"中，"韦编"指用熟牛皮绳子将竹简编连起来，"绝"指断开。该词出自《史记·孔子世家》："孔子晚而喜《易》，序彖、系、象、说卦、文言。读《易》，韦编三绝。"此句意为孔子喜读《周易》，反反复复读了很多遍，以致多次翻断了编连竹简的牛皮绳子。现在，这个成语用来比喻读书十分勤奋。

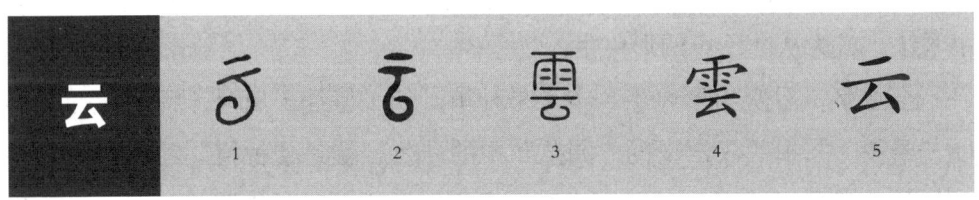

1形是甲骨文写法，像天空中舒卷的云层之形。2形是《说文解字》中的古文写法，承袭甲骨文。3形是小篆写法，增加义符"雨"。4形是隶变后的楷书写法。5形是简化后的楷书写法，承袭1、2形。

象形字。《说文解字》："雲，山川气也。从雨，云象雲回转形……云，古文省雨。"本义是云气，如元稹《离思五首》："曾经沧海难为水，除却巫山不是云。"秦观《鹊桥仙·纤云弄巧》："纤云弄巧，飞星传恨，银汉迢迢暗度。"引申表示形状或状态像云的事物，如《木兰诗》："当窗理云鬓，对镜帖花黄。"贾谊《过秦论》："天下云集响应，赢粮而景从。"又借作动词，表示说，如王羲之《兰亭集序》："古人云：'死生亦大矣。'岂不痛哉！"

"云"在古代诗文中经常出现，如浮云、天波、祥云、紫气、云烟、孤云、天衣、云海、碧烟、宿云、云罗、三素、朔云、山带、云根、水云、碧气、昌光、庆霄、五色气、合罗阵、天公絮等。韩翃《送客归江州》："风吹山带遥知雨，露湿荷裳已报秋。"刘禹锡《唐故衡州刺史吕君集纪》："天子之文章焕乎垂光，庆霄在上，万物五色。"

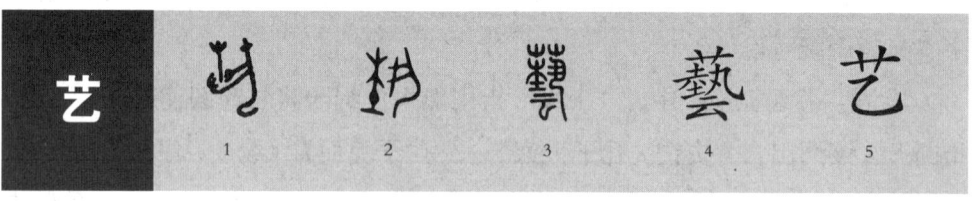

1形为甲骨文写法，像一个跪着的人双手捧着禾苗栽种的样子。2形为金文写法，在甲骨文的基础上增加"土"形。3形是小篆写法，增加"艹"和"云"形。4形是繁体楷书的写法，又有异体字"埶"和"蓺"。5形是简化后的楷书写法，成为从艹乙声的形声字。

会意字，后变为形声字，本义是种植，如《诗经·唐风·鸨羽》："不能艺黍稷。"现代汉语里的"园艺"中的"艺"就是"种植"的意思。由于种植技术得当，又可以引申为才能、技能，如《史记·龟策列传》："至今上即位，博开艺能之路。"我们今天经常使用的"艺术"一词实际上是从"才能、技能"这个义项引申出来的。

"六艺"的含义有二：在春秋以前一般指礼、乐、射、御、书、数这六种技能，即"古六艺"，出自《周礼·地官·保氏》"养国子以道，乃教之六艺：一曰五礼，二曰六乐，三曰五射，四曰五驭，五曰六书，六曰九数"，就是后世所说的"通五经，贯六艺"的"六艺"；在春秋以后一般指"六经"，即《诗》《书》《礼》《易》《乐》《春秋》六部儒家经典。

木

1形是甲骨文写法,像树木之形,上为树枝,下为树根。2形是金文写法。3形是小篆写法,将直笔变曲笔。4形是隶变后的楷书写法,茎上部分曲笔变直,下部变为一撇一捺。

象形字。本义为树,如《孟子·尽心上》:"舜之居深山之中,与木石居,与鹿豕游。"后来引申为木材,如《庄子·齐物论》:"形固可使如槁木,而心固可使如死灰乎?"又可指树叶,如杜甫《登高》:"无边落木萧萧下,不尽长江滚滚来。"后进一步引申为呆板、木讷义,而实际上在"木讷"一词中,最初"木"为质朴义,并无贬义,如《论语·子路》:"子曰:刚、毅、木、讷,近仁。"后来演变为呆板之义。

"木"是一个部首字,从木的字多与树木或木制品有关,如"果、枝、材"等。在中国文化中,木为"五行"之一,司东方,于儒家推崇的"五常"(即"仁义礼智信")中主仁。

支

1形是小篆写法,从又持半竹之形。2形是隶书写法,半竹讹为""。3形是楷书写法。

《说文解字》:"支,去竹之枝也。从手持半竹。"引申为植物的枝茎,此义后作"枝",如《诗经·大雅·文王》:"文王孙子,本支百世,凡周之士,不显亦世。"又引申为人的肢体，此义后作"肢"，如宋濂《送东阳马生序》："至舍，四支僵劲不能动。"进一步引申为分支、支派、支流，如陆游《过小孤山大孤山》："江自湖口分一支为南江，盖江西路也。"又引申为分散，如王延寿《鲁灵光殿赋》："捷猎鳞集，支离分赴。"又引申为支持、支撑，如《史记·李斯列传》："封弟子功臣自为支辅。"《战国策·燕策一》："夫一齐之强，而燕犹不能支也。"

"支"是一个部首字，从支的字大都跟枝条、分支等义有关，如"鼓、毁、劼、歧"等。

在现代汉语中，"支"字还用作量词，用于计杆状物品，如"一支笔、一支枪"等；用于计队伍，如"一支军队、一支文化队伍"等；用于计歌曲、乐曲等，如"一支歌、两支舞曲"。

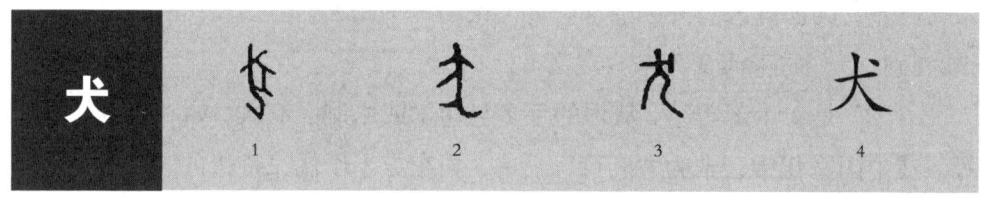

1形是甲骨文写法，像狗形。2形是金文的简化写法。3形是小篆写法，象形性减弱。4形是隶变后的楷书写法。

象形字。《说文解字》："犬，狗之有悬蹄者也。"本义是狗，如刘长卿《逢雪宿芙蓉山主人》："柴门闻犬吠，风雪夜归人。"引申为像狗一样，如蒲松龄《聊斋志异·狼三则》："少时，一狼径去，其一犬坐于前。"用以自比，谦称，如李密《陈情表》："臣不胜犬马怖惧之情，仅拜表以闻。"

"犬"是一个部首字，从犬的字大都跟狗、动物等义有关，如"獒、昊、猋、奘"等。在现代汉字中，犬字用作偏旁写作"犭"，多跟动物有关，如"犰、狂、狍、狩、猎、狐"等。

古代对大狗、小狗分得很细。大者为犬，小者为狗，后来通称为狗。

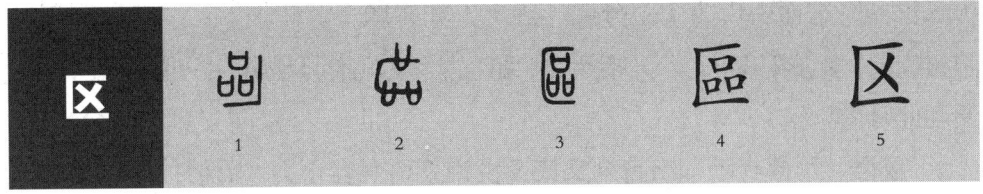

　　1形是甲骨文写法，像容器中装满东西，里面的"品"表示物品。2形是金文写法。3形是小篆写法。4形是隶变后的楷书写法。5形是简化后的楷书写法。

　　象形字。"区"应该是"瓯"的表意初文，《说文解字》："区，踦区，藏匿也。"指能装东西的器具，读作"ōu"，如《左传·昭公三年》："齐旧四量：豆，区，釜，钟。"引申为区域，如陆游《归耕》："不愁问字无来客，惟欠杨雄宅一区。"又引申为区别、划分，如贾思勰《齐民要术序》："鳏、寡、孤、独，有死无以葬者，乡部书言，霸具为区处。"

　　"区"本义是装东西的小容器，由此，"区区"引申为小的意思，如贾谊《过秦论》："然而秦以区区之地，致万乘之权。"作为这些义项使用时，要读成"qū"。"区区"还表示诚挚，如《古诗为焦仲卿妻作》："新妇谓府吏：感君区区怀。""区区"也是表示自称的谦辞，如归有光《山舍示学者》："则区区与诸君，论此于荒山寂寞之滨。"

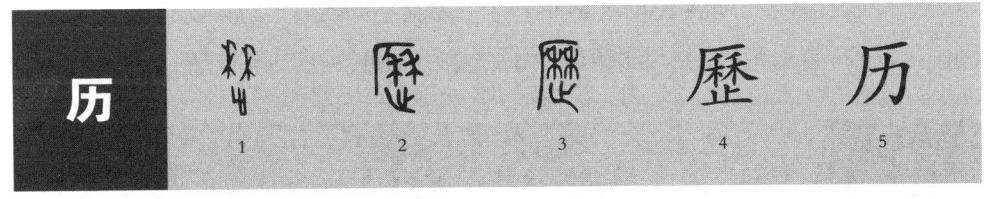

　　1形是甲骨文写法，从止秝（lì）声。2形是金文写法，从止厤（lì）声。3形是小篆写法，承袭金文。4形是楷书写法。5形是简化后的楷书写法。

　　形声字。《说文解字》："歷，过也。从止，厤声。"本义是巡视田禾，引申为经过、经历，如《三国志·蜀书·诸葛亮传》："孙权据有江东，已历三世。"进而引申为个个分明、逐个，如崔颢《黄鹤楼》："晴川历历汉阳树，芳草萋萋鹦鹉洲。"又指历法，如《古诗为焦仲卿妻作》："视历复开书，便利此月内。"

成语"历落嵚崎"出自刘义庆《世说新语·容止》"周伯仁道桓茂伦，嵚崎历落可笑人"。嵚崎，山岭高峻，指人品不凡；历落，形容仪态俊伟。该词比喻人杰出不群，潇洒非凡，如叶绍本《金缕曲》："历落嵚崎人间世，最是高名难受。"

1形是甲骨文写法，从二又。2形是金文写法，承袭甲骨文。3形是小篆写法，双手上下罗列。4形是楷书写法，进一步演变。

会意字。《说文解字》："友，同志为友。从二又，相交友也。"本义是合作互助，引申为朋友，如王勃《秋月登洪府滕王阁饯别序》："十旬休暇，胜友如云。"作为动词，表示以……为友，如苏轼《前赤壁赋》："况吾与子渔樵于江渚之上，侣鱼虾而友麋鹿，驾一叶之扁舟，举匏樽以相属。"进而引申为结交、友善等，如《论语·学而》："无友不如己者，过则勿惮改。"《三国志·蜀书·诸葛亮传》："惟博陵崔州平、颍川徐庶元直与亮友善，谓为信然。"

1形是甲骨文写法，像残骨之形。2形是小篆写法，承袭甲骨文。"歹"本写作"歺"，音"è"。3形是隶变后的楷书写法，与"好歹"的"歹（dǎi）"

同形。

象形字。本义为死人的残骨，《说文解字》："歹，列（裂）骨之残也。""歹"在甲骨文中用的多是假借义，如："其亦歹雨？"（《合集》6589正）其中的"歹"假借为"烈"，此句的意思是：又要下暴雨吗？

在甲骨文中，"歹"多作偏旁出现，隶变后写作"歹"，依旧是一个部首字，在汉字中凡从歹的字大多与坏、死亡有关，如"残、歼、殉、殇、死、殂"等。

1形是甲骨文写法，像车形，车厢、车轮、车辕俱全。2、3形是金文写法。2形承袭甲骨文；3形省简，仅留下了车轮之形。4形是小篆写法，承袭3形金文。5形是隶变后的楷书写法。6形是简化后的楷书写法。

象形字。本义是车子，如《诗经·卫风·氓》："淇水汤汤，渐车帷裳。"白居易《卖炭翁》："夜来城外一尺雪，晓驾炭车辗冰辙。"引申为战车，如《史记·陈涉世家》："比至陈，车六七百乘，骑千余，卒数万人。"又如杜甫《兵车行》："车辚辚，马萧萧，行人弓箭各在腰。"又引申为牙床，如《左传·僖公五年》："辅车相依，唇亡齿寒。"

"车"是一个部首字，从车的字大多与车辆有关，如"轨、辆、轱、轩、轮"等。

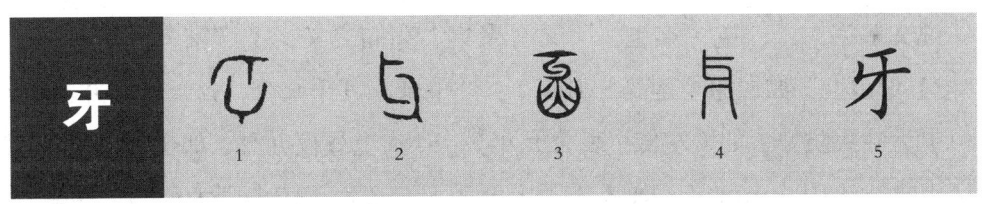

1、2形是金文写法，像上下牙互相交错。3形是《说文解字》中的古文写法，

在金文写法上增加义符"齿"。4形是小篆写法。5形是楷书写法。

象形字。《说文解字》："牙，牡齿也。""牙"的本义是壮齿，如《六书故·人四》："口有齿有牙。齿当唇，牙当车。齿相直也，牙相入也。"古时称门牙为"齿"，称后面的大牙或槽牙为"牙"。后来"牙"可以泛指牙齿。如《荀子·劝学》："蚓无爪牙之利，筋骨之强，上食埃土，下饮黄泉，用心一也。"又特指象牙。如《新唐书·南蛮列传》："有横笛二：一长尺余，取其合律，去节无爪，以蜡实首，上加师子头，以牙为之，穴六以应黄钟商，备五音七声。"

"牙"或同"互"，"互"是籀文"牙"字的变体，表示车轮外圈互相咬合在一起的木块。它们之间有交互作用，由此产生有联系、有影响的双方的含义。"牙行"一词应是"互行"的误写，它表示在买卖双方之间起联系作用的行业。

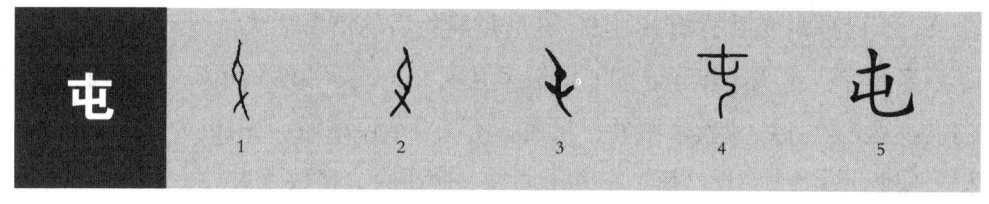

1、2形是甲骨文写法，像破土而出的嫩芽。3形是金文写法，将甲骨文"屯"字上部的圈变为一个实心圆点，并将下部一斜笔变为"ㄑ"形。4形是小篆写法，与现在的"屯"字相差不大，字形基本固定。5形是楷书写法。

象形字。本义为草木初生。草木破土而生很艰难，因此引申为难的意思，《说文解字》："屯，难也。"又有聚集、存储之义，《广雅·释诂三》："屯，聚也。"如屈原《楚辞·离骚》："屯余车其千乘兮，齐玉轪而并驰。"引申为驻兵防守，如《左传·哀公元年》："夫屯昼夜九日，如子西之素。"又引申为土山、土坡义，如《庄子·至乐》："生于陵屯则为陵舄，陵舄得郁栖则为乌足。"

在现代汉语中,"屯"用于方言中,可指村庄或村庄名,如皇姑屯。

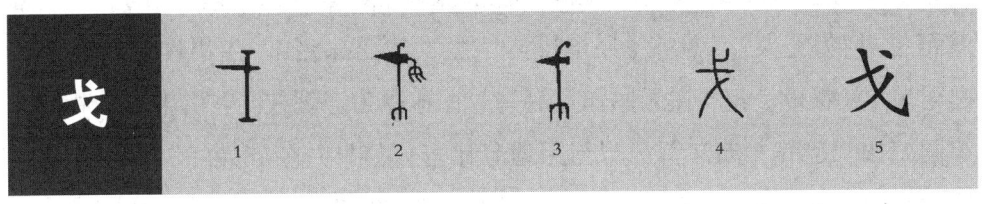

1形是甲骨文写法,是武器戈的象形。2、3形是金文写法。4形是小篆写法。5形是隶变后的楷书写法。

象形字。本义指古代的一种平头长柄的兵器,《说文解字》:"戈,平头戟也。"可向前击御敌,可向内拉勾人头颅,亦可自上而下击而伤人,为勾兵之一,如《诗经·秦风·无衣》:"王于兴师,修我戈矛,与子同仇。"《楚辞·九歌·国殇》:"操吴戈兮被犀甲,车错毂兮短兵接。"后泛指兵器,如辛弃疾《永遇乐·京口北固亭怀古》:"想当年,金戈铁马,气吞万里如虎。"又引申指代战争,如《左传·宣公十二年》:"夫文,止戈为武。"

"戈"是一个部首字,从戈的字大都与争斗和武器有关,如"战、戎、戍"等。现在,"戈"字虽因冷兵器时代的结束而较少单独使用,但仍活跃于成语之中,如"大动干戈、反戈一击、化干戈为玉帛"等。

在古汉字中,"戈"与"弋"常被混用,如地名"弋阳"易误写作"戈阳"。从戈之字多与战争有关,而"弋"本义为小木桩,二者有着本质上的不同。

1形是甲骨文写法,像两人一前一后紧紧挨在一起。2形是金文写法。3形是小篆写法。4形是隶变后的楷书写法。

会意字。《说文解字》："比，密也。"本义为相邻近，挨着、靠近，如《晏子春秋·内篇·杂下》："齐之临淄三百闾，张袂成阴，挥汗成雨，比肩继踵而在，何为无人？"杜甫《兵车行》："生女犹得嫁比邻，生男埋没随百草。"白居易《长恨歌》："在天愿作比翼鸟，在地愿为连理枝。"引申表示相同、等同，如《楚辞·涉江》："与天地兮比寿，与日月兮齐光。"又引申为相比、比较，如贾谊《过秦论》："试使山东之国与陈涉度长絜大，比权量力，则不可同年而语矣。"又表示联合，如《庄子·逍遥游》："故夫知效一官，行比一乡，德合一君，而征一国者。"又作介词，表示与……相比，如柳宗元《捕蛇者说》："今虽死乎此，比吾乡邻之死则已后矣，又安敢毒耶？"又表示及、等到，如归有光《项脊轩志》："比去，以手阖门。"

"比"是一个部首字，从比的字大都跟并列、接近有关，如"毗、毖、批、仳"等。

1形是小篆写法，像房屋上的瓦片相扣之形。2形是隶变后的楷书写法。

象形字。本义是覆盖屋顶的建筑材料，即瓦器，读作"wǎ"，如杜甫《秦州杂诗》："对门藤盖瓦，映竹水穿沙。"引申泛指用土烧制的陶器或瓦质的器物，《说文解字》："瓦，土器已烧之总名。"如辛弃疾《水龙吟·用瓢泉韵戏陈仁和兼简诸葛元亮，且督和词》："倩何人与问，雷鸣瓦釜，甚黄钟哑。"又用作动词，读作"wà"，表示将瓦铺在房顶上，如陆游《抚州广寿禅院经藏记》："予之始至也，才屹立十余柱，其上未瓦，其下未甃，其旁未垣。"

"瓦"是一个部首字，从瓦的字大都跟土烧的瓦器等义有关，如"瓷、瓮、瓶、甂、甄、罂"等。

成语"宁为玉碎,不为瓦全"指宁做玉器被打碎,也不做瓦器而被保全。比喻宁愿为正义事业牺牲,也不愿丧失气节,苟且偷生。该典故出自公元550年,东魏的孝静帝被迫让位给丞相高洋后被毒死之事。高洋同时还杀害孝静帝的儿子及所有亲属以斩草除根。有元氏宗族之人建议改姓高以保命,元景皓表示:"大丈夫宁为玉碎,不为瓦全。"他宁愿被杀头也不愿改元姓高。

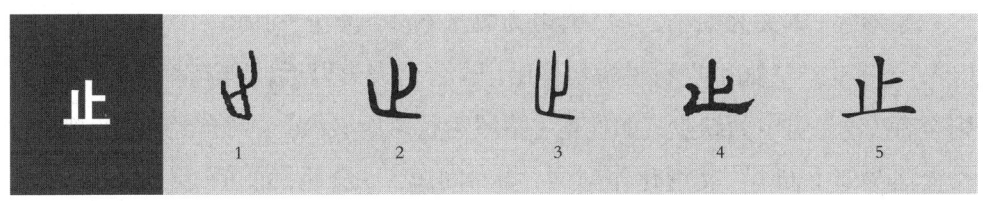

1形是甲骨文写法,像人足之形。2形是金文写法,线条分开。3形是小篆写法。4形是隶书写法。5形是楷书写法。

象形字。《说文解字》:"止,下基也。象艸木出有址,故以止为足。"该说法有误,"止"的本义是脚。引申为停止,不再前进,《吕氏春秋·慎大览·察今》:"舟止,从其所契者入水求之。"进一步引申为阻止、停留、减省等意思,如《史记·廉颇蔺相如列传》:"臣舍人相如止臣。"

由于"止"为停止义专用,脚之义便另加义符写作"趾"来表示。

"止"是一个部首字,从止的字大都跟脚及其动作行为等义有关,如"步、武、正、歧、寿(前)"等。

"高山仰止"出自《诗经·小雅·车辖》"高山仰止,景行行止",意为品德崇高的人,就会受人敬仰。后比喻对有气质、有修养或有崇高品德之人的崇敬、仰慕之情。"树欲静而风不止"出自《韩诗外传》卷九:"树欲静而风不止,子欲养而亲不待也。"谓树要静止,风却不停息地刮得它摇动,比喻事物的客观存在和发展不以人的意志为转移。

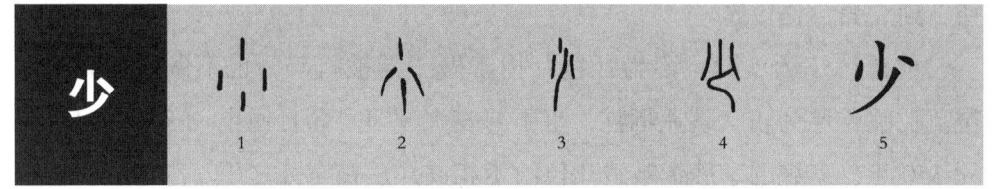

1形是甲骨文写法,像尘沙之形。2、3形是金文写法,较甲骨文更为线条化。4形是小篆写法。5形是楷书写法。

象形字。本义为细小之物,引申为数量不多,读作"shǎo",《说文解字》:"少,不多也。"如王安石《游褒禅山记》:"夫夷以近,则游者众;险以远,则至者少。"引申为缺少,如杜甫《茅屋为秋风所破歌》:"自经丧乱少睡眠,长夜沾湿何由彻。"又虚化作副词,指时间短,一会儿,如苏轼《前赤壁赋》:"少焉,月出于东山之上。"又引申为年轻、年幼,读作"shào",如《史记·陈涉世家》:"陈涉少时,尝与人佣耕。"又引申指年轻人,如韩愈《师说》:"是故无贵无贱,无长无少。"

在古代汉语中,形容时间短的词语有"少顷、俄而、未几、少时、顷刻、须臾、有间"等。如林嗣环《口技》:"少顷,但闻屏障中抚尺一下。""俄而百千人大呼,百千儿哭,百千犬吠。""未几,夫齁声起,妇拍儿亦渐拍渐止。"蒲松龄《聊斋志异·狼三则》:"少时,一狼径去。""狼亦黠矣,而顷刻两毙。"《荀子·劝学》:"吾尝终日而思矣,不如须臾之所学也。"《韩非子·喻老》:"扁鹊见蔡桓公,立有间。"

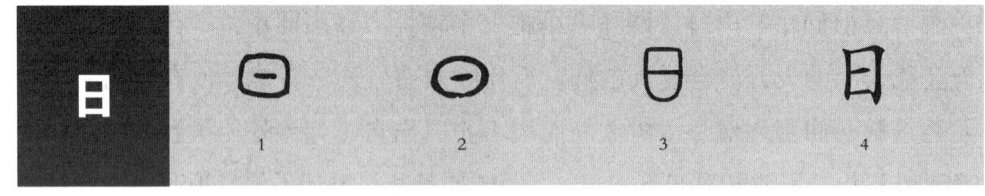

1形和2形分别是甲骨文和金文写法,像太阳之形,中间一点为区别符号,以便与"口""〇"相区别。3形是小篆写法,有变形,中间一点变为一横,

象形之意渐失。4形是楷书写法,承袭小篆,"日"字现今成为十分具有代表性的方块字。

象形字。本义是太阳,《山海经·海外北经》:"夸父与日逐走,入日。"引申指白天,与"夜"相对应,如《孟子·离娄下》:"仰而思之,夜以继日。"又引申为计量时间的单位,即一昼夜,也就是现在人们所惯用的一天为一日的概念,《诗经·郑风·子衿》:"一日不见,如三月兮。"

在中国道家哲学思想中,讲求阴阳相对相生,"日"为阳的代表,而"月"则为阴的代表。

"日"是一个部首字,从日的字皆与太阳、光阴等有关,如"早、明、昊、星、晖、晷"等。

1形是甲骨文写法,像旗帜形。2、3形是金文写法,承袭甲骨文并加以简化。4形是小篆写法,在金文基础上进一步简化而成。5形是隶书写法。6形是楷书写法。

象形字。本义为旗帜,卜辞有用作本义者:"丙子其立中,无风。八月。允无风,易日。"(《合集》7369)意思是卜问某天立中,有没有风或者风会不会变大。引申为中央,指一定范围内适中的位置,读作"zhōng",如《诗经·秦风·蒹葭》:"溯游从之,宛在水中央。"进一步引申为内部,如周敦颐《爱莲说》:"予独爱莲之出淤泥而不染,濯清涟而不妖,中通外直,不蔓不枝。"又引申为一半、半路,如《战国策·魏策四》:"魏王欲攻邯郸,季梁闻之,中道而反。"诸葛亮《前出师表》:"先帝创业未半而中道崩殂。"表示射中,欧阳修《醉翁亭记》:"宴酣之乐,非丝非竹,射者中,弈者胜,觥筹交错，起坐而喧哗者，众宾欢也。"读作"zhòng"，引申为符合、正好的意思，如《荀子·劝学》："木直中绳，𫐓以为轮，其曲中规。"

在现代汉语中，"中国"为"中华人民共和国"的简称，而"中"又常常作为"中国"的简称，如"古今中外、中日建交"等。

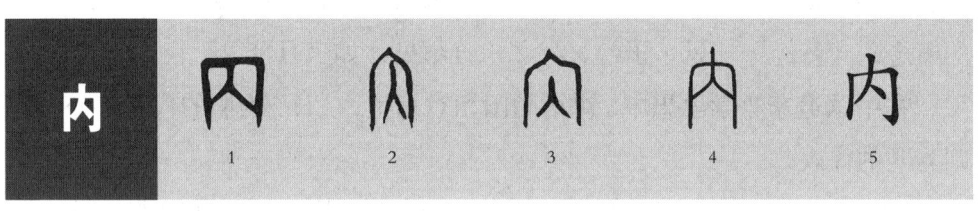

1、2形是甲骨文写法，由"冂"形和有锐锋的楔形符号构成。"内"字最初写作1形，与"丙"字字形相似，为了区分，后写作有尖顶的2形。3形是金文写法。4形是小篆写法，"入"形向上穿透"冂"形，成为以后字形的稳定形式。5形是楷书写法。

会意字。《说文解字》："内，入也。从冂，自外而入也。"本义是从外面进入里面，引申为里面，与"外"相对，如《论语·季氏》："吾恐季孙之忧，不在颛臾，而在萧墙之内也。"贾谊《过秦论》："即四海之内，皆欢然各自安乐其处，惟恐有变。"又如王勃《送杜少府之任蜀州》："海内存知己，天涯若比邻。"引申为内心，如《论语·里仁》："见贤思齐焉，见不贤而内自省也。"

最初，"内"字兼含"内""入""纳"三项相关联的意义，后来逐渐分化为"内""入""纳"三个字。因此，"内"有收容、接纳义，如《史记·屈原贾生列传》："亡走赵，赵不内。"又引申为交纳，如《史记·秦始皇本纪》："百姓内粟千石，拜爵一级。"这两个义项后来写作"纳"。

成语"内外交困"形容内部和外部都处于困难境地，多指国内的政治经济等方面和对外关系方面都处于十分困难的地步。

贝

1 形是甲骨文写法,像贝形。2 形是金文写法,变化不大,中间的两横连在一起。3 形是小篆写法,已经看不出贝壳的形状。4 形是隶变后的楷书写法,简化后写作 5 形。

象形字。《说文解字》:"贝,海介虫也。"本义是贝壳,如《荀子·大略》:"玉贝曰唅。"又如宋玉《登徒子好色赋》:"腰如束素,齿如含贝。"也作古代货币用,如《汉书·食货志下》:"大贝四寸八分以上,二枚为一朋,直二百一十六。"

在上古,贝壳十分珍贵,因此常用来作为货币使用。从贝的字通常与钱财或贵重之意有关,如"财、货、贸、资、贿、赂"等。需要注意的是,由于"贝"的形体和"鼎"的形体发生了混同,因此现在一些从贝的汉字和钱财并没有什么关系,是因为这些字的"贝"形是"鼎"的讹变,如"员、贞、则"等。

见

1 形是甲骨文写法,像跪坐人形,突出其"目",表示看见。2 形是金文写法,承袭甲骨文。3 形是小篆写法,上部的"目"由横写变成竖写。4 形是繁体楷书写法,承袭小篆字形。5 形是简化后的楷书写法,已看不出"目"形。

会意字,《说文解字》:"见,视也。"本义是看见,如《诗经·王风·采葛》:"一日不见,如三秋兮。"引申为接见,如《史记·廉颇蔺相如列传》:"秦王坐章台,见相如。"放在动词前,表示被动,如《庄子·秋水》:"吾长见笑于大方之家。"有时，在动词前，表示一方面对另一方面施以某种行为，如司马相如《上林赋》："鄙人固陋，不知忌讳，乃今日见教，谨受命矣。"王安石《答司马谏议书》："冀君实或见恕也。"李密《陈情表》："生孩六月，慈父见背。"《古诗为焦仲卿妻作》："兰芝初还时，府吏见丁宁。"又可读作"xiàn"，表示出现，如《论语·泰伯》："天下有道则见，无道则隐。"

"见"与"视""观"既有区别，又有联系，详见"观"字。

成语"见微知著"出自《韩非子·说林上》"圣人见微以知萌，见端以知末，故见象箸而怖，知天下不足也"，比喻见到一点儿苗头就能知道它的发展趋向或问题的实质。

1形是金文写法，像手之形。2形是小篆写法，承袭金文。3形是隶书写法。4形是楷书写法。

象形字。《说文解字》："手，拳也。"本义是腕部以下的部分，如《诗经·邶风·击鼓》："执子之手，与子偕老。"李白《蜀道难》："扪参历井仰胁息，以手抚膺坐长叹。"引申为用手取、拿着、秉持，如《左传·庄公十三年》："庄公升坛，曹子手剑而从之。"进一步引申为手艺、技能、本领等意思，如姜夔《满江红》："却笑英雄无好手，一篙春水走曹瞒。"后来也用作副词，表亲自、亲手，如宋濂《送东阳马生序》："每假借于藏书之家，手自笔录。"归有光《项脊轩志》："庭有枇杷树，吾妻死之年所手植也，今已亭亭如盖矣。"

"手"是一个部首字，从手的字大都跟手臂、技能、操作有关，如"拇、抓、扭、把、捏、拐、押、拳、掌、举、奉"等。

"束手"一词为古今异义词。古义指捆住双手，表示投降，如《资治通鉴·汉纪五十七》："近者奉辞伐罪，旌麾南指，刘琮束手。"今义则指捆住了手，比喻没有办法。

1形是甲骨文写法，像牛头形，上部分是张开的牛角，和"羊"的造字方法相似。在古代，牛、羊均是最常见的家畜，其头、角的特征十分明显，故造字时将最有特征的一部分描绘下来。2形是金文写法，形同甲骨文。3形是小篆写法。4形是楷书写法，变成记号字。

象形字。《说文解字》："牛，大牲也。"本义是牛，如《诗经·王风·君子于役》："鸡栖于埘，日之夕矣，羊牛下来。"还表示天上的星宿，如苏轼《前赤壁赋》："月出于东山之上，徘徊于斗牛之间。""牛衣"指蓑衣之类的用具，如苏轼《浣溪沙·簌簌衣巾落枣花》："簌簌衣巾落枣花，村南村北响缫车，牛衣古柳卖黄瓜。"《汉书·王章传》卷七十六："章疾病，无被，卧牛衣中，与妻决，泣涕。"成语"牛衣夜哭"即出自这里，用来形容夫妻二人共同过着穷困的生活。

"牛"也是一个部首字，从牛的字大都与牛或牲畜有关，如"牧、牲、犊、牝"等。

"执牛耳"是冠军、第一的意思，出自《左传·定公八年》"卫人请执牛耳"。古代诸侯订立盟约，要割牛耳歃血，由主盟国的代表拿着盛牛耳朵的盘子，故称主盟国为执牛耳。执牛耳原本是一种仪式，后来泛指在某方面居于领导地位的人。

1形是金文写法，像羽毛之形。2形是小篆写法，承袭金文。3形是隶书

写法,进一步演变。4形是楷书写法。

　　象形字。《说文解字》:"毛,眉发之属,及兽毛也。"本义是人或动物的毛发,如《左传·僖公十四年》:"皮之不存,毛将安傅?"贺知章《回乡偶书》:"少小离家老大回,乡音无改鬓毛衰。"进一步引申为地上生长的植物,如《列子·汤问》:"以残年余力,曾不能毁山之一毛,其如土石何?"诸葛亮《前出师表》:"故五月渡泸,深入不毛。"又引申为小、细小的意思,如《论治体札子》:"治有大体,不当毛举细故。"

　　"毛"是一个部首字,从毛的字大都跟毛发有关,如"尾、毫、毡、毽、毯、牦"等。

　　《毛诗》指西汉时鲁国毛亨和赵国毛苌所辑注的《诗经》版本,也就是现在流行于世的《诗经》。除《毛诗》外,汉代传授的《诗经》还有申培公所传《鲁诗》、韩婴所传《韩诗》、辕固所传《齐诗》,被称为"三家诗"。

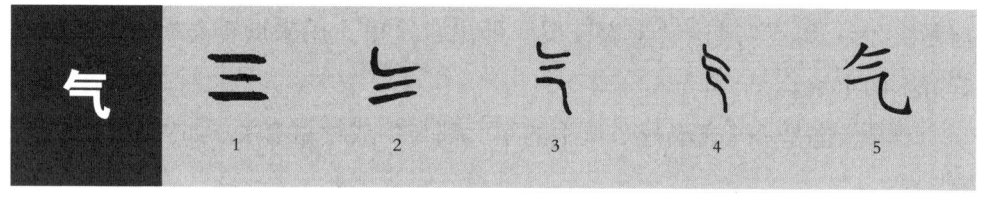

　　1形是甲骨文写法,三条线像云气之形。2、3形是金文写法,为与"三"区别,将横弯曲。4形是小篆写法,承袭金文。5形是楷书写法。

　　象形字。《说文解字》:"气,云气也。"本义指自然界均匀扩散的物质。引申为气味,如王冕《墨梅》:"不要人夸好颜色,只留清气满乾坤。"进一步引申为自然现象、天气,如王维《山居秋暝》:"空山新雨后,天气晚来秋。"又用来比喻人的气节,如诸葛亮《前出师表》:"诚宜开张圣听,以光先帝遗德,恢弘志士之气。"又指预示吉凶之气象,如《史记·项羽本纪》:"吾令人望其气,皆为龙虎,成五采,此天子气也。"

　　"气"是一个部首字,从气的字大都跟云气有关,如"氛、氢、氟、汽、氧、氮、氦、氯"等。"气"还有繁体字作"氣",《说文解字》:"氣,馈客刍米也。从米气声。"本义是馈送人的粮草,后来"氣"被借用来表示云气后,此义又写作"餼(饩)"。

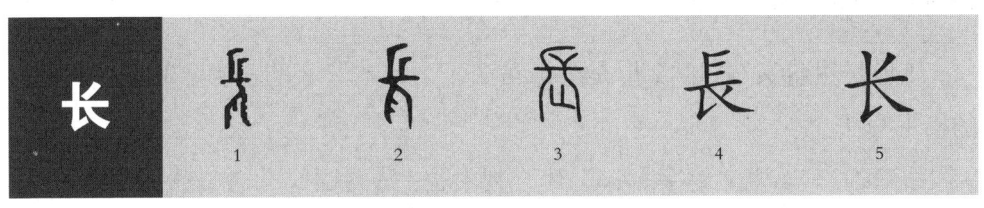

1形是甲骨文写法,像拄杖老人形,突出其长发。2形是金文写法,承袭甲骨文。3形是小篆写法,杖形讹变为"匕"。4形是隶变后的楷书写法。5形是简化后的楷书写法。

会意字。本义为两端之间的距离大,读作"cháng",如《诗经·秦风·蒹葭》:"溯洄从之,道阻且长。"李白《秋浦歌》:"白发三千丈,缘愁似个长。"王昌龄《出塞》:"秦时明月汉时关,万里长征人未还。"苏轼《浣溪沙·簌簌衣巾落枣花》:"酒困路长惟欲睡,日高人渴漫思茶。"引申为时间久,如《庄子·秋水》:"吾非至于子之门,则殆矣,吾长见笑于大方之家。"又表示程度深,如屈原《楚辞·离骚》:"长太息以掩涕兮,哀民生之多艰。"又引申为优点、长处,如《庄子·列御寇》:"一悟万乘之主而从车百乘者,商之所长也。"

"长"是一个多音字,又读为"zhǎng",表示生长,如《孟子·公孙丑上》:"今日病矣,予助苗长矣!"又表年长的意思,如《木兰诗》:"阿爷无大儿,木兰无长兄。"韩愈《师说》:"是故无贵无贱,无长无少,道之所存,师之所存也。"引申表示首领、长官,如杨炯《从军行》:"宁为百夫长,胜作一书生。"用作动词,表示首领,如《战国策·楚策一》:"天帝使我长百兽,今子食我,是逆天帝命也。"

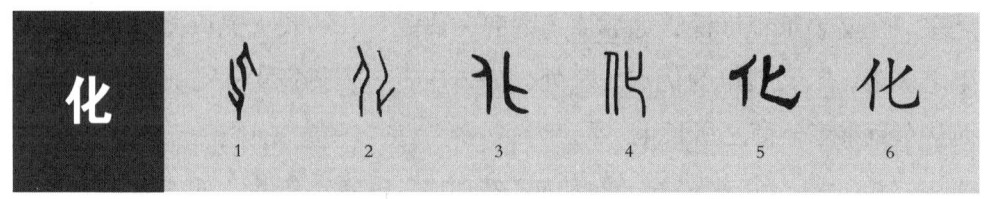

1形是甲骨文写法。2形是小篆写法，为"木"字的一半。3形是隶变后的楷书写法。

指事字。《说文解字》："片，判木也。从半木。"本义是把木头分成两半，后引申为一半、片面，如《论语·颜渊》："片言可以折狱者，其由也与？"又引申为指平而薄的物品，如杜甫《寄杨五桂州谭》："梅花万里外，雪片一冬深。"又引申为少、短、零星，如杜甫《高柟》："寻常绝醉困，卧此片时醒。"又用作量词，指面积、范围、景象、心意等成片的东西，如杜甫《曲江》："一片花飞减却春，风飘万点正愁人。"辛弃疾《永遇乐·京口北固亭怀古》："可堪回首，佛狸祠下，一片神鸦社鼓。"

"片"是一个部首字，从片的字意义大多与木有关，如"牒、牍"等。

1、2形是甲骨文写法，像两个人形，一个正立，一个倒立，表变化之意。3形是金文写法，承袭甲骨文。4形是小篆写法。5形是隶书写法。6形是楷书写法。

会意字。本义指变化、改变，如《庄子·逍遥游》："北冥有鱼，其名为鲲；化而为鸟，其名为鹏。"范仲淹《苏幕遮·怀旧》："明月楼高休独倚，酒入愁肠，化作相思泪。"引申表示造化，即自然界生成万物的能力，如王羲之《兰亭集序》:"向之所欣,俯仰之间,已为陈迹,犹不能不以之兴怀,况修短随化,终期于尽!"又引申为感化、教化,如李密《陈情表》:"逮奉圣朝,沐浴清化。"又指消化、消融,如苏轼《物类相感志·杂著》:"银铜相杂,亦易熔化。"

"化"现在常常作为词缀,用在名词或形容词后面,以构成动词。如"绿化、美化、自动化"等。

在现代汉语中,"化妆"常常会跟"化装"混淆。二者都有修饰、打扮的意义,区别在于适用对象不同。"化妆"指用脂粉等使面貌变得美丽;"化装"指演员根据角色进行装扮,也指假扮。

1形是小篆写法,从巾表意,上边声符"敝"表音。2形是隶变后的楷书写法。3形是简化后的楷书写法。

形声字。《说文解字》:"币,帛也。"本义为古人用作礼品的丝织品,如《战国策·齐策三》:"卫君与文布衣交,请具车马皮币,愿君以此从卫君游。"引申泛指礼物,如《国语·齐语》:"桓公知诸侯之归己也,故使轻其币而重其礼。"《战国策·齐策四》:"千金,重币也;百乘,显使也。"用作动词,为赠送之意,如《史记·赵世家》:"今以城市邑十七币吾国,此大利也。"引申指财物,如《国语·周语》:"于是乎量资币,权轻重,以振救民。"由此引申为货币,如《汉书·武帝纪》:"日者有司以币轻多奸,农伤而末众,又禁兼并之涂,故改币以约之。"

斤 | 1 | 2 | 3 | 4

1形是甲骨文写法，像曲柄斧头之形。2形是金文写法，放大刃部，缩小柄部。3形是小篆写法，进一步演变。4形是隶变后的楷书写法。

象形字。《说文解字》："斤，斫木也。"本义是砍木的工具，如《孟子·梁惠王上》："斧斤以时入山林，材木不可胜用也。"引申表示砍杀、砍削，如皮日休《河桥赋》："抑闻三代之桥也，不斤不斧，不徒不杠。"又假借为重量单位，如《汉书·东方朔传》："复赐酒一石，肉百斤，归遗细君。"《后汉书·杨震传》："故所举荆州茂才王密为昌邑令，谒见，至夜怀金十斤以遗震。"

"斤"是一个部首字，从斤的字大都与斧头或与使用斧头的动作有关，如"斧、新、折、析、斩"等。

成语"运斤成风"出自《庄子·徐无鬼》"郢人垩漫其鼻端，若蝇翼，使匠石斫之。匠石运斤成风，听而斫之，尽垩而鼻不伤，郢人立不失容"。后以"运斤成风"形容技艺精湛、才能出众，如刘禹锡《翰林白二十二学士见寄诗一百篇因以答贶》："郢人斤斫无痕迹，仙人衣裳弃刀尺。"

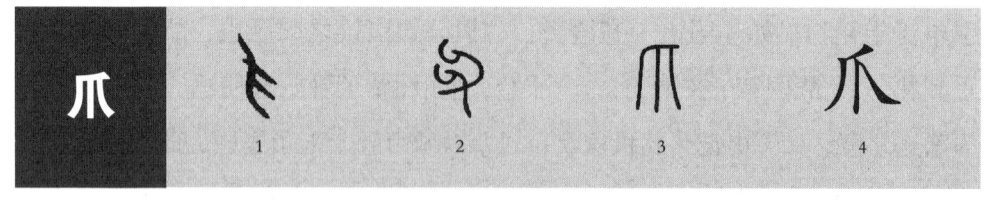

爪 | 1 | 2 | 3 | 4

1形是甲骨文写法，像手指全部分开之形。2形是金文写法，突出了"爪"的指甲，与甲骨文字形相反，指尖朝上。3形是小篆写法，像向下翻覆的手爪形。4形是楷书写法。

象形字。《说文解字》："爪，丮也。覆手曰爪。"本义是鸟兽的脚趾，也可作手脚指甲的通称，如《列子·天瑞》："皮肤爪发，随世随落。"《荀子·劝学》："蚓无爪牙之利，筋骨之强，上食埃土，下饮黄泉，用心一也。"引申作动词，表示抓，如柳宗元《种树郭橐驼传》："甚者，爪其肤以验其生枯，摇其本以观其疏密。"

"爪"是一个部首字，从爪的字多与手脚动作有关。除了"爬"字外，"爪"作为部首一般写作"爫"，如"采、舀、受"等。

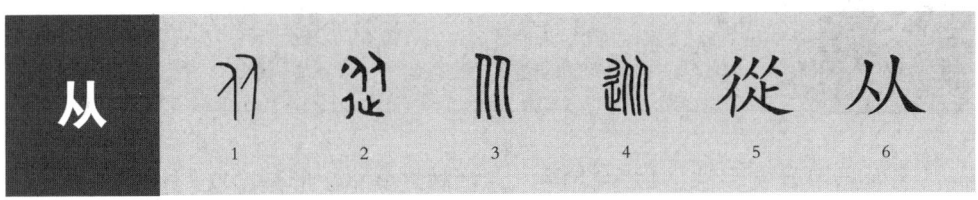

1形是甲骨文写法，像一个人在后面跟随前面的人。2形是金文写法，增加动符"辵（辶）"，加深了行走的含义。3、4形是小篆的两种写法，分别承袭1、2形。5形是将4形隶变后的楷书写法。6形是简化后的楷书写法，承袭3形。

会意字。《说文解字》："從，随行也。"本义是跟随，读作"cóng"，如《史记·晋世家》："狐突之子毛及偃从重耳在秦，弗肯召。"杜甫《石壕吏》："老妪力虽衰，请从吏夜归。"引申为顺从、听从，如《左传·庄公十年》："小惠未遍，民弗从也。"引申为参与，如白居易《琵琶行》："弟走从军阿姨死，暮去朝来颜色故。"又表示随从、侍从，如《诗经·齐风·敝笱》："齐子归止，其从如云。"《孟子·滕文公下》："后车数十乘，从者数百人，以传食于诸侯，不以泰乎？"此义旧读作"zòng"。又作介词，表示地点或时间的起点，可翻译成由、自，如《左传·宣公二年》："从台上弹人，而观其辟丸也。"柳宗元《小石潭记》："从小丘西行百二十步。"《木兰诗》："阿爷无大儿，木兰无长兄，愿为市鞍马，从此替爷征。"

在中国古代的称谓中，用"从"的称谓有很多，表示堂房（亲属）的意思，如"从女"就是侄女，"从子"就是侄子，"从母"就是姨母，"从父"就是伯父。

"三从四德"是中国古代对女性提出的一种道德规范，"三从"指未嫁从父、出嫁从夫、夫死从子；"四德"指妇德、妇言、妇容、妇功。体现了儒家礼教对妇女在道德、行为、修养上的规范要求。

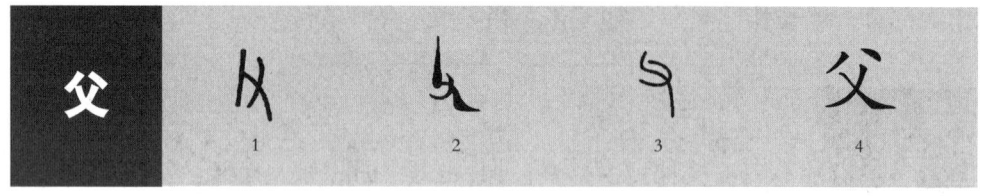

1形是甲骨文写法，以手持棍，会管教之意。2形是金文写法。3形是小篆写法。4形是楷书写法。

会意字。《说文解字》："父，矩也。家长率教者。从又举杖。"《说文解字》认为"父"是以手举杖，表示行使教育权力的家长。而郭沫若认为金文"父"字像手拿斧子，表示从事劳动的男人，如"田父"也就是"农夫"。无论是以手持杖的教育者还是以手持斧的劳作者，都可以用来表示父亲，如《史记·魏其武安侯列传》："天下者，高祖天下，父子相传，此汉之约也，上何以得擅传梁王！"《古诗为焦仲卿妻作》："我有亲父兄，性情暴如雷。"后引申为对男性长辈的称呼，如杜甫《羌村》："父老四五人，问我久远行。"

"养不教，父之过；教不严，师之惰"出自蒙学经典《三字经》。意思是生养子女却不给予其良好的教育，这是做父亲的过错；教育学生却没有对其严格要求，这是做老师的怠惰。

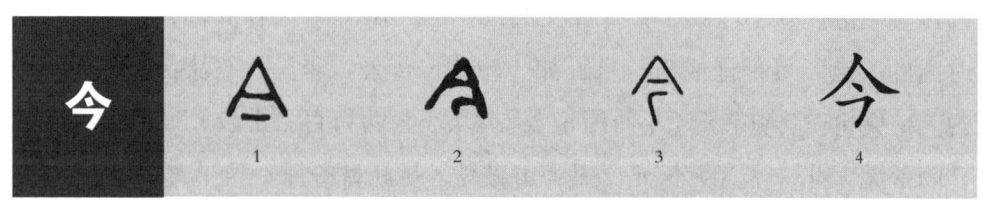

1形是甲骨文写法，为"曰"字的倒置之形，表示闭口不言。2形是金文写法，短横与右边的斜画相接，略有曲折。3形是小篆写法，短横又向下屈折。4形是隶变之后的楷书写法。

指事字。本义是闭口不言，后来被假借表示现在、此时，《说文解字》："今，是时也。"如卜辞："戊戌卜，永贞：今日其夕风。贞：今日不夕风。"（《合集》13338）《诗经·大雅·生民》："后稷肇祀，庶无罪悔，以迄于今。"《韩非子·五蠹》："今欲以先王之政，治当世之民，皆守株之类也。"又引申表示即将、就要，如《战国策·燕策一》："天下必以王为能市马，马今至矣。"

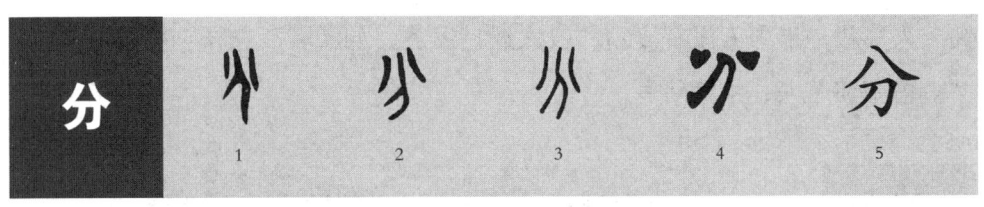

1形是甲骨文写法，从八从刀，会用刀把物体分开之意。2形是金文写法，3、4形分别是小篆和隶书写法。5形是楷书写法。

会意字。《说文解字》："分，别也。从八从刀，刀以分别物也。"读作"fēn"，引申表示分出、分割，将一个整体或主体分开为几个部分，如宋玉《楚辞·九辩》："皇天平分四时兮，窃独悲此凛秋。"进一步引申为分配、分给，如《左传·庄公十年》："衣食所安，弗敢专也，必以分人。"《史记·项羽本纪》："必欲烹而翁，则幸分我一杯羹。"郦道元《水经注·江水》："自非亭午夜分，不见曦月。"又引申为本分、职分，读作"fèn"，如诸葛亮《前出师表》："此臣所以报先帝而忠陛下之职分也。"

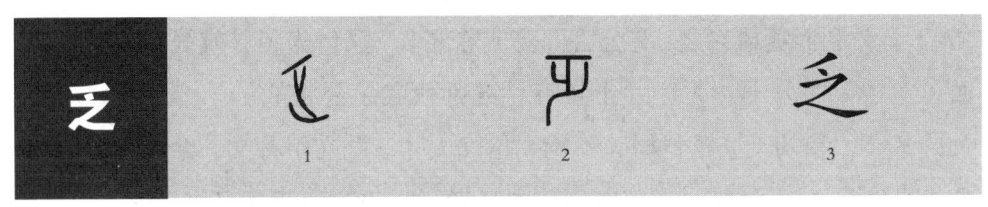

1形是金文写法。字形与"正"相似，"正"字上部作横画，而"乏"

字上部作斜笔。2 形是小篆写法。3 形是楷书写法。

指事字。《说文解字》："乏，《春秋传》曰：'反正为乏。'"本义是不正。引申为缺少、匮乏，如《战国策·齐策四》："孟尝君使人给其食用，无使乏。"引申为疲倦，如《孟子·告子下》："饿其体肤，空乏其身，行拂乱其所为。"又引申为荒废，如《战国策·燕策三》："（田）光不敢以乏国事也。"

成语"中馈乏人"中的"中馈"出自《周易·家人》"无攸遂，在中馈"。古代女人负责在家中准备膳食之类的事情，因此"中馈"引申为妻室。"中馈乏人"就是指男人没有妻室，没人操持家务，如《聊斋志异·罗刹海市》："倘虑中馈乏人，纳婢可耳。"

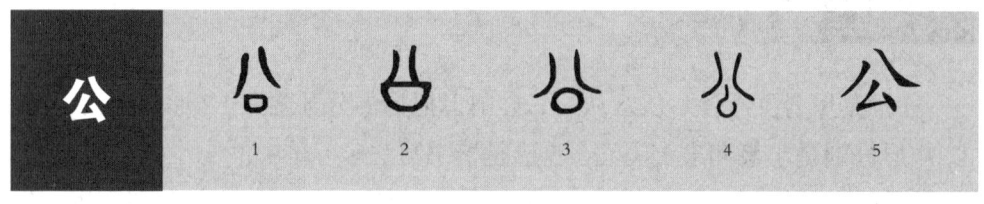

1 形是甲骨文写法。2 形金文和 3 形战国齐文字字形大体相同。4 形是小篆写法，将下部讹变为"厶"。5 形是楷书写法。

会意字。《说文解字》："公，平分也。从八，从厶。八，犹背也。韩非曰：'背厶为公。'"本义是公正无私，如《白虎通义·爵》："公之为言，公正无私也。"又引申指公开，如杜甫《茅屋为秋风所破歌》："公然抱茅入竹去，唇焦口燥呼不得。"又引申指共同，如黄宗羲《明夷待访录·原君》："天下有公利而莫或兴之，有公害而莫或除之。"又借为国君或统治者的通称，如《左传·庄公十年》："十年春，齐师伐我，公将战。"龚自珍《己亥杂诗》："我劝天公重抖擞，不拘一格降人才。"在甲骨文、金文中，"公"常常指先公，表示尊敬，卜辞有用作本义者："辛亥贞，壬子又多公岁。"（《合集》33692）

在古代汉语中，"公"字被赋予了很多文化意义。如"公"指古代爵位名称之一，五等之首曰公，其次为侯、伯、子、男。公卿，泛指朝廷中的高官；公族，指诸侯的同族，王公的子孙；公徒，诸侯的步兵；公令，诸侯的命令；公孙，诸侯之孙等。

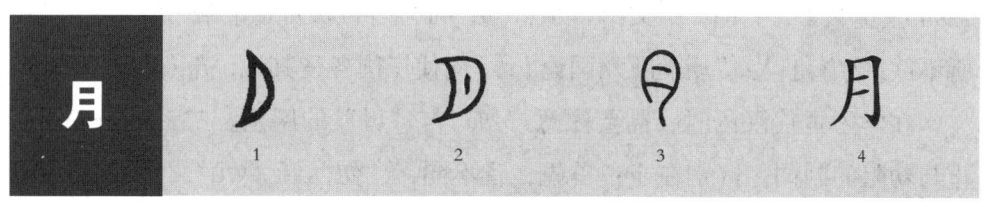

1形是甲骨文写法，像弯月之形。2形是金文写法，中间多一点。3形是小篆写法，笔画发生变化。4形是隶变后的楷书写法，已经看不出所象之形。

象形字。《说文解字》："月，阙也。大阴之精。"本义指月亮，如王安石《泊船瓜洲》："春风又绿江南岸，明月何时照我还？"而根据月亮盈亏变化的一个周期的时间长度也称为"月"，如《诗经·郑风·子衿》："一日不见，如三月兮。"古人认为月是"大阴之精"，所以它也是妇人、女子的象征，用以形容与女子有关的事物，如吴昌龄《东坡梦》第四折："对月貌花庞，饮玉液琼浆。"成语"月貌花容"即出自此。

"月"是一个部首字，从月的字大都与月亮、光明有关，如"明、朔、期、朝"等。在现代汉字里，有一些从肉的字简化后写作从月，如"腿、肚、肝"等；从舟的字隶变简化后也写作从月，如"服、前"等。

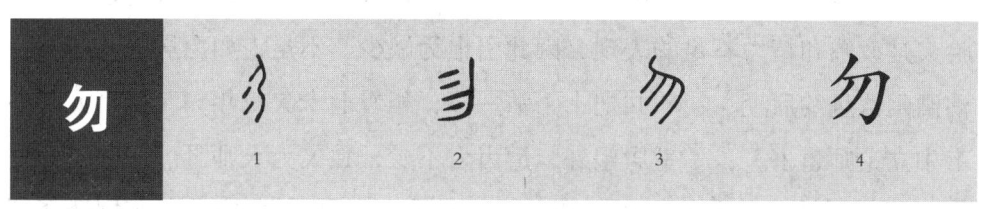

1形是甲骨文写法，像一把刀，旁边小点为血滴形，会杀戮之意。2形

是金文写法,承袭甲骨文。3形是小篆写法,拉长笔画,将点化作撇。4形是隶变后的楷书写法。

象形字。本义为杀戮,是"刎"字的初文。在甲骨文时代,"勿"字就被借用作否定词,相当于"不"或"不要",如卜辞:"贞:勿升?"(《合集》22945)金文《大盂鼎》铭文:"勿法(废)朕令。"又如《论语·颜渊》:"己所不欲,勿施于人。"苏洵《六国论》:"向使三国各爱其地,齐人勿附于秦。"

在学习古代汉语时,需要注意"勿"与"毋"的区别。二者都是表示禁止与劝阻的副词,区别在于:首先,音不同,"勿"音"wù",而"毋"音"wú"。其次,"勿"既可以用于书面语,也可以用于口语,如"请勿吸烟";"毋"则多用于书面语,如"宁缺毋滥、毋宁"。参见"毋"。

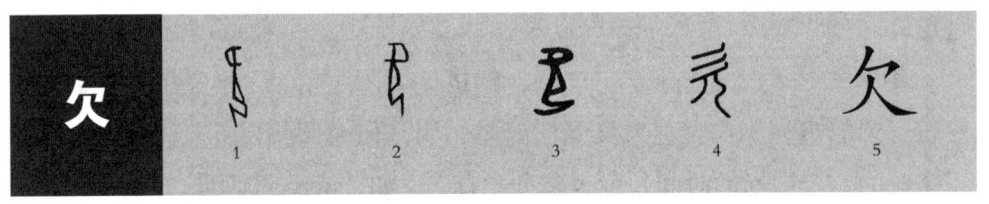

1、2形是甲骨文写法,正反无别,像跪坐张口出气之人形。3形是金文写法,字形无太大变化。4形是小篆写法,字形变化较大,上面的" "形表示气,下面是"人"形。5形是楷书写法。

会意字。《说文解字》:"欠,张口气悟也。象气从人上出之形。""欠"字本义就是打哈欠,如《仪礼·士相见礼》:"君子欠伸,问日之早晏。"林嗣环《口技》:"遥闻深巷中犬吠,便有妇人惊觉欠伸,其夫呓语。"打哈欠是疲倦和精力不足的表现,因此引申为缺少、不足,如白居易《与梦得沽酒闲饮且约后期》:"共把十千沽一斗,相看七十欠三年。"柳宗元《答韦中立论师道书》:"平居望外,遭齿舌不少,独欠为人师耳。"引申为财务上的亏欠,如《旧唐书·宣宗纪》:"今后凡隐盗欠负,请如官典犯赃例处分。"

"欠"是一个部首字,从欠的字多与嘴部动作有关,如"吹、歌、欺"等。

下篇/汉字解析500例

风　　1　2　3　4　5　6

甲骨文中以"凤"为"风"。1形是甲骨文"凤"字的写法，像高冠、花翎、长尾的凤鸟形。2形添加声符"凡"。3形为战国文字写法，另造"风"字，改为从虫凡声。4形是小篆写法。5形是隶变后的楷书写法。6形是简化后的楷书写法。

象形字，后为形声字。气象学特指空气的水平流动，即为风，如刘邦《大风歌》："大风起兮云飞扬。"王之涣《凉州词二首》："羌笛何须怨杨柳，春风不度玉门关。"孟浩然《春晓》："夜来风雨声，花落知多少。"陆游《十一月四日风雨大作》："夜阑卧听风吹雨，铁马冰河入梦来。"引申为气势、势头，如《汉书·杜钦传》："天下莫不望风而靡，自尚书近臣皆结舌杜口，骨肉亲属莫不股栗。"又引申为教化、习俗，如柳宗元《捕蛇者说》："故为之说，以俟夫观人风者得焉。"又引申为民歌，如《左传·成公九年》："乐操土风，不忘旧也。"又引申为风范，如司马迁《报任安书》："亦尝侧闻长者之遗风矣。"又引申为风景，如杨万里《晓出净慈送林子方》："毕竟西湖六月中，风光不与四时同。"

"风"是一个部首字，从风的字大都跟空气流动现象有关，如"飘、飑、飒、飓、飕、飚"等。

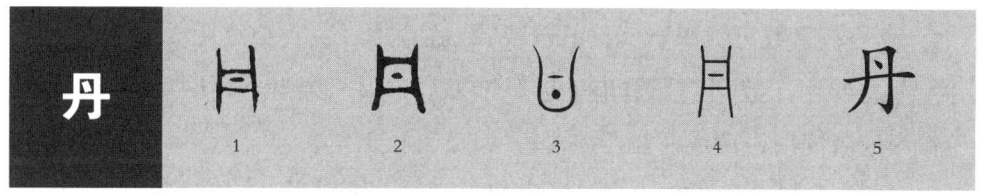

1形是甲骨文写法，像矿井中有朱砂形，点表示朱砂。2形是金文写法，

109

承袭甲骨文。3形是《说文解字》中的古文写法,字形由像"井"字形,变为两竖,和下面一横连成一笔。4形是小篆写法。5形是楷书写法。

象形字。《说文解字》:"丹,巴越之赤石也,象采丹井。"本义是朱砂,如《尚书·禹贡》:"厥贡羽、毛、齿、革惟金三品,杶、干、栝、柏、砺、砥、砮、丹,惟箘簵楛。"朱砂是制红色颜料的矿石,因此引申为红色,如王勃《滕王阁序》:"飞阁流丹,下临无地。"因道家炼制丹药多使用朱砂或丹汞,故又把精炼而成的药称为丹,如洪亮吉《耿先生》:"前朝天子方服丹,后宫太后飞入山。"

文天祥《过零丁洋》:"人生自古谁无死,留取丹心照汗青。"这慷慨激昂、大义凛然的诗句,表明了文天祥在生死关头的毅然抉择,表现了他的铮铮铁骨和耿耿忠心。

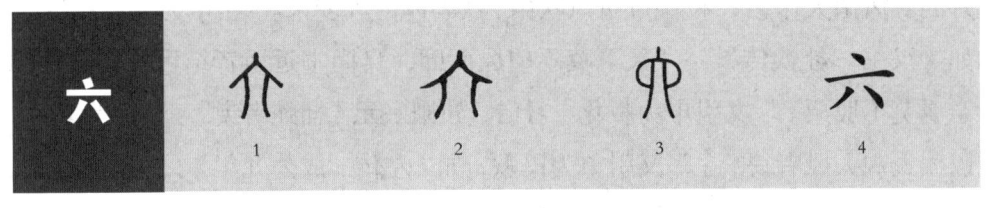

1形是甲骨文写法,像一个结构简陋的棚屋形。2形是金文写法,和甲骨文字形相似。3形是小篆写法,将上面表示屋顶的两笔向内弯曲,看不出房屋之形。4形是隶变后的楷书写法。

象形字。本义指草庐,是"庐"的表意初文。在古代,"庐"和"六"读音相近,"六"被假借为数词后,只用"庐"表示草庐义。《说文解字》:"六,《易》之数,阴变于六,正于八。"意思是《易》卦之阴爻称为"六"。"六"主要用作数词,如贾谊《过秦论》:"灭六国者,六国也。""六"还作为地名使用,读成"lù",如"六安、六合"。

"六经"指先秦儒家的六部经典,即《诗》《书》《礼》《易》《乐》《春秋》;"六礼"指中国古代婚姻需备的六种礼节,即纳采、问名、纳吉、纳征、请期、亲迎；"六味"指苦、酸、甘、辛、咸、淡六种滋味；"六料"又称为"六谷"，在《三字经》中指稻、黍、稷、粱、麦、菽，后为各种谷物的泛称。

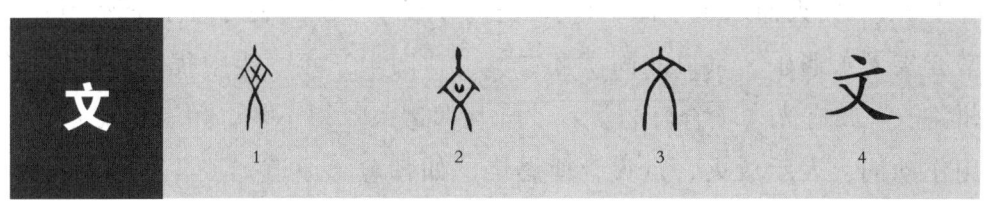

1形是甲骨文写法，像站立的人形，胸部有刻画的图案，是"纹"的本字。2形是金文写法。3形是小篆写法，字形简化，已看不出其本义。4形是隶变后的楷书写法。

象形字。《说文解字》："文，错画也。象交文。"本义是交错的图案、花纹，如《左传·隐公元年》："仲子生而有文在其手。"《战国策·齐策四》："文车二驷"。《山海经·北山经》："有鸟焉，其状如乌，文首、白喙、赤足，名曰精卫，其鸣自詨。"如今用"纹"字表示这个含义。又引申为文身，如《庄子·逍遥游》："宋人资章甫而适诸越，越人断发文身，无所用之。"《礼记·王制》："东方曰夷，被发文身，有不火食矣。"因为"文"字表示交错的图案，而汉字又是以象形为基础的，因此又引申指文字，如许慎《说文解字·叙》："秦始皇初兼天下，丞相李斯乃奏同之，罢其不与秦文合者。"引申为文章、文辞，如刘勰《文心雕龙·情采》："昔诗人什篇，为情而造文。"

成语"文质彬彬"出自《论语·雍也》"文质彬彬，然后君子"。这里的"文"是华美、有文采的意思，与"质"相对。"彬彬"是配合恰当的意思。"文质彬彬"常用来形容一个人文雅有礼貌的样子。

1、2形是甲骨文写法，像火焰之形。3形是小篆写法，字形线条化。

4形是隶变后的楷书写法，与小篆相差不大。

象形字。本义为火焰，也可指火把、灯火、战火、火灾等，如《韩非子·说林上》："失火而取水于海，海水虽多，火必不灭矣，远水不救近火也。"辛弃疾《永遇乐·京口北固亭怀古》："四十三年，望中犹记，烽火扬州路。"归有光《项脊轩志》："轩凡四遭火，得不焚，殆有神护者。"用作动词，表示放火、点火，使燃烧，如韩愈《原道》："人其人，火其书，庐其居。"

火还是中国古代兵制单位之一，五人为一列，二列为一火；在同火吃饭的称为"火伴"，如《木兰诗》："出门看火伴，火伴皆惊忙。"后来引申为同伴义，写作"伙伴"。

"火"是一个部首字，从火的字多与火、热有关，如"炎、燃、炊"等。在上下结构的汉字中作偏旁时，"火"被写作"灬"，俗称"四点底"，如"烈、蒸、焦"等。

在中国文化中，火为五行之一，司南方，于五常"仁义礼智信"中主礼。

1形是甲骨文写法，像手牵象，会役象劳作意。2形是金文写法。3形是小篆写法。4形是隶书写法。5形是繁体楷书写法，另有异体字作"為"。6形是简体楷书写法。

会意字。本义为劳作。引申指做、干，读作"wéi"，如《孟子·梁惠王上》："故王之不王，不为也，非不能也。"进一步引申为变成、像、当作等意思，如《荀子·劝学》："冰，水为之而寒于水。"《史记·项羽本纪》："如今人方为刀俎，我为鱼肉。"陶渊明《桃花源记》："武陵人捕鱼为业。"

又读作"wèi",作介词,相当于替、给、向,如《战国策·楚策一》:"吾为子先行,子随我后,观百兽之见我而敢不走乎?"陶渊明《桃花源记》:"不足为外人道也。"又可表示被动,如《韩非子·五蠹》:"兔不可复得,而身为宋国笑。"又表示目的,如《荀子·天论》:"天行有常,不为尧存,不为桀亡。"

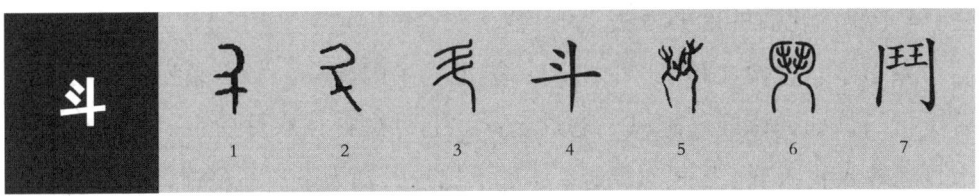

1形是"斗"字的甲骨文写法,读作"dǒu",像带把的舀酒的勺子;2形是其金文写法,承袭甲骨文;3形是其小篆写法;4形是其隶变后的楷书写法。5形是"鬥"字的甲骨文写法;6形是其小篆写法;7形是其楷书写法,简化后并入"斗"字。

象形字。"斗"本义指酒器,读作"dǒu",如《史记·项羽本纪》:"玉斗一双,欲与亚父。"李白《行路难》:"金樽清酒斗十千,玉盘珍羞直万钱。"引申表示量粮食等的器具,《说文解字》:"斗,十升也。象形,有柄。"进一步引申为星宿名称,即北斗星,如苏轼《赤壁赋》:"月出于东山之上,徘徊于斗牛之间。"

"斗"是一个部首字,从斗的字大都跟器量有关,如"料、斟、斛"等。

古代汉语中,"斗"与"斗争"之"斗(鬥)"是两个完全不同的字,"斗争"之"斗"读作"dòu",甲骨文写作5形,像两人厮打在一起,会意字,本义为打斗,《说文解字》:"鬥,两士相对,兵杖在后,象鬥之形。"如强至《观棋》:"斗智不斗力,一枰思解围。"引申为战斗,如《史记·陈涉世家》:"当是时也,商君佐之,内立法度,务耕织,修守战之备,外连衡而斗诸侯。"

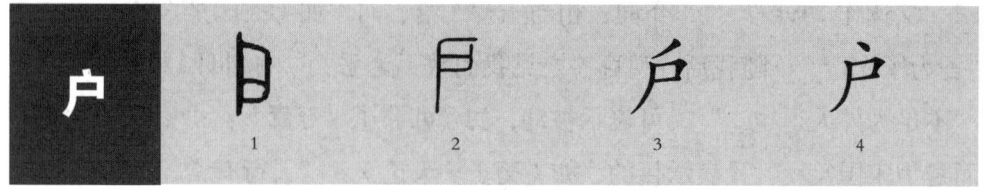

1形是甲骨文写法,像单扇门。2形是小篆写法。3形是隶变后的楷书写法。4形是简化后的楷书写法。

象形字。《说文解字》:"户,护也。半门曰户。"本义为单扇的门,后泛指门,如《诗经·豳风·七月》:"七月在野,八月在宇,九月在户,十月蟋蟀入我床下。"《道德经》:"不出户,知天下;不窥牖,见天道。"《木兰诗》:"唧唧复唧唧,木兰当户织。"引申指家庭、住户,如《史记·秦始皇本纪》:"徙天下豪富于咸阳十二万户。"马之纯《祀马将军竹枝辞》:"桑麻影里千余户,弦管声中百许年。"

"户"是一个部首字,从户的字大都跟门户有关,如"扇(竹门)、启(开门)、房、扉"等。

在现代汉语中,"门"和"户"常常会一起使用,如"千门万户"等,二者意思相近,但不可以等同。"门"本义指两扇门,"户"本义指一扇门。"门"代表名门望族,"户"则指平民百姓。"门"还可以表示事物的分类,如"分门别类"。

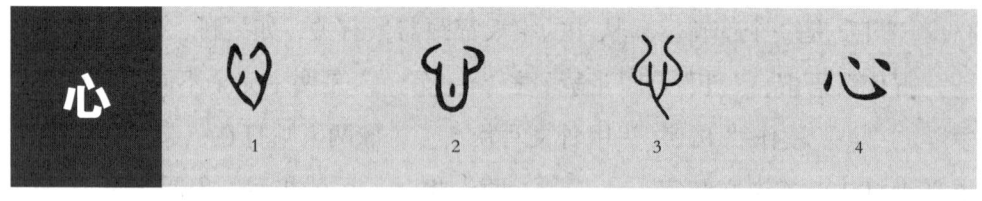

1形是甲骨文写法,像心脏形。2形是金文写法,略有变化。3形是小篆写法,增强了符号性,象形性减弱。4形是隶变后的楷书写法,象形意味尽失。

象形字。本义即心脏,《说文解字》:"心,人心土藏,在身之中。象形。"

如杜甫《凤凰台》:"我能剖心出,饮啄慰孤愁。"因古人认为心脏在人的中央位置,故又引申为中心、中央之意,如白居易《琵琶行》:"东船西舫悄无言,唯见江心秋月白。"古人以为思维的器官是心脏,引申为心思、思想、思虑等一系列与精神和思绪有关的用法,如《孟子·告子上》:"故天将降大任于是人也,必先苦其心志。"

"心"是一个部首字,以"心"为部首时在下方写作"心",或写作"小";放在左侧,写作"忄"。从心之字大都与心或思维、精神有关,如"感、志、虑、慎、情"等。

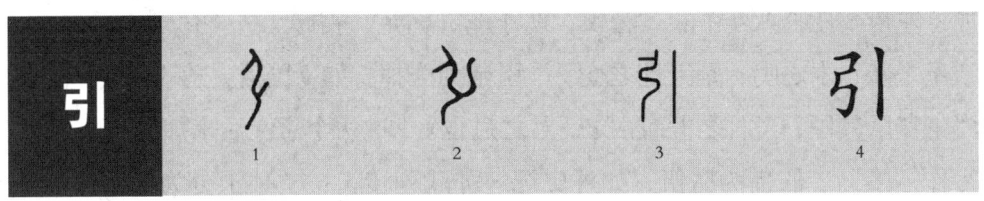

1形是甲骨文写法,弓形上有一指事符号,表示引弓之处。2形是金文写法,承袭甲骨文。3形是小篆写法,弓背上的指事符号变成独立的一竖画。4形是隶变后的楷书写法。

指事字。《说文解字》:"引,开弓也。"本义是开弓,如卢纶《和张仆射塞下曲》:"林暗草惊风,将军夜引弓。"因为开弓是把弓弦拉长,可以引申为伸长、延长、长久之意,如杜牧《过骊山作》:"始皇东游出周鼎,刘项纵观皆引颈。"郦道元《水经注·江水》:"常有高猿长啸,属引凄异。"意思就是连绵不绝的凄凉。开弓是把弓弦导向后方,所以引申为引导、率领,如《史记·秦始皇本纪》:"引兵欲攻燕。"拉弓是向后的动作,所以"引"还有后退义,如《战国策·赵策三》:"秦军引而去。"

"引"还是乐曲体裁之一,有序奏之意,如马融《长笛赋》:"故聆曲引者,观法于节奏。"我们现在经常使用的词"引子"原本是指戏曲的开始部分,中医的药引现在也叫"引子"。

队

1、2形是甲骨文写法，1形从阜从倒人；2形从阜从倒子，表示人从土山之上坠落下来。3形是金文写法。4形是小篆写法，从阜豕声。5形是隶变后的楷书写法。6形是简化后的楷书写法。

会意字。《说文解字》："隊，从高隊也。"本义是坠落，为"坠"的本字，如《左传·庄公八年》："公惧，队于车，伤足，丧屦。"《荀子·天论》："星之队，木之鸣，是天地之变。"引申为失掉，如《国语·楚语下》："自先王莫队其国，当君之世而亡之，君之过也。"这两个意义后来加义符"土"，写作"坠"。假借为队伍，如《史记·孙武列传》："孙子分为二队，以王之宠姬二人各为队长。"又引申为队列，如司马相如《子虚赋》："车按行，骑就队。"

双

1形是战国楚文字写法，从又（手）从雔（相并的一对鸟）。2形是小篆写法。3形是隶变后的楷书写法。4形是简化后的楷书写法。

会意字。《说文解字》："雙，隹二枚也。从雔，又持之。"引申指一对、两个，如《史记·项羽本纪》："我持白璧一双，欲献项王，玉斗一双，欲与亚父。"《饮马长城窟行》："客从远方来，遗我双鲤鱼。"进一步引申指偶数，如《续资治通鉴·宋纪十六》："自天宝兵兴以后，四方多故，肃宗而下，咸只日临朝，双日不坐。"又引申指匹敌，如《史记·淮阴侯列传》：

"至如信者，国士无双。"

"双关"是汉语修辞手法之一，指在一定的语言环境中，利用字的多义或多音条件，字面上表达一个意思，而暗含另一个意思。如刘禹锡《竹枝词》"东边日出西边雨，道是无晴却有晴"中的"晴"，表面上是"晴天"的"晴"，实际内含"感情"的"情"。

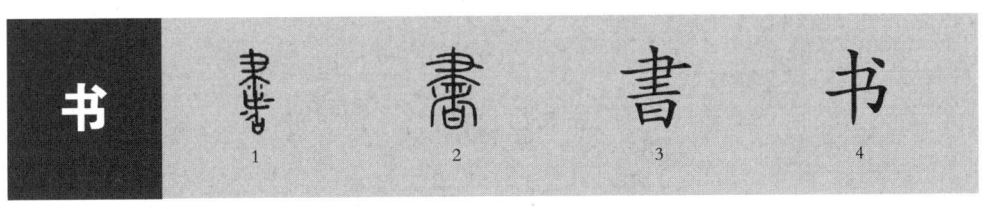

1形是金文写法，从聿者声。聿，像手持笔之形。2形是小篆写法。3形是隶变后的繁体楷书写法。4形是简化后的楷书写法。

形声字。《说文解字》："書，著也。从聿，者声。"本义即写字，如《墨子·明鬼下》："又恐后世子孙不能知也，故书之竹帛，传遗后世子孙。"后来引申指文字，如《史记·项羽本纪》："书足以记名姓而已。"后来作名词，有书法、信、公文、书籍等意思，如《木兰诗》："军书十二卷，卷卷有爷名。"杜甫《春望》："烽火连三月，家书抵万金。"

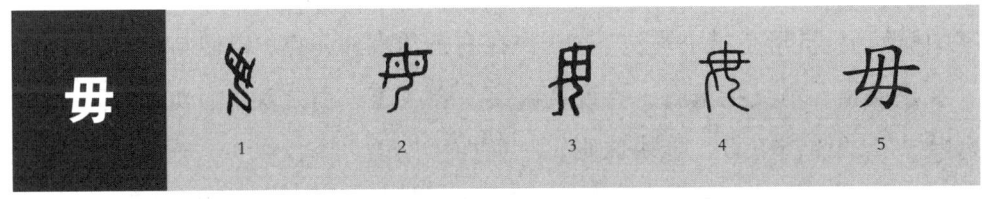

1形是甲骨文写法，"毋"和"母"同形，像女人形，胸前加两点突出乳房这一女性的性征。2形是金文写法，与甲骨文写法相同。3形是战国秦文字写法，改两点为一横，分化出"毋"字。4形是小篆写法。5形是隶变后的楷书写法。

象形字。本义为母亲,假借为副词,表示劝阻或禁止,如《诗经·小雅·角弓》:"毋教猱升木,如涂涂附。"《论语·子罕》:"子绝四:毋意,毋必,毋固,毋我。"《史记·屈原贾生列传》:"怀王欲行,屈平曰:'秦,虎狼之国,不可信,不如毋行。'"又通否定词"无",相当于"不",如《史记·陈涉世家》:"藉第令毋斩,而戍死者固十六七。"又表示没有,如《汉书·昭帝纪》:"泗水戴王前薨,以毋嗣,国除。"

五 画

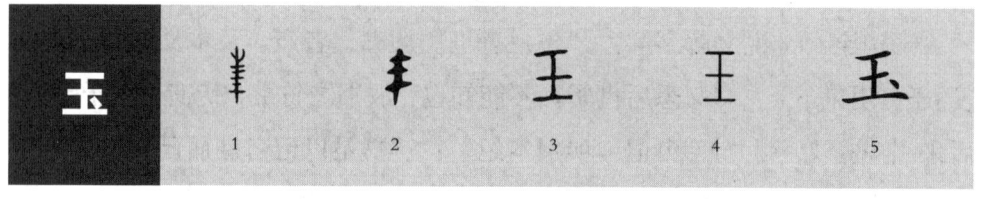

1、2形是甲骨文写法,像一串玉形。3形是金文写法,是甲骨文字形的简化。4形是小篆写法。与小篆"王"字写法有所区别:"玉"的三横间等距离,而"王"字中横偏上。5形是楷书写法,"玉"在右下角多加一点,以便与"王"区分。

象形字。本义指玉石,《说文解字》:"玉,石之美。"如杜牧《阿房宫赋》:"鼎铛玉石,金块珠砾。"又如《论语·季氏》:"虎兕出于柙,龟玉毁于椟中。"因为玉石是温润而有光泽的石头,引申为美好之意,如《诗经·召南·野有死麕》:"白茅纯束,有女如玉。"

"玉"是一个部首字,用作偏旁的时候写成"王",称作"玉字旁",又称为"立玉旁"或"斜玉旁"。这个部首组字大多与玉石、珍器有关,如"琰、环、玲、玫、瑰、理、琼、瑞"等。从王的字,多和玉无关,"王"一般作声符,如"皇、汪、旺"等。

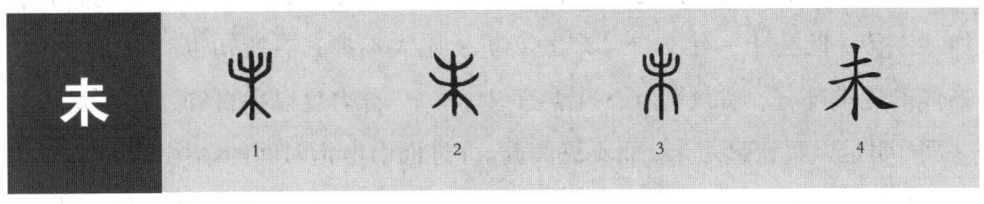

1形是甲骨文写法，像树木枝叶繁盛之形。2形是金文写法，承袭甲骨文。3形是小篆写法，承袭金文。4形是隶变后的楷书写法。

象形字。《说文解字》："未，味也。六月滋味也。五行木老于未。象木重枝叶也。"本义是枝叶繁茂的树，后来假借为副词，表示没有，如《史记·廉颇蔺相如列传》："计未定，求人可使报秦者。"又假借为地支的第八位，如姚鼐《登泰山记》："是月丁未，与知府朱孝纯子颍由南麓登。"王充《论衡》："丑禽牛，未禽羊也。"

"未"与"末"容易混淆。"未"上横短，表示没有、即将；"末"上横长，本义是树梢，表示最终、结局。

成语"未学孙吴"出自《史记·卫将军骠骑列传》"骠骑将军（霍去病）为人少言不泄，有气敢任。天子尝欲教之孙吴兵法，对曰：'顾方略何如耳，不至学古兵法'"。霍去病未学过孙吴兵法，却战勋卓越，一是由于实践的作用，二是由于他获得了较好的机缘。该成语后用作赞咏将军，如高适《送浑将军出塞》："李广从来先将士，卫青未肯学孙吴。"

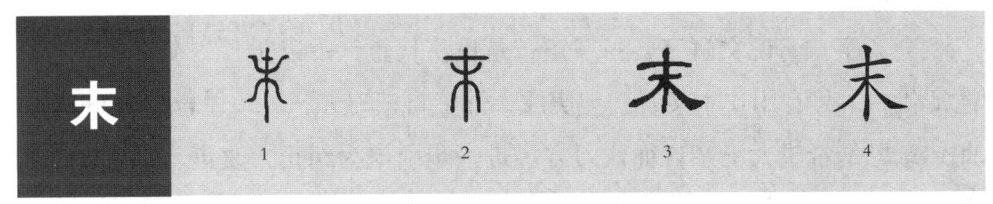

1形是金文写法，在树枝上端加指事符号表示树梢所在。2形是小篆写法，

指事符号变长。3形是隶变后的隶书写法。4形是楷书写法。

指事字。《说文解字》:"末,木上曰末。从木,一在其上。"本义是树梢,如《左传·昭公十一年》:"末大必折,尾大不掉,君所知也。"引申表示物体的尾端部分,如《孟子·梁惠王上》:"吾力足以举百钧,而不足以举一羽;明足以察秋毫之末,而不见舆薪。"进而引申指时间的结尾部分,如《古诗为焦仲卿妻作》:"汉末建安中,庐江府小吏焦仲卿妻刘氏,为仲卿母所遣,自誓不嫁。"

"本"指树的主干,引申表示事物的基础或主体部分,如《论语·学而》:"君子务本,本立而道生。"君子做事致力于基础工作,基础打牢了,道就会产生。而"末"指树梢,进而引申指非根本、次要的部分。可见"本""末"意义相反。我们常使用"本末倒置"一词来比喻颠倒了事物的主次,不知事物的轻重缓急。与之相类似的词语还有"舍本逐末"。

1形是甲骨文写法,"口"表示城邑,"止"表示向城邑迈进,意为征伐,是"征"的本字。2形是金文写法,将"口"写成实心。3形是小篆写法,将实心点写成一横。4形是楷书写法,笔画变平直。

会意字。《说文解字》:"正,是也。从止,一以止。"本义为向着城邑征伐。卜辞有用作本义者:"庚戌,惟王自正刀方。"(《合集》33035)此句意思是希望大王亲自征伐刀方。进一步引申为纠正、改正、端正、准则等意思,如《论语·学而》:"就有道而正焉。"魏征《谏太宗十思疏》:"则思正身以黜恶。"《论语·学而》:"敏于事而慎于言,就有道而正焉,可谓好学也已。"还假借为"证",表凭证、证据,如屈原《离骚》:"指九天以为正兮,夫惟灵修之故也。"

古人在计数时,常常用笔画"正"字,一个"正"字有五画,代表5,两个"正"字就是10,以此类推。据说该方法最初是戏院司事们记"水牌账"用的。因为简便易懂,现今很多中国人在统计选票、清点财物的时候,都还保持着用"正"字计数的习惯。

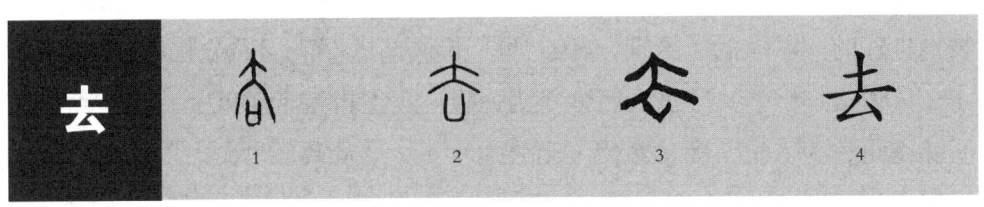

1形是甲骨文写法,上面的"大"像人形,下面的"口"像洞穴的出口,整个字形表示人离开洞穴。2形是小篆写法,下半部分简化为"凵"形,"凵"像坎穴之形。3形是隶书写法,下部"凵"形又简化为"厶"形,上部的人形也逐渐讹为"土"形。4形是楷书写法。

会意字。《说文解字》:"去,人相违也。"本义是人离开某个地方,如崔颢《黄鹤楼》:"黄鹤一去不复返,白云千载空悠悠。"范仲淹《岳阳楼记》:"登斯楼也,则有去国怀乡,忧谗畏讥,满目萧然,感极而悲者矣。"又引申为距离,如《迢迢牵牛星》:"河汉清且浅,相去复几许。"彭端淑《为学一首示子侄》:"西蜀之去南海,不知几千里也,僧富者不能至,而贫者至焉。"由离开引申为除掉,《韩非子·说林上》:"故以十人之众,树易生之物,然而不胜一人者,何也?树之难而去之易也。"

"去"字在《说文解字》中作为部首,从去的字有"朅、朆"等,现在"去"字已不再作为部首使用。

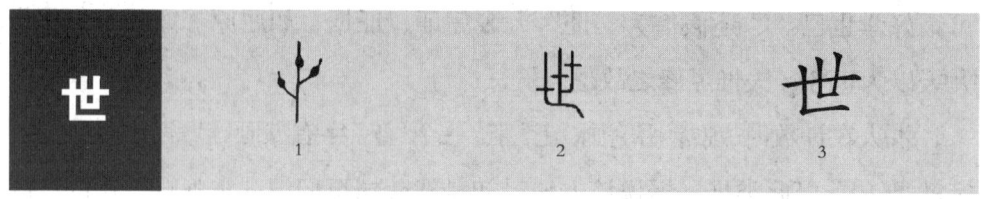

　　1形是金文写法，带有三个圆点的三竖，表示树上的枝叶。2形是小篆写法，三圆点伸展开成为三短横。3形是隶变后的楷书写法。

　　象形字。"世"的本义应该是树叶，是"枼（叶）"的本字，后来假借表示世代的"世"。为了区别，就在"世"下面加上义符"木"分化出"枼（叶）"字。《说文解字》："世，三十年为一世。"上古三十年就是一世，后来父子相继也称为一世，如《左传·昭公七年》："从政三世矣。"人的一生也可以称为一世，如《史记·淮南衡山列传》："人生一世间，安能邑邑如此？"意思是人的一生中，怎么能像这样闷闷不乐呢？

　　世界各地的人类社会早期都曾出现过世袭制的政权，其中多数为封建世袭制度。世袭制是古代爵位、官职、财产等的一种传承制度。先秦时代，禅让制被世卿世禄制度所取代，上至天子、封君，下至公卿、大夫、士，他们的爵位、封邑、官职都是父子相承的。

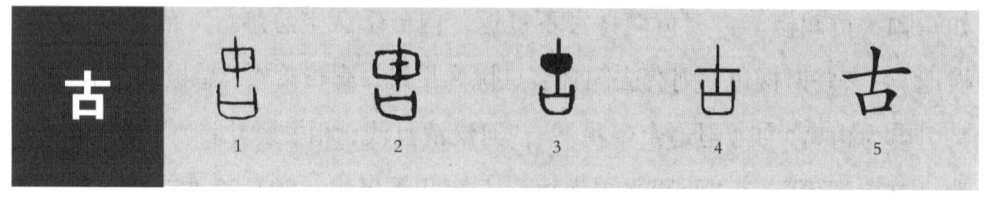

　　1、2形是甲骨文写法，上半部分是盾牌的象形，下面的"口"形为区别符号。3形是金文写法，上部的盾牌形中间变为实心。4形是小篆写法，盾牌形简化为"十"字，"古"字的形体就此基本固定。5形是楷书写法。

　　指事字。由盾牌形加指事符号构成。"盾"的特点是"固"，因此"古"是坚固之"固"的本字。《说文解字》："古，故也。从十口。识前言者也。"

许慎根据"古"的小篆字形,声训"古"为故义,且"故"是"古"的常用义。经过十人之口传下来的故事,时代久远,如马致远《天净沙·秋思》:"古道西风瘦马。"常建《题破山寺后禅院》:"清晨入古寺,初日照高林。"陆游《游山西村》:"箫鼓追随春社近,衣冠简朴古风存。"

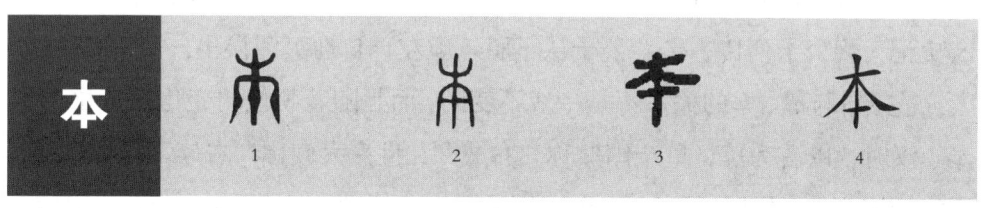

1形是金文写法,在"木"下加小点指示树根之所在。2形是小篆写法,将点变为一短横。3形是隶书写法。4形是楷书写法。

指事字。《说文解字》:"本,木下曰本。"本义指树的根,如《左传·昭公九年》:"我在伯父,犹衣服之有冠冕,木水之有本原。"引申表示基础、根本,如贾谊《论积贮疏》:"今背本而趋末,食者甚众,是天下之大残也。"又作副词,表示本来,如诸葛亮《前出师表》:"臣本布衣,躬耕于南阳。"白居易《琵琶行》:"自言本是京城女,家在虾蟆陵下住。"

"根""本"二字并不同义,树有根有本,"根"指树位于地表以下的部分,而"本"通常指地上的主干部分。根、本均为树的重要部分,因此常并列使用,比喻非常重要的事情,如魏征《谏太宗十思疏》:"臣闻:求木之长者,必固其根本。"

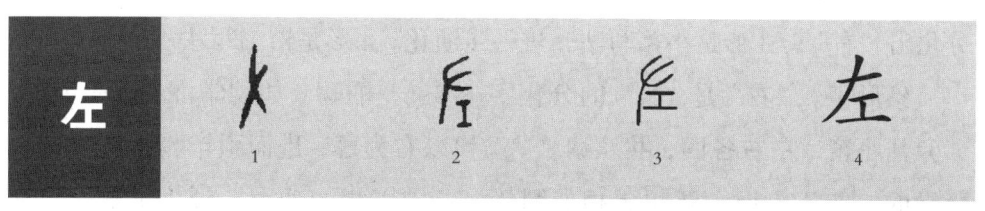

1形是甲骨文写法,像人左手形。2形是金文写法,添加区别符号"工"。

3形是小篆写法，承袭金文。4形是隶变后的楷书写法。

象形字。《说文解字》："左，手相左助也。从𠂇工。"本义是左手，引申表示左边，与"右"相对，如魏学洢《核舟记》："鲁直左手执卷末，右手指卷，如有所语。"引申表示佐助、辅佐。进一步指战车左边的侍卫、车骑的尊位等，如《左传·僖公三十三年》："左右免胄而下，超乘者三百乘。"《史记·魏公子列传》："公子从车骑，虚左，自迎夷门侯生。"

左、右与尊、卑的关系不是一成不变的，而是随着朝代的变化而变化。周、秦、汉时，以右为尊，皇亲国戚称"右戚"，世家大族称"右族""右姓"。东汉到隋唐、两宋时，又转变成左尊右卑，左丞相高于右丞相。明朝建立后，又改为以右为尊。

"左迁"与"右迁"易混淆。"左迁"指降低官职的调动，如李白《闻王昌龄左迁龙标遥有此寄》一诗。"右迁"指升官，如王安石《李端悫可东上阁门使制》："非专为恩，以致此位，积功久次，当得右迁。"表示降低官职的词语有"除、谪、罢、免、革、黜、削、废、退"等。表示提升官职的词语有"任、用、封"等。

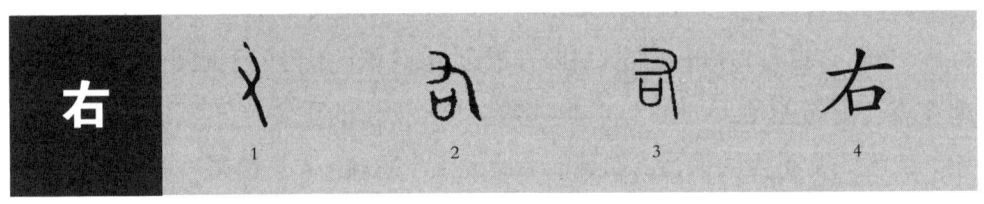

1形是甲骨文写法，像右手形，即"又"。2形是金文写法，加"口"分化出"右"。3形是小篆写法，进一步演化。4形是楷书写法。

象形字。"右"是"又"的分化字。本义是右边，如魏学洢《核舟记》："旁开小窗，左右各四，共八扇。"汉代以右为尊，进而引申指地位高的、尊贵的，如《史记·廉颇蔺相如列传》："以相如功大，拜为上卿，位在廉颇之右。"

"左右"一般指君主身边的近臣,如《韩非子·说林上》:"陈轸贵于魏王。惠子曰:'必善事左右。'"刘向《说苑·正谏》:"吴王欲伐荆,告其左右曰:'敢有谏者,死!'"

"右武"出自《史记·平津侯主父列传》"守成尚文,遭遇右武",指崇尚武功。如刘禹锡《董氏武陵集纪》:"兵兴已还,右武尚功。"王安石《泰州海陵县主簿许君墓志铭》:"谋足以夺三军,而辱于右武之国。"

成语"右军习气"出自宋曹《书法约言》"既脱天腕,仍养于心,方无右军习气"。"右军"指晋代著名书法家王羲之,因曾任"右军将军"一职,故称为"右军"。比喻一味临摹古人,不能形成自己的特点。

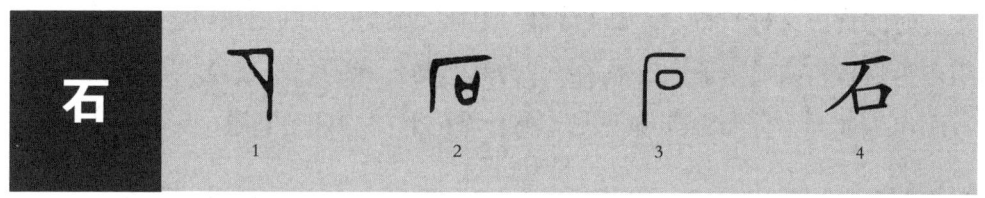

1形是甲骨文写法,像山石形,和"厂"本为一字,后来分化。2形是金文写法,增加区别符号"口"变为"石"。3形是小篆写法,承袭金文写法。4形是隶变后的楷书写法。

象形字。《说文解字》:"石,山石也。"本义是山石,后泛指石头,如《诗经·小雅·鹤鸣》:"它山之石,可以攻玉。"《荀子·劝学》:"锲而舍之,朽木不折;锲而不舍,金石可镂。"后来又引申为碑石,如《史记·秦始皇本纪》:"立石,与鲁诸儒生议,刻石颂秦德,议封禅望祭山川之事。"又引申为医生治疗所用的石针,如《韩非子·喻老》:"在肌肤,针石之所及也。""石"还可以作为重量单位使用,读作"dàn",如《汉书·律历志上》:"三十斤为钧,四钧为石。"

"石"是一个部首字,从石的字都和石头或坚硬有关,如"硬、矿、磐、研、砚、砼"等。

布

1 形是金文写法，从巾父声。2 形是小篆写法，声符"父"变形。3 形是隶变后的楷书写法。

形声字。《说文解字》："布，枲（大麻）织也。"本义为麻布，如《孟子·滕文公上》："许子必织布而后衣乎？"古代平民穿麻布衣服，由此，"布衣"成为平民的代称，如诸葛亮《前出师表》："臣本布衣，躬耕于南阳。"上古时的货币又称"布"，如《诗经·卫风·氓》："氓之蚩蚩，抱布贸丝。"引申为财货，如《庄子·山木》："为其布与？赤子之布寡矣。"布能展开，故引申为散开、分布，如柳宗元《小石潭记》："日光下澈，影布石上。"

龙

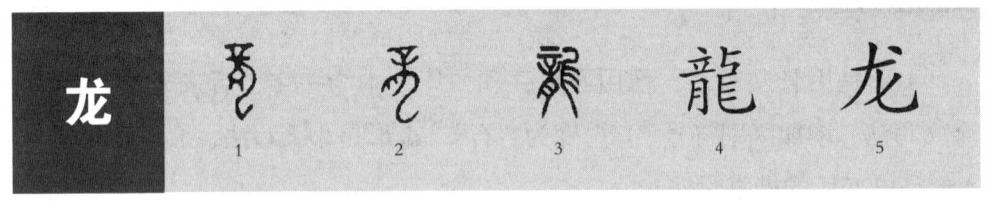

1 形是甲骨文写法，像一只张着大口、身子很长的怪兽。2 形是金文写法，承袭甲骨文。3 形是小篆写法，"口"形讹变成"肉"形，身体和嘴巴分开变成左右结构。4 形是隶变后的楷书写法，与小篆写法大致相同。5 形是简化后的楷书写法。

象形字。《说文解字》："龙，鳞虫之长。能幽能明，能细能巨，能短能长；春分而登天，秋分而潜渊。"古代把龙看成是威力巨大的神物，能兴云降雨。如《周易·乾卦》："飞龙在天，利见大人。"刘禹锡《陋室铭》："水不在深，有龙则灵。"后来，龙被看作皇帝的象征，如《史记·项羽本纪》："吾令人望其气，皆为龙虎，成五采，此天子气也。"后用来指代与皇帝有关的一切事物，如龙床、龙舆、龙衮等。"龙"还用来比喻非凡的人物，如《三国志·蜀书·诸葛亮传》："诸葛孔明者，卧龙也，将军岂愿见之乎？"

"龙"是一个部首字，从龙的字通常与龙或者大有关，例如"庞、龚、龘、龑"等。

龙在中国传统的十二生肖中排第五位，对应的地支是辰。龙与凤凰、麒麟、龟一起称为"四瑞兽"。青龙与白虎、朱雀、玄武一起被称为中国天文中的"四象"。

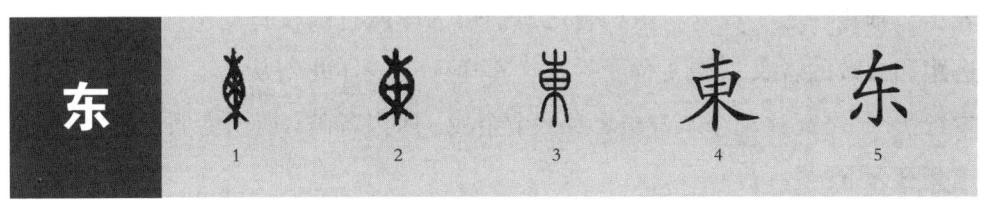

1形是甲骨文写法，像上下都扎口的大袋子。2形是金文写法。3形是小篆写法，承袭金文，讹变为从日从木。4形是隶变后的楷书写法。5形是简化后的楷书写法。

象形字。本义为一种盛装东西用的两端扎口的口袋。西周金文"重"字写作"🧍"，像人背负"東"（口袋）负重之形。《说文解字》："東，动也。从木。官溥说从日在木中。"形义分析均不可靠。假借为"东方"的"东"，如《诗经·卫风·伯兮》："自伯之东，首如飞蓬。"《孟子·梁惠王上》："河东凶亦然。"用为动词表示向东、朝东，如《左传·僖公三十二年》："秦师遂东。"苏轼《念奴娇·赤壁怀古》："大江东去，浪淘尽，千古风流人物。"

繁体的"東"中间是一横，请柬的"柬"中间是一点一撇，二者不可混淆。

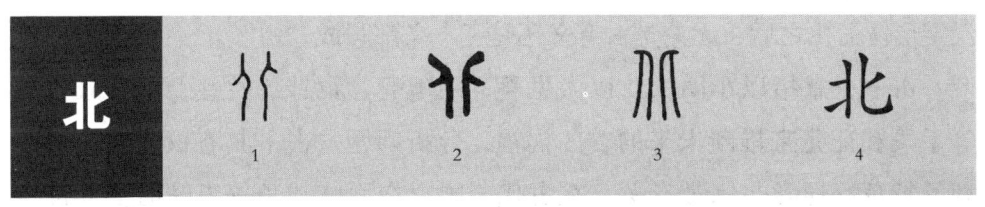

1形是甲骨文写法，像二人相背。2、3形分别是金文和小篆写法，变化不大。

4形是隶变后的楷书写法。

会意字。《说文解字》："北，菲也。从二人相背。""北"是"背"的本字，本义为相背。如《战国策·齐策六》："士无反北之心。"后假借为南北的"北"，如卜辞："呼牛于北土。"（《合集》8783）"辛亥卜，北方其出？"（《合集》32030）又如《诗经·邶风·北门》："出自北门，忧心殷殷。"由于"北"字的假借义常用，就增加"肉"旁造"背"字，以表示"乖背"之"背"。由相背之意引申为军队打败仗背向敌人，由此产生逃跑和失败的含义，如《孙子兵法·军争》："佯北勿从。"《史记·项羽本纪》："吾起兵至今八岁矣，身七十余战，所当者破，所击者服，未尝败北，遂霸有天下。"

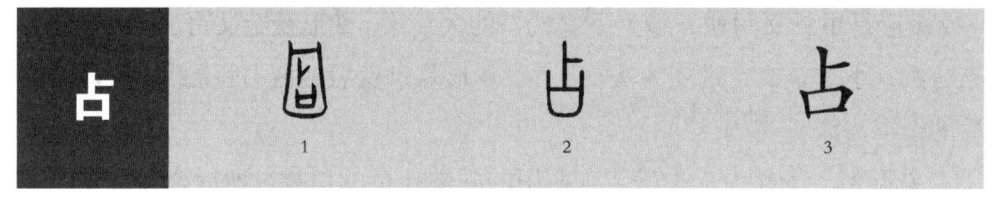

1形是甲骨文写法，从卜从口从凵（卜骨之象形），表示占卜发问。2形是小篆写法，省去"凵"。3形是楷书写法，承袭小篆字形。

会意字。《说文解字》："占，视兆问也。"本义是卜问，如《左传·僖公十五年》："史苏占之曰：'不吉。'"引申为预测、估计，如龚自珍《送钦差大臣侯官林公序》："以食妖、服妖占天下之变。"假借表示占有，如《晋书·食货志》："男子一人占田七十亩。"后来这个意义写作"佔"。现在汉字形体简化之后，无论是占有义还是占卜义都写成"占"。

占卜，意指以小明大、以微见著，用龟壳、铜钱、竹签、纸牌或占星等手段和征兆来推断未来的吉凶祸福，分析问题。占卜具有仪式性或社会性的特色，通常与宗教有关。在古代，国家在面临战争等事情时都会进行占卜求问。

业

1形是金文写法，上从丵（锯齿形装饰），下从木（装饰的木板）。2形是小篆写法，承袭金文。3形是隶书写法，笔画进一步变平直。4形是繁体楷书写法。5形是简化后的楷书写法。

会意字。《说文解字》："业，大版也。所以饰悬钟鼓，捷业如锯齿，以白画之。象其鉏铻相承也。"本义为大版，即古代悬挂乐器架子横梁上锯齿状的大版。借指学业，如韩愈《师说》："师者，所以传道受业解惑也。"又指事业、职业，如诸葛亮《前出师表》："先帝创业未半，而中道崩殂。"陶渊明《桃花源记》："晋太元中，武陵人捕鱼为业。"

"业精于勤，荒于嬉；行成于思，毁于随"出自韩愈的《进学解》。意思是说，学业由于勤奋而专精，由于玩乐而荒废；德行由于独立思考而有所成就，由于因循随俗而败坏。

归

1、2形是甲骨文写法，从帚自声。3形是金文写法，添加动符"止"，进一步明确其动词意义。4形是小篆写法，承袭金文。5形是隶变后的楷书写法。6形是简化后的楷书写法。

形声字。《说文解字》："歸，女嫁也。从止，从妇省，自声。"甲骨文的"妇"本就写成"帚"，因此并非"从妇省"。"归"本义是女子出嫁，如《诗经·周南·桃夭》："之子于归，宜其室家。"引申表示归属、归附，如《战国策·燕策三》：

"樊将军以穷困来归丹,丹不忍以己之私,而伤长者之意,愿足下更虑之。"进一步引申为结局、归宿,如《周易·系辞下》:"天下同归而殊途,一致而百虑。"又引申为返回、归还等意思,如陶渊明《归园田居(其一)》:"开荒南野际,守拙归园田。"《史记·廉颇蔺相如列传》:"城不入,臣请完璧归赵。"

"归宁"出自《诗经·周南·葛覃》"害澣害否?归宁父母",指已嫁女子回娘家归问父母。如归有光《项脊轩志》:"吾妻归宁,述诸小妹语曰:'闻姊家有阁子,且何谓阁子也?'"

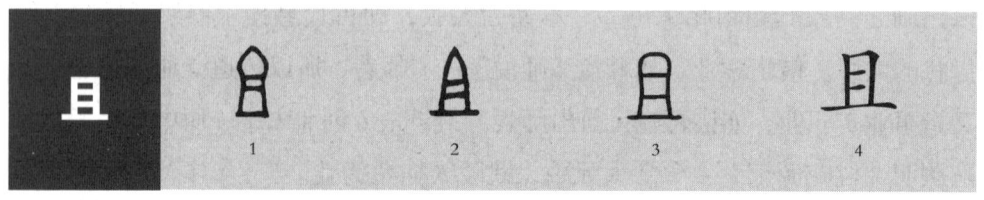

1形是甲骨文写法,像祭祀时盛肉的几案之形。2形是金文写法,承袭甲骨文。3形是小篆写法,承袭金文。4形是楷书写法。

象形字。《说文解字》:"荐也。从几,足有二横,一其下地也。"本义是一种礼器,为祭祀时盛装祭肉的几案,为"俎"的本字。引申为祖先,甲骨文、金文中表示祖先之"祖"几乎全部写作"且"。

被假借作副词,表示将要,如《韩非子·外储说左上》:"郑人有且置履者,先自度其足,而置之其坐。"王安石《游褒禅山记》:"不出,火且尽。"引申表示接近,如《列子·汤问》:"北山愚公者,年且九十,面山而居。"又表示暂且、姑且,如李白《梦游天姥吟留别》:"且放白鹿青崖间,须行即骑访名山。"《史记·项羽本纪》:"臣死且不避,卮酒安足辞!"

"且"又作连词,表示并列,如马中锡《中山狼传》:"先生仓卒以手搏之,且搏且却。"又可表示递进,如《左传·僖公三十年》:"且君尝为晋君赐矣,许君焦、瑕,朝济而夕设版焉,君之所知也。"《史记·廉颇蔺相如列传》:

"且庸人尚羞之，况于将相乎！"

成语"且住为佳"出自颜真卿《寒食帖》"寒食只数日间，得且住，为佳耳"。且，暂且；佳，好。该词意思是暂且住在这里好，用以劝客人留宿。如辛弃疾《霜天晓角·旅兴》："明日落花寒食，得且住，为佳耳。"

1形是甲骨文写法，像太阳破土而出之形。2形是金文写法，将土形填实。3形是小篆写法，"土"形讹变为"一"。4形是隶变后的楷书写法，承袭小篆写法。

会意字。《说文解字》："旦，明也。从日见一上。一，地也。"本义是早上，如《木兰诗》："旦辞爷娘去，暮宿黄河边。"引申表示一天，如柳宗元《捕蛇者说》："盖一岁之犯死者二焉，其余则熙熙而乐，岂若吾乡邻之旦旦有是哉。"

"旦角"指戏曲中的女性形象，分为青衣、花旦、刀马旦、武旦、老旦、彩旦等。"青衣"又叫"正旦"，指端庄稳重的青年妇女；"花旦"指年轻活泼的小家碧玉或丫鬟；"刀马旦"指女将或女元帅；"武旦"指身具武艺的江湖女子；"老旦"指老年女性；"彩旦"指丑婆子。

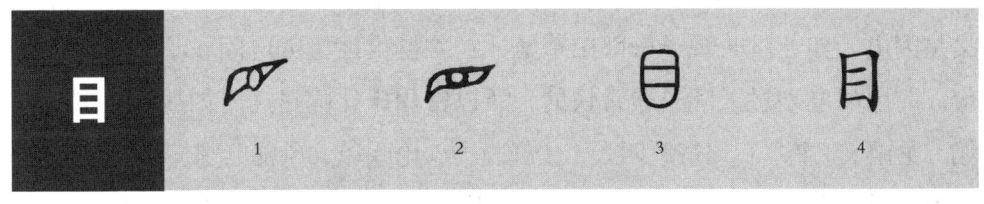

1、2形分别是甲骨文和金文写法，像目形。3形是小篆写法，横目变成

竖目，椭圆的眼眶被平行的方框取代，眼珠也变成两横。4形是楷书写法，承袭小篆。

象形字。《说文解字》："目，人眼。"本义是眼睛，如《战国策·燕策三》："复为慷慨羽声，士皆瞋目，发尽上指冠。"引申为看，如《史记·项羽本纪》："范增数目项王。"又引申为看到的范围，如王之涣《登鹳雀楼》："欲穷千里目，更上一层楼。"又用来比喻网眼、孔眼等像眼睛的物体，如郑玄《诗谱序》："举一纲而万目张。"意思是提起渔网的总绳，所有的网眼都张开了。故有成语"纲举目张"，比喻做事抓住主要的环节，带动次要的环节；也形容文章条理分明。

"目"是一个部首字，从目的字大多与眼睛或看有关，例如"见、眼、睛、眉、瞄、相"等。

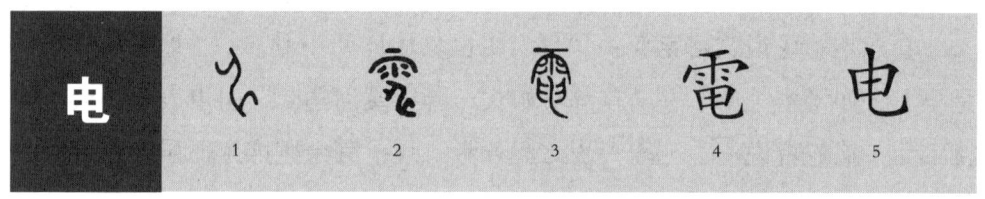

1形是甲骨文写法，像闪电形，与"申"同字。2形是金文写法，增加了义符"雨"。3形是小篆写法，承袭金文。4形是隶变后的楷书写法。5形是简化后的楷书写法，成为记号字。

象形字。《说文解字》："电，阴阳激燿也。"本义与"申"字同，《说文解字》中"申，神也"所释不可信，"申"本为闪电的象形。"电"的本义是闪电，如苏轼《观子玉郎中草圣》："柳侯运笔如电闪，子云寒悴羊欣俭。"因闪电划过天际是非常快的，所以常用来比喻迅速，如战国兵书《六韬·龙韬·王翼》："奋威四人，主择材力，论兵革，风驰电掣，不知所由。"成语"风驰电掣"即出自于此，形容非常迅速，像刮风和闪电一样快。

现代汉语中，"电"用作物理学名词，诞生了现在一系列的与电能有关的名词，如"电报、电话、电视"等。

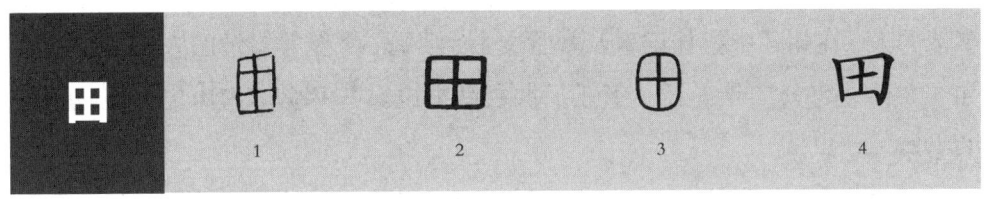

1形是甲骨文写法，像田地里阡陌纵横之形。2形是金文写法，承袭甲骨文，有所简化。3形是小篆写法，承袭金文。4形是隶变后的楷书写法。"田"的形体演变不大，字形也比较简单。

象形字。《说文解字》："田，陈也，树谷曰田。"本义指农田，如《孟子·梁惠王上》："百亩之田，勿夺其时。"《韩非子·五蠹》："宋有人耕者，田中有株。"王安石《书湖阴先生壁》："一水护田将绿绕，两山排闼送青来。"用作动词，表示种田，如《诗经·小雅·信南山》："畇畇原隰，曾孙田之。"又同"畋"，表示打猎，如《左传·宣公二年》："初，宣子田于首山，舍于翳桑，见灵辄饿，问其病。"

"田、佃、畋"诸字，在打猎、耕种的意义上是通用的，但"田"有"田地"的意义，"佃"和"畋"没有。"佃"后来指旧社会农民被迫租种官府、地主的土地，或指佃户，读"diàn"，"田"和"畋"就不具备这个意义。

"田"是一个部首字，从田的字与田地或耕种有关，如"畴、町、畔、畋"等。

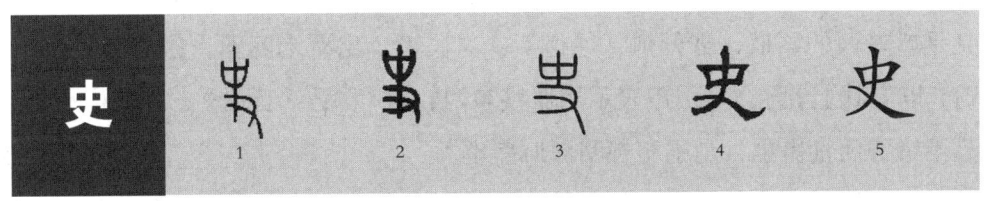

1形是甲骨文写法，像以手持一器物形，表示做事。2、3形分别是金文

和小篆写法，承袭甲骨文。4形是隶变后的隶书写法。5形是楷书写法。

会意字。本义为做事、治事，与"事""吏"二字同形同义。引申指做事情的人，在朝廷中担任记事及掌管文书、典籍、卜筮等事情的人为"史官"，如《左传·宣公二年》："董狐，古之良史也。"又引申为历史、记载历史的书籍等意思。

《史记》是中国第一部纪传体通史，由西汉司马迁著，原名《太史公书》。司马迁利用史官典籍，博采《左传》《国语》《世本》《战国策》及诸子百家等著述，实地采访写成此著。《史记》记述了黄帝时代至汉武帝太初年间3000多年的历史。体裁分为本纪、世家、列传，以八书记制度沿革，立十表以通史事的脉络，为后世纪传体史书所沿用。《史记》不仅仅是一部史学著作，由于其描写历史人物生动形象，因此具有很高的文学价值，鲁迅先生称《史记》为"史家之绝唱，无韵之《离骚》"。

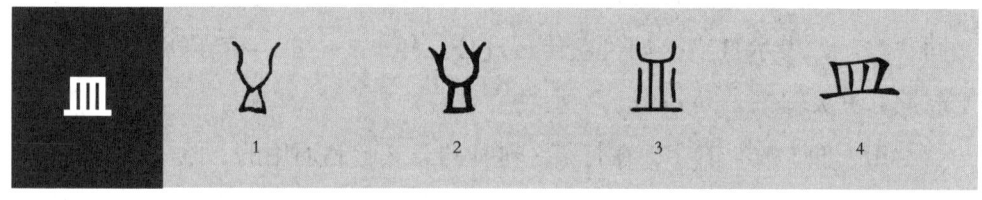

1形是甲骨文写法，像器皿之形，上部口沿外展，下部像底座，2形是金文写法，短弧为装饰笔画。3形是小篆写法，装饰笔画下移。4形是楷书写法，进一步演变。

象形字。《说文解字》："皿，饭食之用器也。象形，与豆同意。"本义是盛东西的器皿，如韩愈《原道》："民者，出粟米麻丝，作器皿，通货财，以事其上者也。"引申表示用皿盛东西，如《国语·晋语》："今君一之，是不飨谷而食蛊也，是不昭谷明而皿蛊也。"

"皿"是一个部首字，从皿的字大都跟容器有关，如"盂、盆、盘、盖、盒、盉、盥、益"等。

"皿"与"血"易混淆。"血"上的点表示古时祭祀用的牲畜的血,"血"是在"皿"上加一点而形成。

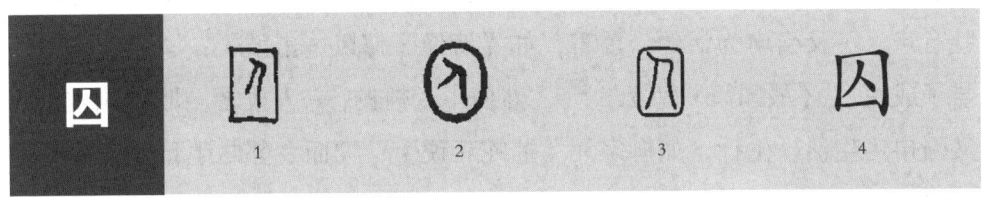

1形是甲骨文写法,像人在口中之形。2形是金文写法,承袭甲骨文。3形是小篆写法,承袭金文。4形是楷书写法。

会意字。《说文解字》:"囚,系也,从人在口中。"本义是关押、监禁,如《战国策·东周策》:"问其巷而不知也,吏因囚之。"引申表示被监禁的犯人,如方苞《狱中杂记》:"旁四室则无之,而系囚常二百余。"又指抓获、俘获,如《左传·僖公二十五年》:"囚申公子仪、息公子边,以归。"引申指被俘虏的敌人,如《左传·僖公三十三年》:"先轸朝,问秦囚。"

成语"南冠楚囚"出自《左传·成公九年》"晋侯观于军府,见钟仪,问之曰:'南冠而絷者,谁也?'有司对曰:'郑人所献楚囚也。'使税之,召而吊之。再拜稽首"。南冠,楚国在南方,故称楚冠为南冠。后指囚犯,如李白《金陵新亭》:"四坐楚囚悲,不忧社稷倾。"

1形是甲骨文写法,会地上生出草木之意。2形是金文写法,添加点作为分化符号。3形是小篆写法,将点变为短横。4形是楷书写法。

会意字。《说文解字》:"生,进也。象草木生出土上。"本义为植物生长,如《礼记·月令》："蝼蝈鸣，蚯蚓出，王瓜生，苦菜秀。"引申为生育、出生，如《左传·隐公元年》："初，郑武公娶于申，曰武姜，生庄公及共叔段。"又引申为产生、出现，如白居易《琵琶行》："别有幽愁暗恨生，此时无声胜有声。"又引申为活的、活着，如《诗经·邶风·击鼓》："死生契阔，与子成说。"《战国策·魏策二》："然使十人树杨，一人拔之，则无生杨矣。"又引申为生活、生计，如柳宗元《捕蛇者说》："而乡邻之生日蹙，殚其地之出，竭其庐之入。"

在现代汉语中，"生"常常和"熟"相对，表示果实没有成熟，或者食物没有煮熟，如"生涩、生米饭"。同时，"生"在我国的戏曲行业里代表净、丑之外的男性角色，大致分为老生、武生、小生等类别。

1形是甲骨文写法，会人跌倒血流至脚趾之意，为"跌"字初文。2形是金文写法，承袭甲骨文。3形是小篆写法，上部"之"形讹变为"手"形。4形是隶变后的楷书写法。

会意字。本义是跌倒、失足，后来添加义符"足"，用"跌"字表示。引申表示过失，如《史记·淮阴侯列传》："智者千虑，必有一失。"又引申表示错过，如《孟子·梁惠王上》："鸡豚狗彘之畜，无失其时，七十者可以食肉矣。"又表示违背，如《史记·高祖本纪》："足下前则失咸阳之约，后又有强宛之患。"

"失计"与"失记"易混淆。"失计"指失策，计谋错误；"失记"指遗忘，记不住。"失言"重在"失"，指无意中说出不该说的话；"食言"重在"食"，指说话不算数，不守信用。

成语"失之东隅,收之桑榆"出自范晔《后汉书·冯异传》"玺书劳异曰:'赤眉破平,士吏劳苦,始虽垂翅回溪,终能奋翼黾池,可谓失之东隅,收之桑榆。'方论功赏,以答大勋"。东隅,东方日出处,也指早晨;桑榆,西方日落处,也指日暮。比喻这个时候失败了,另一个时候得到了补偿。如王勃《滕王阁序》:"北海虽赊,扶摇可接;东隅已逝,桑榆非晚。"

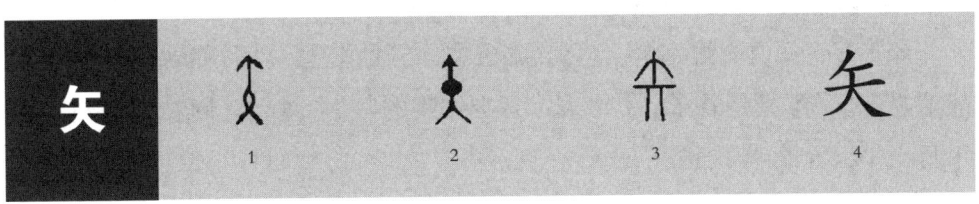

1形是甲骨文写法,像箭形。2形是金文写法,承袭甲骨文,填实中间部分。3形是小篆写法。4形是隶变后的楷书写法。

象形字。《说文解字》:"矢,弓弩矢也。从入,象镝栝羽之形。古者夷牟初作矢。"本义是箭,如《荀子·劝学》:"是故质的张,而弓矢至焉;林木茂,而斧斤至焉。"《史记·陈涉世家》:"秦无亡矢遗镞之费,而天下固已困矣。"文献中可与"施"相通,如《诗经·大雅·江汉》:"矢其文德,洽此四国。"又与"誓"通,如《诗经·卫风·考槃》:"独寐寤言,永矢弗谖。"又与"屎"通,如《史记·廉颇蔺相如列传》:"廉将军虽老,尚善饭,然与臣坐,顷之三遗矢矣。"

"矢"是一个部首字,从矢的字大都跟箭或矮小有关,如"矰、矤(射鸟的箭)、矬、短、矮"等。

成语"矢尽援绝"出自《周书·泉企传》"企拒守旬余,矢尽援绝,城乃陷焉"。援,援助。该成语的意思是箭矢都用完了,援兵断绝了,比喻处境十分艰难。

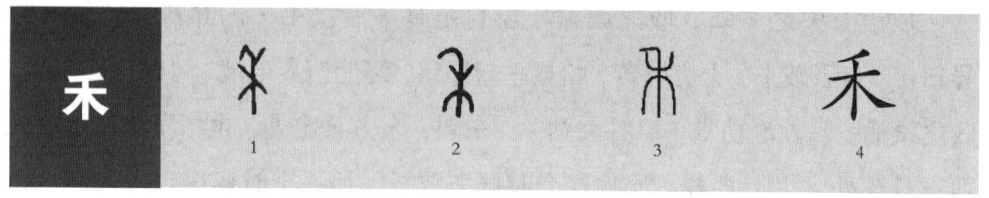

1形是甲骨文写法,像谷穗下垂之形。2形是金文写法,承袭甲骨文。3形是小篆写法,进一步演变。4形是楷书写法。

象形字。《说文解字》:"禾,嘉谷也。二月始生,八月而孰,得时之中,故谓之禾。"本义是谷子。引申表示谷类作物的苗,如李绅《悯农二首》:"锄禾日当午,汗滴禾下土。"

"禾"是一个部首字,从禾的字大都跟谷物、庄稼有关,如"秀、秆、种、秸、秋、香、科、秉"等。

在古代,禾、粟、谷、黍、稷、菽表示不同的粮食作物。"禾"指谷子,后来代指庄稼;"粟"指谷子颗粒(小米),后来也代指粮食;"谷"是庄稼和粮食的总称;"黍"是黏黄米,也称黍子;"稷"指不黏的黄米;"菽"指黄豆等豆类。

成语"禾黍之悲"出自《诗经·王风·黍离》,《毛诗》序曰:"周大夫行役,至于宗周,过故宗庙宫室,尽为禾黍,闵周室之颠覆。"比喻亡国的悲伤。

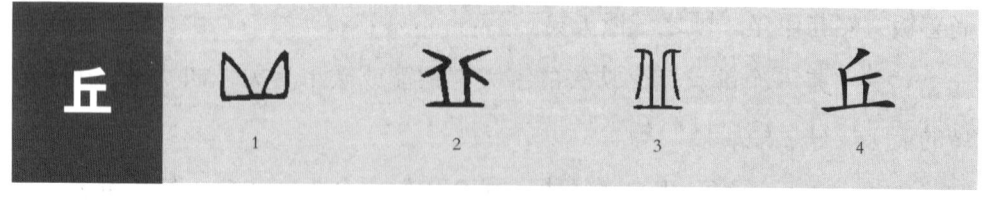

1形是甲骨文写法,像两座山峰相连之形。2形是金文写法。3形是小篆写法,与金文字形相似。4形是隶变后的楷书写法,已看不出土丘之形。

象形字。《说文解字》:"丘,土之高也,非人所为也。"本义是小山,如陶渊明《归园田居（其一）》："少无适俗韵，性本爱丘山。"柳宗元《小石潭记》："从小丘西行百二十步，隔篁竹，闻水声，如鸣珮环，心乐之。"引申为废墟，如屈原《九章·哀郢》："曾不知夏之为丘兮，孰两东门之可芜？"引申为坟墓，常见"丘墓、丘冢、丘陇"等用法，如司马迁《报任安书》："亦何面目复上父母之丘墓乎？"

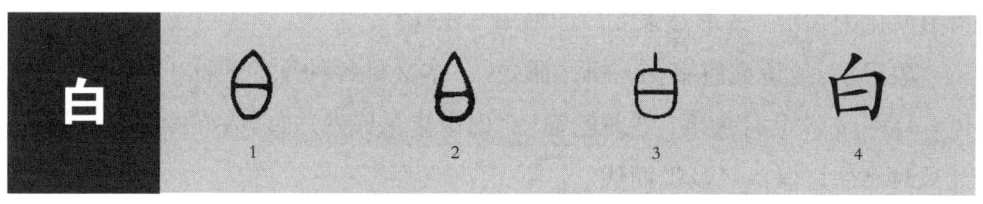

1形是甲骨文写法，像大拇指形，为"拇""擘"的初文。2形是金文写法，承袭甲骨文。3形是小篆写法，在金文基础上演变得来，尖顶变为一短竖。4形是隶变后的楷书写法。

象形字。本义为大拇指。《说文解字》："白，西方色也，阴用事，物色白。""白"指白色，是假借用法，如《诗经·小雅·白驹》："皎皎白驹，食我场苗。"引申为纯洁、干净，如《荀子·荣辱》："是故穷则不隐，通则大明，身死而名弥白。"《韩非子·说疑》："此十五人者为其臣也，皆夙兴夜寐，卑身贱体，竦心白意，明刑辟，治官职，以事其君。"于谦《石灰吟》："粉骨碎身全不怕，要留清白在人间。"引申为（天）亮，如李贺《致酒行》："我有迷魂招不得，雄鸡一声天下白。"又引申为清楚、明白，如"真相大白"。进而引申为陈述、告诉等义，如韩愈《柳子厚墓志铭》："吾不忍梦得之穷，无辞以白其大人。"

"白"是一个部首字，从白的字大多与白色、明亮有关，如"皎、皑、皓、皙"等。

成语"白衣苍狗"出自杜甫《可叹》"天上浮云似白衣，斯须改变如苍狗"。后来用"白衣苍狗"比喻世事变幻无常，也说"白云苍狗"。

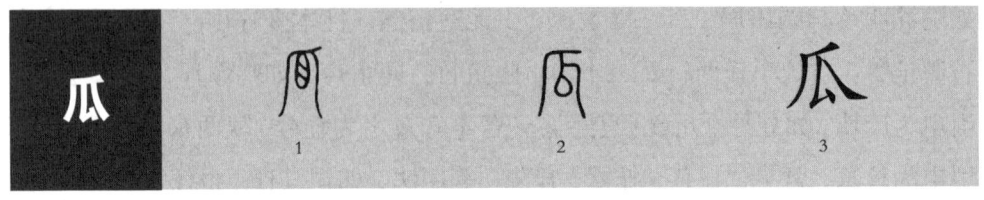

1形是金文写法，像藤蔓中长出椭圆形带纹路的瓜。2形是小篆写法，瓜形简化为圆形。3形是隶变后的楷书写法。

象形字。《说文解字》："瓜，胍也。"本义是各种瓜的通称，如《诗经·豳风·七月》："七月食瓜，八月断壶。"引申指瓜成熟，如《左传·庄公八年》："瓜时而往，曰：'及瓜而代'。"

"瓜"与"爪"形近，但"瓜"和"爪"都还保持着最初的字形轮廓。"爪"像张开的手指形，"瓜"像长有藤蔓的瓜形。

"瓜"是一个部首字，从瓜的字大多与瓜果有关，如"瓞、瓣"等。

成语"瓜田李下"出自曹植《君子行》"君子防未然，不处嫌疑间。瓜田不纳履，李下不正冠"。意思是经过瓜田，不弯下身来提鞋，免得人家怀疑摘瓜；走到李树下面，不举起手来整理帽子，免得人家怀疑摘李子。后来用"瓜田李下"泛指容易引起嫌疑的地方。

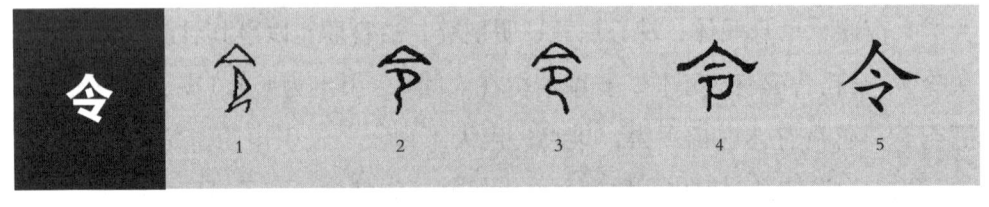

1形是甲骨文写法，从跪坐的人，从亼（倒口形），会以口发号施令之意。2形是金文写法，承袭甲骨文。3形是小篆写法，与金文大同。4形是隶书写法。5形是楷书写法，短横和竖均简化为点。

会意字。《说文解字》："令，发号也。"本义为发号施令，如《论语·子路》："其身正，不令而行；其身不正，虽令不从。"引申表示上级向下级发出指示、法令，如《史记·陈涉世家》："召令徒属曰：'公等遇雨，皆已失期，失期当斩。'"《史记·绛侯周勃世家》："将军令曰：'军中闻将军令，不闻天子之诏。'"又引申为使、让、派，如欧阳修《戏赠》："城头行人莫驻马，一曲能令君断肠。"又引申为县一级行政长官，如《史记·陈涉世家》："攻陈，陈守令皆不在，独守丞与战谯门中。" 又引申为时令、季节，如白居易《春雪》："上天有时令，四序平分别。"又作形容词，表示对他人亲属的敬称，如《古诗为焦仲卿妻作》："不堪吏人妇，岂合令郎君？"

"令"是古代上行下的公文中的一种，是皇帝或大臣给下级臣僚的指令，属于强制性文体，在效能上要求必须照办，否则严厉惩罚。

词牌"令"是"曲破"中的节奏明快的一截，如果尤为明快精炼，就是"小令"了，如《三字令》《调笑令》《十六字令》《采莲令》《留春令》《如梦令》等。

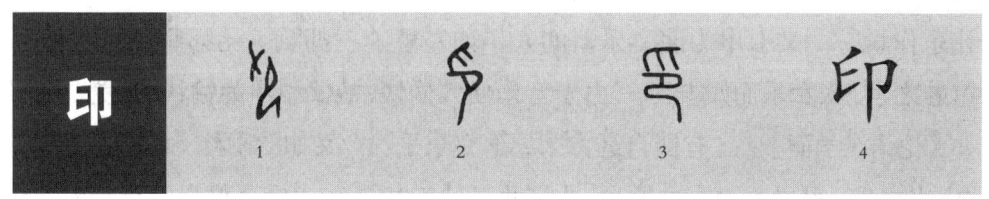

1形是甲骨文写法，像用手压制使人跪服之形。2形是金文写法，承接甲骨文，下边的人弯腰弓背，更为形象。3形是小篆写法。4形是楷书写法，将上方的手形移至左侧，下方人形（卩）置于右侧，已经看不出最初跪着的人形。

会意字。本义为按压，是"抑"的本字，如马王堆汉墓帛书《老子》："天下之道，犹张弓者也，高者印之，下者举之。"后引申为印信、图章，《说文解字》："印，执政所持信也。"《战国策·秦策一》："赵王大悦，封为武安君，受相印。"刘禹锡《赠乐天》："终期抛印绶，共占少微星。"又引申为留下痕迹，如叶绍翁《游园不值》："应怜屐齿印苍苔，小扣柴扉久不开。"又引申为印刷，如《旧五代史·后唐·明宗纪》："唐明宗之世，宰相冯道、李愚请令判国子监田敏校定《九经》，刻板印卖，朝廷从之。"

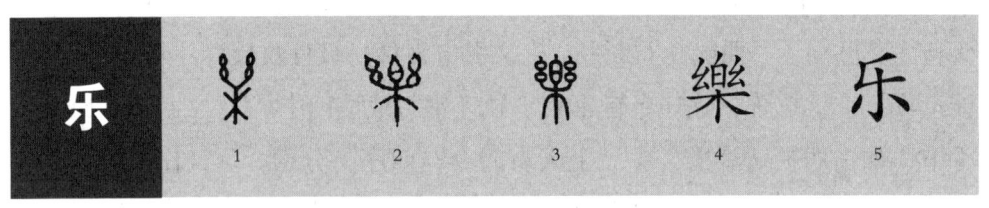

1形是甲骨文写法，像木上附着丝弦之形，表示一种弦乐器。2形是金文写法，承接甲骨文，中间多了一个"白"，有人认为其是调弦之器。3形是小篆写法，更为规整。4形是隶变后的楷书写法。5形是简化后的楷书写法。

象形字。本义为乐器，读为"yuè"，如《史记·周本纪》："太师抱乐，箕子拘囚。"引申为音乐，《说文解字》："乐，五声八音总名。"释义为引申义而非本义，如《史记·太史公自序》："尧舜之盛，《尚书》载之，礼乐作焉。"又引申为演奏乐器的人，如左思《三都赋·吴都赋》："幸乎馆娃之宫，张女乐而娱群臣。"由于音乐使人愉快，故又引申为愉快，读为"lè"，如《论语·学而》："有朋自远方来，不亦乐乎？"又如欧阳修《醉翁亭记》："山水之乐，得之心而寓之酒也。"除此以外，"乐"在表示喜好义时读"yào"，如《论语·雍也》："知者乐水，仁者乐山。"

中国古代的儒家学派十分推崇礼乐文化，礼乐教化通行天下。如《礼记·乐记》："乐者，天地之和也；礼者，天地之序也。和，故百物皆化；序，故群物皆别。"《乐》又称《乐经》，是儒家经典之一，"六经"之一，秦以后亡佚。

1形是甲骨文写法,上像"束(刺)"形,下面三竖画上均布满刺,会遍布、布满之意。2形是金文写法,在1形的基础上加两点,成为"爾"字雏形。3形是战国三晋文字写法,是最早出现的简体"尔"字写法。4形是小篆写法。5形是繁体的楷书写法。6形是简化后的楷书写法。"尔"是"爾"的简化字。

会意字。本义为遍布、布满,假借为第二人称代词,相当于现代汉语中的"你",如《诗经·卫风·氓》:"尔卜尔筮,体无咎言。以尔车来,以我贿迁。""尔"还用作指示代词,表示这、那,如李白《蜀道难》:"尔来四万八千岁,不与秦塞通人烟。"又引申为这样、如此的意思,如陶渊明《饮酒》:"问君何能尔?"

"尔"用在形容词词尾,表示……的样子,如《论语·阳货》:"夫子莞尔而笑。"陆机《文赋》:"或操觚以率尔。"(操觚:指写文章。)"莞尔"表示微笑的样子,"率尔"表示轻率的样子。"尔"又通"耳",用作语气词,如《荀子·非相》:"诛白公,定楚国,如反手尔。"

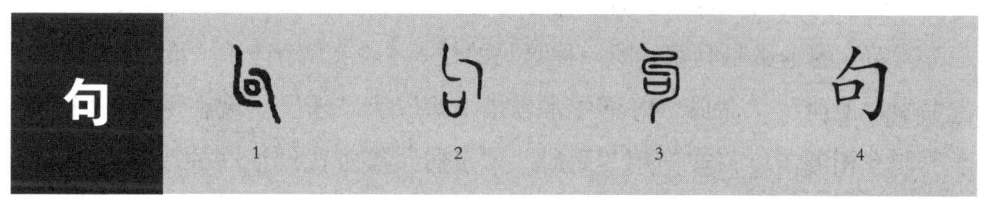

1形是甲骨文写法,从丩口声。2形是金文写法,基本承袭了甲骨文写法。3形是小篆写法。4形是楷书写法。

形声字。《说文解字》:"句,曲也。"本义是弯曲,如《礼记·月令》:"句者毕出,萌者尽达。"在晋代碑刻中,"句"中的"口"旁写作"△",所以"句"后来分化出"勾"。"勾"表"句"之曲义,"句"表"章句"之"句",二字分别承担了"句"的古义。由名词"章句"之"句"引申为动词,表示一个相对完整的表达单位结束,说话停顿,如韩愈《师说》:"授之书而习其句读（dòu）。"对于"句读"一词，古时称一句话终了作"句"，用"。"表示；称句中文词停顿作"读"，用"，"或"、"表示，因此句读又叫作"圈点"。

从句得声的字多有曲义，如《说文解字》："笱，曲竹捕鱼笱也。""鉤，曲也。"

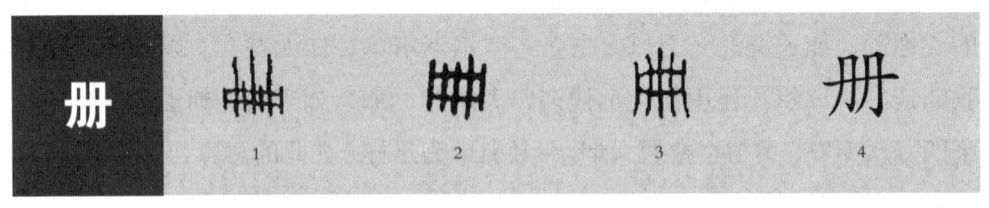

1形是甲骨文写法，像编在一起的竹简。2、3形分别是金文、小篆写法，且一脉相承。4形是隶变后的楷书写法。

象形字。本义指古代编联在一起用来书写的竹简，引申为皇帝诏书。《说文解字》："册，符命也，诸侯进受于王也。象其札一长一短，中有二编之形。"进一步引申为册封、谋略、计策等意思。

"策"的本义是马箠，即一种赶马的杖。《说文解字》："策，马箠也。"古书中"遣册""命册"等词中常常借"策"为"册"。现在两者一般条件下不能互相混淆，只在使用"简册""遣册"等古代词汇这种特定情况下，仍可以借"策"为"册"。

在商至魏晋时代，作为书写材料的纸还没有普及使用，人们把文字写在狭长的竹片或木片上。竹片称"简"，木片称"札"或"牒"。这种竹片或木片，后来通称为"简"。一块简只能写几十个字，所以记载一件事情往往需要很多块简。为了查找方便，人们就用绳子把这些简按次序编联起来，称之为"册"。后来，简逐渐被纸代替，印刷出的文章装订成书仍沿用"册"这个名称，如今"册"已多作量词使用。

处

1形是金文写法，像头戴虎皮冠据几而坐之人形。2形是小篆写法。3形是小篆的异体字，省略"虍"形。4形是隶变后的楷书写法，承袭2形。5形是楷书的异体字，承袭3形。6形是简化后的楷书写法。

会意兼形声字。《说文解字》："处，止也，得几而止。从几从夂。或从虍声。"本义为止息，读作"chǔ"，如《孙子兵法·军争》："是故卷甲而趋，日夜不处，倍道兼行。"引申为居住，如《左传·僖公四年》："君处北海，寡人处南海。"又指身处某时或某地，如范仲淹《岳阳楼记》："居庙堂之高则忧其民，处江湖之远则忧其君。"又表示处置、处理，如《古诗为焦仲卿妻作》："处分适兄意，那得自任专！"

用作名词，读作"chù"，表示处所、位置、地方，如辛弃疾《永遇乐·京口北固亭怀古》："千古江山，英雄无觅，孙仲谋处。"柳永《雨霖铃·寒蝉凄切》："今宵酒醒何处？杨柳岸，晓风残月。"

成语"处变不惊"出自《孙子·火攻》，形容面对变故或变乱，能镇定自若，不惊慌。

鸟

1形是甲骨文写法，像鸟形，突出鸟尖嘴细爪的特征。2形是金文写法，此时开始脱离象形性，向笔画方向发展。3形是小篆写法，在金文基础上进一步演变，用圆转的线条规画出一个简约的鸟形轮廓。4形是隶变后的楷书写法。5形是简化后的楷书写法。

象形字。《说文解字》:"鸟,长尾禽总名也。"本义是鸟,如柳宗元《江雪》:"千山鸟飞绝,万径人踪灭。"李商隐《无题》:"蓬山此去无多路,青鸟殷勤为探看。"

"鸟"与"隹"意义相近,"隹"的本义是短尾鸟或鸟的总名。"鸟"和"隹"都是部首字,从鸟的字大多与禽类或鸟类有关,如"鸡、鸭、鸦、鸠、鸿、鹊、莺"等。从隹的字大多也与鸟或鸟的属性有关,如"雌、雄、雁、雎、雉、雏、雀"等。

成语"鸟尽弓藏"出自《史记·越王勾践世家》"蜚(飞)鸟尽,良弓藏;狡兔死,走狗烹",意思是鸟没有了,弓也就收起来不用了;兔子死了,猎狗也就被煮来吃了。该成语与"过河拆桥""卸磨杀驴"的意义近似,比喻事情成功以后,把曾经做出过贡献的人一脚踢开,不讲情义。

1形是小篆写法,像胎衣包裹着带有脐带的胎儿。2形是秦隶写法。3形是楷书写法。

象形字。《说文解字》:"包,象人裹妊。巳在中,象子未成形也。"本义是包围胎儿的胎衣,是"胞"的本字,《玉篇》:"包,今作胞。"后引申为包裹,如《诗经·召南·野有死麕》:"野有死麕,白茅包之。"又引申为包括、包容,如郭璞《江赋》:"总括汉泗,兼包淮湘。"又引申为包围、围绕,如郦道元《水经注·河水》:"河水分流,包山而过。""包"又通"苞",指草木丛生、茂盛,如《尚书·禹贡》:"草木渐包。""包"字本义不常用,后造"胞"字表示本义,造"苞"字用于草木。

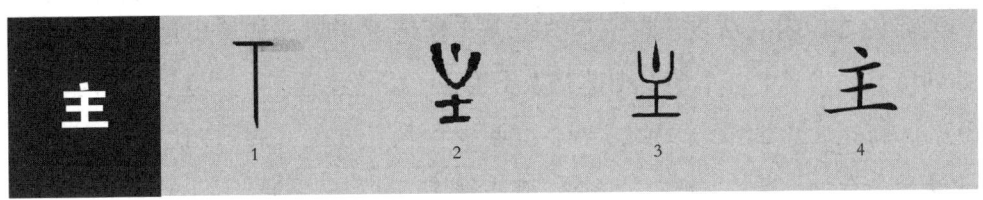

　　1形是甲骨文写法，像祭祀的牌位形，与"示"同源。2形是《说文解字》中的古文写法。3形是小篆写法，笔画整齐化。4形是隶变后的楷书写法。

　　象形字。本义为供奉祖先或死者用的小木牌。《说文解字》："主，灯中火主也。"认为"主"是"炷"的本字，可备一说。引申为君主、首领，如《吕氏春秋·审分》："凡人主必审分。"又引申为主人，如《左传·僖公三十年》："若舍郑以为东道主，行李之往来，共其乏困，君亦无所害。"《世说新语·方正》："遂举觞对语，宾主无愧色。"又引申指最重要的根本，如《管子·国蓄》："凡五谷者，万物之主也。"用作动词，表示执掌、掌管，如《孟子·万章上》："使之主事而事治，百姓安之，是民受之也。"

　　1形是甲骨文写法，像人在地上，会站立之意。2形是金文写法，与甲骨文大同。3形是小篆写法，与甲骨文、金文一脉相承。4形是隶变后的楷书写法，彻底失去人形。

　　会意字。《说文解字》："立，住也。从大立一之上。"本义是人站在地上不动，如《韩非子·喻老》："扁鹊见蔡桓公，立有间。"《史记·项羽本纪》："哙遂入，披帷西向立。"后引申为竖立，如苏轼《石钟山记》："大石侧立千尺。"张溥《五人墓碑记》："且立石于其墓之门。"又引申为开始、创设、创建，如《史记·陈涉世家》："复立楚国之社稷。"贾谊《过秦论》：

"商君佐之，内立法度。"引申为登基，使继承王位，如《史记·廉颇蔺相如列传》："三十日不还，则请立太子为王，以绝秦望。""立"还用于"四立"，特指二十四节气中的立春、立夏、立秋、立冬，表示四季的开始，农业意义为春种、夏长、秋收、冬藏。在古籍中"立"又可通"泣"，指"哭泣"，如《晏子春秋·内篇·谏上》："及晏子卒，公出屏而立。"

"立"是一个部首字，从立的字皆与站立不动的意思有关，如"位、竖、站、飒、端"等。

1形是金文写法，上面是"八"，下面是"牛"，表示把牛分成两半。2形是小篆写法，基本上形同金文。3形是楷书写法，上面的"八"变成两个点，下面的"牛"形变成两横一竖。

会意字。《说文解字》："半，物中分也。"本义是一半、二分之一，如白居易《琵琶行》："千呼万唤始出来，犹抱琵琶半遮面。"白居易《暮江吟》："一道残阳铺水中，半江瑟瑟半江红。"又如朱熹《观书有感》："半亩方塘一鉴开，天光云影共徘徊。"又读作"pàn"，表示大块的，如《汉书·李陵传》："令军士人持二升糒，一半冰。"颜师古注："半读曰判。判，大片也。时冬寒有冰，持之以备渴也。"

成语"半壁江山"出自刘康祉《赠王昭行》"半壁江山天未来，满壑松杉云际起"。"半壁"指半边；"江山"指江河和山岭，后多比喻国家疆土。该成语现多指在敌人入侵后保存下来的或丧失掉的大部分国土，如潘耒《韩蕲王墓碑歌》："挥日之戈射潮弩，半壁江山留宋土。"

必

1、2形是甲骨文写法，像戈柲形。3形是金文写法，在2形的基础上左右各加一点作为饰笔，下端的一竖也延长。4形是睡虎地秦简中"必"字的写法，延长的竖又进一步向右侧延伸，左右两点也变成了撇和捺。5形是小篆写法。6形是隶变后的楷书写法。

象形字。《说文解字》："必，分极也。从八、弋，弋亦声。"《说文解字》释义、析形均有误。"必"字本义是器物的长柄，是"柲"的表意初文。"必"多用作副词，表示肯定，如《论语·述而》："三人行，必有我师焉。"表示完全肯定，如《论语·子罕》："子绝四：毋意，毋必，毋固，毋我。"表示倘若、假如，如《史记·廉颇蔺相如列传》："王必无人，臣愿奉璧往使。"

成语"必恭必敬"出自《诗经·小雅·小弁》"维桑与梓，必恭敬止"。意思是看见屋边的桑树和梓树，一定要十分恭敬。"必恭敬止"后来演化为"必恭必敬"，或写作"毕恭毕敬"，用来形容十分恭敬。

永

1、2形是甲骨文写法，1形像河流的主干中间分出一条支流，2形中间讹为"人"形。3形是金文写法，承袭2形。4形是小篆写法。5形是隶变后的楷书写法，已经看不出原本的构形。

象形字。《说文解字》："永，长也，象水巠理之长。"本义是水流长，如《诗经·周南·汉广》："江之永矣，不可方思。"由水流长引申为长、久远，如曹操《龟虽寿》："养怡之福，可得永年。"李清照《醉花阴》："薄雾浓云愁永昼，瑞脑销金兽。"又引申为永远，如李白《月下独酌》："永结无情游，相期邈云汉。""永"又通"咏"，意思是声调抑扬地念诵、歌唱，如《尚书·舜典》："诗言志，歌永言。"

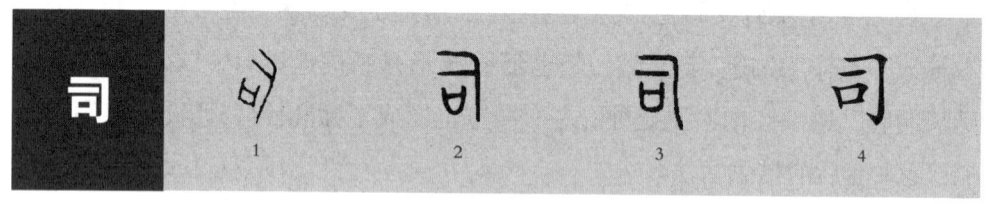

1形是甲骨文写法，从人从口，像人以口发号施令。"司"与"后"在古文字中被认为是同一个字，后来分化为两个字。2形是金文写法。3形是小篆写法。4形是隶变后的楷书写法。

会意字。《说文解字》："司，臣司事于外者。"本义为掌管、主持，如《诗经·郑风·羔裘》："彼其之子，邦之司直。"《韩非子·喻老》："在骨髓，司命之所属，无奈何也。"引申为观察，如《山海经·大荒西经》："有人名曰石夷，来风曰韦，处西北隅，以司日月之长短。"引申为侦察、探察，后来写作"伺"，如《汉书·灌夫传》："太后亦已使人候司，具以语太后。"

现代汉语中，"司机""司令"等词均采用"司"的本义。如"司机"一词，从机器出现在人类社会开始，就已出现。所有掌管机器的人，都可被称为"司机"。再后来，火车、汽车的出现，使"司机"一词更多地使用在这些交通工具上。

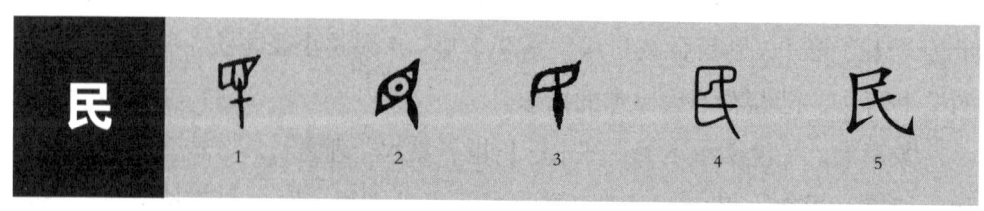

1形是甲骨文写法，像有刃物刺目之形，会奴隶之意。2、3形是金文写法。4形是小篆写法。5形是隶变后的楷书写法。

会意字。本义为奴隶，因后世奴隶减少，故泛指庶民百姓，如《汉书·郦食其传》："王者以民为天，而民以食为天。"屈原《离骚》："长太息以掩涕兮，哀民生之多艰。"范仲淹《岳阳楼记》："居庙堂之高则忧其民，处江湖之远则忧其君。"郑板桥《潍县署中画竹呈年伯包大中丞括》："衙斋卧听萧萧竹，疑是民间疾苦声。"进一步引申为人类、人群，如《诗经·大雅·生民》："厥初生民，时维姜嫄。生民如何？克禋克祀，以弗无子。"又引申为从事某种工作的人，如《谷梁传·成公元年》："古者有四民：有士民，有商民，有农民，有工民。"

《诗经·卫风·氓》："氓之蚩蚩，抱布贸丝。""氓"本义是民，又指野民，周朝指居住在鄙野地区从事农业生产的奴隶。"流氓"原指无业游民，后来指品质恶劣、不务正业、为非作歹的人。

1形是甲骨文写法，上部分像足形，下部分像坎穴形，表示古人半穴居的住所。整体字形像一只脚从半穴居的住所中走出的样子。2形是金文写法，承袭甲骨文。3形是小篆写法。4形是楷书写法，讹变为两个山字的重叠。

会意字。本义指出去、离开。在古代，趾形"止"和草形"屮"容易发生混同，因此《说文解字》误将"出"的字形解释为"象草木益滋，上出达也"。《诗经·郑风·出其东门》："出其东门，有女如云。"这里的"出"是本义。引申为拿出、摆出，如陶渊明《桃花源记》："余人各复延至其家，皆出酒食。"引申为发出，《商君书·更法》："于是遂出垦草令。"又引申为产生，《荀子·劝学》:"肉腐出虫,鱼枯生蠹。"又引申指出现、显露,苏轼《后赤壁赋》:"山高月小,水落石出。"又引申指国家、家族等集团之外,如《孟子·告子下》:"入则无法家拂士,出则无敌国外患者,国恒亡。"又引申指休妻,如《仪礼·丧服》:"出妻之子为父后者,则为出母无服。"

成语"水落石出"出自欧阳修《醉翁亭记》"野芳发而幽香,佳木秀而繁阴,风霜高洁,水落而石出者,山间之四时也"。本来指水位下降后石头显露出来,后多比喻事情终于真相大白。

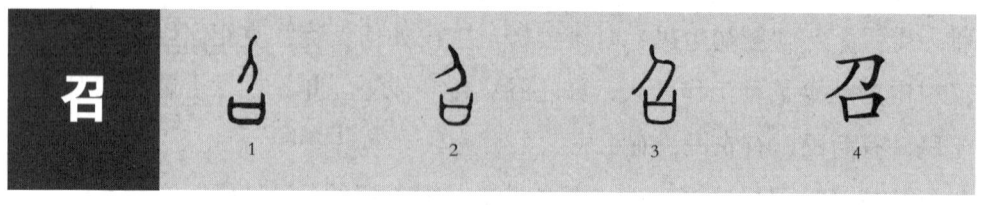

1形是甲骨文写法,从口刀声,表示呼唤或打招呼。2形是金文写法,承袭甲骨文,更为规整。3形是小篆写法。4形是隶变后的楷书写法。"召"的古今字形变化不大。

形声字。《说文解字》:"召,评也。"本义为招呼他人,是"招"的初文,如《史记·廉颇蔺相如列传》:"赵王悉召群臣议。"由召唤引申为招致、导致,如《荀子·劝学》:"故言有召祸也,行有招辱也。"意思是所以言语可能招祸,行为可能受辱。这两句里,前一句用于言语的是"召",而后一句用于行为的是加了义符的"招"。

"召"既可单用,也可作偏旁,现今归入"口(或刀)"部,凡从召的字多与招请有关,如"招、诏、昭"等。

"召"字用为地名和姓氏时读作"shào",如古邑名"召陵",《诗经·国风》里的"召南"等。

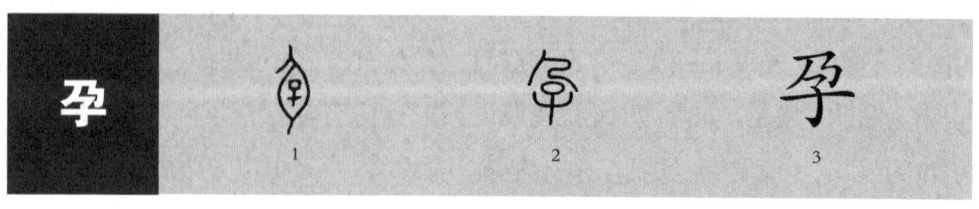

1形是甲骨文写法,像人腹中有子,突出隆起的肚子形,子表示婴儿,会人怀孕之意。2形是小篆写法,人形变形,且上移。3形是隶变后的楷书写法。

象形字。《说文解字》:"孕,裹子也。"本义是怀孕,如《周易·渐卦》:"夫征不复,妇孕不育。"又如《庄子·天运》:"民孕妇十月生子。"现代汉语里的"包孕"一词是用其比喻义,是指像胎儿一样被包裹其中。在语法中,"包孕句"就是指一个大句子里面又包有小句子。

关于怀孕的成语有"兰梦之征、身怀六甲、怀胎十月"等。成语"兰梦之征"出自周之翰《为律娶妻判》"言其孕子,如逢兰梦之征",比喻女子怀孕的征兆。"兰梦"相传是春秋时郑文公之妾燕姑梦天使赐兰,生子,取名为"兰",因此比喻妇女怀孕。

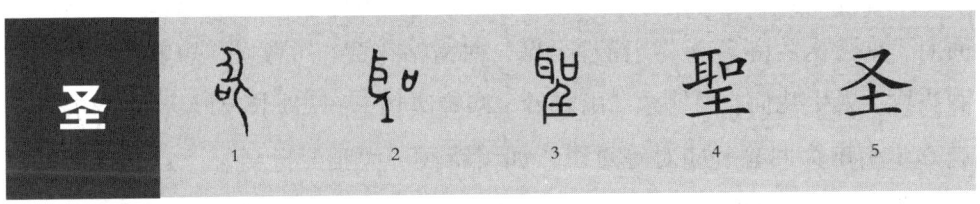

1形是甲骨文写法,突出人的口和耳,"圣"是听力好的人,与"听"字同源。2形是金文写法,承袭甲骨文,人形逐渐形声化为"壬"。3形是小篆写法,承袭金文,从耳呈声。4形是隶变后的楷书写法。5形是简化后的楷书写法。

会意字。本义指听力好,引申指明达事理,如《诗经·邶风·凯风》:"母氏圣善,我无令人。"又引申指无所不通、聪明,如王逸《九思》:"思丁文兮圣明哲,哀平差兮迷谬愚。"又指具有最高品德和智慧的人,如《庄子·逍遥游》:"至人无己,神人无功,圣人无名。"《荀子·劝学》:"积善成德,而神明自得,圣心备焉。"韩愈《师说》:"圣人之所以为圣,愚人之所以为愚,其皆出于此乎?"古代又用作皇帝的尊称,如诸葛亮《前出师表》:"诚宜开张圣听,以光先帝遗德。"韩愈《左迁至蓝关示侄孙湘》:"欲为圣明除弊事,肯将衰朽惜残年!"

《说文解字》里有"圣"字,读为"kū",本义是挖掘,与"聖"的简化字同形。

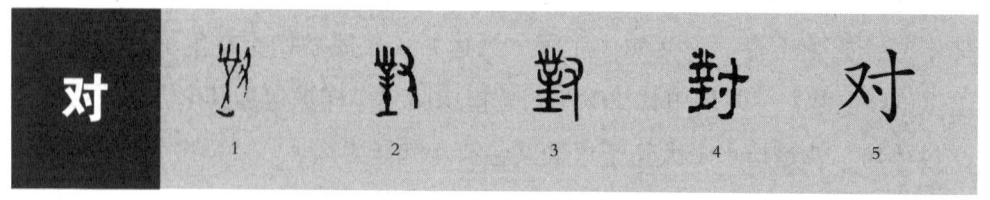

1形是甲骨文写法,从举(一种工具),从土从寸,手持举夯土之意。2形是金文写法。3形是小篆写法,承袭甲骨文。4形是隶书写法,进一步简化。5形是简体楷书的写法。

会意字。本义为夯土,因古时夯土时需两人相对共同作业,故引申为相对、面对,如《木兰诗》:"当窗理云鬓,对镜帖花黄。"曹操《短歌行》:"对酒当歌,人生几何!"柳永《雨霖铃·寒蝉凄切》:"对长亭晚,骤雨初歇。"进一步引申为回答、应对等意思,如《诗经·大雅·皇矣》:"王赫斯怒,爰整其旅,以按徂旅。以笃于周祜,以对于天下。"如《论语·述而》:"叶公问孔子于子路,子路不对。"

"对偶"是一种修辞方法,指用字数相等、结构相同、意义对称的一对短语或句子来表达两个相对应或者相近意思的修辞方式。运用这种修辞方法的句子读起来朗朗上口、便于记忆。如王勃《滕王阁序》:"落霞与孤鹜齐飞,秋水共长天一色。"杜牧《阿房宫赋》:"六王毕,四海一。蜀山兀,阿房出。"

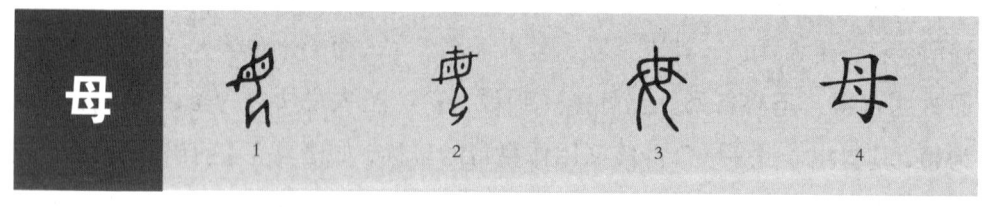

1形是甲骨文写法,像双手交叉环抱胸前跪坐的女子,两点代表乳房。

2形是金文写法，承袭甲骨文。3形是小篆写法，保留着跪坐形。4形是隶变后的楷书写法。

象形字。《说文解字》："母，牧也。"本义是母亲，如《左传·隐公元年》："小人有母，皆尝小人之食矣，未尝君之羹。"司马迁《报任安书》："今仆不幸，早失父母，无兄弟之亲，独身孤立。"孟郊《游子吟》："慈母手中线，游子身上衣。"又可以泛指女性长辈，如《古诗为焦仲卿妻作》："上堂拜阿母，阿母怒不止。"又引申为雌性动物，如《孟子·尽心上》："五母鸡，二母彘，无失其时，老者足以无失肉矣。"

"母"是一个部首字，从母的字往往与母亲或生育有关，例如"每、毓、姆"等。

"母系社会"又称"母系氏族制社会"。在这种社会制度下，女子从事的劳动比男子从事的劳动更加稳定，是可靠的生活来源，对维系氏族的生存和繁衍都起着极为重要的作用。因此，妇女在氏族公社里占有更为重要的地位，普遍受到重视。

1形是甲骨文写法，像两束丝形。2形是金文写法。3形是小篆写法，承袭金文。4形是隶书写法。5形是繁体楷书写法。6形是简化后的楷书写法。

象形字。《说文解字》："丝，蚕所吐也。"本义为蚕丝，如《诗经·卫风·氓》："氓之蚩蚩，抱布贸丝。"李商隐《无题》："春蚕到死丝方尽，蜡炬成灰泪始干。"引申指丝织品，如《古诗为焦仲卿妻作》："足下蹑丝履，头上玳瑁光。"引申泛指像蚕丝一样的细线和其他极细的东西，如《陌上桑》："青丝为笼系，桂枝为笼钩。"贺知章《咏柳》："碧玉妆成一树高，万条垂下绿丝绦。"欧阳修《寄刘昉秀才》："丝路萦回细入云，离怀南陌草初薰。"秦观《浣溪沙》："自在飞花轻似梦，无边丝雨细如愁。"晏几道《更漏子》："柳丝长，桃叶小。"进一步引申为弦乐器，如杜甫《赠花卿》："锦城丝管日纷纷，半入江风半入云。"白居易《琵琶行》："浔阳地僻无音乐，终岁不闻丝竹声。"刘禹锡《陋室铭》："无丝竹之乱耳，无案牍之劳形。"欧阳修《醉翁亭记》："宴酣之乐，非丝非竹。"

六 画

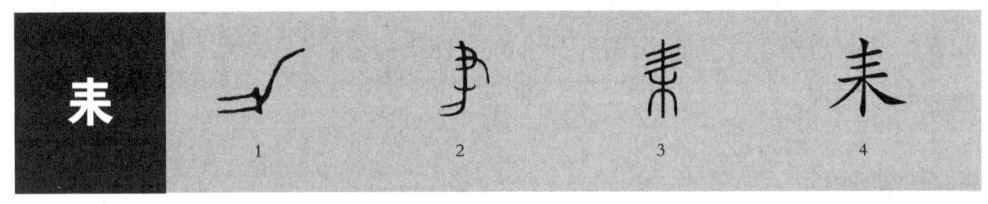

1、2形是金文写法，1形像古时农耕所用的叉形工具。2形在1形的基础上添加手形，表示用手拿着工具劳作。3形是小篆写法，已经看不出农具形。4形是楷书写法。

象形字。《说文解字》："耒，手耕曲木也。"本义为一种耕田用的工具，如《韩非子·五蠹》："因释其耒而守株，冀复得兔。"

"耒耜"为一种像犁一样的农具，木制的把手是"耒"，耕地的犁头是"耜"。如《国语·齐语》："耒耜枷芟。""枷芟"就是打谷用的农具。

"耒"是一个部首字，从耒的字大都与耕地或农作工具有关，如"耕、耘、耤、耙"等。

刑

1 形是金文写法，从刀井声。2 形是小篆写法，"井"形讹变为"幵"。3 形是隶变之后的楷书写法，"幵"写为"开"。

形声字。《说文解字》："刑，剄也。"本义是惩治、杀戮，如《吕氏春秋·顺说》："刭人之颈，刳人之腹，隳人之城郭，刑人之父子也。"因为"幵"字像木枷形，整个字可表示给犯人戴上木枷，用刀割犯人身体，故引申为刑罚，如《汉书·平帝纪》："往者有司多举奏赦前事，累增罪过，诛陷亡辜，殆非重信慎刑，洒心自新之意也。"《荀子·成相》："治之经，礼与刑。"又引申为治理，如《周礼·秋官·序官》："以佐王刑邦国。""刑"可以假借为"型"字，指铸造器物的模子，如《荀子·强国》："刑范正，金锡美，工冶巧，火齐得，剖刑而莫邪已。"此义后来写作"型"。由此引申为范式、典范之意，如《诗经·大雅·荡》："虽无老成人，尚有典刑。"

戎

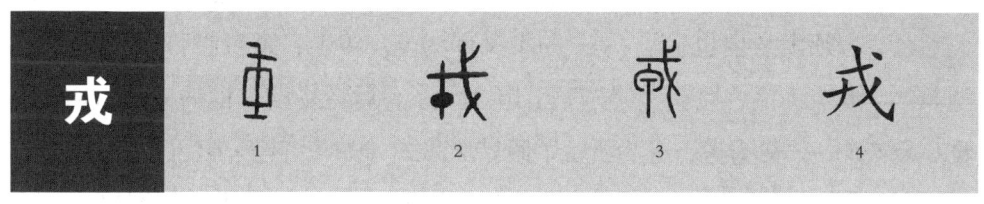

1 形是甲骨文写法，从戈从盾。2 形是金文写法，盾牌形填实，更加形象。3 形是小篆写法，盾牌形讹变成"甲"。4 形是隶变后的楷书写法，继承了甲骨文和金文的写法。

会意字。《说文解字》："戎，兵也。"本义是兵器，如《诗经·大雅·抑》："修尔车马，弓矢戎兵。"引申为士兵、军队，如《左传·成公二年》："臣辱戎士，敢告不敏。"又引申为战争，如《木兰诗》："万里赴戎机，关山度若飞。""弃笔从戎"就是弃文就武的意思。

"戎"字所从的"十"跟"十"字本身没有关系，是盾牌形的线条化写法，这样的字还有"博、古"等。

"戎"是我国古代对西部民族的统称。"戎狄"指西戎和北狄；"戎羌"指我国少数民族地区；"戎荒""戎落"指戎族聚居地；"戎骑"指戎族的军队；"戎虏"是古时对西方或北方少数民族的蔑称。

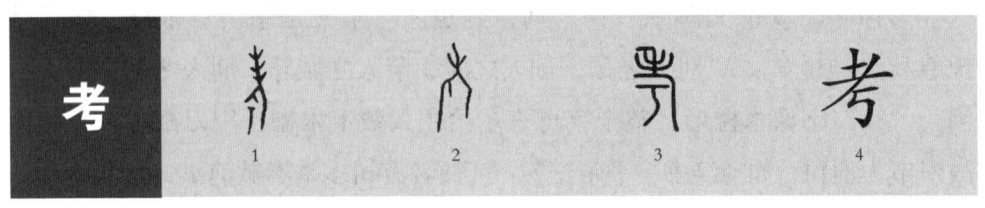

1、2形是甲骨文写法，像长发拄杖的老人形，与"老"字同。3形是小篆写法，手杖之形讹变为"丂"，变为从老省、考声的形声字。4形是隶变后的楷书写法。

象形字，后改为形声字。《说文解字》："考，老也。从老省，丂声。"在《说文解字》中"考""老"互训，"老"释为："考也，七十曰老，从人毛匕，言须发变白也。""考"的本义即为老、年老，如《抱朴子·外篇·诘鲍》："疫疠不流，民获考终。"引申为父亲，后特指已去世的父亲，如《尔雅·释亲》："父为考，母为妣。"假借为敲击，如《诗经·唐风·山有枢》："子有钟鼓，弗鼓弗考。"又假借为考证、考据、考核，如司马迁《报任安书》："网罗天下放失旧闻，略考其行事，综其终始。"

在现代汉字中，"考"与"孝"字形相似，易混淆。需要注意的是，"孝"字字形中有"子"，表示孩子，"孝"之意在于子女孝敬长辈，以此便可区分"考""孝"二字。

老

1形是甲骨文写法，像拄杖老人形，与"考"字同形。2形是金文写法，拐杖形讹变为"匕"。3形是小篆写法，承袭金文。4形是隶变后的楷书写法，已经看不出象形。

象形字。《说文解字》："老，考也。七十曰老。"本义为老人，如《孟子·梁惠王上》："老吾老，以及人之老。"引申表示年岁大，曹操《龟虽寿》："老骥伏枥，志在千里；烈士暮年，壮心不已。"又引申指衰落、衰败，如马致远《天净沙·秋思》："枯藤老树昏鸦，小桥流水人家。"又作为死的委婉说法，如张溥《五人墓碑记》："令五人者保其首领，以老于户牖之下。"又作为老子或道家学说的简称，如辛弃疾《偶作》："欲依佛老心难住，却对渔樵语益真。"

在现代汉字中，"老"用作偏旁的字大都跟年岁大有关，如"耄、耋、耆"等，或者省写作"耂"，如"耆"。

在现代汉语中，"老"字可虚化作前缀，构成某些指人名称或动物名称，如"老师、老板、老虎"等；还用于称呼或排行，如"老三"；用作后缀时，则指称一类人，如"庄稼老"。

耳

1形是甲骨文写法，像耳朵形。2形是金文写法。3形是小篆写法，已经看不出耳朵形状。4形是隶变后的楷书写法。

象形字。《说文解字》:"耳,主听也。"本义是耳朵,如《老子·道经》:"五色令人目盲,五音令人耳聋。"又假借为语气词,相当于"罢了",如《荀子·劝学》:"口耳之间,则四寸耳,曷足以美七尺之躯哉!"蒲松龄《聊斋志异·狼三则》:"禽兽之变诈几何哉?止增笑耳。"

"耳"是一个部首字,从耳的字大多与耳朵有关,例如"闻、聋、聆、取"等。

"耳顺"一词常被用来作为六十岁的代称。出自《论语·为政》:"子曰:'吾十有五而志于学,三十而立,四十而不惑,五十而知天命,六十而耳顺,七十而从心所欲,不逾矩。'"意思是人到了六十岁,个人的修行已经成熟,不管听见什么逆耳的言论,都能辨别真伪、分清是非,而不会觉得不顺。

成语"耳濡目染"形容见得多听得多了之后,无形之中受到影响。其出自韩愈《清河郡公房公墓碣铭》"耳濡目染,不学以能"。如朱熹《己丑与汪尚书书》:"耳濡目染,以陷溺其良心而不自知。"

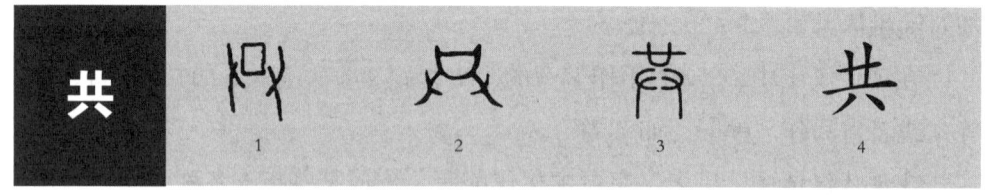

1形是甲骨文写法,像双手捧着器皿有所进献。2形是金文写法,笔画更为圆融。3形是小篆写法,上方器皿由"口"变为"廿"。4形是隶变后的楷书写法。

会意字。本义为供奉、供给,是"供"字的初文,如《左传·僖公四年》:"尔贡包茅不入,王祭不共,无以缩酒,寡人是征。"《左传·僖公三十年》:"行李之往来,共其乏困。"读作"gōng"。《说文解字》:"共,同也。"这说的是"共"的引申义,动词,指共享、共用或共有,如《论语·公冶长》:"愿车马,衣轻裘,与朋友共,敝之而无憾。"用作副词,表示一同,如朱熹《朱子语类》:"道者,人之所共由;德者,己之所独得。"苏轼《水调歌头·明月几时有》:"但愿人长久,千里共婵娟。"李之仪《卜算子·我住长江头》:"日日思君不见君,共饮长江水。"

"共"既可单用,也可作偏旁,现今归入"八"部。从共的字大都与供奉、恭敬、共同有关,如"供、拱、龚、恭"等。

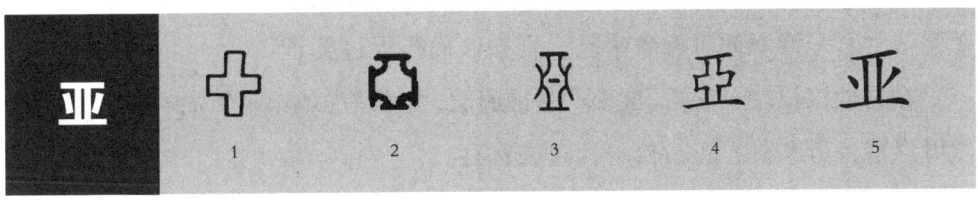

1形是甲骨文写法,像古代聚族而居的建筑群平面图。2形是金文写法,承袭甲骨文。3形是小篆写法。4形是隶变后的楷书写法。5形是简化后的楷书写法。

象形字。本义为古代大型建筑的平面图。《说文解字》:"亚,丑也,象人局背之形",不可信。"亚"字在甲骨文中多作族名或表示位次。由于"亚"所代表的这种建筑讲究配搭对应,由此引申为匹配、靠近之意,如元稹《山枇杷》:"亚水依岩半倾侧,笼云隐雾多愁绝。"陈古《过武侯庙》:"材并管萧非亚匹,气吞曹马直庸奴。""亚"又引申为排位次一等的,如《国语·吴语》:"吴公先歃,晋侯亚之。"

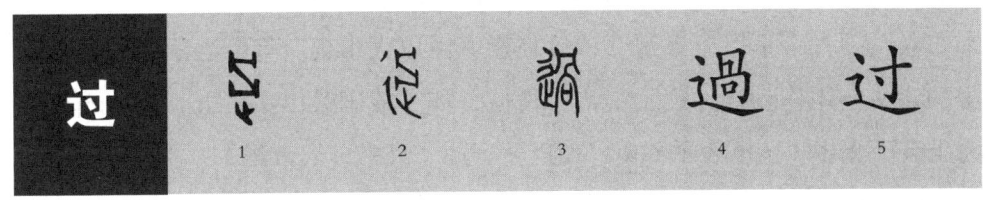

1、2形是金文写法,1形从止,2形从辵,"止""辵"为义近形符,古文字中常可通用。部"冎(呙)"是"骨"字初文,作声符。3形是小篆写法,从辵咼声。4形是繁体楷书写法。5形是简化后的楷书写法。

形声字。《说文解字》:"过,度也。""过"的本义为经过,如《论语·宪问》:"子击磬于卫,有荷蒉而过孔氏之门者。"引申为渡过,越过,如王维《使至塞上》:"单车欲问边,属国过居延。"李白《蜀道难》:"黄鹤之飞尚不得过,猿猱欲度愁攀援。"刘禹锡《酬乐天扬州初逢席上见赠》:"沉舟侧畔千帆过,病树前头万木春。"又引申表示过失、过错,如《荀子·劝学》:"君子博学而日参省乎己,则知明而行无过矣。"

在古代汉语中,"过"和"祸"经常通假,如《睡虎地秦墓竹简·为吏之道》:"毋喜富,毋恶贫,正行修身,过去福存。"

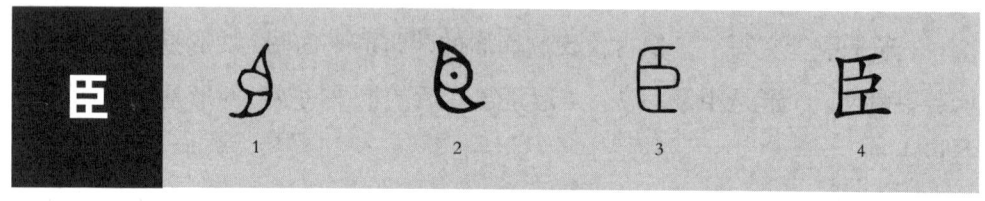

1形是甲骨文写法,作竖目之形,表示恭敬从命之意。因为人侧面低头时眼睛会竖起来,古代的奴隶不可以抬头正视主人,所以"臣"是奴隶的形象,上古称男性奴隶为"臣"。2形是金文写法,与甲骨文字形基本相同。3形是小篆写法,进一步规范。4形是楷书写法。

指事字。《说文解字》:"臣,牵也。事君也。"本义指男性奴隶,后来引申为臣子、官吏。如诸葛亮在《前出师表》中就以"臣"自称,如"臣本布衣""先帝不以臣卑鄙""故临崩寄臣以大事也"等,表示一种尊敬臣服的含义。用作动词,表示统治、役使,如《战国策·秦策五》:"而欲以力臣天下之主。"也表示称臣,做臣子,如《汉书·武帝纪》:"以匈奴弱,可遂臣服,乃遣师说之。"

"臣"和"𦣞"形近。"𦣞"本义是指下巴,后来写作"颐"。从臣的字有"熙、姬"等,从臣的字有"卧、宦"等。

再

1形是甲骨文写法。2形是金文写法,添加了分化符号。3形是小篆写法。4形是隶书写法,笔画趋近平直。5形是楷书写法。

会意字。《说文解字》:"再,一举而二也。"本义为第二次,如《左传·庄公十年》:"一鼓作气,再而衰,三而竭。"引申表示两次,如宋濂《送东阳马生序》:"寓逆旅,主人日再食,无鲜肥滋味之享。"苏洵《六国论》:"后秦击赵者再,李牧连却之。"进一步引申为重复,如杜甫《自京赴奉先县咏怀五百字》:"荣枯咫尺异,惆怅难再述。"

成语"再接再厉"出自韩愈、孟郊《斗鸡联句》"一喷一醒然,再接再砺(厉)乃",比喻一次又一次地努力。其中,"再"指继续。"再作冯妇"出自《孟子·尽心下》"晋人有冯妇者,善搏虎,卒为善士。则之野,有众逐虎,虎负嵎,莫之敢撄。望见冯妇,趋而迎之,冯妇攘臂下车。众皆悦之,其为士者笑之",比喻再干旧行业。其中,"再作"是重做的意思。

在

1形是甲骨文写法,借"才"表示"在"。2形是金文写法,增加义符"土",变成了从土才声的形声字。3形是小篆写法。4形是隶变后的楷书写法。

象形字,后改为形声字。《说文解字》:"在,存也。"本义是存在,如《论语·子张》:"文武之道,未坠于地,在人。"杜甫《春望》:"国破山河在,城春草木深。"引申表示居于、处于某一位置,如《诗经·豳风·七月》:"五月斯螽动股,六月莎鸡振羽,七月在野,八月在宇,九月在户,十月蟋蟀入我床下。"进一步引申为由于,取决于,如《荀子·劝学》:"驽马十驾,功在不舍。"

"在朝"指在朝廷中做官,泛指当政掌权;"在野"指不在朝廷做官,后也指不当政。如《国语·鲁语上》:"晋人杀厉公,边人以告,成公在朝。"杜甫《甘林》:"经过倦俗态,在野无所违。"

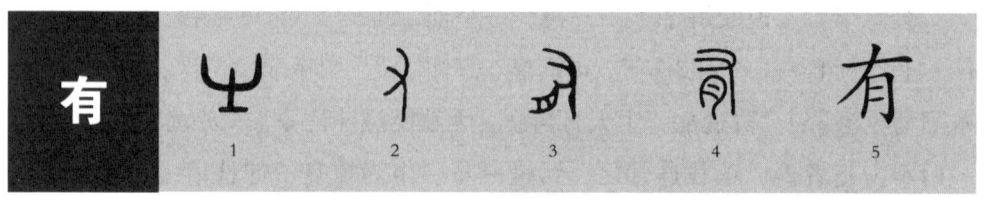

1、2形是甲骨文写法,1形由"牛"字分化而来,上古以有牛羊为"有";2形借"又"表示"有"。3形是金文写法,加"肉"形,成为从肉又声的形声字。4形是小篆写法。5形是隶变后的楷书写法。

会意字,后改为形声字。《说文解字》:"有,不宜有也。"本义是持有,如卜辞:"丁酉,余卜:今八月又(有)事。"(《合集》21586)该句的意思是在丁酉这一天一个叫余的人占卜:今年八月有意外的事要发生。又如《战国策·齐策四》:"视吾家所寡有者。"进一步引申为富有,如《史记·货殖列传》:"礼生于有而废于无。"引申表示占有,如《史记·项羽本纪》:"沛公欲王关中,使子婴为相,珍宝尽有之。"又作连词,表示或者,如《孟子·公孙丑下》:"故君子有不战,战必胜矣。"又作副词,通"又",表示进一步,如《荀子·劝学》:"虽有槁暴,不复挺者,輮使之然也。"又可用在整数与零数之间,表示在整数的基础上再加上零数,如《论语·为政》:"吾十有五而志于学。"

"有司"出自《史记·孝武本纪》"其后三年,有司言元宜以天瑞命,不宜以一二数"。有,即有……的权利;司,主管,管理,泛指官吏。如《史记·廉颇蔺相如列传》："召有司案图，指从此以往十五都予赵。"诸葛亮《前出师表》："宜付有司论其刑赏，以昭陛下平明之治。"

1形是甲骨文写法，为"白"字上加一横画。2形是简化的金文写法。3形是小篆写法。4形是隶变后的楷书写法。

指事字。《说文解字》："百，十十也。从一、白。数，十百为一贯，相章也。"本义指数字一百，如林嗣环《口技》："虽人有百手，手有百指，不能指其一端；人有百口，口有百舌，不能名其一处也。"引申为百倍，如《诗经·秦风·黄鸟》："彼苍者天，歼我良人！如可赎兮，人百其身！"引申表示概数，形容极多，如《木兰诗》："将军百战死，壮士十年归。"范仲淹《岳阳楼记》："政通人和，百废待兴。"

成语"百无一失"出自王充《论衡·须颂》"从门应庭，听堂室之言，什而失九，如升堂窥室，百不失一"，指一百次也不会失误一次，形容有极大把握，绝不会出差错。"百川归海"出自《淮南子·氾论训》"百川异源，而皆归于海"，指条条河流都流归大海，比喻许多分散的事物汇集到一个地方，亦比喻大势所趋或众望所归。

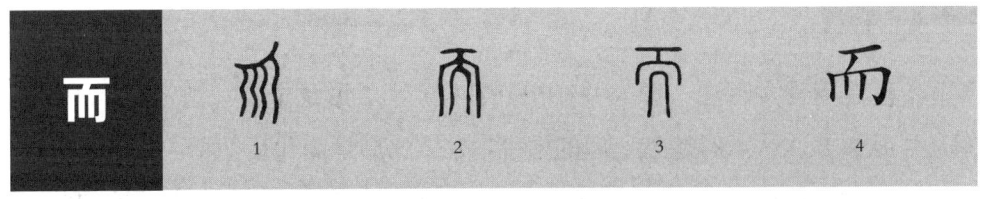

1形是甲骨文写法，像人的颊毛。2形是金文写法，颊毛部分与脸颊部

分逐渐分开,而以一竖笔相连。3形是小篆写法,变化不大。4形是隶变后的楷书写法。

象形字。《说文解字》:"而,颊毛也。象毛之形。"本义是颊毛,假借为连词,表示并列或承接,如柳宗元《捕蛇者说》:"永州之野产异蛇:黑质而白章。"苏轼《石钟山记》:"余方心动欲还,而大声发于水上。"表示递进、转折,如《荀子·劝学》:"君子博学而日参省乎己,则知明而行无过矣。"《列子·汤问》:"子子孙孙无穷匮也,而山不加增,何苦而不平?"贾谊《论积贮疏》:"生之者甚少,而靡之者甚多。"又可表示假设关系,如《论语·为政》:"人而无信,不知其可也。"又可作助词,用于状语和中心语之间,如《荀子·劝学》:"吾尝终日而思矣,不如须臾之所学也。"又可用作语气助词,如《论语·微子》:"已而,已而!今之从政者殆而!"

又通"尔",意为你、你的,如《史记·项羽本纪》:"必欲烹而翁,则幸分我一杯羹。"柳宗元《种树郭橐驼传》:"早缫而绪,早织而缕,字而幼孩,遂而鸡豚。"

"而"是一个部首字,从而的字大都跟颊毛、胡须有关,如"耍、耐"等。

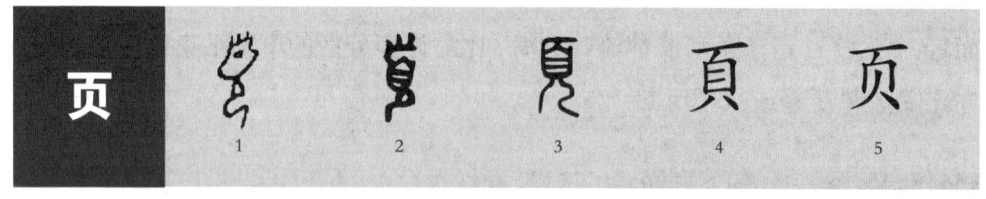

1形是甲骨文写法,像人并突出其首之形。2形是金文写法。3形是小篆写法,从首从人。4形是隶变后的楷书写法。5形是简化后的楷书写法。

象形字。本义为头。《说文解字》:"頁,头也。从百从儿。古文𩑋首如此。"如《卯簋铭文》:"拜首頁首。"

"页"是一个部首字,从页的字大都跟头、思虑有关,如"顶、顺、颈、领、颅、颊、颚、烦"等。后来假借为书页、篇、张等意思,"头"义便另加声符"豆",写作"頭"来表示,简化作"头"。

"页"用作量词,指书册的一张,本作"叶",如"册页、活页"。也指每张的一面,如"第一页、扉页"。"页边"指书页或册页左右两边及上下两头的全部空白,"页码"指书的每一页面上标明次序的号码或其他数字,"页心"指页面上排印图文的部分,又叫"版心"。

1形是秦文字写法,从手从火。指火燃烧后产生的、能用手触碰的东西,即灰烬。2形是小篆写法。3形是隶书写法。4形是楷书写法。

会意字。《说文解字》:"灰,死火余烬也。"本义是火燃烧后剩余的灰烬,如白居易《卖炭翁》:"满面尘灰烟火色,两鬓苍苍十指黑。"韦应物《伤逝》:"染白一为黑,焚木尽成灰。"李商隐《无题》:"春蚕到死丝方尽,蜡炬成灰泪始干。"引申为尘土,如陆机《挽歌诗》:"昔为七尺躯,今成灰与尘。"引申指介于白色与黑色之间的颜色,如张渥《题昭君出塞图》:"天寒赐著灰色貂,双壶滟滟倾蒲桃。"引申为沮丧、消沉,如陆游《上元》:"京华旧侣雕零尽,短鬓成丝心未灰。"

成语"灰心槁形"形容意志消沉,形体枯槁,出自《庄子·齐物论》"形固可使如槁木,而心固可使如死灰乎"。苏轼《立春日小集呈李端叔》"衰怀久灰槁,习气尚馋贪"中的"灰槁"即"灰心槁形"。

列

1 形是小篆写法，从刀从歺（残骨），表示用刀分解之意。2、3 形是隶书的两种写法。4 形是楷书写法，在 3 形基础上发展而来。

《说文解字》："列，分解也。"本义为分列、分解、分开，如睡虎地秦墓竹简《秦律十八种》："车蕃盖强折列。"指车盖分列，此义后来另加义符"衣"，用"裂"来表示。后指行列、排列，如左思《魏都赋》："均田画畴，蕃庐错列。"引申指位次、地位，如《论语·季氏》："陈力就列，不能者止。"《史记·廉颇蔺相如列传》："相如每朝时，常称病，不欲与廉颇争列。"

列子，本名列寇，又名列御寇，战国时期郑国人，道家的代表人物之一。古有列子能御风之说，《庄子·逍遥游》中记载："列子御风而行，泠然善也，旬有五日而后反。"列子信奉道家的与世无争思想，主张无为而治，一生安于贫寒，不求名利，醉心读书著述。现流传有《列子》一书，《愚公移山》《杞人忧天》《两小儿辩日》等家喻户晓的寓言故事均出自这部书。

死

1、2 形是甲骨文写法，从人从歺。"歺"形是残存的人骨架象形。3 形是小篆写法，"人"形变为"匕"形，一直沿用至今。4 形是楷书写法。

会意字。《说文解字》："死，澌也。人所离也。""澌"有尽头的意思，人生命的尽头是死，因此"死"字的本义也就是丧失生命，与"生""活"相对。

如《论语·先进》:"有颜回者好学,不幸短命死矣,今也则亡。"《论语·先进》:"未知生,焉知死。"《木兰诗》:"将军百战死,壮士十年归。"文天祥《过零丁洋》:"人生自古谁无死,留取丹心照汗青。"李贺《雁门太守行》:"报君黄金台上意,提携玉龙为君死。"引申指拼命的、敢死的,如《左传·定公十四年》:"勾践患吴之整也,使死士再禽焉,不动。"又引申指坏死的,如柳宗元《捕蛇者说》:"然得而腊之以为饵,可以已大风、挛踠、瘘、疠,去死肌,杀三虫。"

"春蚕到死丝方尽,蜡炬成灰泪始干"出自李商隐的《无题》。这两句巧妙地运用了双关的修辞,以春蚕和蜡烛为喻,表现了诗人对所爱的人至死不渝的深情和无穷无尽的思念。现在常用这两句诗来形容对事业无限忠诚的奉献精神。

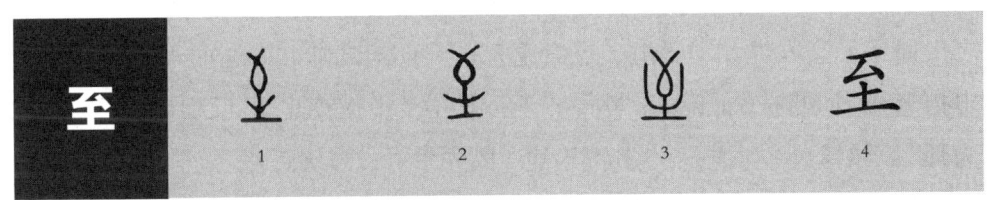

1形是甲骨文写法,像射箭落到地面上。2形是金文写法。3形是小篆写法。1、2、3形中,"至"字在字形上变化不大。4形是楷书写法。

象形字。《说文解字》:"至,鸟飞从高下至地也。"其释形有误。"至"的本义是到达,如《诗经·小雅·天保》:"如山如阜,如冈如陵,如川之方至,以莫不增。"柳宗元《三戒·黔之驴》:"至则无可用,放之山下。"引申表示到了什么时候,如《韩非子·外储说左上》:"郑人有且置履者,先自度其足而置之其坐,至之市而忘操之。"引申表示极,如《左传·襄公二十九年》:"至矣哉!直而不倨,曲而不屈。"《后汉书·吴汉传》:"免下愚之败,收中智之功,此计之至者也。"又引申为至于,用作连词,如《墨子·非攻上》:"至攘人犬豕鸡豚者,其不义,又甚入人园圃窃桃李。"

在现代汉语中，以"至"作为语素的词语或成语大多表示极、最，带有褒义色彩，如"至爱、至宝、至亲、至尊、至高无上"等。

师

1 形是金文写法，从𠂤从帀。2 形是小篆写法，承袭金文。3 形是隶变后的楷书写法。4 形是简化后的楷书写法。

会意字。《说文解字》："二千五百人为师。"本义是军队编制的一级，《周礼·地官司徒》："五人为伍，五伍为两，四两为卒，五卒为旅，五旅为师，五师为军。"引申泛指军队，如《左传·僖公三十二年》："孟子！吾见师之出而不见其入也。"贾谊《过秦论》："九国之师，逡巡而不敢进。"引申指老师，如韩愈《师说》："师者，所以传道受业解惑也。"又引申为"以……为师"，如韩愈《师说》："其闻道也，固先乎吾，吾从而师之。""吾师道也，夫庸知其年之先后生于吾乎？"进而引申指精通某种技艺的人，如苏轼《石钟山记》："而渔工水师虽知而不能言。"后来又指京城、首都，如范晔《张衡传》："因入京师，观太学，遂通五经，贯六艺。"

尘

1 形是《说文解字》籀文写法，从三鹿从二土，会群鹿奔过尘土飞扬之意。2 形是小篆写法，从土从三鹿。3 形是隶变后的楷书写法，简化为从一鹿从土。4 形是简化后的楷书写法，从小从土。

会意字。《说文解字》:"尘,鹿行扬土也。"本义为尘土,如《庄子·逍遥游》:"野马也,尘埃也,生物之以息相吹也。"王维《送元二使安西》:"渭城朝雨浥轻尘,客舍青青柳色新。"由于行路可以扬起灰尘,留下踪迹,所以引申指行迹、踪迹,如李白《忆秦娥》:"乐游原上清秋节,咸阳古道音尘绝。"又引申特指战尘,如高适《燕歌行》:"汉家烟尘在东北,汉将辞家破残贼。"由于尘土有浑浊的特征,故又引申指浑浊的现实世界,如陶渊明《归园田居》:"误落尘网中,一去三十年。"

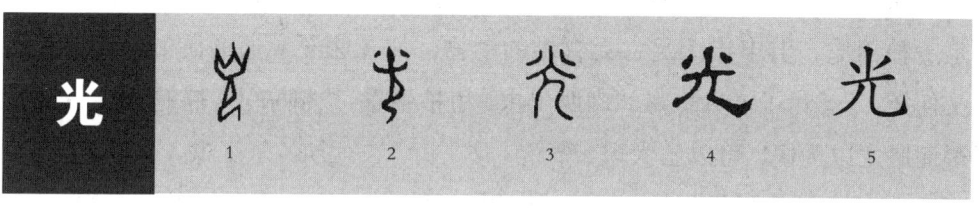

1形是甲骨文写法,会人持火炬照亮之意。2形是金文写法,增加像火花的小点。3形是小篆写法。4形是隶书写法。5形是楷书写法。

会意字。《说文解字》:"光,明也。"本义是光明、光亮,如屈原《楚辞·九章·涉江》:"登昆仑兮食玉英,与天地兮同寿,与日月兮齐光。"李白《静夜思》:"床前明月光,疑是地上霜。"陶渊明《桃花源记》:"山有小口,仿佛若有光。"引申为光荣、荣耀,如《诗经·齐风·南山有台》:"乐只君子,邦家之光。"用作动词表示彰显、发扬光大,如诸葛亮《前出师表》:"诚宜开张圣听,以光先帝遗德,恢弘志士之气。"还引申为风光、景色,如苏轼《饮湖上初晴后雨》:"水光潋滟晴方好,山色空蒙雨亦奇。"

在现代汉语中,"光"也指人的性格阳光、率真。同时,"光"也可以用作副词,表示一点不剩,或者只、单单,如"把敌人消灭光""任务这么重,光靠你肯定不行"。

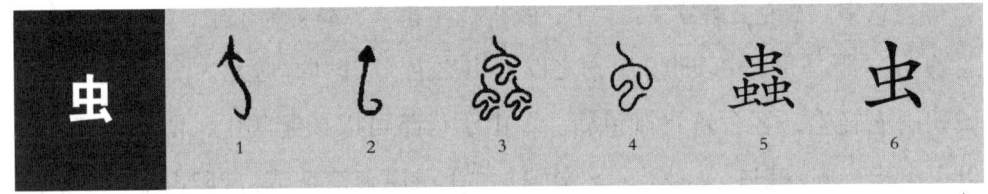

1形是甲骨文写法，像腹蛇之形。2形是金文写法，进一步简化。3、4形是小篆的两种写法，3形用三"虫"叠加表示各种各样的虫子。隶变后的楷书分别写作5、6形。简体字楷书写作6形。

象形字。《说文解字》："虫，一名蝮，博三寸，首大如擘指。"本义是一种毒蛇，引申指无足、无脊椎的动物，如《庄子·逍遥游》："之二虫又何知？"《荀子·劝学》："肉腐出虫，鱼枯生蠹。"柳宗元《捕蛇者说》："然得而腊之以为饵，可以已大风、挛踠、瘘、疠，去死肌，杀三虫。"王安石《游褒禅山记》："古人之观于天地、山川、草木、虫鱼、鸟兽，往往有得。"

"虫"字是一个部首字，从虫的字大都跟虫类有关，如"蚂蚁、蛇、蚕、蜘蛛、蜈蚣"等。

成语"猿鹤沙虫"出自《艺文类聚》卷九十引《抱朴子》"周穆王南征，一军尽化。君子为猿为鹤，小人为虫为沙"。这段话的意思是周穆王南征，全军皆化为异物，君子化为猿、鹤，小人化为虫、沙。后以此成语比喻战死的将士或死于战乱的人民，或用以指人间众生。如韩愈《送区弘南归》："穆昔南征军不归，虫沙猿鹤伏以飞。"

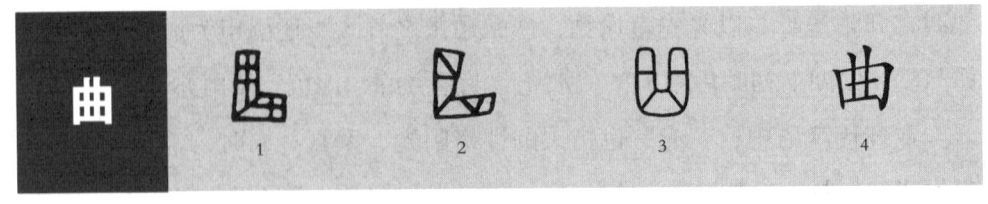

1形是甲骨文写法，像矩器曲尺之形。2形是金文写法，承袭甲骨文。3形是小篆写法。4形是隶变后的楷书写法。

象形字。《说文解字》:"曲,象器曲受物之形。或说,曲,蚕薄也。"本义是弯曲,与"直"相对,如《荀子·劝学》:"木直中绳,𫐓以为轮,其曲中规。"引申表示弯曲的地方,如《列子·汤问》:"河曲智叟笑而止之。"又引申为偏僻的地方,如陶渊明《归园田居(其二)》:"时复墟曲中,披草共来往。"作动词,表示使……弯曲,如《论语·述而》:"饭疏食,饮水,曲肱而枕之,乐亦在其中矣。"

"曲"与"屈"都有弯曲的意思。"曲"与"直"相对,指物体弯曲,或事情不公正、无理;"屈"表示弯曲的动作,与"伸"相对,也指心情不舒畅。如"委曲"指弯弯曲曲,"委屈"指受到不应该有的指责或待遇,心里难过。

成语"曲突徙薪"出自《汉书·霍光传》"臣闻客有过主人者,见其灶直突,傍有积薪。客谓主人,更为曲突,远徙其薪,不者且有火患,主人嘿然不应。俄而家果失火,邻里共救之,幸而得息"。曲,弯曲;徙,迁移;突,烟囱。该词的意思是把烟囱建成弯曲的,把灶旁的柴草搬走。比喻事先采取措施,防止危险发生。如王安石《吴正肃公挽辞(其二)》:"曲突非无验,方穿有不行。"

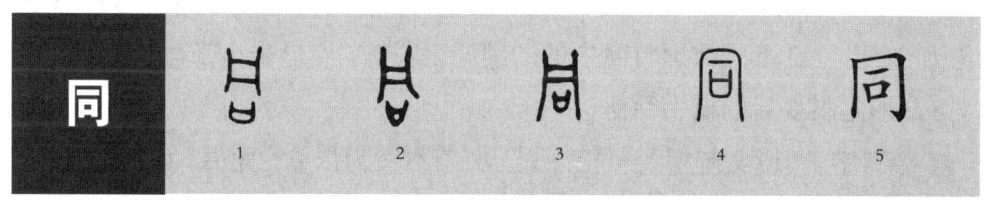

1、2形是甲骨文写法,上部像一种供四人抬的用具之形,下部是"口",会同心协力之意。3形是金文写法。4形是小篆写法。5形是隶变后的楷书写法。

会意字。《说文解字》:"同,合会也。"本义是共同、一起,如《诗经·秦风·无衣》:"岂曰无衣?与子同袍。"《木兰诗》:"同行十二年,不知木兰是女郎。"引申为一样,与"异"相对,如《论语·卫灵公》:"道不同,不相为谋。"诸葛亮《前出师表》:"宫中府中,俱为一体,陟罚臧否,不宜异同。"又表示同属,如《论语·微子》:"鸟兽不可与同群。"白居易《琵琶行》:"同是天涯沦落人,相逢何必曾相识。"又指苟同、同流合污,含贬义,如《尚书·立政》:"惟羞刑暴德之人,同于厥邦。"《论语·子路》:"君子和而不同,小人同而不和。"

"大同社会"是中国古代儒家所宣传的最高理想社会或人类社会的最高阶段。《礼记·礼运》中描述的大同社会是这样的:"大道之行也,天下为公。选贤与能,讲信修睦。故人不独亲其亲,不独子其子,使老有所终,壮有所用,幼有所长,矜、寡、孤、独、废疾者皆有所养,男有分,女有归。货恶其弃于地也,不必藏于己;力恶其不出于身也,不必为己。是故谋闭而不兴,盗窃乱贼而不作,故外户而不闭。是谓大同。"

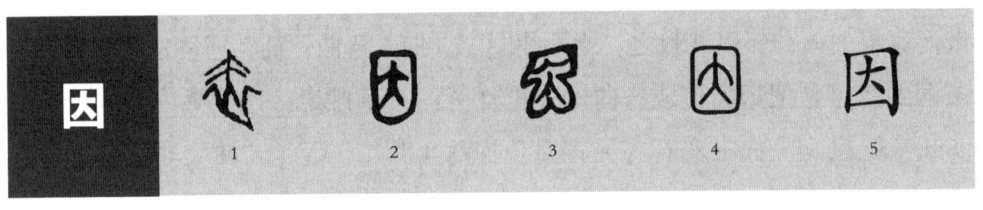

1形是甲骨文写法,人在衣中。2形是金文写法,像大人形外的衣形简化为"口"。3形是战国竹简中的"因"字写法。4形是小篆写法,承袭金文。5形是隶变后的楷书写法。

会意字。《说文解字》:"因,就也。"本义为依靠、凭借,如《史记·平原君虞卿列传》:"公等录录,所谓因人成事者也。"刘义庆《世说新语·言语》:"未若柳絮因风起。"又可以引申为沿袭、承接,如《论语·为政》:"殷因于夏礼,所损益可知也。周因于殷礼,所损益可知也。"贾谊《过秦论》:"孝公既没,惠文、武、昭襄蒙故业,因遗策。"又引申为理由、缘故,如《古诗为焦仲卿妻作》:"留待作遗施,于今无会因。"又常用作介词,表示按照、依据,如《史记·卫将军骠骑列传》:"因前使绝国功,封骞博望侯。"

岁

1、2形是甲骨文写法，像一个长柄的斧钺之形，2形在1形的基础上多了两个记号点。3形是金文写法，两个点讹变为两个"止"，两个"止"合起来就是"步"。4形是小篆写法，与金文很相似。5形是繁体楷书写法。6形是简化后的楷书写法。

象形字。"岁"与"戉"本为一字，是一种斧钺类的兵器。后被假借为木星，《说文解字》："岁，木星也。"木星又叫"岁星""太岁"。木星是太阳系中体积最大的行星，古人很早就观测到木星，并发现它每十二年绕天空运行一周，夏代就已经开始利用木星的运行规律来纪年，即岁星纪年法。因此，"岁"可指年，如《诗经·王风·采葛》："一日不见，如三岁兮。"由此可以引申指年龄，如《史记·秦始皇本纪》："年十三岁，庄襄王死，政代立为秦王。"还表示年成、收成，如《管子·小问》："牧民者厚收善岁，以充仓廪。"

"岁寒三友"指松、竹、梅三种植物。因这三种植物在寒冬时节仍可保持顽强的生命力而得名，是中国传统文化中高尚人格的象征。

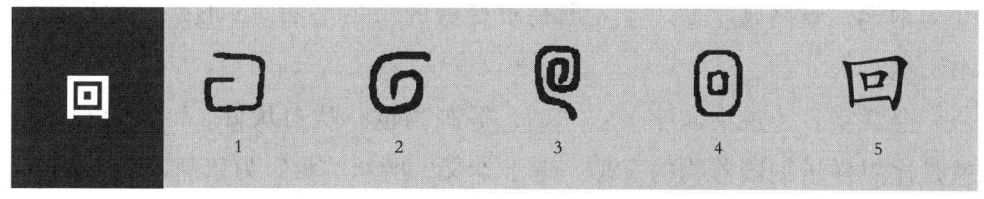

1形是甲骨文写法，像旋转的水流。2形是金文写法，承袭甲骨文。3形是《说文解字》中的古文写法。4形是小篆写法。5形是隶变后的楷书写法。

象形字。本义是漩涡、回旋，如《荀子·致士》："水深而回，树落则粪本，弟子通利则思师。"后来引申指掉转，如屈原《离骚》："回朕车以复路兮，及行迷之未远。"李清照《如梦令·常记溪亭日暮》："兴尽晚回舟，误入藕花深处。"又引申指返回、回到，如王翰《凉州词》："醉卧沙场君莫笑，古来征战几人回。"李白《将进酒》："君不见，黄河之水天上来，奔流到海不复回。"辛弃疾《破阵子·为陈同甫赋壮词以寄之》："醉里挑灯看剑，梦回吹角连营。"又引申为回头，如李白《别山僧》："腾身转觉三天近，举足回看万岭低。"又引申为曲折，如王勃《滕王阁序》："鹤汀凫渚，穷岛屿之萦回。"

成语"回心转意"出自朱熹《朱子语类·训门人·五》"且人一日间，此心是起多少私意，起多少计较，都不会略略回心转意去看"，意思为改变态度，不再坚持过去的成见和主张。

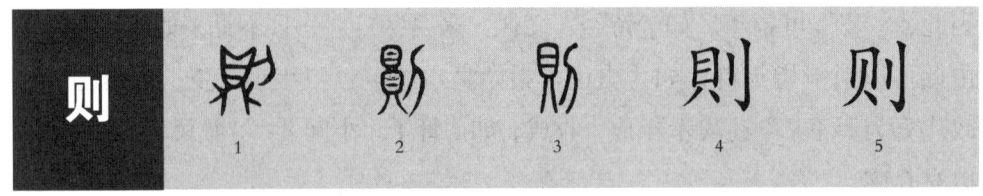

1形是金文写法，从鼎从刀，像以一件器物为标准模仿做器之形。2形是《说文解字》中的古文写法。3形是小篆写法，"鼎"的足下逐渐演变为两笔，讹变成"贝"。4形是隶变后的楷书写法。5形是简化后的楷书写法。

会意字。《说文解字》："则，等画物也。从刀从贝。""等画物"就是比照样子刻画器物的意思，近于本义，所从"贝"为"鼎"字之讹变。《管子·形势》："天不变其常，地不易其则。"在古文中，"则"还被用作副词，表示肯定和判断的意思，如范仲淹《岳阳楼记》："此则岳阳楼之大观也。"又如刘禹锡《陋室铭》："山不在高，有仙则名。水不在深，有龙则灵。"

1形是甲骨文写法,像一块供食用的肉形。2形是金文写法。3形是小篆写法,与"月"字的小篆写法接近。4形是隶变后的楷书写法。

象形字。"肉"的本义为动物的肉,后指供食用的动物肉,如《汉书·樊哙传》:"拔剑切肉食之。"杜甫《自京赴奉先县咏怀五百字》:"朱门酒肉臭,路有冻死骨。"蒲松龄《聊斋志异·狼三则》:"一屠晚归,担中肉尽,止有剩骨。"又从动物的肉引申为蔬果之肉,如白居易《荔枝图序》:"瓤肉莹白如冰雪,浆液甘酸如醴酪。"

"肉"是一个部首字,从肉的字多与肉体有关,但在后世的流传中,由于小篆"肉"字和"月"字写法十分相似,所以隶变后作为偏旁时写作"月",与从月的字混在一起,如"肝、胆、胸、育"等。参看"月"字条。

1形是甲骨文写法,从禾从人,像人背上负禾,寓意丰收、收获。2形是金文写法,承袭甲骨文,笔画更加圆融。3形是小篆写法,下面的"人"加一横画饰笔,讹变为"千",并作为"年"的声符。4形是隶变后的楷书写法,变成一个记号字。

会意字,后变为形声字。"年"的本义为丰收、收获,如《诗经·周颂·丰年》:"丰年多黍多稌,亦有高廪,万亿及秭。"《谷梁传·桓公三年》:"五谷皆熟,为有年也。"辛弃疾《西江月·夜行黄沙道中》:"稻花香里说丰年,听取蛙声一片。"由于古代生产力水平低下，谷物一年一熟，因此周人以谷物一熟为一年，"年"开始被计数为"周年"之"年"，《尔雅·释天》："夏曰岁，商曰祀，周曰年，唐虞曰载。"《战国策·齐策一》："期年之后，虽欲言，无可进者。"苏轼《江城子·乙卯正月二十日夜记梦》："十年生死两茫茫，不思量，自难忘。"又引申为岁数，如王安石《伤仲永》："仲永生五年，未尝识书具，忽啼求之。"又指寿命，如《庄子·逍遥游》："朝菌不知晦朔，蟪蛄不知春秋，此小年也。"《列子·汤问》："以残年余力，曾不能毁山之一毛，其如土石何？"

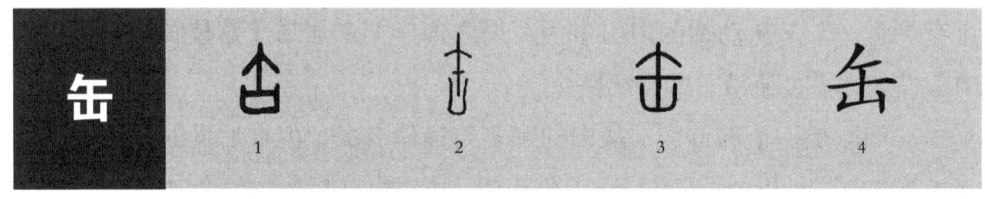

1形是甲骨文写法，像大腹敛口容器之形。2形是金文写法，进一步演变。3形是小篆写法。4形是楷书写法。

象形字。《说文解字》："瓦器，所以盛酒浆，秦人鼓之以节歌。"本义是一种瓦器，用来盛酒浆，也用来汲水，如柳宗元《捕蛇者说》："吾恂恂而起，视其缶，而吾蛇尚存，则弛然而卧。"也指一种乐器，如《史记·廉颇蔺相如列传》："请奏盆缶秦王，以相娱乐。"

"缶"是一个部首字，从缶的字大都跟瓦器有关，如"缸、陶、罐、瓿、钵、缸、罂"等。

成语"黄钟瓦缶"出自谢榛《四溟诗话》第三卷"试诵我诗一篇或一联，以见黄钟瓦缶，声调同异，则工拙两存乎心，所论公平，靡不服矣"。黄钟指黄铜铸成的钟；瓦缶指泥土烧成的锅，用作乐器。该词比喻高雅优秀与庸俗低劣，也指贤才和庸才。

先

1形是甲骨文写法，从之从人，表示人向前迈进。2形是金文写法，承袭甲骨文。3形是小篆写法。4形是隶变后的楷书写法。

会意字。《说文解字》："先，前进也。从儿从之。"本义为先行，如《左传·宣公二年》："会请先，不入则子继之。"《三国志·吴书·鲁肃传》："今不速往，恐为操所先。"作为副词，表示动作的次序在前，如《史记·高祖本纪》："先入定关中者王之。"李清照《武陵春·春晚》："物是人非事事休，欲语泪先流。"韩愈《师说》："闻道有先后，术业有专攻。"杜甫《蜀相》："出师未捷身先死，长使英雄泪满襟。"又指把……放在前面，如范仲淹《岳阳楼记》："先天下之忧而忧，后天下之乐而乐。"又引申为祖先，如《史记·蒙恬列传》："蒙恬者，其先齐人也。"又指对死去的尊长的尊称，如诸葛亮《前出师表》："先帝创业未半而中道崩殂。"

在现代汉语中，"先生"一词有多个义项。一是对老师的称呼，如"教书先生"。二是对知识分子和有一定身份的成年男子的尊称（有时也尊称有身份、有声望的女性）。三是称别人的丈夫或对人称自己的丈夫（都带人称代词做定语）。四是方言中对医生的称呼。五是旧时称管账的人。六是旧时称以说书、相面、算卦、看风水等为业的人，如"算命先生"。

1形是甲骨文写法，像舌自口出之形。2形是金文写法，承袭甲骨文，

增加小点为口水之形。3形是小篆写法，进一步简化。4形是楷书写法。

象形字。《说文解字》："舌，在口，所以言也，别味也。"本义是舌头，如林嗣环《口技》："人有百口，口有百舌，不能名其一处也。"引申表示言辞，如《论语·颜渊》："夫子之说君子也，驷不及舌。"进一步引申指像舌状的东西，如《仪礼·乡射礼》："倍中以为躬，倍躬以为左右舌，下舌半上舌。"

"舌"字是一个部首字，从舌的字大多跟舌头、言辞有关，如"舔、舐、甜、辞"等。

成语"舌战群儒"，又作"舌战群雄"，出自《三国演义》第四十三回。舌战，激烈辩论；儒，儒生，旧指读书人。该词原指与众多的儒生谋士争辩，驳倒对方的议论。后指与很多人激烈争辩和驳倒对方。如孔尚任《桃花扇·修札》："舌战群雄，让俺不才；柳毅传书，何妨下海。"

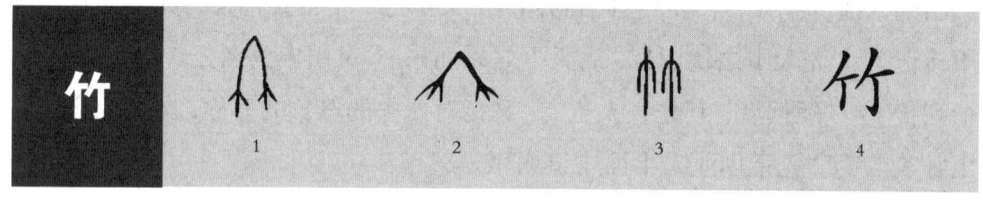

1形是甲骨文写法，像竹枝竹叶之形。2形是金文写法，承袭甲骨文。3形是小篆写法，笔画篆化较为圆润。4形是隶变后的楷书写法。

象形字。本义为竹子。《说文解字》："竹，冬生草也。"柳宗元《小石潭记》："伐竹取道，下见小潭。"竹与松、梅并称为"岁寒三友"，又与梅、兰、菊并称为"花中四君子"，苏轼《于潜僧绿筠轩》："宁可食无肉，不可居无竹。"由于箫笛一类乐器多用竹子制作，故"箫""笛"皆从竹，引申为竹制的管乐器，如欧阳修《醉翁亭记》："宴酣之乐，非丝非竹。"刘禹锡《陋室铭》："无丝竹之乱耳，无案牍之劳形。""竹"为古代"八音"之一，"八音"是中国古代对乐器的统称，《周礼·春官·大师》："皆播之以八音：金、石、土、革、丝、木、匏（páo）、竹。"同样由于材质为竹子，"竹"也可指竹简或书籍，

"竹帛"一词即指代书籍。

"竹"是一个部首字,从竹的字多与竹子有关,如"笺、管、笋、篇、简"等。"竹"有时也作声旁,如"竺、筑、笃"等。

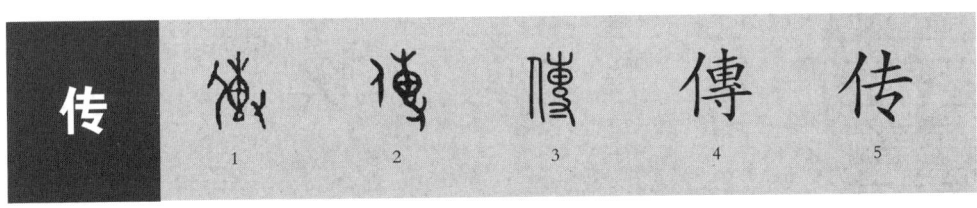

1形是甲骨文写法,从人專声。2形是金文写法,与甲骨文写法大体相同。3形是小篆写法。4形是隶变后的楷书写法。5形是简化后的楷书写法。

形声字。《说文解字》:"传,遽也。"读作"zhuàn",本义指传送命令消息的驿车,引申指旅馆、驿站,如《史记·廉颇蔺相如列传》:"遂许斋五日,舍相如广成传舍。"又指记载历史事件或个人生平事迹的文字,如《孟子·梁惠王下》:"齐宣王问曰:'汤放桀,武王伐纣,有诸?'孟子对曰:'于传有之。'"又指注释、阐释经义的文字,如韩愈《师说》:"六艺经传皆通习之。"

"传"是一个多音字,还读作"chuán"。本义是由驿站传递消息,引申指一方交给另一方,如《史记·廉颇蔺相如列传》:"秦王大喜,传以示美人及左右,左右皆呼万岁。"《史记·绛侯周勃世家》:"亚夫乃传言开壁门。"后进一步引申指传授,如韩愈《师说》:"师者,所以传道受业解惑也。"又用作名词,指传授的内容,如《论语·学而》:"吾日三省吾身:为人谋而不忠乎?与朋友交而不信乎?传不习乎?"又引申指转述、传说,如《吕氏春秋·察今》:"夫得言不可以不察,数传而白为黑,黑为白。"又引申指传位,如《史记·魏其武安侯列传》:"天下者,高祖天下,父子相传,此汉之约也,上何以得擅传梁王!"

传是古籍注释体例之一,其他的还有笺、注、正义、诠、义疏等。传大体分两类：一类是补充史实或阐发经义，如用来解释《春秋》的《春秋左氏传》《春秋公羊传》《春秋谷梁传》；另一类则是随着经文来解说字句，如解说《诗经》的《毛诗故训传》等。

1形是金文写法，从犬从人，会一只犬趴在主人脚下守候之意。2形是小篆写法，承袭金文。3、4形分别是隶变后的隶书写法和楷书写法。

会意字。《说文解字》："伏，司（伺）也。"本义为守望、守候。引申指趴着，如《战国策·秦策一》："嫂蛇行匍伏，四拜自跪而谢。"曹操《步出夏门行·龟虽寿》："老骥伏枥，志在千里。"引申为隐藏、埋伏，如《老子·德经》："祸兮福所倚，福兮祸所伏。"又有守着、保持之义，如屈原《离骚》："伏清白以死直兮，固前圣之所厚。"

"伏天""伏日"指夏季最热的一段时期，从夏至后第三个庚日到立秋后第二个庚日的前一天止，相当于阳历七月中旬到八月下旬，共三十天或四十天，分为初伏、中伏、末伏，统称为"三伏"。

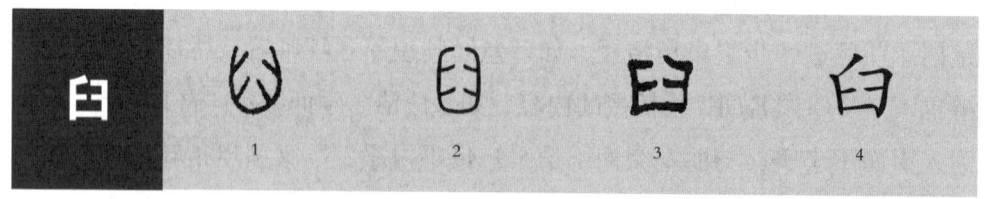

1形是金文写法，像舂米用的内里有沟槽的捣缸之形。2形是小篆写法，承袭金文。3形是隶书写法。4形是楷书写法。

象形字。《说文解字》："臼，舂也。古者掘地为臼，其后穿木石。象形，中米也。"本义是舂米用的捣缸,如《周易·系辞下》:"断木为杵,掘地为臼,杵臼之利,万民以济,盖取诸小过。"用作动词,表示用臼舂米,如周容《芋老人传》:"村南有夫妇守贫者,织纺井臼,佐读勤苦。"

"臼"是一个部首字,从臼的字大都跟臼类或坑类有关,如"舂、舀、臽"等。

成语"炊臼之戚"出自段成式《酉阳杂俎》"贾客张瞻将归,梦炊于臼,问王生。生言:'君归,不见妻矣。臼中炊,固无釜也。'贾客至家,妻果卒已数月"。故事的大概意思是商人张瞻将要回家,做了一个梦,梦到在舂米用的臼中做饭,于是问王生,王生说:"你回家时,不会见到你妻子了(等于说你的妻子已死)。臼中炊就是无釜(谐音'无妇')。" 张瞻回到家,妻子果然已死数月。如李东阳《与顾天锡书》:"令兄太守公行,不及躬送,闻有炊臼之戚。"

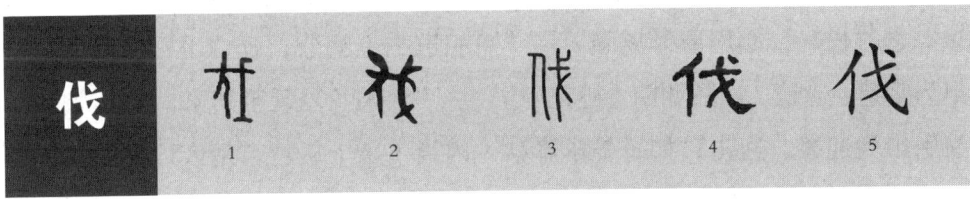

1形是甲骨文写法,会砍头杀人之意。2形是金文写法。3形是小篆写法,"人"与"戈"形分离。4、5形分别是隶变后的隶书写法和楷书写法,承袭小篆。

会意字。《说文解字》:"伐,击也。从人持戈。一曰败也。"本义为砍头,卜辞有用作本义者:"丁丑卜,贞:王宾武丁,伐十人,卯二牢。"(《合集》35355)引申为征讨、讨伐,如《左传·庄公十年》:"十年春,齐师伐我。"《论语·季氏》:"季氏将伐颛臾。"后泛指砍伐,如白居易《卖炭翁》:"卖炭翁,伐薪烧炭南山中。"柳宗元《小石潭记》:"伐竹取道,下见小潭,水尤清冽。"引申为夸耀,如《论语·公冶长》:"愿无伐善,无施劳。"《史记·屈原贾生列传》:"每一令出,平伐其功。"

"伐"与"征"、"侵"、"袭"常常发生混同。在古代汉语中,"伐"是中性词,指出师有名、公开宣布、大张旗鼓地进攻;"征"是褒义词,特指有道进攻无道,上进攻下;"侵"指不击鼓,直接进行军事进犯;"袭"指不宣而战,直接进行突击。

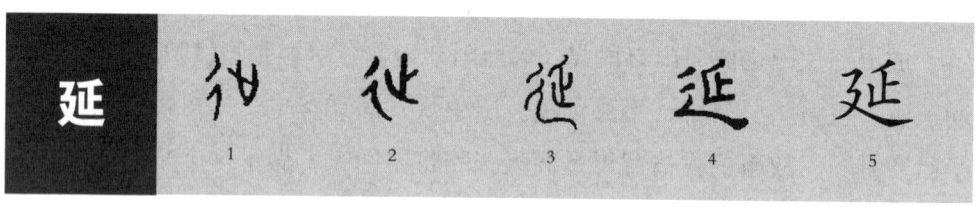

1形是甲骨文写法,从止从彳,表示走路之意。2形是金文写法,3形是小篆写法,另加义符一撇,强调引长之意,"彳"变为"廴"。4形是隶书写法,进一步规范。5形是楷书写法。

会意字。《说文解字》:"延,长行也。"本义指走长路。引申表示"长短"之"长",如屈原《离骚》:"悔相道之不察兮,延伫乎吾将反。"引申为宴请、邀请,如陶渊明《桃花源记》:"余人各复延至其家,皆出酒食。"又引申为迎接、迎击,如《晏子春秋·内篇·杂下》:"楚人以晏子短,为小门于大门之侧而延晏子。"贾谊《过秦论》:"秦人开关延敌。"

在现代汉字中,"延"字常常会跟"廷"字发生混同。带"廷"字的词语多跟庭院、朝廷等义有关,如"廷臣"指朝臣。带"延"字的词语多表示延长、推迟等义,如"延滞、延伸、延期、延寿、延绵、延缓"等。

1形是小篆写法,从人从𥏻(箭伤)省,会人受到箭伤之意,"𥏻"亦作声旁。

2形是隶变后的楷书写法。3形则是简化后的楷书写法。

会意兼形声字。《说文解字》："伤，创也。"本义为创伤，即人或动物的皮肤被利器割刺破损的地方，如《左传·成公二年》："郤克伤于矢，流血及屦，未绝鼓音。"用作动词，指损害、使受伤害，如诸葛亮《前出师表》："受命以来，夙夜忧叹，恐托付不效，以伤先帝之明。"或指被损害、受伤害，如《楚辞·九歌·国殇》："凌余阵兮躐余行，左骖殪兮右刃伤。"又指妨碍、妨害，如《论语·先进》："何伤乎？亦各言其志也！"引申指精神受到损伤，哀伤，如柳永《雨霖铃·寒蝉凄切》："多情自古伤离别，更那堪，冷落清秋节。"又引申为诋毁、中伤，如《后汉书·杨震列传》："有忤逆于心者，必求事中伤，肆其凶忿。"

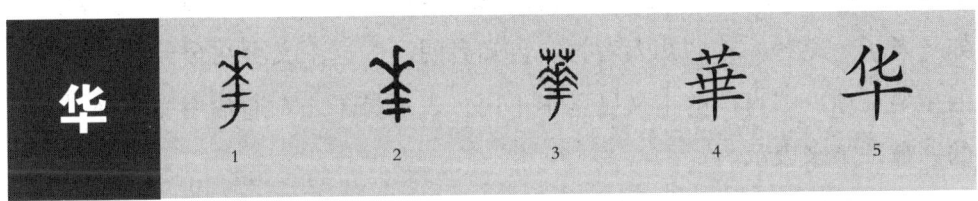

1、2形是金文写法，像草木之花形。3形是小篆写法。4形是隶变后的楷书写法。5形是简化后的楷书写法。

象形字。《说文解字》："华，荣也。""华"字是"花"的本字，指草木之花，读作"huā"，如《诗经·国风·桃夭》："桃之夭夭，灼灼其华。"《长歌行》："常恐秋节至，焜黄华叶衰。"白居易《荔枝图序》："树形团团如帷盖，叶如桂，冬青；华如橘，春荣；实如丹，夏熟。"引申为光彩、光辉、繁华义，如《淮南子·地形》："末有十日，其华照下地。"《尚书大传》："日月光华，旦复旦兮。"柳永《望海潮·东南形胜》："东南形胜，三吴都会，钱塘自古繁华。"又引申为华丽、华美，如王充《论衡·自纪》："论贵是而不务华。"又引申指精华、精美的东西，王勃《滕王阁序》："物华天宝。"还特指中国，称之为华夏，如《左传·定公十年》："裔不谋夏，夷不乱华。"以上意义均读作"huá"。

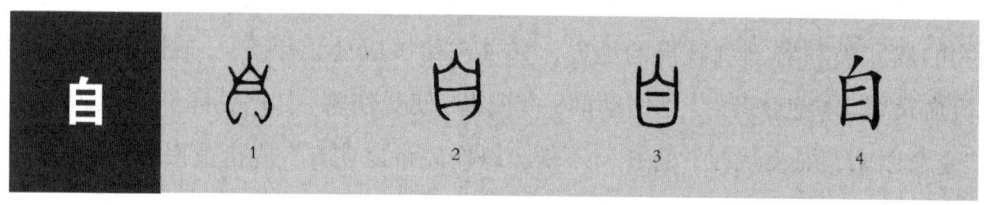

1形是甲骨文写法，像鼻子形，上部分为鼻梁，中间两横为鼻纹，下部分是鼻孔。2形是金文写法。3形是小篆写法，保留了甲骨文和金文的上部分，下部分鼻孔形消失。4形是楷书写法，变成记号字。

象形字。《说文解字》："自，鼻也。"本义是鼻子。卜辞有用作本义者："贞：（有）疾自，隹有害？"（《合集》11506正）借用表自己、亲自义，如《老子·道经》："知人者智，自知者明。"这个义项在今天成了"自"的主要义项，"自"的本义已基本不用，表示鼻子之意通常用加声符"畁"的"鼻"字来表示。

"自"是一个部首字，从自的字都与鼻子或鼻子的功能有关，如"鼻、臭、息"等。

1、2形是甲骨文写法，外部是器皿形。1形中间的圆圈表示血滴，古时祭祀多用皿盛牲血；2形中小圆圈简化为一个短竖。3形是小篆写法，表示"血"的短竖变为短横。4形是隶变后的楷书写法。

象形字。《说文解字》："血，祭所荐牲血也。从皿，一象血形。"本义指祭祀用的牲血，如《周礼·大宗伯》："以血祭社稷、五祀、五岳。"

后泛指人或动物的血液,如李白《蜀道难》:"朝避猛虎,夕避长蛇;磨牙吮血,杀人如麻。"又引申表示血一样的颜色,如白居易《琵琶行》:"钿头银篦击节碎,血色罗裙翻酒污。"韦庄《秦妇吟》:"阴云晕气若重围,宦者流星如血色。"

在现代汉语中,"血"是一个多音字,有文白二读,分别读作"xuè"(书面语读音)和"xiě"(口头语读音)。"血"用在合成词和成语中,属于书面语用法,应读成"xuè",如"血液、血管、热血、血海深仇、血流如注"等。"血"单独使用或用在短语(词组)中,属于口头语用法,读成"xiě",如"吐了一口血、血的教训、血的代价、像血一样红、血淋淋"等。

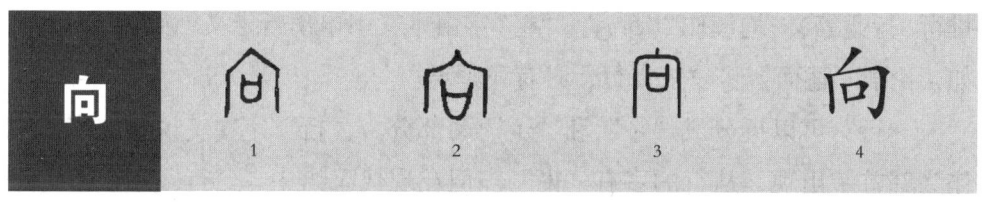

1形是甲骨文写法,外面"宀"表示房子,里面是嘴巴"口",表示人在屋子里说话产生回响。2形是金文写法。3形是小篆写法,与甲骨文、金文写法一脉相承。4形是隶变后的楷书写法,已经看不出"宀"形。

会意字。从宀从口,本义是回响,如马王堆帛书《经法·名理》:"如向之隋声。"一说本义为朝北的窗户,《说文解字》:"向,北出牖也。"如《诗经·豳风·七月》:"穹窒熏鼠,塞向墐户。"引申为朝向、方向义,如《史记·项羽本纪》:"沛公北向坐。"李煜《虞美人·春花秋月何时了》:"问君能有几多愁?恰似一江春水向东流。"

成语"人心向背"出自魏了翁《鹤山文集》"师老财殚,币轻物贵,常产既竭,本根易摇,此人心向背之几也"。这里的"向"是归向、拥护的意思,"背"就是背离、反对的意思,"人心向背"是指人民的拥护或反对。

行

1、2形是甲骨文写法，像十字路口，由1形直角的转折逐渐变为2形中有弧度的转折。3形是小篆写法，横竖弯曲更大，形体与今相近。4形是隶书写法，可以看出左边为"彳"，右边与"亍"形相近。5形是楷书写法。

象形字。本义是道路，读作"háng"。如《诗经·小雅·小弁》："行有死人，尚或墐之。"又如《诗经·豳风·七月》："遵彼微行。"《说文解字》："行，人之步趋也。"该释义不是其本义。由本义引申出行列义，又引申出排行、行业等义，均读作"háng"。"行"字由本义引申出行走义，读作"xíng"，如《论语·述而》："三人行，必有我师焉。"

"行"可以拆分成"彳"和"亍"两部分。"行"字在《说文解字》中作为部首字出现，从行的字有"術"。但在现代汉语中，"行"字已不再作为部首字使用，而是归于"彳"部。

在古汉语中，"趋、走、行、步"四个词，均有行走义，但却不尽相同。"趋"，意为小步快行，表示恭敬。晚辈见到尊长、臣子朝见君王一定要"趋"，以表敬意。如《战国策·赵策四》里，写触龙拜见赵太后"入而徐趋"，"趋"是行朝见礼。"走"，本义为跑，如《木兰诗》"双兔傍地走，安能辨我是雄雌"中的"走"就是跑的意思。"行"，引申为行走，陶渊明《桃花源记》中的"缘溪行"，就是"顺着小溪走"。"步"，表示散步，成语"亦步亦趋"中的"步"就是这个意思。

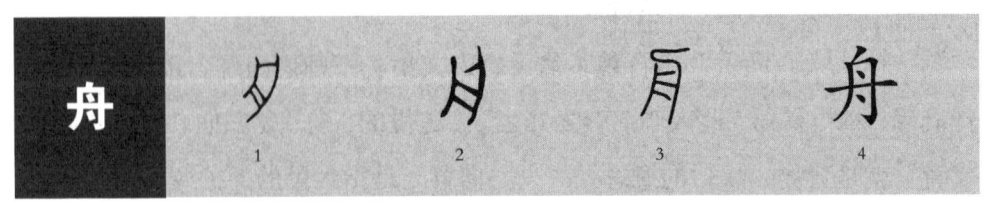

1形是甲骨文写法，像独木舟形。2形是金文写法，形体没有太大变化。3形是小篆写法。4形是楷书写法。

象形字。《说文解字》："舟，船也。古者共鼓、货狄，刳木为舟，剡木为楫，以济不通。"本义是小船，如李白《赠汪伦》："李白乘舟将欲行，忽闻岸上踏歌声。"韦应物《滁州西涧》："春潮带雨晚来急，野渡无人舟自横。"王湾《次北固山下》："客路青山外，行舟绿水前。"又通"周"，可指周朝，如《诗经·小雅·大东》："舟人之子，熊罴是裘。"也可指环绕，如《诗经·大雅·公刘》："何以舟之？维玉及瑶。"

"舟"是一个部首字，从舟的字大多与船相关，如"船、舰、艇、航"等。

"舟"和"船"是两个相似的概念。先秦多用"舟"，汉以后用"船"渐多起来。现在"舟"多用于书面语，或指载重量很小的船。

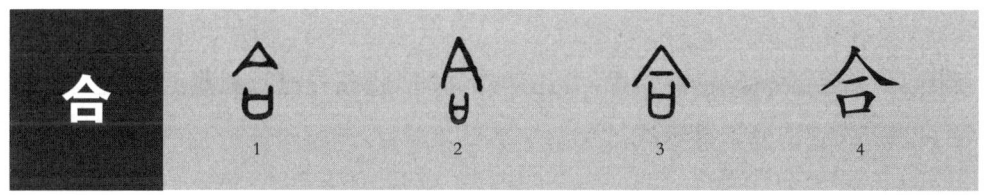

1形是甲骨文写法，从亼从口，会器盖与器身上下相合之意。2形是金文写法，承袭甲骨文。3形是小篆写法，承袭金文。4形是楷书写法。

会意字。《说文解字》："合，合口也。"本义是合上、闭拢，如《战国策·燕策二》："蚌方出曝，而鹬啄其肉，蚌合而钳其喙。"《上邪》："冬雷震震，夏雨雪，天地合，乃敢与君绝！"进一步引申出对合、符合，如《战国策·齐策四》："券遍合，起，矫命以责赐诸民。"《庄子·养生主》："合于《桑林》之舞，乃中《经首》之会。"又引申为集聚、会合，如《资治通鉴·汉纪五十七》："五万兵难卒合，已选三万人。"又引申为共同、一起，如《古诗为焦仲卿妻作》："两家求合葬，合葬华山傍。"

"汇合"和"会合"易混淆。"汇合"指水流、气流等聚集到一起，如"小河汇合成大河";"会合"指聚集到一起,如"两军会合后继续前进"。

"合"与"和"都有融洽的意思,但"合"强调符合、相同,如"合得来、投合";而"和"强调感情融洽、关系协调,如"和睦、和谐"。

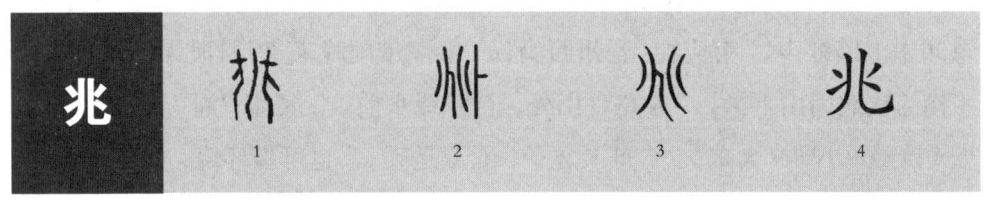

1形是甲骨文写法,像火炙烤龟甲后的裂纹形,两兆坼之间有裂纹。2形是《说文解字》中的古文写法,增加义符"卜"。3形是小篆写法,省去义符"卜"。4形是楷书写法。

象形字。古人用火灼烧龟甲来占卜吉凶,"兆"的本义即龟甲灼烧后的裂纹。《说文解字》:"扑,灼龟坼也。"引申泛指征兆、预兆,如《新唐书·方技传》:"其兆既成,已在宫中。"还用作动词,指预先显示征兆,如《老子·道经》:"我独泊兮,其未兆。"

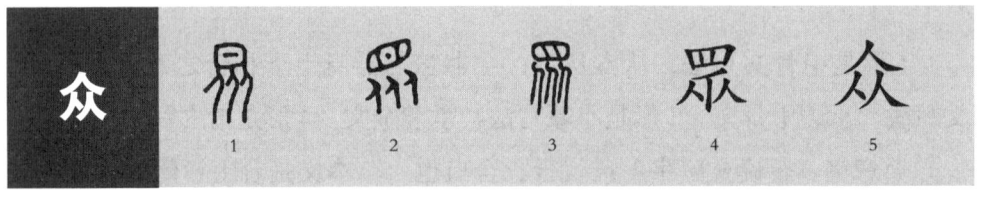

1形是甲骨文写法,从日从三人,像很多人在太阳下劳作之形。2形是金文写法,"日"讹变为横写之"目"。3形是小篆写法,承袭金文。4形是隶变后的楷书写法,保留了"目",三人形写法变形。5形是简化后的楷书写法,仅保留了三个"人"形。

会意字。《说文解字》:"众,多也。"本义是民众、百姓,如李斯《谏逐客书》:"王者不却众庶,故能明其德。"后泛指人多,如《韩非子·说林上》:"子虽工自树于王,而欲去子者众,子必危矣。"欧阳修《醉翁亭记》："起坐而喧哗者，众宾欢也。"后来引申为多，如杜甫《望岳》："会当凌绝顶，一览众山小。" 又引申为普通、一般，如韩愈《师说》："今之众人，其下圣人也亦远矣，而耻学于师。"

成语"众口铄金"，亦作"众口销金"，出自《国语·周语下》"众心成城，众口铄金"。意指众人的言论能够熔化金属，比喻舆论影响的强大，亦比喻众口同声可混淆是非。此处的"铄"不可写为"烁"。

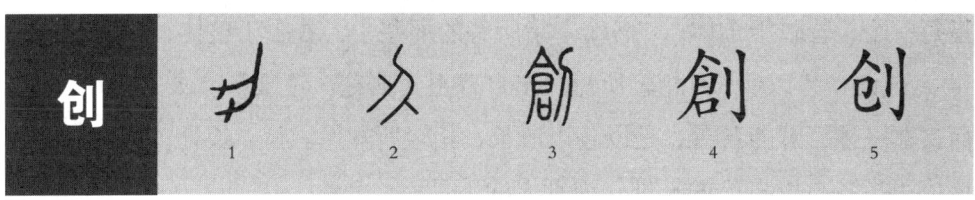

1形是金文写法，作"刅"，是创伤的"创"的表意初文，在"刃"的基础上加一点表示用刀刃伤人之意，造字之初是一个指事字。2形和3形都是小篆写法，2形承袭金文；3形加声符"倉"，变成了形声字，从刀倉声。4形是隶变后的楷书写法。5形是简化字后的楷书写法。

指事字，后改为形声字。《说文解字》："创，伤也。"本义是创伤、伤口，读作"chuāng"，如《战国策·燕策三》："秦王复击轲，被八创。"《后汉书·华佗传》："四五日创愈。"作此义讲时，"创"还可以通"疮"，指皮肤溃烂，如王充《论衡·书虚》："吾君背有疽创，不得妇人，创不衰愈。"

"创"还读作"chuàng"，为突破之意，凡事有所突破都可以称为"创"，如诸葛亮《前出师表》："先帝创业未半而中道崩殂。"爱新觉罗·弘历《御崇政殿》："守成开创何难易，只有忧勤与日增。"

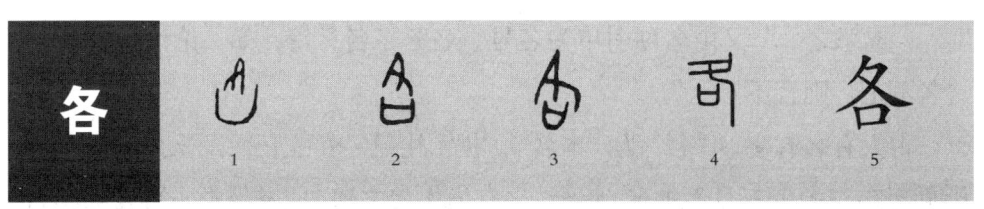

1、2形是甲骨文写法。1形从夂从凵，像一只脚从外面走到半穴居住处

的门口之形；2形从夂从口，甲骨文中"凵""口"常通用。3形是金文写法，承袭甲骨文。4形是小篆写法，承袭金文。5形是隶变后的楷书写法。

会意字。本义是来到，《舀壶》铭文："王各于成宫。"假借表示群体中的不同个体，如赵翼《论诗（其二）》："江山代有才人出，各领风骚数百年。"进一步虚化作副词"各自"，如杜牧《阿房宫赋》："各抱地势，钩心斗角。"

"个个"与"各个"虽然都有"每个"的意思，但用法有区别。"个个"指每一个，着眼于个体；"各个"指所有的那些个，着眼于整体，多作定语。

成语"各以所长，相轻所短"出自曹丕《典论·论文》"夫人善于自见，而文非一体，鲜能备善，是以各以所长，相轻所短"。长，长处；短，不足。该成语指各自以自己的长处轻视别人的不足。

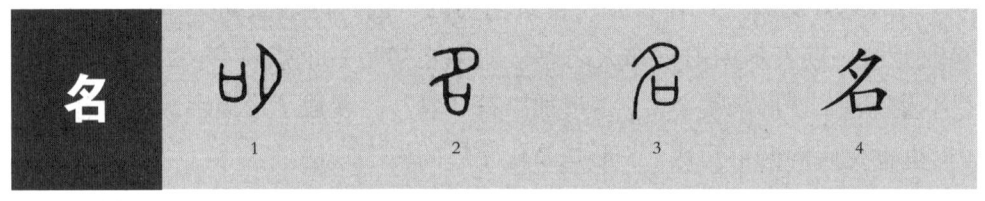

1形是甲骨文写法，从口从夕。2形是金文写法，将"夕"移到了"口"的上方。3形是小篆写法，承袭金文，更加整齐化。4形是隶变后的楷书写法。

会意字。本义指自己称呼自己的名字，其后所接的名词即指人的名字，如《山海经·北山经》："是炎帝之少女，名曰女娃。"由人名的本义引申出事物的名称义，如《庄子·逍遥游》："北冥有鱼，其名为鲲。"用作动词时引申指取名，如《左传·隐公元年》："庄公寤生，惊姜氏，故名曰'寤生'，遂恶之。"又由名称引申为名号、名分、名义等，如《论语·子路》："名不正，则言不顺。"

古人有名有字。"名"为"本名"，据《礼记·檀弓上》："幼名，冠字。"孔颖达疏："始生三月而加名，年十二，有为人父之道，朋友等类不可复呼其名，故冠而加字。"婴儿出生三个月后由父亲取名。自称其名表示谦逊，而字才是用来供别人称呼的。如孔子，名丘，字仲尼，《论语·季氏》"丘也闻有国有家者，不患寡而患不均，不患贫而患不安"中的"丘"为孔子自称，而《孟子·梁惠王上》"仲尼之徒，无道桓、文之事者"中的"仲尼"则为孟子对孔子的称呼。

1形是甲骨文写法，像叠放的两块肉。2形是金文写法。3形是小篆写法，讹变为两个"夕"。4形是隶变后的楷书写法。

会意字。《说文解字》："多，重也，从重夕。夕者，相绎也，故为多。重夕为多，重日为叠。"本义为重复、众多，卜辞有用作本义者："贞：生一月不其多雨？"（《合集》12501）此句意为卜问天气是否多雨。引申表示数量大，如《孟子·梁惠王上》："王如知此，则无望民之多于邻国也。"杜牧《阿房宫赋》："使负栋之柱，多于南亩之农夫。"又引申指赞许，如《史记·管晏列传》："天下不多管仲之贤，而多鲍叔能知人也。"辛愿《陋室》："壶中日月时常好，枕上功名不足多。"

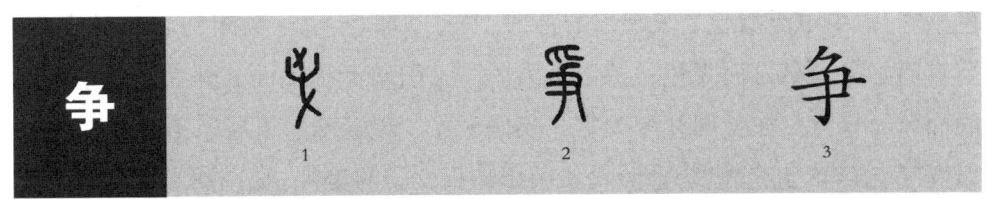

1形是甲骨文写法，像上下两只手在争夺东西。2形是小篆写法，上部手形改作"爪"形，中间象物之形写作一竖弯笔，与下部的手形交错在一起。3形是楷书写法。

会意字。《说文解字》："争，引也。""争"的本义是争夺、争斗，如《诗经·大雅·江汉》："时靡有争，王心载宁。"又如《韩非子·说林下》："争肥饶之地。"白居易《钱塘湖春行》："几处早莺争暖树，谁家新燕啄春泥。"陆游《卜算子·咏梅》："无意苦争春，一任群芳妒。"李白《蜀道难》："飞湍瀑流争喧豗，砯崖转石万壑雷。"由争夺义引申为争辩、争论义，《玉篇》："争，谏也。"如《战国策·赵策三》："鄂侯争之急，辩之疾。""争"还有规劝义，读作"zhèng"，如《荀子·子道》："父有争子，不行无礼；士有争友，不为不义。"《后汉书·王充传》："以数谏争不合，去。"这个意义后来写作"诤"。

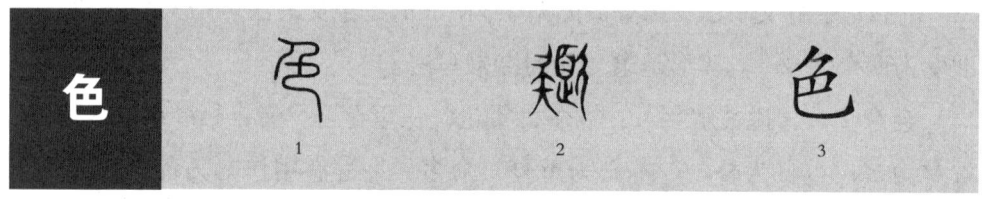

1形是小篆写法，上部从站立的人形，下部从跪着的人形，像立人在训诫跪人，会怒形于色之意。2形是《说文解字》中的古文写法，从疑得声。3形是隶变后的楷书写法。

会意字。本义指怒色，即生气的面部表情，如《战国策·韩策二》："'怒于室者色于市。'今公叔怨齐，无奈何也。"《明史·李时勉传》："帝闻言，色稍霁。"引申泛指脸上表现出的神情、样子，如《论语·颜渊》："夫达也者，质直而好义，察言而观色，虑以下人。"又引申泛指表面、外表，特指病人的面色、气色，如《周礼·天官·疾医》："以五味、五谷、五药养其病，以五气、五声、五色视其死生。"又引申特指女子的美貌，如白居易《琵琶行》："年长色衰，委身为贾人妇。"进而引申指女色、情欲，如《列子·力命》："汝寒温不节，虚实失度，病由饥饱色欲。"又引申泛指颜色、色彩，如白居易《卖炭翁》："满面尘灰烟火色，两鬓苍苍十指黑。"又引申指景色，如李白《悲清秋赋》："荷花落兮江色秋，风袅袅兮夜悠悠。"

"色"是一个部首字,从色的字皆与气色、颜色等意义有关,如"艳、艴、艵"等。

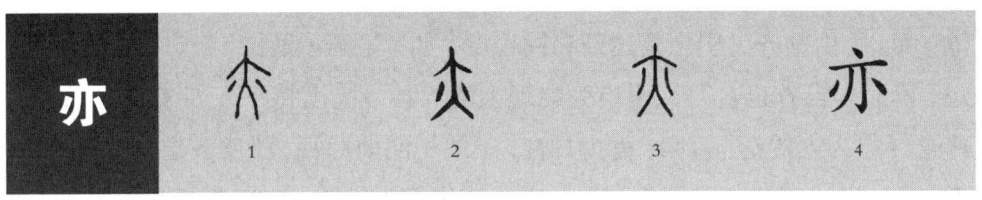

1形是甲骨文写法,像正面站立的人形,两边加小点指示腋窝之所在,为"腋"的本字。2形是金文写法,承袭甲骨文写法。3形是小篆写法。4形是隶变后的楷书写法,已经完全看不出人形。

指事字。《说文解字》:"亦,人之臂亦也。"本义指腋下,即"腋"的本字。后假借为虚词,本义另造"腋"字表示。"亦"作为虚词最主要的用法是"也",如《史记·陈涉世家》:"今亡亦死,举大计亦死,等死,死国可乎?"又如贾谊《过秦论》:"后人哀之而不鉴之,亦使后人而复哀后人也。""亦"还经常和否定副词"不"连用,表示委婉的反问语气,如《论语·学而》:"学而时习之,不亦说乎?"

成语"人云亦云"出自蔡松年《槽声同彦高赋》"槽床过竹春泉句,他日人云吾亦云",意思是人家怎么说,自己也跟着怎么说,形容没有主见,只会随声附和。

1形是甲骨文写法,像整齐的麦穗形。2形是金文写法,承袭甲骨文。3形是战国秦文字写法,增加了饰笔"="。4形是小篆写法,笔画整齐化。

5形是隶变后的楷书写法。6形是简化后的楷书写法。

象形字。《说文解字》:"齐,禾麦吐穗上平也。"本义为麦穗整齐平整的样子,引申泛指整齐,如韦庄《台城》:"江雨霏霏江草齐,六朝如梦鸟空啼。"由整齐义引申指达到相同程度,如《论语·里仁》:"见贤思齐焉,见不贤而内自省也。"又引申为物理上的与某一高度持平,如《后汉书·梁鸿传》:"为人赁舂,每归,妻为具食,不敢于鸿前仰视,举案齐眉。"成语"举案齐眉"即出于此。又用作副词,表示动作行为一致,如王勃《滕王阁序》:"落霞与孤鹜齐飞,秋水共长天一色。"

在古典文献中,"齐"被借用为多个字,如指升、登义的"跻","齑粉"的"齑","肚脐"的"脐"等,具体用作哪个字,需要结合上下文来判断。

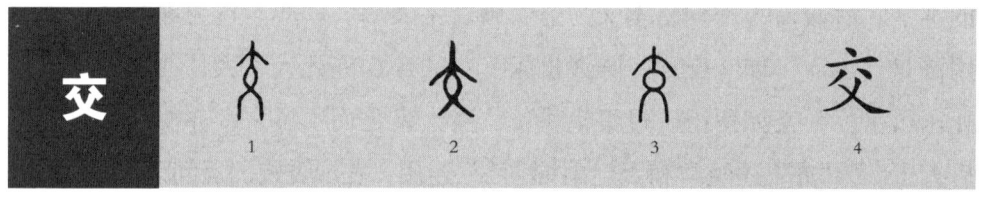

1形是甲骨文写法,像人双腿交叉站立的样子。2形是金文写法。3形是小篆写法,字形上没有太大的变化。4形是隶变后的楷书写法,在人的手臂下出现断笔,写作"交"。

象形字。《说文解字》:"交,交胫也。"本义为小腿交叉或交错,后泛指一切相交、交叉、交错义,如屈原《九歌·国殇》:"旌蔽日兮敌若云,矢交坠兮士争先。"又引申为相错、结合,如《孟子·滕文公上》:"兽蹄鸟迹之道,交于中国。"又引申为结交、交往等义,如《论语·学而》:"与朋友交而不信乎?"又引申为交情,如《史记·廉颇蔺相如列传》:"为刎颈之交。"又可引申为互相、并、一起,如李白《月下独酌》:"醒时同交欢,醉后各分散。"温庭筠《菩萨蛮·小山重叠金明灭》:"照花前后镜,花面交相映。"

衣

1 形是甲骨文写法，像衣服之形，上半部分是衣领，两侧开口是衣袖。2 形是金文写法，基本上和甲骨文相同。3 形是小篆写法。4 形是隶变后的楷书写法。

象形字。《说文解字》："衣，依也。上曰衣，下曰裳。"本义指上衣，如《诗经·邶风·绿衣》："绿兮衣兮，绿衣黄裳。"后泛指衣服，如《论语·公冶长》："愿车马衣轻裘，与朋友共，敝之而无憾。"宋濂《送东阳马生序》："余则缊袍敝衣处其间，略无慕艳意。"用作动词，表示穿衣服，读作"yì"，如《孟子·梁惠王上》："五亩之宅，树之以桑，五十者可以衣帛矣。"

"衣"是一个部首字，作偏旁部首的时候写成"衤"，从衣的字多与衣服有关，例如"衬、衫、袄"等。"衤"和"礻"常常发生混同，衣字旁是两个点，示字旁只有一个点，与衣服有关要写成"衤"，与祭祀、祝福有关要写成"礻"。

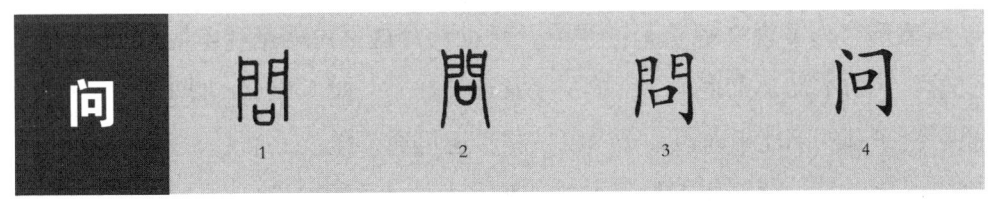

问

1 形是甲骨文写法，外面的"门"是声符，里面的"口"是义符。2 形是小篆写法，基本承袭甲骨文，字形变化不大。3 形是繁体楷书写法。4 形是简体楷书写法。

形声字。《说文解字》："问，讯也。""讯，问也。""问""讯"

二字互训。本义为问讯、询问，如《论语·泰伯》："以能问于不能，以多问于寡。"《左传·庄公十年》："既克，公问其故。"引申为审问，如《诗经·鲁颂·泮水》："淑问如皋陶。"引申为管、干预，如柳宗元《童区寄传》："恣所为不问。"引申为慰问、问候，如《论语·雍也》："伯牛有疾，子问之。"

在古代汉语中，"问"和"闻"相通。如《墨子·非命下》："必使饥者得食，寒者得衣，劳者得息，乱者得治，遂得光誉令问于天下。"又如《诗经·大雅·绵》："肆不殄厥愠，亦不陨厥问。"

"问"的词义非常广泛，有询问、审讯、问候、聘问、问难等。"讯"则用于审问。"诘"多用于反问、追问，如《左传·襄公二十五年》："士庄伯不能诘。"

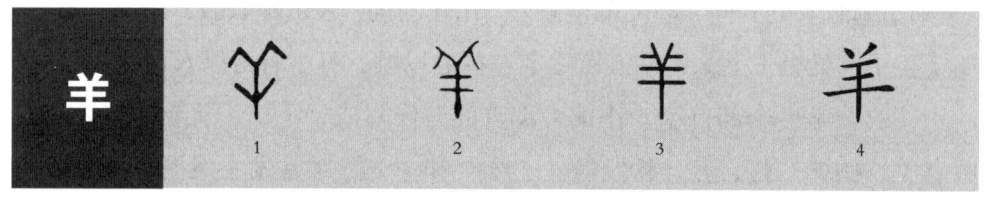

1形是甲骨文写法，像羊角形，借羊角的特征表示羊。甲骨文"羊"字基本都是在1形的基础上增加装饰性符号。2形是金文写法，方正规整。3形是小篆写法。4形是楷书写法。

象形字。《说文解字》："羊，祥也。"这里说的是"羊"的假借义。"羊"字的本义是家畜羊。"羊"字常通"祥"，如《墨子·明鬼下》："有恐后世子孙，不能敬若以取羊。""羊"还可通"详"，如《马王堆帛书·战国纵横家书》："臣愿王与下吏羊计某言而竺虑之也。"

"羊"象征美丽、善良和美好，是文化的载体。汉字中的"美"字，即由"羊"和"大"两字组合而成。羊大为美，是古人实用主义审美倾向的生动体现。同时，羊是温驯忠厚的，于是便有了"善"字。又有因为跪乳之礼义，故繁体的"義"字也带着"羊"形。而羊肉鲜美可口，可做出各种菜肴，所以"鲜"字从羊。

羊也象征着安泰、祥和，古语有"三羊开泰"之说。

并　并　并　并　并
　　1　　2　　3　　4

1形是甲骨文写法，由两个"人"字加指事符号构成，表示并列。2形是金文写法。3形是小篆写法，下部讹变为"开"，《说文解字》误以为其是声符。4形是隶变后的楷书写法。简化字"并"合并了两个字：一是1、2、3形的"并"字，一是简化的"並"字。"並"字小篆作"竝"，从二立，即"竝"。

会意字。《说文解字》："并，相从也。"本义是并列，如蒲松龄《聊斋志异·狼三则》："骨已尽矣，而两狼之并驱如故。"引申为合并，如《孙膑兵法·威王问》："营而离之，我并卒而击之。"（并卒：把几部分兵力集中成为一股。）引申为一起、一同，如《战国策·燕策二》："两者不相舍，渔者得而并擒之。"又通"屏（摒）"，表示抛弃，如《庄子·天运》："至贵，国爵并焉；至富，国财并焉；至愿，名誉并焉。"

成语"并驾齐驱"比喻齐头并进，不分前后；也比喻地位或程度相等，不分高下。"并行不悖"指同时实行，互不冲突。

关　关　关　关　关　关
　　1　　2　　3　　4　　5　　6

1形是金文写法，像两根门闩各自插进闩孔之形。2形是小篆写法，变为从门䇂声。3形是隶书写法。4形是繁体楷书写法。5形是楷书异体写法。6形是简化后的楷书写法。

象形字。《说文解字》："關，以木横持门户也。从门，䜌声。"本义为门闩，如《汉书·杨恽传》："闻前曾有奔车抵殿门，门关折，马死，而昭帝崩。"引申指将门闩插进闩孔，闭门，如陶渊明《归去来兮辞》："园日涉以成趣，门虽设而常关。"引申为关键、机械的发动处，如《后汉书·张衡传》："中有都柱，傍行八道，施关发机。"引申表示关口、要塞，如《史记·项羽本纪》："然不自意能先入关破秦，得复见将军于此。"王昌龄《出塞》："秦时明月汉时关，万里长征人未还。"又指官府来往的一种公文，即"关文"，如方苞《狱中杂记》："其上闻及移关诸部，犹未敢然。"

《木兰诗》中有："万里赴戎机，关山度若飞。"关山，关隘山川。意思是像飞一样度过关山，形容进军神速。

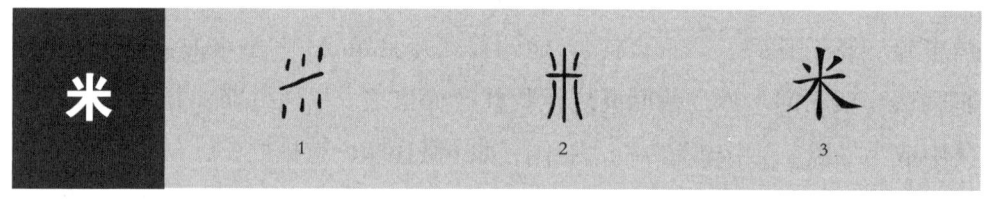

1形是甲骨文写法，小点像米粒之形，中间的一横像筛形。2形是小篆写法，笔画整齐化。3形是隶变后的楷书写法。

象形字。《说文解字》："米，粟实也。象禾实之形。"本义为去掉皮壳的谷、粟等作物的子实，如《乐府诗集·东门行》："盎中无斗米储，还视架上无悬衣。"岑参《初授官题高冠草堂》："只缘五斗米，辜负一渔竿。"又特指水稻、稻米，如王畯《请移突厥降人于南中安置疏》："诒以缯帛之利，示以麋鹿之饶，说其鱼米之乡，陈其畜牧之地。"杜甫《茅堂检校收稻二首》："稻米炊能白，秋葵煮复新。"

"米"是一个部首字，在汉字中从米的字大多与粮食有关，如"粒、粮、籽、粟"等。

州

| 州 | 1 | 2 | 3 | 4 |

1形是甲骨文写法，像水中有一小块陆地。2形是金文写法，与1形大体相似。3形是小篆写法，变成三个小陆地，写法同三个"丩"。4形是隶变后的楷书写法，将三块小陆地简化为三点。

象形字。《说文解字》："州，水中可居曰州。周绕其旁，从重川。"本义为江、河、湖中由沙石积成的陆地，如《汉书·地理志》："自合浦徐闻南入海，得大州，东西南北方千里，武帝元封元年略以为儋耳、珠厓郡。"引申指划分的地理区域、地方行政区划单位，如柳宗元《封建论》："州县之设，固不可革也。"古代汉民族将其原居地划分为九个区域，即"九州"，后指代中国，如王维《送秘书晁监还日本国》："九州何处远，万里若乘空。"陆游《示儿》："死去元知万事空，但悲不见九州同。"

由于"州"被引申义所专用，"水中陆地"的意义便用添加义符"水"的"洲"来表示。

兴

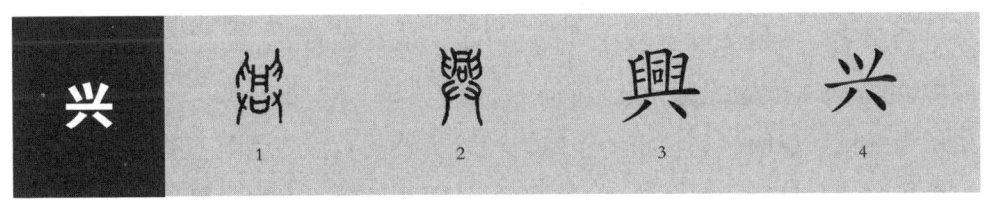

1形是甲骨文写法，像众手共同举起一样东西，所举之物即"同"字。2形是小篆写法。3形是繁体楷书写法。4形是简化后的楷书写法，成为记号字。

会意字。《说文解字》："兴，起也。"本义是起、起来，如《诗经·卫风·氓》："夙兴夜寐，靡有朝矣。"《论语·卫灵公》："从者病，莫能兴。"引申为发起、兴起、发动，如《左传·僖公三十三年》："遂发命，遽兴姜戎。"曹操《蒿里行》:"关东有义士,兴兵讨群凶。""兴"作高兴、兴致、兴趣义时,读作"xìng"。如刘义庆《世说新语·任诞》:"吾本乘兴而行,兴尽而返。"李白《庐山谣寄卢侍御虚舟》:"好为庐山谣,兴因庐山发。"

"兴(xìng)"是《诗经》的一种表现手法,指先言他物以引起所咏之词。如《诗经·周南·关雎》:"关关雎鸠,在河之洲。窈窕淑女,君子好逑。"从特征上讲,有直接起兴、兴中含比两种情况;从使用上讲,有篇头起兴和兴起兴结两种形式。兴可以激发读者的联想,增强诗歌的意蕴,产生形象鲜明、诗意盎然的艺术效果,因此也被后世诗歌广为采用,如《古诗为焦仲卿妻作》:"孔雀东南飞,五里一徘徊。"

1、2形是甲骨文写法,1形像女子安坐之形,以一横画指示女子臀部安坐于脚跟之上;2形加义符"宀",表示安坐于屋中,横画指事符号变为一小点。3形是小篆写法,省略了指事符号,变为会意字。4形是隶变后的楷书写法。

会意字。《说文解字》:"安,静也。从女在宀下。"以女人安坐于房屋中,会安宁、安定之意,如《诗经·小雅·常棣》:"丧乱既平,既安且宁。"引申为安稳、稳固,如杜甫《茅屋为秋风所破歌》:"风雨不动安如山。"引申为安逸、舒适,如《论语·学而》:"君子食无求饱,居无求安。"又引申为安全、安康,如岑参《逢入京使》:"马上相逢无纸笔,凭君传语报平安。"

在古代汉语中,"安"也用作疑问代词,表示怎么、哪里,如杜甫《茅屋为秋风所破歌》:"安得广厦千万间,大庇天下寒士俱欢颜,风雨不动安如山。"李白《行路难》:"行路难,行路难,多歧路,今安在?"《史记·陈涉世家》:"陈涉太息曰:'燕雀安知鸿鹄之志哉!'"还可表示什么、什么地方，如《左传·僖公十四年》："皮之不存，毛将安傅？"

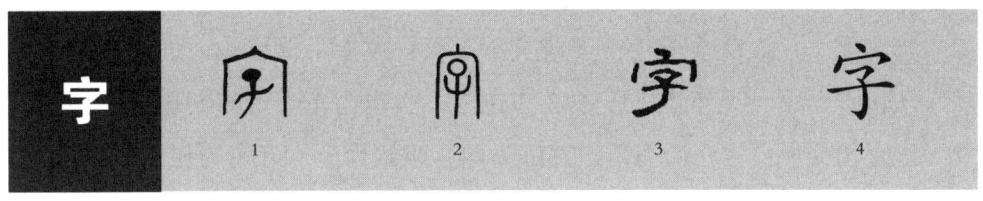

1形是金文写法，从宀从子，会在房屋之中生养孩子之意。2形是小篆写法，承袭金文。3形是隶书写法，笔画进一步简化。4形是楷书写法。

会意兼形声字。《说文解字》："字，乳也。从子在宀下，子亦声。"本义是生育（孩子），如《周易·屯卦》："女子贞不字，十年乃字。"后来引申表示养育，如柳宗元《种树郭橐驼传》："字而幼孩，遂而鸡豚。"引申为文字，如许慎《说文解字·叙》："仓颉之初作书，盖依类象形，故谓之文。其后形声相益，即谓之字。文者，物象之本；字者，言孳乳而浸多也。"又引申指书信，如杜甫《登岳阳楼》："亲朋无一字，老病有孤舟。"又指表字，如《史记·陈涉世家》："陈胜者，阳城人也，字涉。"《后汉书·杨震传》："杨震字伯起，弘农华阴人也。"

古人成人之后，另取一与本名含义相关的别名，称之为"字"，以表其德。凡人相敬而呼，必称其表德之字，不直呼其名。后因称字为"表字"。古时男子20岁时取字，女子许嫁时取字。如孔丘字仲尼，司马迁字子长，李白字太白。

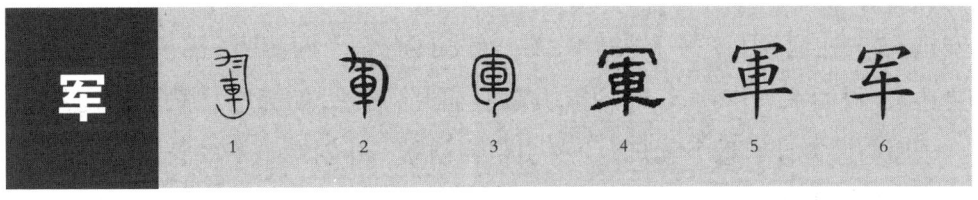

1、2形是金文写法，1形从车（兵车，代表武器）匀声；2形之"匀"

省去二短横,包围的线条变短。3形是小篆写法,改为从勹。4形是隶书写法。5形是楷书写法。6形是简化后的楷书写法。

形声字,后改为会意字。《说文解字》:"军,圜围也。四千人为军。从车从包省。军,兵车也。"本义为包围,引申为军事的编制单位,如《周礼·地官司徒》:"五人为伍,五伍为两,四两为卒,五卒为旅,五旅为师,五师为军。"《论语·子罕》:"三军可夺帅也,匹夫不可夺志也。"又引申指军队,如《史记·白起王翦列传》:"赵王既怒廉颇军多失亡,军数败,又反坚壁不敢战。"用作动词表示扎营、驻扎,如《史记·绛侯周勃世家》:"乃以宗正刘礼为将军,军霸上;祝兹侯徐厉为将军,军棘门;以河内守亚夫为将军,军细柳,以备胡。"又引申为军营,如《史记·绛侯周勃世家》:"既出军门,群臣皆惊。"又引申为阵地,如高适《燕歌行》:"战士军前半死生,美人帐下犹歌舞。"

1形是小篆写法,左从言,表商议、谋划;右从殳,表示手拿武器攻击。2形是隶变后的繁体楷书写法。3形是简化后的楷书写法。

会意字。《说文解字》:"设,施陈也。"本义为部署兵力,指挥战斗。如《史记·廉颇蔺相如列传》:"赵亦盛设兵以待秦,秦不敢动。"引申为布置、安排,如《礼记·月令》:"授车以级,整设于屏外。"陶渊明《桃花源记》:"便要还家,设酒杀鸡作食。"又引申为谋划、研究、构想,如韩愈《柳子厚墓志铭》:"子厚与设方计,悉令赎归。"又引申为创立、开创,如《韩非子·八经》:"设法度以齐民,信赏罚以尽民能。"

聿

1形是甲骨文写法，像以手持笔之形。2形是金文写法，承袭甲骨文。3形是小篆写法，加一横画作饰笔。4形是隶书写法。5形是楷书写法。

象形字。《说文解字》："聿，所以书也。楚谓之聿，吴谓之不律，燕谓之弗。"本义是书写工具笔。"聿"字后另加义符"竹"写作"筆"，如今简化作"笔"。

古代汉语中"聿"可与"曰"通，作为语气助词，用在句首或句中，无实际意义，如《诗经·小雅·角弓》："雨雪瀌瀌，见晛曰消。"《汉书·楚元王传》引《诗经》："雨雪麃麃，见晛聿消。"诗意为雨雪纷纷飘落，见到日气消融。

在古代汉语中，"聿女"指养女；"聿遵"指遵循；"聿追"中的"聿"本是助词，后人往往训"聿"为"述"，表示追述先人德业。

尽

1形是甲骨文写法，像手拿炊帚刷洗食器之形。2形是金文写法，与甲骨文大同，字形变为上下结构。3形是小篆写法，承袭金文，字形整齐化。4形是隶变后的楷书写法。5形是简化后的楷书写法。

会意字。《说文解字》："尽，器中空也。"本义为器中空无，泛指完尽，如《史记·越王勾践世家》"飞鸟尽，良弓藏；狡兔死，走狗烹。"李商隐《无题》："春蚕到死丝方尽，蜡炬成灰泪始干。"引申指全部拿出、竭力做到，如《楚辞·卜居》："竭知尽忠，而蔽障于谗；心烦虑乱，不知所从。"由完尽之意又引申指达到终点，以及生命走到终点，如《论语·八佾》："子谓《韶》：'尽美矣，又尽善也。'"成语"尽善尽美"即出自于此。又如陶渊明《归去来兮辞》："聊乘化以归尽，乐夫天命复奚疑。"大意是姑且顺应自然走完生命的路程，乐安天命，还有什么可疑虑的呢？

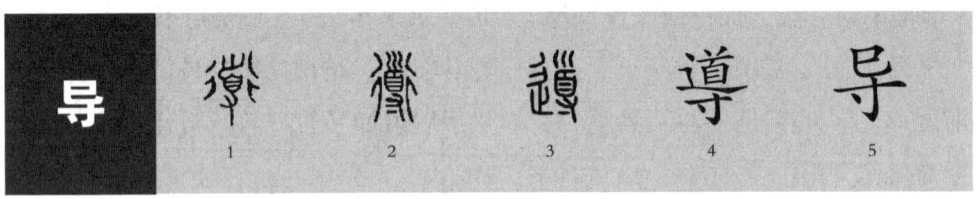

1形是金文写法，从行从首从又，会头首在前引领前行之意。2形是《说文解字》中的古文写法，"又"变为"寸"。3形是小篆写法，改从辵。4形是隶变后的楷书写法。5形是简化后的楷书写法。

会意字。《说文解字》："导，引也。"本义为引导，如马中锡《中山狼传》："虞人导前，鹰犬罗后。"引申为疏通、畅通，如《国语·周语上》："是故为川者决之使导。"又引申指启发、指教，如《墨子·非儒下》："其道不可以期世，其学不可以导众。"就是认为儒家之说不能启发民众，表明了墨家对儒家的批判。

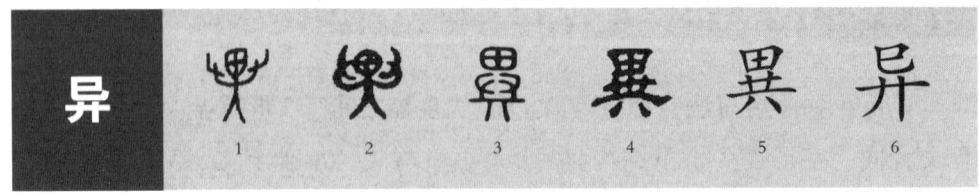

1形是甲骨文写法，像双手持面具往脸上戴。2形是金文写法，与甲骨文大同。3形是小篆写法，双手形下移。4形是隶书写法。5形是隶变后的楷书写法。6形是简化后的楷书写法。

会意字。《说文解字》："异,举也。"本义是戴上面具,此义后加声符"戋"写作"戴"。引申表示特别的、与众不同的,如柳宗元《捕蛇者说》:"永州之野产异蛇,黑质而白章。"范仲淹《岳阳楼记》:"览物之情,得无异乎?"进一步引申为奇怪,如陶渊明《桃花源记》:"忽逢桃花林,夹岸数百步,中无杂树,芳草鲜美,落英缤纷,渔人甚异之。"又引申为其他的、另外的,如王维《九月九日忆山东兄弟》:"独在异乡为异客,每逢佳节倍思亲。"

成语"异曲同工"出自韩愈《进学解》"子云相如,同工异曲",指不同的曲调表演得同样精彩,比喻不同的人的辞章或言论同样精彩,或者不同的做法收到同样好的效果。"异文鄙事"出自刘开《问说》"询天下之异文鄙事以快言论",指奇字僻典和庸俗浅陋之事。

1形是甲骨文写法,从子从糸,"糸"的特点是连续不断。整个字的意思是儿子的后代,由此产生"孙子"的含义。2形是金文写法,与甲骨文大同。3形是小篆写法。4形是隶书写法。5形是隶变后的楷书写法。6形是简化后的楷书写法。

会意字。《说文解字》:"子之子曰孙。"本义为儿子的儿子,如《列子·汤问》:"虽我之死,有子存焉;子又生孙,孙又生子;子又有子,子又有孙;子子孙孙,无穷匮也。"杜甫《后出塞》:"恶名幸脱免,穷老无儿孙。"后泛指孙辈,如曹雪芹《红楼梦》第三回:"况且这通身的气派,竟不像老祖宗的外孙女儿,竟是个嫡亲的孙女。"又可指再生或滋生的植物,如董元恺《风中柳·宿西溪精舍,和陈眉公韵》:"细笋丛生,删去短墙孙竹。""孙竹"指竹的枝根末端所生的竹。

孙子，名孙武，字长卿，春秋时期齐国乐安（今山东省广饶县）人，被后人尊称为"兵圣""百世兵家之师""东方兵学的鼻祖"。其著《孙子兵法》是我国最早的兵法，被誉为"兵学圣典"，为《武经七书》之首。

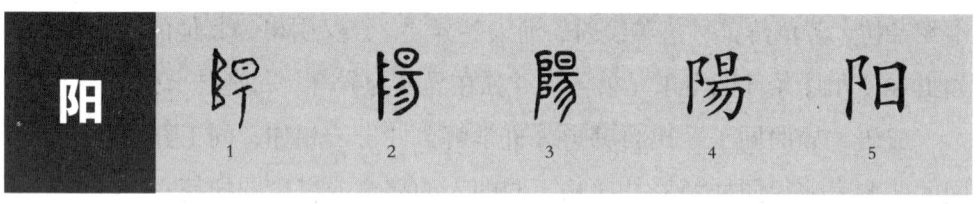

1形是甲骨文写法，从阜（土山）从日（太阳）从丁（像树枝形），指山南能够照射到阳光的地方。2形是金文写法，加三撇表示阳光，变为从阜从昜之字，"昜"也表声。3形是小篆写法，承袭金文。4形是隶变后的楷书写法。5形是简化后的楷书写法。

会意兼形声字。《说文解字》："陽，高明也。从𨸏，昜声。"本义是山的南面阳光能照射到的地方，后指山的南侧，水的北侧，如王安石《游褒禅山记》："距其院东五里，所谓华山洞者，以其乃华山之阳名之也。"《列子·汤问》："本在冀州之南，河阳之北。"又引申表示太阳，如辛弃疾《永遇乐·京口北固亭怀古》："斜阳草树，寻常巷陌，人道寄奴曾住。"进而引申为温暖的，如《长歌行》："阳春布德泽，万物生光辉。"还可通"佯"，表示伪装、假装，如《汉书·高帝纪》："春正月，阳尊怀王为义帝，实不用其命。"

成语"阳和启蛰"出自《礼记·月令》"东风解冻，蛰虫始振"。"启蛰"指冬眠的动物开始活动。该成语的意思是春天来了，动物开始活动，比喻恶劣的环境已经过去，美好的时光已经开始，如《宋史·乐志》："条风斯应，候历维新。阳和启蛰，品物皆春。"

如

1 形是甲骨文写法，从口，表示发布命令；从女，表示服从命令的女人。2 形是石鼓文写法。3 形是小篆写法。4 形是隶变后的楷书写法。

会意字。《说文解字》："如，从随也。"本义为顺从、依从，如柳宗元《三戒·临江之麋》："积久，犬皆如人意。"引申指去、往，如《史记·项羽本纪》："坐须臾，沛公起如厕，因招樊哙出。"又引申为似、像，如《诗经·卫风·淇奥》："有匪君子，如切如磋，如琢如磨。"白居易《忆江南》："日出江花红胜火，春来江水绿如蓝。"又引申为及、比得上，多用作否定句式，如《孟子·公孙丑下》："天时不如地利，地利不如人和。"《汉书·赵充国传》："百闻不如一见，兵难隃度，臣愿驰至金城，图上方略。"又用作连词，表示假设，如王昌龄《芙蓉楼送辛渐》："洛阳亲友如相问，一片冰心在玉壶。"

妇

1 形是甲骨文写法，像女子持帚打扫之形。2 形是金文写法，承袭甲骨文。3 形是小篆写法。4 形是隶变后的楷书写法。5 形是简化后的楷书写法。

会意字，"妇"是在"帚"上加女旁的分化字。《说文解字》："妇，服也。从女持帚，洒扫也。"本义为已婚的女子，如王昌龄《闺怨》："闺中少妇不知愁，春日凝妆上翠楼。"又可以引申为妻子，如《诗经·卫风·氓》："三岁为妇，靡室劳矣。"白居易《琵琶行》："门前冷落鞍马稀，老大嫁作商人妇。"后来又泛指女性，常指成年女性，如杜甫《兵车行》："纵有健妇把锄犁，禾生陇亩无东西。""妇"字还可以特指儿媳,如《左传·昭公二十六年》:"君令臣共,父慈子孝,兄爱弟敬,夫和妻柔,姑慈妇听,礼也。"

1形是甲骨文写法,从女从子。2形是金文写法。3形是小篆写法。4形是隶变后的楷书写法。

会意字。《说文解字》:"好,美也。"本义为女子貌美,读作"hǎo",如《史记·孔子世家》:"于是选齐国中女子好者八十人,皆衣文衣而舞《康乐》。"《陌上桑》:"秦氏有好女,自名为罗敷。"引申为美好,如杜甫《江南逢李龟年》:"正是江南好风景,落花时节又逢君。"又引申为适合、适宜,如杜甫《闻官军收河南河北》:"白日放歌须纵酒,青春作伴好还乡。"又引申为交好、友好,如《诗经·卫风·木瓜》:"投我以木瓜,报之以琼琚。匪报也,永以为好也!"《左传·僖公四年》:"先君之好是继,与不榖同好,何如?"《史记·廉颇蔺相如列传》:"秦王使使者告赵王,欲与王为好会于西河外渑池。"

"好"还可读作"hào",表示喜爱,如《论语·公冶长》:"敏而好学,不耻下问。"《论语·子罕》:"吾未见好德如好色者也。"柳宗元《三戒·黔之驴》:"黔无驴,有好事者船载以入。"

在现代汉语中,"好"字常常用作形容词,表示令人满意的特性或者赞许,如好吃、好听。"好"用在动词、形容词前,表示程度深,如"好大的工程"。

羽

1形是甲骨文写法,像羽毛状。2形是金文写法。3形是小篆写法。4形是隶变后的楷书写法。

象形字。本义是鸟的羽毛,如苏轼《念奴娇·赤壁怀古》:"羽扇纶巾,谈笑间,樯橹灰飞烟灭。"又指代鸟或昆虫的翅膀,如苏轼《前赤壁赋》:"飘飘乎如遗世独立,羽化而登仙。"《诗经·豳风·七月》:"五月斯螽动股,六月莎鸡振羽。"

"羽"是一个部首字,从羽的字大都跟羽毛、鸟类、飞翔有关,如"翅、翎、翱、翔、翰、翊、翩、翼、翠、翻"等。

在古代,羽毛作为一种装饰性物品,承载着很多文化意义。如"羽葆鼓吹"指仪仗乐队;"羽葆翠盖"指以翠羽连缀为饰的华丽车盖;"羽仪廊庙"指受到朝廷重视,其德行为满朝文武之楷模;"羽旆"指用羽毛装饰的旌旗;"羽佩"指以翠羽为饰的佩带。

古时,"羽""翼""翅"是有区别的。"羽"能当"翼"讲,但"羽毛"却不能叫"翼毛"。"翼"和"翅"是同义词,但有文、白之别,如"比翼双飞"不能作"比翅双飞"。

观

1形是甲骨文写法,以"萑"(一种鸟)为"观"。2形是金文写法,承袭甲骨文。3形是小篆写法,增加义符"见",演变为从见萑声的形声字。

4形是隶变后的楷书写法。5形是简化后的楷书写法，以"又"代替"雚"，变为记号字。

形声字。《说文解字》："观，谛视也。"本义指仔细地看，读作"guān"，如《论语·公冶长》："今吾于人也，听其言而观其行。"《战国策·楚策一》："子以我为不信，吾为子先行，子随我后，观百兽之见我而敢不走乎？"后来引申为考查、审查，如柳宗元《捕蛇者说》："故为之说，以俟夫观人风者得焉。"又引申为阅读，如宋濂《送东阳马生序》："以是人多以书假余，余因得遍观群书。"又用为名词，指看到、欣赏到的景象，如范仲淹《岳阳楼记》："此则岳阳楼之大观也，前人之述备矣。"

"观"是一个多音字，还读作"guàn"，指古代宗庙或宫廷门外两侧高楼上的望楼，引申泛指楼台等建筑物。还特指道教的庙宇，如"道观、白云观"等。

在现代汉语中，"视""见""观"都表示看的意思，常常混淆。"视"强调看的动作，而"见"强调看的结果，因此有成语"视而不见"。"观"则强调仔细地看。"见"与"视"短暂，"观"则有所停留；"见"与"视"轻略，"观"则审谛。

1形是小篆写法，从欠雚声。2形是隶变后的楷书写法。3形是简化后的楷书写法，声符"雚"变成记号"又"。

形声字。《说文解字》："欢，喜乐也。"本义是欢乐，如《史记·魏其武安侯列传》："丞相卒饮至夜，极欢而去。"白居易《琵琶行》："今年欢笑复明年，秋月春风等闲度。"杜甫《茅屋为秋风所破歌》："安得广厦千万间，大庇天下寒士俱欢颜。"引申为结交、交好，如《史记·廉颇蔺相如列传》："卒相与欢，为刎颈之交。"徐陵《为陈主答周主论和亲书》："二境交欢，俱飨多福。"又引申为古时相恋男女的互称，如《莫愁乐》："闻欢下扬州，相送楚山头。"刘禹锡《踏歌词》："唱尽新词欢不见，红霞映树鹧鸪鸣。"成语"另寻新欢"中的"欢"也是这个意思。

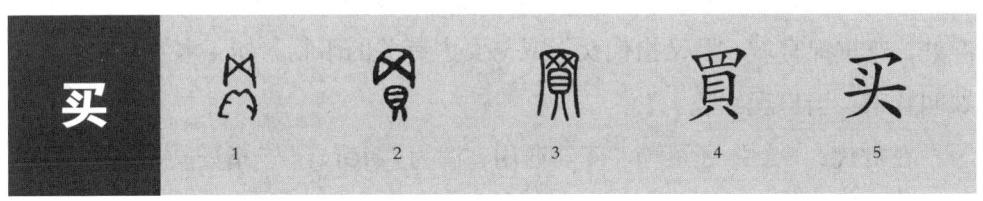

1、2形分别是甲骨文和金文写法，从网从贝。3形是小篆写法，承袭金文。4形是隶变后的楷书写法。5形是简化后的楷书写法。

会意字。《说文解字》："买，市也。"从字形看其本义为以网取贝，贝壳在上古时曾被用作流通货币，"买"就有了获利之意，专指用钱币换取商品的一种交易活动，如《韩非子·外储说左上》："郑人买其椟而还其珠。"又指租赁、雇佣，如彭端淑《为学一首示子侄》："吾数年来欲买舟而下，犹未能也。"

为了区分交易中的买入和卖出活动，以"買"专指买入，而在"買"上加"出"旁作"賣"，专指卖出，后简化成了现在的"买"和"卖"字。

1形是小篆写法，从糸工声。2形是隶变后的楷书写法。3形是简化后的楷书写法。

形声字。《说文解字》："红，帛赤白色。"本义为赤中带白的帛，即浅红色的帛，引申指浅红色、桃红色，如《论语·乡党》："君子不以绀緅饰，红紫不以为亵服。当暑，袗绤绤，必表而出之。"后泛指红色，如杜牧《山行》："停车坐爱枫林晚，霜叶红于二月花。"杨万里《晓出净慈寺送林子方》："接天莲叶无穷碧，映日荷花别样红。"蒋捷《一剪梅·舟过吴江》："流光容易把人抛，红了樱桃，绿了芭蕉。"杜甫《春夜喜雨》："晓看红湿处，花重锦官城。"又指代女人或与女人有关的事物，如《木兰诗》："阿姊闻妹来，当户理红妆。"

在古代，"红"还可与"工"通用，读为"gōng"，指妇女从事的纺织、缝纫、刺绣等工作。

在中国文化中，"红"多指喜庆的事情，代表着吉祥、喜庆、激情、革命等。在中国古代，许多宫殿和庙宇的墙壁都是红色的，官吏的官邸和服饰多以大红为主，即所谓"朱门""朱衣"。而如今，逢年过节、婚嫁喜事，从服装用具到装饰配备，无不用大红的颜色来体现喜事的风采，这表达了人们对美好日子的祝贺，人们内心的喜悦也从红红的喜气当中散发出来。

七　画

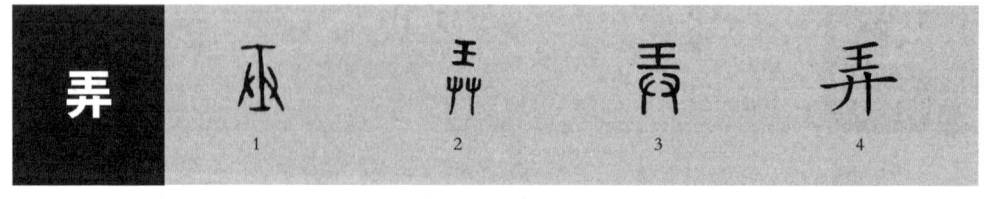

1形是甲骨文写法，由"玉"形和双手构成，像用手把玩玉器。2形是

金文写法。3形是小篆写法。4形是隶变后的楷书写法。

会意字。《说文解字》："弄，玩也。"本义是把玩，如《诗经·小雅·斯干》："乃生男子，载寝之床，载衣之裳，载弄之璋。"引申为游戏、玩耍，如李白《长干行》："郎骑竹马来，绕床弄青梅。"引申为欣赏、赏玩，如苏轼《水调歌头》："起舞弄清影，何似在人间？"引申为作弄、戏弄，如《战国策·赵策四》："赵豹、平原君，数欺弄寡人。"引申为演奏乐器，如《史记·司马相如列传》："及饮卓氏，弄琴。"又作量词，用来计算乐曲，如李清照《孤雁儿·藤床纸帐朝眠起》："笛声三弄，梅心惊破，多少春情意。"

"弄璋"是汉族民间对生男的古称，始见于周代诗歌中，古人把璋给男孩玩，希望他将来有玉一样的品德。"弄瓦"是对生女的古称，古人把瓦给女孩玩，希望她将来能胜任女工。该典故出自《诗经·小雅·斯干》："乃生男子，载寝之床，载衣之裳，载弄之璋。……乃生女子，载寝之地，载衣之裼，载弄之瓦。"

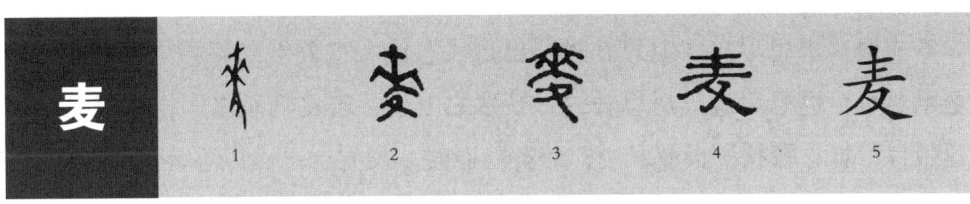

1形是甲骨文写法，从夊（朝下的脚）来声。2形是金文写法，与3形小篆写法均承袭甲骨文，变化不大。4形是隶书写法，将"來"形简化。5形是楷书写法。

从字形上看，"麦"是从夊来声的形声字，本义应为到来。"来"的本义是小麦，后来假借为行来之"来"。在文献中，"麦"和"来"的本义弄反了，麦一直作为一种粮食作物的名称来讲。《说文解字》："麦，芒谷。"《诗经·魏风·硕鼠》："硕鼠硕鼠，无食我麦！"欧阳修《端午帖子词·夫人阁五首》：

"梅黄初过雨,麦实已登秋。"蒲松龄《聊斋志异·狼三则》:"顾野有麦场,场主积薪其中,苫蔽成丘。"

"麦"是一个部首字,从麦的字大都跟小麦、食物有关,如"麸、麯、麵"等。

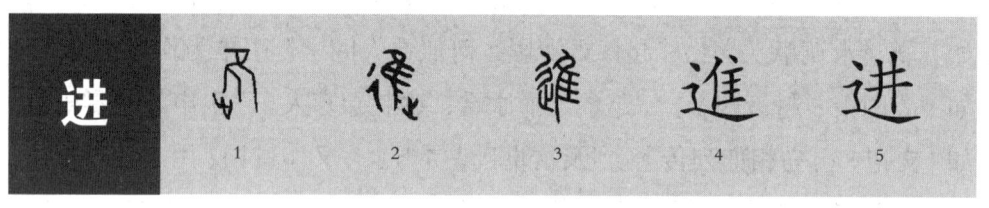

1形是甲骨文写法,从止从隹(短尾鸟的总称)。2形是金文写法,从辵从隹。3形是小篆写法。4形是繁体楷书写法。5形是简化后的楷书写法。

会意字。本义是前进。《诗经·大雅·常武》:"进厥虎臣,阚如虓虎。"引申表示进献,如蒲松龄《聊斋志异·促织》:"翼日进宰,宰见其小。怒呵成。"又引申为进一步、超过,如《孟子·梁惠王上》:"吾惛,不能进于是矣,愿夫子辅吾志,明以教我,我虽不敏,请尝试之。"《庄子·养生主》:"臣之所好者,道也,进乎技矣。"

成语"进思尽忠,退思补过"出自《左传·宣公十二年》"(荀)林父之事君也,进思尽忠,退思补过,社稷之卫也,若之何杀之",意思是在朝廷做官,忠心耿耿,报效君主;辞官隐退时,反省自己,以弥补过失。

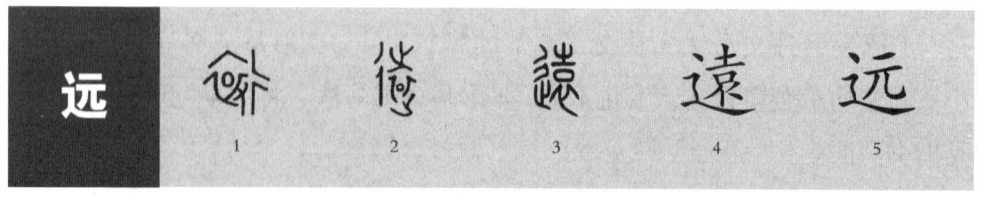

1形是甲骨文写法,从辵袁声。2形是金文写法,添加义符"止"。3形是小篆写法,承袭金文。4形是楷书写法,"辵"简化成"辶"。5形是简化后的楷书写法。

形声字。《说文解字》："遠，辽也。"本义是空间距离广大，引申表示远离，如诸葛亮《前出师表》："亲贤臣，远小人，此先汉所以兴隆也。"进而引申为差距大，如《战国策·齐策一》："窥镜而自视，又弗如远甚。"又引申为远播，如周敦颐《爱莲说》："中通外直，不蔓不枝，香远益清，亭亭净植。"

1形是甲骨文写法，像一个人甩开两臂跑步形。2形是金文写法，在甲骨文的基础上添加"止"形，字义更加饱满。3形是小篆写法。4形是隶变后的楷书写法。

象形字。本义为跑，如《木兰诗》"双兔傍地走"就是雌雄两只兔子同时跑之意。由跑引申为逃跑，如《孟子·梁惠王上》："弃甲曳兵而走。"又如杜甫《石壕吏》："老翁逾墙走，老妇出门看。""走"的古今意义有差别，其古义是跑，其今义是行走。今天的"走"相当于古代的"步"和"行"，"跑"的意义保留在"走马观花"等成语里。

"走"是一个部首字，在汉语中凡从走的字大都与跑、走路有关，如"赶、赴、赵、趁、越"等。

1形是甲骨文写法，从大从火，"大"即正面立着的人形。2形是金文写

法，与甲骨文的形体结构一致。3形是小篆写法，仍作上"大"下"火"结构。4形是隶变后的楷书写法，"大"变成了"土"，"火"变成与"亦"字下部同形。

会意字。《说文解字》："赤，南方色也。"本义为火红色。据古代五行之说，南方属火，所以以赤为南方之色。引申泛指红色，如《山海经·北山经》："有鸟焉，其状如乌，文首，白喙，赤足，名曰精卫，其鸣自詨。"傅玄《太子少傅箴》："故近朱者赤，近墨者黑。"引申为赤心、忠诚，如陈琳《为袁绍与公孙瓒书》："此非孤赤情之明验邪？"辛弃疾《萎蒿宜作河豚羹》："萎蒿或济之，赤心置人腹。"又因为刚出生的婴儿皮肤呈现红色，故而叫"赤子"，如郑刚中《纪关陇》："涂炭置赤子，不痛非父母。"引申为光着、裸露，如辛弃疾《生查子·独游西岩》："赤脚踏沧浪，为爱清溪故。"引申表示一无所有，如晁补之《听阎子常平戎操》："去年河决疮未补，今年赤地无禾黍。"

在古代，表示红颜色的字有很多，按照颜色由浅到深依次为：红、绯、丹、赤、朱、绛（深红）、殷（黑红）。

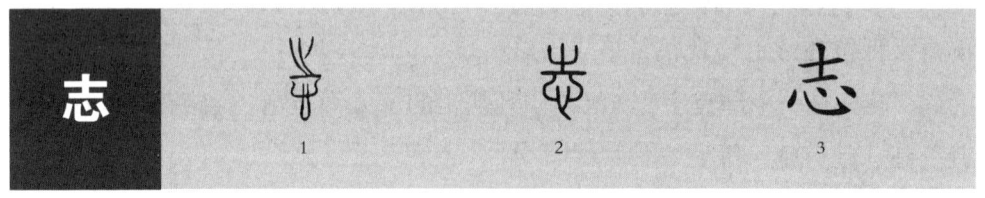

1形是金文写法，从之从心，"之"除了表向往之意，同时也表读音。2形是小篆写法。3形是隶变后的楷书写法，上面讹变为"士"。

形声兼会意字。《说文解字》："志，意也。"本义为心意、意念，如《孟子·告子上》："今夫弈之为数，小数也；不专心致志，则不得也。"引申指志向，如《史记·陈涉世家》："燕雀安知鸿鹄之志哉！"《后汉书·耿弇传》："有志者，事竟成也！"又由意念引申为神志，如宋玉《神女赋》："罔兮不乐，怅然失志。"

"志"又同"誌"，表示记住，如《史记·屈原贾生列传》："博闻强志，明于治乱，娴于辞令。"引申为做标记，如陶渊明《桃花源记》："既出，得其船，便扶向路，处处志之。"又引申为记载，如《庄子·逍遥游》："齐谐者，志怪者也。"

"志"又是古代记事的一种书或文章，如归有光《项脊轩志》："余既为此志，后五年，吾妻来归，时至轩中，从余问古事，或凭几学书。"郑文康《和钝庵吊乐庵龙洲莲峰半山四古墓》："泗园文脉接莲峰，姓氏曾收县志中。"

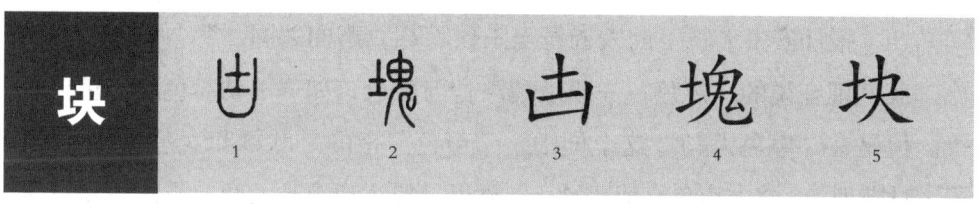

1形是小篆写法，从土从凵，像筐之类的器物中盛着土块形。2形是小篆异体字，从土鬼声。3、4形都是隶变后的楷书写法。5形是简化后的楷书写法。

"凷"为会意字，"塊"为形声字。本义为土块，如《汉书·王褒传》："过都越国，蹶如历块。"刘禹锡《有獭吟》："渔翁以为妖，举块投其咽。"引申泛指成块、成团的东西，如郑燮《竹枝词》："几家活计卖青山，石块堆来锦绣斑。"由成块的东西又引申为量词，如金武祥《清江邹孝子刲股行》："此身本是父母生，何惜区区一块肉。"

声	𧯪	聲	聲	声
	1	2	3	4

1形是甲骨文写法，从耳从口从殳，像口说话或用槌子击打磬，声音传到耳朵里。2形是小篆写法，省去"口"形。3形是隶变后的楷书写法。4形是简化后的楷书写法。

会意字。《说文解字》："声，音也。"本义是声音，如《孟子·梁惠王下》："今王鼓乐于此，百姓闻王钟鼓之声、管籥之音。"引申为音乐，如《论语·卫灵公》："放郑声，远佞人。郑声淫，佞人殆。"又引申为声誉、名声，如《淮南子·修务训》："段干木不趋势利，怀君子之道，隐处穷巷，声施千里。"司马迁《报任安书》："此人皆身至王侯将相，声闻邻国。"

我们现在说的"声色"一般是指声音与脸色，如"不动声色、声色俱厉"等。但是在"声色犬马"这个词中，"声色"指的是歌舞和女色，如《淮南子·时则训》："去声色，禁嗜欲。"意思是要远离歌舞女色，不能贪图享乐。其出自苏辙《龙川别志》上卷"不然，血气方刚，若不留意声色犬马，则土木、甲兵、祷祠之事作矣"，形容剥削阶级荒淫无耻的生活方式。亦作"声色狗马"。

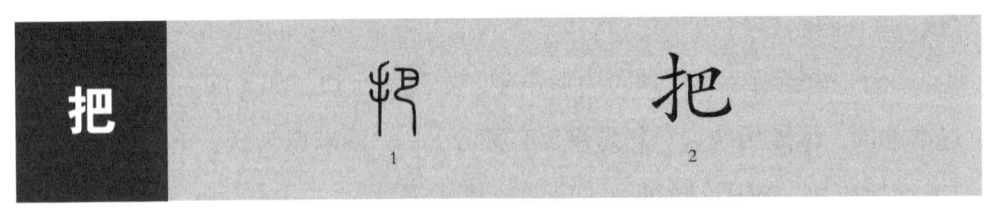

1形是小篆写法，从手巴声。2形是隶变后的楷书写法。

形声字。读作"bǎ"。《说文解字》："把，握也。"本义为握持，如范仲淹《岳阳楼记》："宠辱偕忘，把酒临风，其喜洋洋者矣。"引申指控制、看护，如马之纯《祀马将军竹枝辞》："若得将军把关要，鸦军不用过山前。"

虚化为介词，引出动作的受事或对象，如苏轼《饮湖上初晴后雨》："欲把西湖比西子，淡妆浓抹总相宜。"又用作量词，指一握，如《孟子·告子上》："拱把之桐梓，人苟欲生之，皆知所以养之者。"

"把"又读作"bà"，指物体上便于用手拿的部分，如《淮南子·缪称训》："交拱之木，无把之枝。"

报

| 1 | 2 | 3 | 4 | 5 |

1形是甲骨文写法，从𡴊（手铐形）从𠬝（用手从后面将人制服）。2形是金文写法，进一步演化。3形是小篆写法，承袭金文。4形是隶变后的楷书写法。5形是简化后的楷书写法。

会意字。《说文解字》："報，当罪人也。从𡴊从𠬝。𠬝，服罪也。"本义是制服、判决罪人，如《韩非子·五蠹》："以为直于君而曲于父，报而罪之。"引申表示报恩或报仇，如李密《陈情表》："是臣尽节于陛下之日长，报养刘之日短也。"《战国策·燕策三》："然则将军之仇报，而燕国见陵之耻除矣。"又引申指答复、回复，如《史记·廉颇蔺相如列传》："计未定，求人可使报秦者，未得。"又作名词，表示消息，如周密《齐东野语·巴陵本末》："初，朝廷得报，谓出山东谋，史揆惧甚。"

"报怨"与"抱怨"有区别。"报怨"指报复仇怨，"怨"指不满或仇恨，如贾谊《史记·陈涉世家》："胡人不敢南下而牧马，士亦不敢贯弓而报怨。"而"抱怨"指心中不满，数说别人不对。

成语"寸草春晖"出自孟郊《游子吟》"谁言寸草心，报得三春晖"，该词的意思是小草微薄的心意报答不了春光的恩惠。后以"寸草春晖"比喻父母的恩情子女难以报答。如何景明《过先人墓示彭天章》："此身如寸草，何以答春晖？"

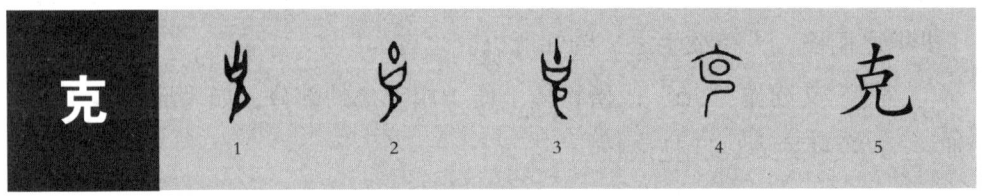

1、2形是甲骨文写法，像人穿戴甲胄之形。3形是金文写法，承袭甲骨文。4形是小篆写法。5形是隶变后的楷书写法。

象形字。《说文解字》："克，肩也。象屋下刻木之形。"本义是战胜、制服，如《左传·隐公元年》："郑伯克段于鄢。"《左传·僖公三十三年》："攻之不克，围之不继，吾其还也。"进一步引申出完成、成功等意思，如马中锡《中山狼传》："前虞跋胡，后恐疐尾，三纳之而未克。"又引申为能够、承担，如《周易·蒙卦》："九二，包蒙，吉。纳妇，吉。子克家。"

成语"靡不有初，鲜克有终"出自《诗经·大雅·荡》"荡荡上帝，下民之辟。疾威上帝，其命多辟。天生烝民，其命匪谌。靡不有初，鲜克有终"。靡，无；初，开始；鲜，少；克，能。该成语的大意是事情都有开头，但很少有人能到终了，告诫人们做事要善始善终。

1形是甲骨文写法，上部分"丙"表声；下部分"攵"表意，即手拿着鞭子。2形是金文写法，上部分的"丙"变成了两个。3形是小篆写法。4形是楷书写法，变成记号字。

本为形声字，从攴丙声。《说文解字》："更，改也。"是更换、改变的意思，如《商君书·更法》："贤者更礼。"可以引申为轮换、调换义，如苏轼《前赤壁赋》："客喜而笑，洗盏更酌。"睡虎地秦墓竹简《封诊式》"即以甲封付某等，与里人更守之"中的"更守"就是轮换看守之意。"更"读作"gèng"时，表另外、再，如王之涣《登鹳雀楼》："欲穷千里目，更上一层楼。"

"更"是旧时夜间计时单位，古人把一夜分为五个时辰，夜里的每个时辰被称为"更"。一夜即为五更，每更为现今的两个小时。一更是19点至21点，依次类推。一更在戌时，二更在亥时，三更在子时，四更在丑时，五更在寅时，俗语有"一更人，二更锣，三更鬼，四更贼，五更鸡"。

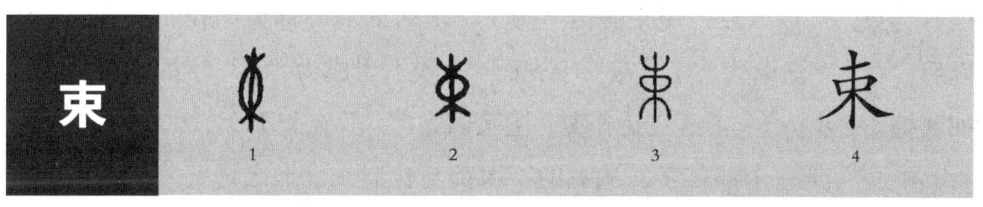

1形是甲骨文写法，像束扎的橐囊之形。2形是金文写法，承袭甲骨文，淡化了橐囊形象，突出了系扎橐囊的绳结。3形是小篆写法，承袭金文。4形是隶变后的楷书写法。

象形字。《说文解字》："束，缚也。从囗、木。"本义为捆、绑，如《论语·述而》："自行束脩以上，吾未尝无诲焉。"引申为收拾行囊，《左传·僖公三十三年》："郑穆公使视客馆，则束载、厉兵、秣马矣。"陆游《晓发金牛》："客枕何时稳，匆匆又束装。"又引申为控制、制约，如《荀子·劝学》："强自取柱，柔自取束。"李白《留别广陵诸公》："空名束壮士，薄俗弃高贤。"

"束"如今既可以单用，也可以作偏旁，其在《说文解字》中被列为部首，现今归入"木"部。凡从束取义的字皆与捆绑、束缚等意有关，如"柬、敕"等。

1形是甲骨文写法，像一个高足的盛食器具。2形是金文写法，承袭甲骨文，器形上增一短横修饰。3形是小篆写法，与金文形大同。4形是隶变后的楷书写法。

象形字。《说文解字》："豆，古食肉器也。"本义指盛食物的器皿，如《孟子·告子上》："一箪食，一豆羹，得之则生，弗得则死。"引申用作古代容量单位，《左传·昭公三年》："齐旧四量：豆、区（ōu）、釜、钟。四升为豆。"后"豆"用来假借"菽"，上古的豆类称为"菽"，而在汉代以后"豆"字渐渐代替了"菽"字，而"豆类"也成为"豆"字的主要含义，如曹植《七步诗》："煮豆持作羹，漉菽以为汁。萁在釜下燃，豆在釜中泣。"

"豆"是一个部首字，从豆的字大都与食器或豆形之物有关，如"登、丰（豐）、豊、豉"等。

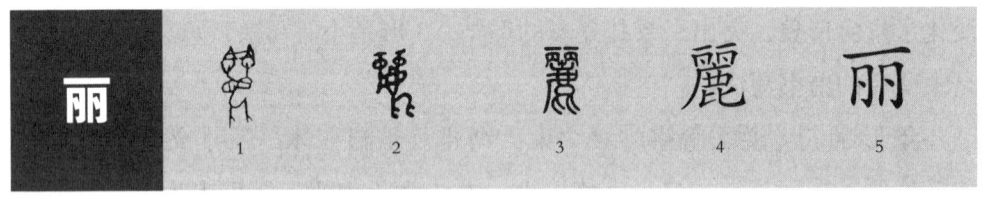

1形是甲骨文写法，像小鹿头上长有一对华丽的鹿角。2形是金文写法，承袭甲骨文。3形是小篆写法，略有改变。4形是隶变后的楷书写法。5形是简化后的楷书写法。

象形字。指鹿头上成对的漂亮鹿角，本义为成对，如《小尔雅·广言》："丽，两也。"《周礼·夏官司马》："驽马三良马之数，丽马一圉，六丽一师，六师一趣马，六趣马一驭夫。"古人又称对偶的词句为"丽辞"，称期之上限与下限为"丽限",后来此义用"俪"表示,"丽"则主要指美好、漂亮等义,如《战国策·齐策一》:"邹忌修八尺有余,而形貌昳丽。"又如白居易《长恨歌》:"天生丽质难自弃,一朝选在君王侧。"又引申为附着,如《周易·离卦》:"日月丽乎天,百谷草木丽乎土,重明以丽乎正,乃化成天下。"

1形是甲骨文写法,像猪形,突出其圆鼓鼓的肚子。2形是金文写法,图绘性减弱,线条感增强。3形是小篆写法,和金文相似。4形是隶变后的楷书写法。

象形字。《说文解字》:"豕,彘也,竭其尾,故谓之豕。"本义是猪,如《左传·庄公八年》:"齐侯游于姑棼,遂田于贝丘,见大豕。"在古代,"豕"和"彘"指大猪,"猪"和"豚"指小猪。

"豕"是一个部首字,从豕的字大多和猪有关,如"豯、豪、豵、豭、豜"等。

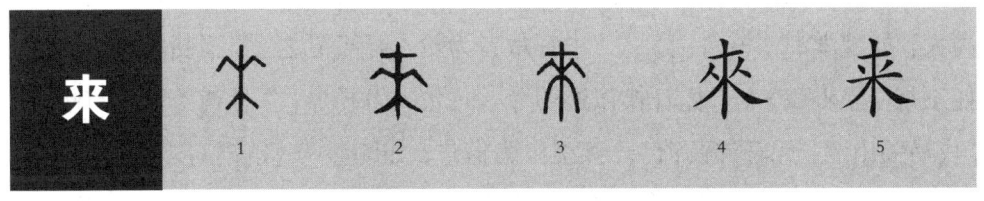

1形是甲骨文写法,像长有麦穗的麦子形。2形是金文写法,在甲骨文写法上添加装饰性笔画"一"。3形是小篆写法,承袭金文。4形是隶变后的楷书写法。5形是简化后的楷书写法。

象形字。《说文解字》："来，周所受瑞麦来麰，一来二缝，象芒束之形，天所来也，故为行来之来。"本义是小麦，如《诗经·周颂·思文》："贻我来麰，帝命率育。"《广雅·释草》："大麦，麰也；小麦，来也。"古时，大麦被称为"麰"，小麦被称为"来"。后"来"字的本义逐渐不使用，"来"被假借为表示来往的"来"，如《诗经·郑风·子衿》："青青子佩，悠悠我思。纵我不往，子宁不来？"《诗经·小雅·采薇》："昔我往矣，杨柳依依。今我来思，雨雪霏霏。"

"来"字在《说文解字》中作为部首字出现，从来的字仅有"麳"一个，在现代汉语中，"来"字已不再作为部首使用。

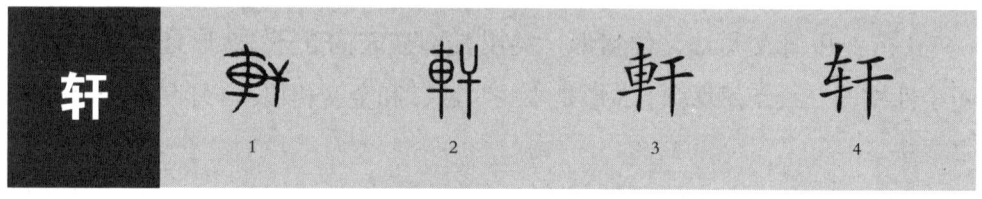

1形是战国时楚文字的写法，从車干声。2形是小篆写法。3形是隶变后的楷书写法。4形是简化后的楷书写法。

形声字。《说文解字》："轩，曲輈藩车。从车，干声。"本义为前顶较高，带有帷幕的车子，如《左传·僖公二十八年》："数之，以其不用僖负羁而乘轩者三百人也。"江淹《别赋》："至若龙马银鞍，朱轩绣轴。"引申指高大，如魏学洢《核舟记》："中轩敞者为舱，箬篷覆之。"又指栏杆、栅栏，如王粲《登楼赋》："凭轩槛以遥望兮，向北风而开襟。"杜甫《登岳阳楼》："戎马关山北，凭轩涕泗流。"又引申为窗户，如陶渊明《饮酒（其四）》："啸傲东轩下，聊复得此生。"孟浩然《过故人庄》："开轩面场圃，把酒话桑麻。"苏轼《江城子》："夜来幽梦忽还乡，小轩窗，正梳妆。"又指小屋，多用于居室名，如归有光《项脊轩志》："余自束发，读书轩中。"

"轩辕"是传说中的古代帝王黄帝的名字。传说他姓公孙，居于轩辕之丘，故名曰"轩辕"。曾战胜炎帝于阪泉，战胜蚩尤于涿鹿，诸侯尊之为天子。后人以之为中华民族的始祖，如《楚辞·远游》："轩辕不可攀援兮，吾将从王乔而娱戏！"王世贞《登岱》诗："轩辕皇帝有高台，鞭石千秋辇道开。"

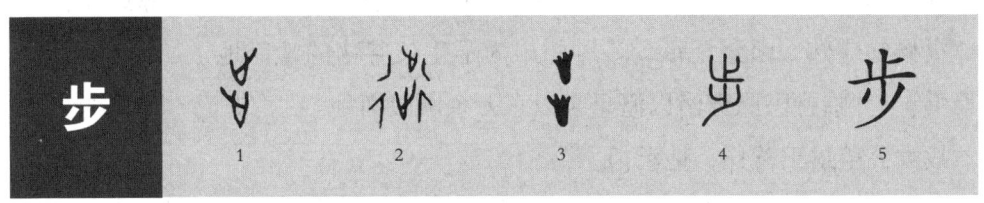

1、2形是甲骨文写法。1形像一前一后两只脚行走的样子；2形又加上"行"，表示行走于路上。3形是金文写法，承袭甲骨文，更加象形。4形是小篆写法，正反两个"止"，写法有变化。5形是楷书写法，上部从止，下部从反止，成为现在通行的"步"字。

会意字。《说文解字》："步，行也。"本义为行走，如《战国策·齐策四》："晚食以当肉，安步以当车。"成语"安步当车"即出自此，原意是赞扬安贫乐道的精神，而现在多用字面意义，形容在自愿或不得已的情况下，以步行代替坐车。成语"邯郸学步"中的"步"用的也是本义。在古代，左右脚各迈一次为"步"，单脚迈一次为"跬"或"顷"，如《荀子·劝学》："故不积跬步，无以至千里。"

"步"除了可以单用，也可作偏旁，从步的字有"涉、陟"等，"步"现今归入"止"部。

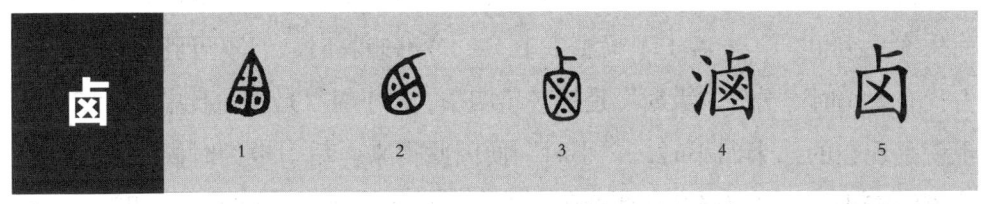

1形是甲骨文写法，从西，内部的四个点表示盐粒。2形是金文写法，

承袭甲骨文。3形是小篆写法，上部加以横画饰笔。4形是隶变后的楷书写法。5形是简化后的楷书写法。

象形字。《说文解字》："卤，西方咸地也。"本义指盐卤，如元稹《相和歌辞·估客乐》："小儿贩盐卤，不入州县征。"爱新觉罗·弘历《咏煎盐者》："火候知应熟，卤浆配欲匀。"引申为不生长谷物的盐碱地，如《史记·河渠书》："临晋民愿穿洛以溉重泉以东万余顷故卤地。"《史记·货殖列传》："故太公望封于营丘，地潟卤。"

在古书中，"卤"还可与"鲁"通假，常用作"卤莽"，如杜甫《空囊》："世人共卤莽。"这里的"卤"便是笨、愚钝之意。扬雄《长杨赋》："夷坑谷，拔卤莽。"其中的"卤莽"是指荒地野草。因此，"卤莽"还有荒废义。

1形是甲骨文写法，从日之声。2形是战国三晋文字写法。3形是《说文解字》中的古文写法，承袭甲骨文、金文，字形变化不大。4形是小篆写法，添加了"寸"形，变成了日形寺声的形声字。5形是隶变后的楷书写法。6形是简化后的楷书写法。

形声字。《说文解字》："时，四时也。"四时即四季，因此"时"字的本义是季节。如欧阳修《醉翁亭记》："朝而往，暮而归，四时之景不同，而乐亦无穷也。"《孟子·梁惠王上》："不违农时，谷不可胜食也。"在古代有大小时之分，"大时"是指一年四季，"小时"是指一日中的十二辰，也就是现在的二十四小时，"小时"便因此得来。后引申为时候，如李商隐《夜雨寄北》："何当共剪西窗烛，却话巴山夜雨时。"杜甫《春望》："感时花溅泪，恨别鸟惊心。"又引申为时节，如杜甫《江南逢李龟年》："正是江南好风景,落花时节又逢君。"又引申为时常,如王安石《桂枝香·金陵怀古》:"至今商女,时时犹唱,《后庭》遗曲。"又引申为时机,如《论语·阳货》:"好从事而亟失时。"李白《行路难》:"长风破浪会有时,直挂云帆济沧海。"用作副词,则表示按时,如《论语·学而》:"子曰:'学而时习之,不亦说乎?'"《庄子·秋水》:"秋水时至,百川灌河。"

成语"时不我待"表示时间不等人,指要抓紧时间。"时乖运蹇"指时运不好,也说"时乖命蹇"。"时过境迁"指随着时间的推移,境况发生变化。

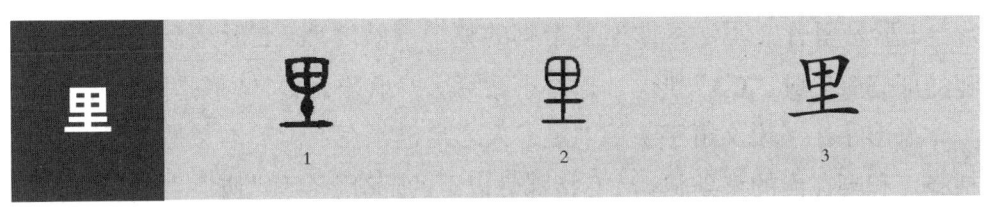

1形是金文写法,从田从土。有田有土,人们才能生活,这样的地方就能成为居民聚居的地方,称之为"里"。2形是小篆写法,承袭金文。3形是隶变后的楷书写法。

会意字。《说文解字》:"里,居也。"本义是古时居民聚居的地方,先秦时期把二十五家称为"一里",即一个居民组织的单位,如《诗经·郑风·将仲子》:"将仲子兮,无逾我里。"杜甫《兵车行》:"去时里正与裹头,归来头白还戍边。"引申为邻里、故乡,如江淹《别赋》:"割慈忍爱,离邦去里,沥泣共诀,抆血相视。"又指小巷、胡同,如李白《长干行》:"同居长干里,两小无嫌猜。"又可以作为一种长度单位,即一百五十丈为一里,如《庄子·逍遥游》:"鹏之徙于南冥也,水击三千里,抟扶摇而上者九万里,去以六月息者也。"

"裏"和"裡"二字简化后也写成"里",表示衣服里子,如《诗经·邶风·绿衣》:"绿兮衣兮,绿衣黄里。"引申指里面、内部,如白居易《钱塘湖春行》:"最爱湖东行不足,绿杨阴里白沙堤。"张养浩《山坡羊·潼关怀古》:"峰峦如聚,波涛如怒,山河表里潼关路。"

"里"常常作声旁来表音,通常,由"里"得声的字与其读音相近,如"理、哩、狸、厘、锂"等。

1形是甲骨文写法,像连腿带脚的整个下肢之形。2形是金文写法,像腿的部分简化成"○"形。3形是小篆写法,承袭金文。4形是楷书写法。

象形字。《说文解字》:"足,人之足也,在下。"本义是臀部以下包括膝盖和脚在内的整条腿。后专指踝骨以下的部分,今称"脚",如《荀子·劝学》:"假舆马者,非利足也,而致千里。"进而引申为动物的蹄、爪和植物的根茎,如魏学洢《核舟记》:"细若蚊足,钩画了了,其色墨。"

后来借作副词,表示满足、足够、充足、值得等意思,如王羲之《兰亭集序》:"快然自足,曾不知老之将至。"《史记·项羽本纪》:"料大王士卒足以当项王乎?"《战国策·齐策四》:"是其为人,哀鳏寡,恤孤独,振困穷,补不足。"陶渊明《桃花源记》:"不足为外人道也。"

"足"是一个部首字,从足的字大都跟脚有关,如"路、跳、跑、践、踵、蹈、跪、距"等。

成语"雁足留书"出自《汉书·苏武传》"教使者谓单于,言天子射上林中,得雁,足有系帛书,言武等在某泽中"。意思是用大雁的脚传书,如权德舆《寄李衡州》:"主人千骑东方远,唯望衡阳雁足书。"

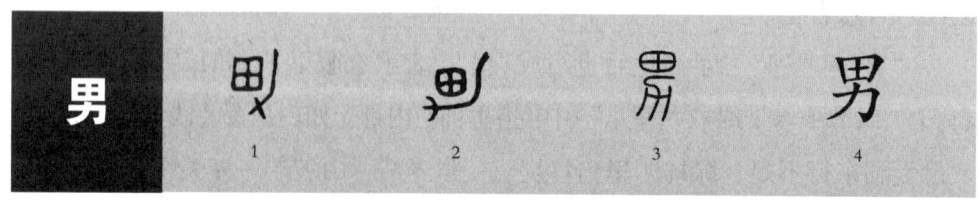

1 形是甲骨文写法，"田"表示田地，右边是"力"，一种耕田的工具。2 形是金文写法，表示工具的形体变长，和手形有点相似。3 形是小篆写法，变成上下结构。4 形是隶变后的楷书写法。

会意字。《说文解字》："男，丈夫也。"古代劳动人民在地里耕作，且一般这样的体力活动都是男人进行的，因此"男"的本义就是指男子，如陈琳《饮马长城窟行》："男儿宁当格斗死，何能怫郁筑长城。"陶渊明《桃花源记》："其中往来种作，男女衣着，悉如外人。""男"还可以用来指儿子，如《列子·汤问》："邻人京城氏之孀妻，有遗男，始龀，跳往助之。"杜甫《兵车行》："信知生男恶，反是生女好。生女犹得嫁比邻，生男埋没随百草。"白居易《长恨歌》："遂令天下父母心，不重生男重生女。"古代还用"男"来指一种爵位名，即"公、侯、伯、子、男"五等爵的第五等。

"男尊女卑"是指男性尊贵，女性卑贱，这是以男性为中心的封建伦理观念。封建时代多以体力劳动为主，而女性体力一般来说略逊于男性，因此维持家庭运营的责任便落到了男性身上，执掌经济大权的男性的地位自然提高了，这也是形成男尊女卑观念的原因。

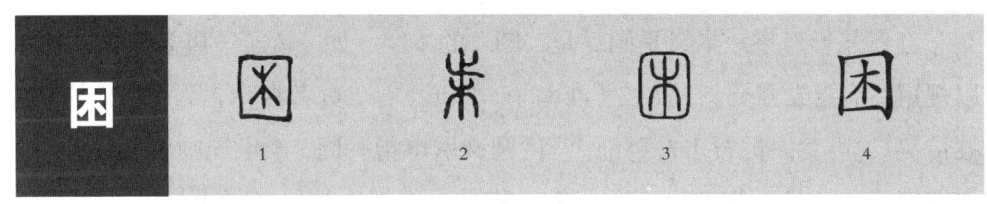

1 形是甲骨文写法，从口从木，外缘表示门的四框，"木"表示立于门中的木质门槛，其作用是限制出入，所以 2 形《说文解字》中的古文字形写作从止从木。3 形是小篆写法，承袭甲骨文，笔画整齐化。4 形是隶变后的楷书写法。

会意字。本义应为限制出入的门槛，即"阃"字的初文，如《晏子春秋·内篇杂上》："和氏之璧，井里之困也，良工修之，则为存国之宝，故君子慎所修。"《说文解字》所载的"困，故庐也"当为引申义。因本义具有限制作用，因此引申为围困，如诸葛亮《后出师表》："其用兵也，仿佛孙、吴，然困于南阳。"由围困又引申为窘境、困境，如刘基《卖柑者言》："盗起而不知御，民困而不知救。"又引申为穷困、贫困，如《左传·僖公三十年》："行李之往来，共其乏困。"这里的"乏"指疲惫，"困"指穷乏。"困"又引申指疲乏，如白居易《卖炭翁》："牛困人饥日已高，市南门外泥中歇。"这个义项另加义符"目"写作"睏"，如今简化仍写作"困"。

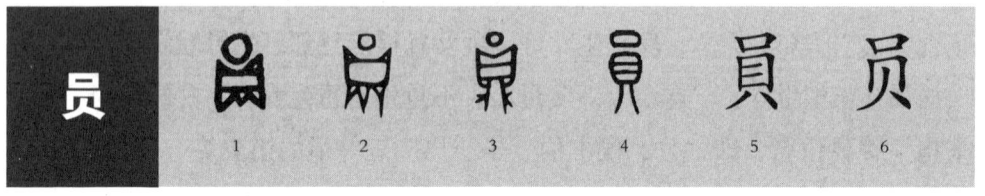

1、2形是甲骨文写法。1形从鼎从○，"○"亦作声符；2形中由于"○"契刻不便，因此被刻为方形"囗"。3形是金文写法。4形是小篆写法，"鼎"讹变为"贝"，形成繁体的"員"字。5形是楷书写法。6形是简化后的楷书写法。

会意兼形声字。本义是圆，是"圆"的本字，如《孟子·离娄上》："不以规矩，不能成方员。"又如《淮南子·原道》："员者常转。"《后汉书·赵岐传》："可立一员石于吾墓前。"由圆义引申指一周，产生周围的含义，《说文解字》："员，物数也。"假借为物数，也指人数，如《史记·平原君虞卿列传》："今少一人，愿君即以遂备员而行矣。"由人数、人员义又引申为量词，用于武将，如一员大将。

1形是甲骨文写法,从口从人从耳,尤其突出大大的耳形,表示由耳听到,与"圣"字同源。2形是金文写法,承袭甲骨文,省略"人"形。3形是小篆写法,字形繁化,改为从耳从恴,壬声。4形是隶变后的楷书写法。5形是简化后的楷书写法。

　　甲骨文和金文写法是会意字,从口从人从耳,《说文解字》:"聽,聆也。"本义表示听,如《论语·公冶长》:"今吾于人也,听其言而观其行。"诸葛亮《前出师表》:"诚宜开张圣听,以光先帝遗德。"苏轼《定风波·莫听穿林打叶声》:"莫听穿林打叶声,何妨吟啸且徐行。"又引申为治理、处理,如《论语·颜渊》:"听讼,吾犹人也,必也使无讼乎!"又引申为理会,如《韩非子·五蠹》:"先王胜其法,不听其泣。"又引申为任凭、放任,如《庄子·徐无鬼》:"匠石运斤成风,听而斲之。"

　　"听而不闻"意思是听了却像没听见一样。这里的"听"与"闻"都有用耳朵接收声音的意思,"听"强调的是听的动作,"闻"强调的是听的结果。

　　成语"兼听则明,偏信则暗",意为听取双方或多方面的意见,就能明辨是非;只听信单方面的话,就会愚昧不明。《资治通鉴·唐太宗贞观二年》:"上(唐太宗)问魏征曰:'人主何为而明,何为而暗?'对曰:'兼听则明,偏信则暗。'"因此唐太宗很注意听取谏言,鼓励大臣直言进谏,从而开创了"贞观之治"的政治局面。

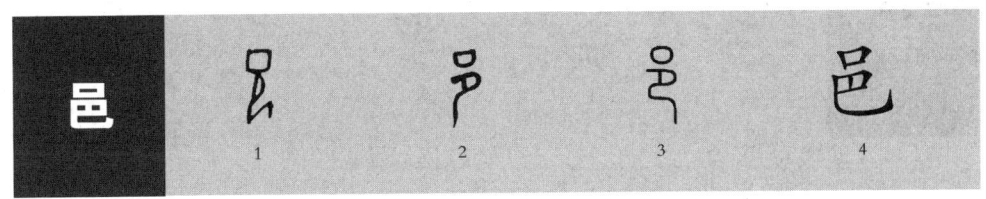

　　1形是甲骨文写法,由"口"形和跪坐的人形构成,"口"表示城邑,有城有人的地方。2形是金文写法,下面跪坐的人形讹变为" "。3形是小篆写法,承袭金文。4形是隶变后的楷书写法。

会意字。本义是人口聚居的城镇，如《左传·隐公元年》："大叔又收贰以为己邑，至于廪延。"或特指国都，《说文解字》："邑，国也。先王之制，尊卑有大小。"如《左传·隐公十一年》："吾先君新邑于此，王室而既卑矣，周之子孙，日失其序。"又引申表示国家、封地，如《左传·僖公四年》："君惠徼福于敝邑之社稷，辱收寡君，寡君之愿也。"《左传·襄公二十七年》："公与之邑六十。"

"都"和"邑"在先秦都可以指城池，二者的区别是"都"内有宗庙和先君神主，而"邑"没有。"都"的城墙可以称为"城"，而"邑"的城墙只能称为"筑"。《左传·庄公二十八年》："凡邑，有宗庙先君之主曰都，无曰邑。邑曰筑，都曰城。"孔颖达疏曰："小邑有宗庙，则虽小曰都，无乃为邑，为尊宗庙，故小邑与大都同名。"

写在左边的"阝"的本字是"阜"，隶变后变成了"阝"，用作偏旁俗称"左耳刀"。"阜"本义是土山，从阜的字多表示地势艰险或升降等意义，如"阡、陌、陂、阱"。写在右边的"阝"的本字是"邑"，隶变后变成了"阝"，用作偏旁俗称"右耳刀"，由"邑"组成的字多和地名、邦郡或行政区域有关，如"邦、部、邯、郸"等。

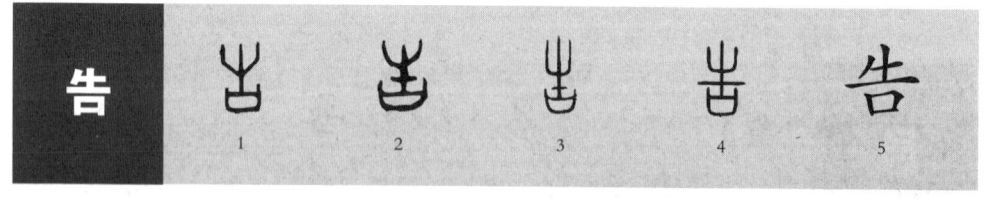

1、2形是甲骨文写法，古时祭祀要用牛，故从牛，"口"形表示祭祀时要祷告。3形是金文写法。4形是小篆写法。5形是隶变后的楷书写法。

会意字。本义为告祭，如卜辞："告疾于且（祖）丁。"（《合集》13853）又如《左传·桓公二年》："凡公行，告于宗庙。"在卜辞中，"告"

除了表示告祭外，还表示臣之报告，内容多与田猎之情报及敌警有关，如"峀告曰，土方征于我东鄙"。（《合集》6059）由此引申为告知、报告、告状、告诉等义，如陆游《示儿》："王师北定中原日，家祭无忘告乃翁。"

在古代汉语中，"告""诰"是近义词，最初都是告诉义，后来用法不同，下告称之为"告"，上告称之为"诰"。

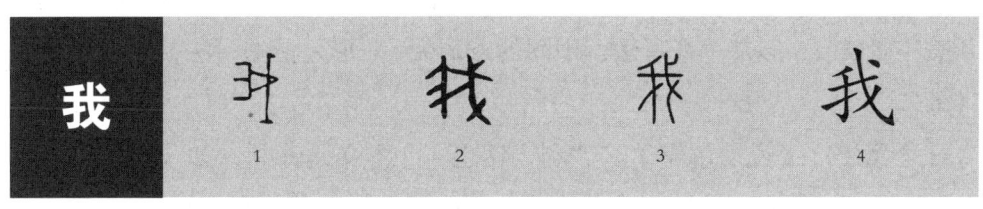

1形是甲骨文写法，像刃部有齿的斧钺形武器。2形是金文写法，武器柄部写法略有变化。3形是小篆写法，进一步演变。4形是隶变后的楷书写法。

象形字。本义是一种武器，假借作第一人称代词，如："我其逐麋获？"（《合集》10346正）意思是我去逐麋鹿，能够获得吗？进一步引申出我国、我方等意思，如《左传·庄公十年》："十年春，齐师伐我。"

"予、余、吾、我、朕"常易混淆。"予""余"同义，"吾""我"同义。"朕"在先秦与"我"同义，如屈原《离骚》："帝高阳之苗裔兮，朕皇考曰伯庸。"秦始皇以后，"朕"为皇帝的自称，《史记·秦始皇本纪》："朕为始皇帝，后世以计数，二世、三世至于万世，传之无穷。""予""余"可以作主语和宾语。《孟子·梁惠王上》："他人有心，予忖度之。"苏轼《石钟山记》："古之人不余欺也。""我"可以作主语，也可以作宾语。"吾"在魏晋以后很少作宾语，但在否定句中宾语前置时可以用"吾"，如《论语·先进》："居则曰：'不吾知也。'"

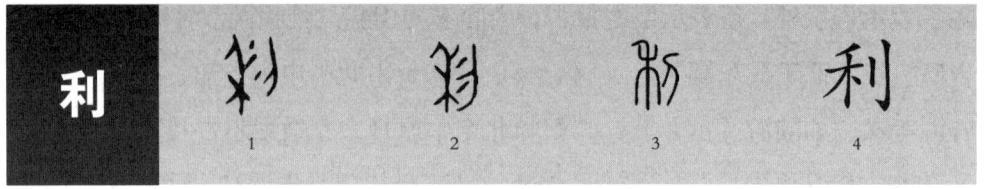

1形是甲骨文写法，字形左面下垂的禾穗代表成熟的庄稼，右面是"刀"，会以刀割禾之意。"禾"与"刀"中间的两点代表脱落的谷粒。2形是金文写法，承袭甲骨文。3形是小篆写法，中间的点消失。4形是楷书写法，"刀"变成"刂"。

会意字。《说文解字》："利，铦也。"本义是锋利，如《韩非子·难一》："吾矛之利，于物无不陷也。"由此引申出快义，如《荀子·劝学》："假舆马者，非利足也，而致千里。"又引申表示好处、利益、利润，如《老子·道经》："上善若水，水善利万物而不争。"《战国策·齐策四》："今君有区区之薛，不拊爱子其民，因而贾利之。"

"厉"与"利"易混淆。《说文解字》："厲，旱石也。从厂，蠆省声。""厉"的本义即磨刀石，如"厉兵秣马"指的是磨好兵器，喂饱战马。"厉害"指凶猛、猛烈，难以对付。而"利害"指利益与损害的关系，所以"厉害"的"厉"不能写作"利"。

"天下熙熙，皆为利来；天下攘攘，皆为利往"出自《史记·货殖列传》。意思是说天下人都是为了利益蜂拥而至，都是为了利益各奔东西，指普天之下芸芸众生为了各自的利益而奔波。这里的"利"就是利益。

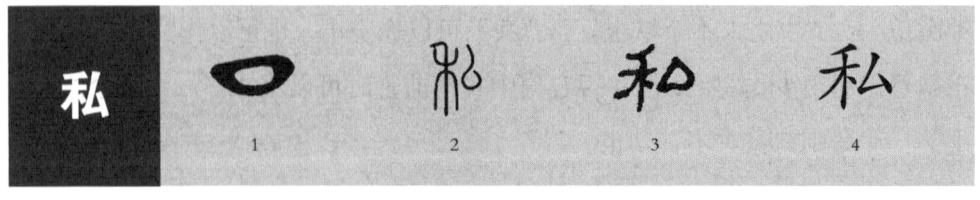

1形是战国楚简写法，写作"厶"。2形是小篆写法，以从禾厶声的"私"

字假借"厶"字。3形是隶书写法。4形是楷书写法。

指事字。《说文解字》:"厶,奸衺也。韩非曰:'仓颉造字,自营为厶。'"本义是奸邪。后用本义为一种禾名的"私"字假借,《说文解字》:"私,禾也。从禾,厶声。北道名禾主人曰私主人。"引申表示私人的、自己的,如《史记·廉颇蔺相如列传》:"吾所以为此者,以先国家之急而后私仇也。"又引申为偏私、偏爱,如《战国策·齐策一》:"吾妻之美我者,私我也。"又引申为私事、私利,如《战国策·燕策三》:"丹不忍以己之私,而伤长者之意,愿足下更虑之。"又引申为私下的、偷偷的,如《史记·项羽本纪》:"项伯乃夜驰之沛公军,私见张良。"又引申指私通,即非夫妻的男女发生性关系,如《战国策·燕策一》:"臣邻家有远为吏者,其妻私人。"

成语"私淑弟子"出自《孟子·离娄下》"予未得为孔子徒也,予私淑诸人也"。私,私下;淑,善也。后来用"私淑弟子"来指未亲自受业的弟子。

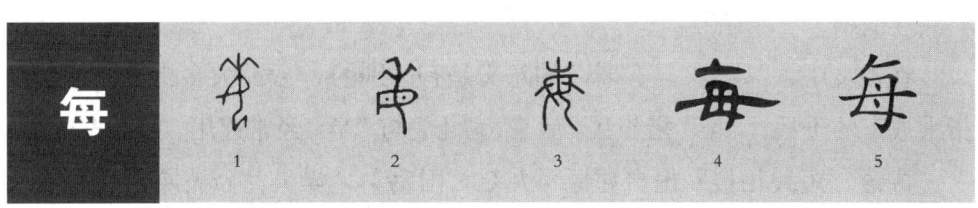

1形是甲骨文写法,像跪坐的妇女,且她的头上戴有盛美头饰。2形是金文写法,头饰发生变化,中间两点为突出其乳头。3形是小篆写法,承袭金文。4形是隶书写法。5形是楷书写法,进一步简化。

象形字。本义指头饰盛美。引申表示植物茂盛,如《说文解字》:"每,草盛上出也。从中,母声。"又作副词,表示往往、时常、反复性的动作行为中的任何一次等意思,如《庄子·养生主》:"每至于族,吾见其难为,怵然为戒。"白居易《琵琶行》:"曲罢曾教善才服,妆成每被秋娘妒。"诸葛亮《前出师表》:"先帝在时,每与臣论此事,未尝不叹息痛恨于桓、灵也。"

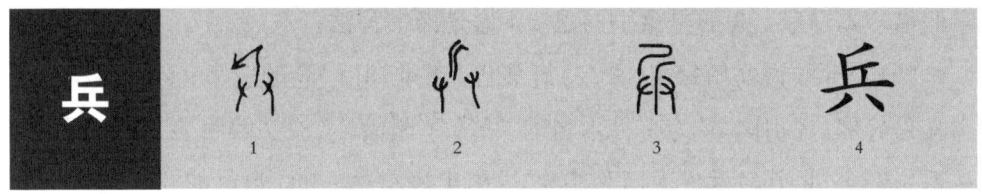

　　1形是甲骨文写法，上面是"斤"（斧子形），下面是两只手形，表示用手拿着斧子。2形是金文写法，承袭甲骨文。3形是小篆写法，手的形体还保存，斧的形体有变化。4形是楷书写法。

　　会意字。《说文解字》："兵，械也。"本义是兵器，如贾谊《过秦论》："收天下之兵，聚之咸阳。"又如岑参《走马川行奉送封大夫出师西征》："料知短兵不敢接，车师西门伫献捷。"由兵器引申指军队，如辛弃疾《破阵子·为陈同甫赋壮词以寄之》："沙场秋点兵。"又引申为军事、战争，如姜夔《扬州慢》："自胡马窥江去后，废池乔木，犹厌言兵。"又如《汉书·匈奴传下》："兵连祸结，三十余年。"

　　在古文中，"兵""士""卒"的意义是有区别的。"兵"大多指兵器，"士"指乘战车的士兵，"卒"指步兵。后来，"士"与"卒"经常连用，如身先士卒。

　　成语"短兵相接"出自屈原《九歌·国殇》"操吴戈兮披犀甲，车错毂兮短兵接"，是指双方用刀剑等短兵器进行搏斗，比喻面对面地进行针锋相对的斗争。

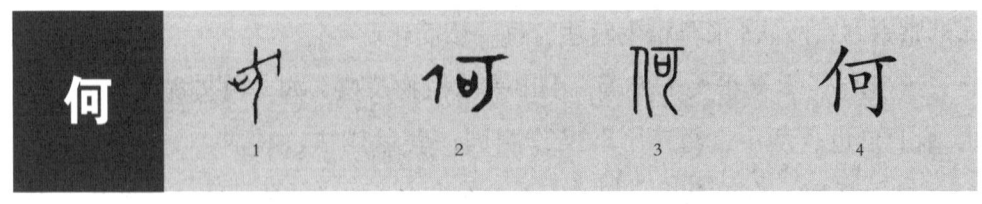

　　1形是甲骨文写法，像人肩扛戈戟之形，为"负荷"之"荷"的本字。2形是金文写法，将甲骨文中的"人"与"戈"合写成"可"，用以表音，另加"人"形表意。3形是小篆写法，从人可声。4形是隶变后的楷书写法。

会意字，后变为形声字。本义为担、扛。后被假借为疑问代词，如《木兰诗》："问女何所思，问女何所忆。"又如贺知章《回乡偶书》："儿童相见不相识，笑问客从何处来。"又假借为副词，表示程度高，可翻译成"多么"，如曹操《观沧海》："水何澹澹，山岛竦峙。"曹植《白马篇》："宿昔秉良弓，楛矢何参差。"亦常被用作重要的语气词，如杜甫《石壕吏》："吏呼一何怒！妇啼一何苦！"在古汉语中与"诃"相通，表示谴责、呵斥义，如《史记·秦始皇本纪》："良将劲弩守要害之处，信臣精卒陈利兵而谁何。天下已定。"

需要注意"何"与"荷"的区分，"何"的本义是负荷、担扛，假借为虚词后，使用频率更高，因而就借用"荷花"的"荷"表示其负荷义，此时读"hè"。

1形是甲骨文写法，即"乍"，从刀从木，会以刀砍木劳作之意，为"柞"的本字。2形是金文写法，承袭甲骨文。3形是小篆写法，添加义符"人"。4形是楷书写法，进一步简化。

会意字。本义是以刀砍木，引申表示劳作、工作，如陶渊明《桃花源记》："其中往来种作，男女衣着，悉如外人。"进一步引申为制作、建造，如《后汉书·张衡传》："遂乃研核阴阳，妙尽璇机之正，作浑天仪。"又引申为创作、写作，如王勃《滕王阁序》："登高作赋，是所望于群公。"又有开始、兴起之意，如《老子·德经》："天下难事，必作于易；天下大事，必作于细。"引申为起来，如《论语·先进》："鼓瑟希，铿尔，舍瑟而作。"

"作"与"做"二者有区别。"作"多用于书面语，多在成语中出现，如为非作歹、胡作非为，而"做"多用于口语；"作"表示的意义比较抽象，如作报告、作分析，而"做"表示的意义比较具体，如做饭、做针线；"作"

后面多接动词,如作调查、作咨询,而"做"后面多接名词,如做功课、做学问。

"作文"是古今异义词。在现代汉语中,"作文"是一个名词;在古代汉语中,"作文"指写文章,是动宾结构,如范仲淹《岳阳楼记》:"刻唐贤今人诗赋于其上,属予作文以记之。"

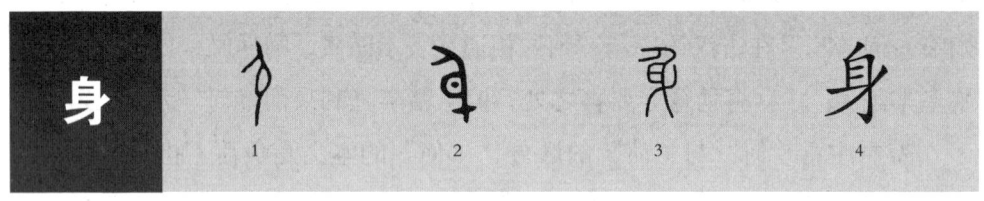

1形是甲骨文写法,像整个身躯之形,突出了腹部。2形是金文写法,更加形象。3形是小篆写法,承袭金文。4形是隶变后的楷书写法,已基本看不出身躯形。

象形字。《说文解字》:"身,躬也。"本义指人或动物的身体,如《史记·项羽本纪》:"常以身翼蔽沛公,庄不得击。"引申指生命,如《孟子·告子上》:"乡为身死而不受,今为妻妾之奉为之。"又引申为自己,如《论语·学而》:"吾日三省吾身。"刘禹锡《酬乐天扬州初逢席上见赠》:"巴山楚水凄凉地,二十三年弃置身。"苏轼《题西林壁》:"不识庐山真面目,只缘身在此山中。"又用作副词,表示亲自,如《孟子·滕文公下》:"彼身织屦,妻辟垆,以易之也。"

1形是小篆写法,从辵表意,与行走有关,"斤"表声。2形是楷书写法。形声字。《说文解字》:"近,附也。"本义是附近,表示空间距离较短,如《周易·系辞下》："近取诸身,远取诸物。"由此引申为靠近、接近、近似,如杜甫《登楼》:"花近高楼伤客心,万方多难此登临。"韩愈《早春呈水部张十八员外》:"天街小雨润如酥,草色遥看近却无。"又指时间上临近或亲近、关系亲密等,如李密《陈情表》:"外无期功强近之亲,内无应门五尺之僮。"还由此引申出浅陋、平庸义,如《魏书·崔浩传》:"圣策独发,非愚近所及,愿陛下西行勿疑。"

成语"近朱者赤,近墨者黑"源自晋代傅玄《太子少傅箴》。说的是靠着朱砂的东西变红,靠着墨的东西变黑。比喻接近好人可以使人变好,接近坏人可以使人变坏,指外在的环境对人有很大影响。

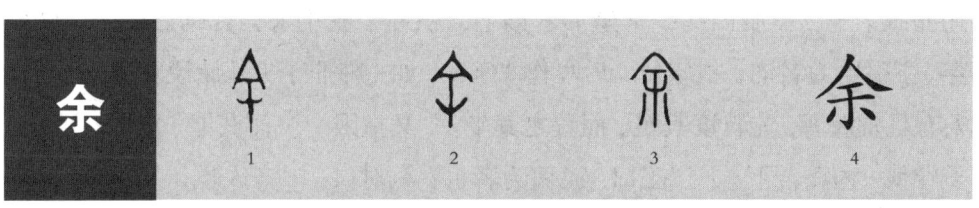

1形是甲骨文写法,上部为茅草覆盖成的茅屋顶,顶部茅草被束在一起,下部为支撑茅屋的木棍。2形是金文写法,承袭甲骨文。3形是小篆写法,在下边添加两笔作修饰。4形是隶变后的楷书写法。

象形字。本义是原始初民搭建的茅屋。《说文解字》:"余,语之舒也。"当为其假借义,在古汉语中多被借用为第一人称代词,如辛弃疾《菩萨蛮·书江西造口壁》:"江晚正愁余,山深闻鹧鸪。"

"余"还用作"餘"的简化字,指(食物)宽裕丰富。用作动词,指留下、剩下,如崔颢《黄鹤楼》:"昔人已乘黄鹤去,此地空余黄鹤楼。"又可表示宽裕、富余,如《论语·学而》:"弟子入则孝,出则悌,谨而信,泛爱众,而亲仁。行有余力,则以学文。"《战国策·齐策二》:"数人饮之不足,一人饮之有余,请画地为蛇,先成者饮酒。"

坐

1形是甲骨文写法,像人跪坐于席上。2形是《说文解字》中的古文写法,像两人对坐在土上,是现代汉字"坐"字形的来源。3形是小篆写法,上部讹作从㸚,可以看作"坐"的声符。4形是隶变后的楷书写法。

会意字。《说文解字》:"坐,止也。"本义是指人的一种止息方式。古人最初席地而坐,臀部坐于脚跟之上,如皇甫谧《高士传·卷下·管宁》:"宁凡征命十至,舆服四赐,常坐一木榻上,积五十五年未尝箕踞。榻上当膝皆穿。"引申为名词,指座位,后写作"座",如《韩非子·外储说左上》:"郑人有且置履者,先自度其足,而置之其坐。"又指因……而获罪、定罪,如《晏子春秋·内篇杂下》:"王曰:'何为者也?'对曰:'齐人也。'王曰:'何坐?'曰:'坐盗。'"由此引申表示原因,因为,用作介词,如《陌上桑》:"耕者忘其犁,锄者忘其锄。来归相怨怒,但坐观罗敷。"杜牧《山行》:"停车坐爱枫林晚,霜叶红于二月花。""坐"在古文或诗句中还用作副词,有空、徒然义,如白居易《反鲍明远白头吟》:"胡为坐自苦,吞悲仍抚膺。"又引申为遂、即将,如柳宗元《早梅》:"寒英坐销落,何用慰远客。"又引申为深,如李白《长干行》:"感此伤妾心,坐愁红颜老。"又引申为正、恰好,如林逋《易从师山亭》:"西村渡口人烟晚,坐见渔舟两两归。"

成语"坐怀不乱"出自《诗经·小雅·巷伯》毛亨传"子何不若柳下惠然,妪不逮门之女,国人不称其乱"。春秋时鲁国的柳下惠将受冻的女子裹于怀中,没有发生非礼行为。该成语后来用来形容男子作风正派。

成语"坐收渔利"出自《战国策·燕策二》"今者臣来,过易水,蚌方出曝,而鹬啄其肉,蚌合而拑其喙。……两者不肯相舍,渔者得而并禽之"。比喻利用别人之间的矛盾,轻易地从中获利。也说"坐收渔人之利"。

谷

1形是甲骨文写法,像水从山口流出之形。2形是金文写法,承袭甲骨文。3形是小篆写法。4形是隶变后的楷书写法。

象形字。《说文解字》:"谷,泉出通川为谷。从水半见,出于口。"本义是两山之间的水流,如《春秋公羊传·僖公三年》:"无障谷,无贮粟,无易树子,无以妾为妻。"引申表示两山中间的低洼地,如宋濂《送东阳马生序》:"负箧曳屣,行深山巨谷中。"进一步引申指困难,如《诗经·大雅·桑柔》:"人亦有言,进退维谷。"

"谷"是一个部首字,从谷的字大都跟山谷有关,如"谼、谽、豁"等。在古代汉语中,表示粮食的"谷"一般写作"穀",简化后与"谷"同形。

成语"岸谷之变"出自《诗经·小雅·十月之交》"高岸为谷,深谷为陵"。意思是高岸变成深谷,深谷变成丘陵,亦比喻人世间的重大变迁,如张华《博物志·山水总论》:"高岸为谷,深谷为陵,小人握命,君子陵迟,白黑不分,大乱之征也。"

龟

1、2形是甲骨文写法。1形像乌龟的侧面之形,2形像乌龟的正身之形。3形是金文写法。4形是小篆写法,承袭甲骨文。5形是隶变后的楷书写法。6形是简化后的楷书写法。

象形字。《说文解字》:"龟,舊也。外骨内肉者也。从它,龟头与它头同。"

本义是一种动物,如《庄子·秋水》:"吾闻楚有神龟,死已三千岁矣。"曹操《龟虽寿》:"神龟虽寿,犹有竟时。"引申为用于占卜的龟甲,如《商书·西伯戡黎》:"格人元龟,罔敢知吉。"秦代以前用龟甲作货币,《周易·损卦》:"或益之,十朋之龟,弗克违,永贞吉。"古代印纽多作龟形,故又可指代印章,如曹植《王仲宣诔》:"金龟紫绶,以彰勋则。"又比喻手脚、土地等因寒冷或干燥而开裂,如王炎《喜雨赋》:"视衍沃而龟坼,沉高田之未耰。"

成语"金龟换酒"出自李白《对酒忆贺监二首(并序)》"太子宾客贺公,于长安紫极宫一见余,呼余为'谪仙人',因解金龟,换酒为乐"。金龟,袋名,唐代官员的一种佩饰。意思是解下金龟换美酒,形容为人豁达。

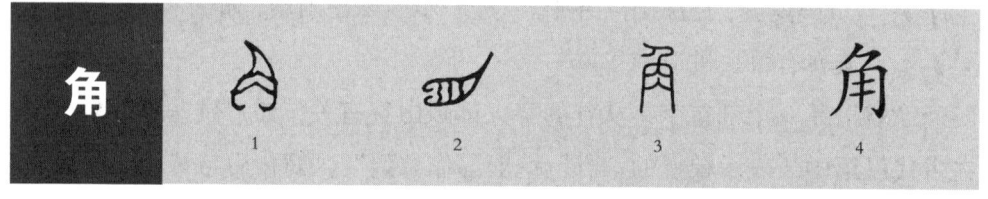

1形是甲骨文写法,像动物头顶的犄角之形。2形是金文写法,承袭甲骨文。3形是小篆写法,笔画整齐化,进一步演变。4形是楷书写法。

象形字。《说文解字》:"角,兽角也,象形。"本义是动物的角,如《周易·大壮》:"羝羊触藩,羸其角。"引申表示像角的东西,如杨万里《小池》:"小荷才露尖尖角,早有蜻蜓立上头。"进一步引申为角落、隅处,如林嗣环《口技》:"会宾客大宴,于厅事之东北角,施八尺屏障。"又引申指古代乐器,多应用于军中,如姜夔《扬州慢》序云:"暮色渐起,戍角悲吟。"辛弃疾《破阵子·为陈同甫赋壮词以寄之》:"醉里挑灯看剑,梦回吹角连营。"又指古代男孩头顶两侧所留头发似角形,如《诗经·卫风·氓》:"总角之宴,言笑晏晏。"

"角"是一个部首字,从角的字大都跟兽角或量器等义有关,如"触、觥、斛、觚、觞、觯"等。

"角"是一个多音字,又读"jué"。有角斗的意思,如蒲松龄《聊斋志异·促织》:"日与其子弟角,无不胜。"

成语"角巾东第"出自《晋书·羊祜传》"既定边事,当角巾东路,归故里,为容棺之墟"。角巾,古代隐士常戴的一种有角的头巾;东第,家乡。该成语的意思是穿着普通的衣裳回到家乡,比喻隐居不仕。

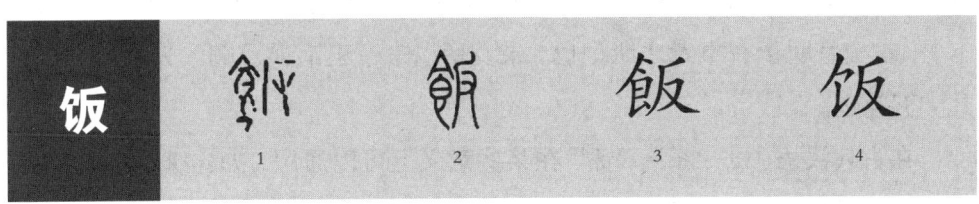

1形是战国齐文字写法,从食反声。2形是小篆写法。3形是隶变后的楷书写法。4形是简化后的楷书写法。

形声字。《说文解字》:"饭,食也。"本义是吃饭,如《论语·述而》:"饭疏食,饮水,曲肱而枕之,乐亦在其中矣。"辛弃疾《永遇乐·京口北固亭怀古》:"凭谁问,廉颇老矣,尚能饭否?"引申为给……吃、喂,如屈原《九章·惜往日》:"吕望屠于朝歌兮,宁戚歌而饭牛。"《史记·淮阴侯列传》:"有一母见信饥,饭信。"特指将珠、玉、米等放在死人口中,如《战国策·赵策三》:"生则不得事养,死则不得饭含。"用作名词,表示饭食,如《古诗十九首·行行重行行》:"弃捐勿复道,努力加餐饭。"苏轼《屈原塔》:"至今沧江上,投饭救饥渴。"

1形是甲骨文写法,从爪(手)从絲,会以手联系众丝之意。2形是战

国三晋文字写法。3形是小篆写法，形体基本固定，已看不出其字形从爪了。4形是楷书写法。

会意字。《说文解字》："系，繫也。"本义是连接，如班固《东都赋》："系唐统，接汉绪。"引申为拴、绑，如《淮南子·精神》："系绊其足，以禁其动。"引申为悬、挂，如《荀子·劝学》："南方有鸟焉，名曰蒙鸠，以羽为巢，而编之以发，系之苇苕。"引申为世系、谱系，如刘向《别录》："《世本》，古史官明于古事者之所记也，录黄帝以来帝王诸侯及卿大夫系谥名号，凡十五篇也。"

在古代汉语中，"系""係"在某些意义上可以通用，如拴绑、连接等义。但世系、系统的意义一般写作"系"，不写作"係"。"係"在古白话中还可以用作"是"，如"实係此人"，这种用法是"係"所独有的。

1形是甲骨文写法，言出于舌，在"舌"上加一短横指事。2、3形是金文写法和小篆写法，承袭甲骨文。4形是楷书写法。

指事字。本义指说话，如《史记·廉颇蔺相如列传》："秦贪，负其强，以空言求璧，偿城恐不可得。"宋濂《送东阳马生序》："与之论辩，言和而色夷。"进一步引申出谈论、见解、意见、说明等意思，如《国语·周语上》："国人莫敢言，道路以目。"诸葛亮《前出师表》："陛下亦宜自谋，以咨诹善道，察纳雅言，深追先帝遗诏。"白居易《琵琶行》："自言本是京城女，家在虾蟆陵下住。"

"言"是一个部首字，从言的字大都表示与语言相关的意义，如"誓、詹、謇、警、詰"等。简化字常把位于左边的言字旁简化为"讠"，如"谈、谓、讽、讨、论、访、讲、讼、评、诉、说"等。

在现代汉语中，"言"和"语"两字常常一起使用，很少区分。在古代汉语中，二者存在明显区别。许慎在《说文解字》中释"言"时说："直言曰言，论难曰语。"即自我陈述、自我表达是"言"，和别人互相谈论是"语"，如《左传·隐公元年》："公语之故，且告之悔。"

1形是甲骨文写法，像刑具之形。古代对俘虏或有罪之人常施黥刑，即在其面部刺上标志，"辛"字像实施黥刑的工具。2形是金文写法，在甲骨文字形上添加一短横，用作饰笔。3形是小篆写法，在竖画中部又添加一横。4形是隶变后的楷书写法。

象形字。本义为实施黥刑的刑具，受刑之人会感到痛苦，故引申为悲伤、痛苦，如李白《中山孺子妾歌》："戚姬髡发入春市，万古共悲辛。"又进一步引申为艰苦，如曹植《赠白马王彪》："仓卒骨肉情，能不怀苦辛？"文天祥《过零丁洋》："辛苦遭逢起一经，干戈寥落四周星。"李白《陈情赠友人》："英豪未豹变，自古多艰辛。"引申表示辛辣的味道，如戴良《对菊联句》："味辛姜桂性，语险魑魅惊。"又假借表示天干第八位的名称，如姜夔《暗香》序云："辛亥之冬，余载雪诣石湖。"

1形是金文写法，从心从亡，亡亦声。2形是小篆写法。3形是隶变后的

楷书写法。

形声兼会意字。《说文解字》:"忘,不识(zhì)也。""忘"是"亡"的后起分化字,表示忘记,如《诗经·小雅·隰桑》:"中心藏之,何日忘之。"陶渊明《五柳先生传》:"每有会意,便欣然忘食。"范仲淹《岳阳楼记》:"登斯楼也,则有心旷神怡,宠辱偕忘,把酒临风,其喜洋洋者矣。"引申为遗弃,如《诗经·秦风·晨风》:"如何如何?忘我实多。""忘"又通"亡",如《战国策·赵策二》:"不识三国之憎秦而爱怀邪?忘其憎怀而爱秦邪?"

成语"忘乎所以"指由于过度兴奋或骄傲自满而忘记了言行应该把握的分寸。也说"忘其所以"。

1形是金文写法,像门里有木,会设在门口的木栅栏之意。2形是小篆写法,笔画整齐化。3形是隶变后的楷书写法。4形是简化后的楷书写法。

会意字。《说文解字》:"闲,阑也。"本义为木栅栏,如《周礼·夏官司马·虎贲氏》:"舍则守王闲;王在国,则守王宫;国有大故,则守王门。"也指养马的马厩,如《周礼·夏官司马·校人》:"天子十有二闲,马六种。"引申指范围,常指道德规范,如《汉书·武五子传》:"制礼不逾闲。"用作动词则引申为约束、限制,如《管子·权修》:"审度量以闲之。"又用作防御、抵制,如《管子·权修》:"授官不审,则民闲其治;民闲其治,则理不上通。"

"闲"还有假借义,表空闲、安闲,此如今为"闲"字最常用字义,如李白《行路难》:"闲来垂钓碧溪上,忽复乘舟梦日边。"该义项最早是由"閒(间)"而来。"间"的本义是缝隙,引申为空间,进一步引申为时间上的空闲，这一意义后来假借"闲"表示。

间 晶 閒 閒 間 间
         1   2   3   4   5

1形是金文写法，会月光从门缝照进来之意。2形是小篆写法，将上面的月形移至门内。3、4形是楷书写法。4形将所从之"月"换作"日"。5形是简化后的楷书写法。

会意字。本义指缝隙，《说文解字》："间，隙也。从门从月。"如《汉书·萧望之传》："萧望之历位将相，藉师傅之恩，可谓亲昵亡间。"由于缝隙的距离十分短近，因此引申为抄近路，如《史记·项羽本纪》："沛公已去，间至军中。"由空间的间隙引申为人与人之间的间隙，有挑拨离间之意，《史记·屈原贾生列传》："竭忠尽智，以事其君，谗人间之，可谓穷矣。"以上义都读作"jiàn"。在读作"jiān"时，既可以指空间，又可以指时间，如苏轼《前赤壁赋》："且夫天地之间，物各有主。"韦应物《淮上喜会梁州故人》："浮云一别后，流水十年间。"引申指一会儿，如《韩非子·喻老》："扁鹊见蔡桓公，立有间。"又用作量词，用于计算房屋或动作的次数，如杜甫《茅屋为秋风所破歌》："安得广厦千万间，大庇天下寒士俱欢颜。"

"閒"与"間"是一对古今字，"閒"由本义缝隙还引申为时间上的空闲，读作"xián"，这个意义上的"閒"与"闲"相通。上古时候是没有"間"的，而在"間"出现后，人们将读为"jiān""jiàn"的写作"間"，读为"xián"表空闲义的写作"閒"。其区别在于"間"简化为"间"沿用至今，"閒"则在通"闲"的使用过程中，作为异体字而被废除，参见"闲"。

弟

1形是甲骨文写法，中间是上下直立的"弋"，绳索缠绕之，像一个梯子的形状。2形是金文写法，与甲骨文相似。3形是小篆写法。4形是楷书写法。

象形字。《说文解字》："弟，韦束之次弟也。"本义是戈柲上缠绕的绳索，因其缠绕整齐有序，故引申为次第，如《汉书·朱博传》："以高弟入为长安令。"又引申为"兄弟"的"弟"，如《荀子·君子》："杀其兄而臣其弟。"《诗经·卫风·氓》："兄弟不知，咥其笑矣。"引申为尽为弟之道，又写作"悌"，如《左传·隐公元年》："段不弟，故不言弟。"假借为副词，有但、只管义，如《史记·孙子吴起列传》："君弟重射，臣能令君胜。"

"弟子"在古文中有两种含义，其一表示年轻人，如《仪礼·乡射礼》："司射适堂西，命弟子设丰。"其二表示学生、门徒，如《荀子·宥坐》："孔子南适楚，厄于陈蔡之间，七日不火食，藜羹不糁，弟子皆有饥色。"

快

1形是小篆写法，左右结构，从心夬声。2形是隶变后的楷书写法。

形声字。《说文解字》："快，喜也。"本义是高兴，如《史记·魏公子列传》："公子行数里，心不快。"《孟子·梁惠王上》："否，吾何快于是！将以求吾所大欲也。"引申为痛快、畅快，如宋玉《风赋》："快哉此风！寡人所与庶人共者邪？"

"快"又表示迅速敏捷,与"慢"相对,如吴伟业《杂感》:"快马健儿无限恨,天教红粉定燕山。"此义在古代汉语中较少见,古代汉语多用"速、疾"。此外,"快"还有锐利、锋利的意思,如李商隐《行次西郊作一百韵》:"快刀断其头,列若猪牛悬。"在古代很少用"快"表示此义,而用"利"。

成语"快刀斩乱麻"出自《北齐书·文宣帝纪》"高祖尝试观诸子意识,各使治乱丝,帝独抽刀斩之,曰:'乱者须斩'",比喻用果断的办法迅速解决复杂的问题。

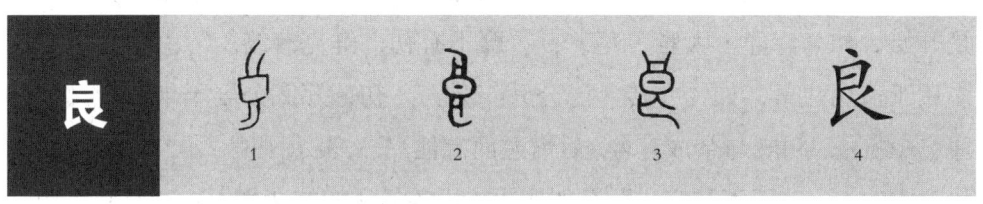

1形是甲骨文写法,像水中桥梁之形,上下是两条水道。2形是金文写法,将上下双弯水道用短横连接。3形是小篆写法。4形是隶变后的楷书写法。

象形字。《说文解字》所载的"良,善也"并非是"良"字的本义。在古文中,"良""梁"二字常通用,因此认为"良"字的本义应为桥梁,如《老子》:"强梁者不得其死。"马王堆汉墓帛书《老子》甲本作"强良",又见睡虎地秦墓竹简《为吏之道》:"强良不得。"后假借为良好,如《韩非子·外储说左上》:"夫良药苦于口,而智者劝而饮之,知其入而已己疾也。"《诗经·卫风·氓》:"匪我愆期,子无良媒。"柳永《雨霖铃·寒蝉凄切》:"此去经年,应是良辰好景虚设。"引申为和悦、善良,如《论语·学而》:"夫子温、良、恭、俭、让以得之。"用作副词,表示的确、真的,如《孟子·告子上》:"人之所贵者,非良贵也。"柳宗元《三戒·临江之麋》:"麋麑稍大,忘己之麋也,以为犬良我友。"又作甚、很义,如白居易《琵琶行》:"感我此言良久立,却坐促弦弦转急。"

初

1形是甲骨文写法，左边是衣服，右边是刀，表示用刀裁剪衣服。2形是金文写法，与甲骨文字形相似。3形是小篆写法，大体同于上面两种字形。4形是楷书写法，依旧保留着左"衣"右"刀"的写法。

会意字。《说文解字》："初，始也。从刀从衣。裁衣之始也。"本义是开始，如《诗经·大雅·荡》："靡不有初，鲜克有终。"引申为当初，多用于追溯往事，如《左传·隐公元年》："初，郑武公娶于申。"又如屈原《离骚》："初既与余成言兮，后悔遁而有他。"又表示刚刚、才，如《史记·秦始皇本纪》："天下初定。"又如柳永《雨霖铃·寒蝉凄切》："寒蝉凄切，对长亭晚，骤雨初歇。"苏轼《念奴娇·赤壁怀古》："遥想公瑾当年，小乔初嫁了，雄姿英发。"

"初"加在"一"至"十"的前面，表示农历一个月前十天的次序，如俗语"躲得过初一躲不过十五"。

1形是甲骨文写法，上部从尹，像手执权杖之形，下部分为"口"，有开口诵辞祷告或发号施令之意。2形是金文写法。3形是小篆写法，承袭金文。4形是楷书写法。

会意字。《说文解字》："君，尊也。从尹，发号……故从口。"本义是氏族社会中，手执权杖通神祷告或发号施令的部落首领。引申表示国家元首、君主、君王，如《战国策·齐策四》："苟无民，何以有君？"用作动词，则表示君临、统治等意思，如《韩非子·五蠹》："鲁哀公，下主也，南面君国。"后又引申为古代对贵族和功臣的一种封号、对对方的尊称、妻子对夫君的称呼，如贾谊《过秦论》："当此之时，齐有孟尝，赵有平原，楚有春申，魏有信陵，此四君者，皆明智而忠信，宽厚而爱人，尊贤而重士。"杜甫《江南逢李龟年》："正是江南好风景，落花时节又逢君。"《古诗为焦仲卿妻作》："君既若见录，不久望君来。"

改

1形为甲骨文写法，左边是"巳"形，像蛇一样跪的人形，右边是"攴"，手拿鞭子形。2形是金文写法，承袭甲骨文。3形是小篆写法，"巳"形变为"己"。4形是楷书写法。

会意字。《说文解字》："改，更也。"本义是更正、改变，如《论语·述而》："择其善者而从之，其不善者而改之。"再如《孟子·告子下》："人恒过，然后能改。"

古籍中还有"改容"一词，是改变神色的意思，不能理解为改变面貌。如《史记·绛侯周勃世家》："天子为动，改容式车，使人称谢。"《后汉书·王龚传》："龚改容谢曰：'是吾过也。'"

"改"与"更"都有改变的意义，而"更"还有调换、交替的意义，这是"改"所没有的。

陆

1形是甲骨文写法，从阜（土山）从坴（大土块），"坴"又作声符。2形是金文写法。3形是小篆写法，承袭金文。4形是隶变后的楷书写法。5形是简化后的楷书写法。

形声兼会意字。《说文解字》："陆，高平地。"高又平坦的地方就是陆地，如周敦颐《爱莲说》："水陆草木之花，可爱者甚蕃。"赵佶《声声慢·春》："轻烟里，算谁将金莲，陆地齐开。"引申为道路，如王粲《登楼赋》："背坟衍之广陆兮，临皋隰之沃流。"梅尧臣《送田遵古秀才》："沿江抵海澨，行陆至胶西。"又可引申为跳跃，如《庄子·马蹄》："龁草饮水，翘足而陆，此马之真性也。"

成语"光怪陆离"出自屈原《离骚》"纷总总其离合兮，斑陆离其上下"。光怪，光彩奇异；陆离，色彩繁杂、变化多端的样子。该词形容现象奇异，色彩繁杂，也形容事物离奇多变，但不能用来形容人。除此之外，"陆离"还表示分散的样子，如左思《蜀都赋》："毛群陆离。""毛群"就是兽类。

八　画

1形是甲骨文写法，从止（脚趾）从戈（武器），表示武力行动。2形是金文写法，承袭甲骨文。3形是小篆写法，承袭金文。4形是隶变后的楷书写法。

会意字。本义指军事行动，如苏洵《六国论》："洎牧以谗诛，邯郸为郡，惜其用武而不终也。"引申表示勇猛、威猛，如屈原《九歌·国殇》："诚既勇兮又以武，终刚强兮不可凌。"又引申为古代的一种军事道德，如《左传·僖公三十年》："以乱易整，不武。"

又引申为脚印、足迹，如《诗经·大雅·生民》："履帝武敏歆，攸介攸止，载震载夙。"屈原《离骚》："忽奔走以先后兮，及前王之踵武。"进一步引申为继承，《诗经·大雅·下武》："昭兹来许，绳其祖武。"

"武"所从的"戈"为什么不能加一撇呢？这是因为"戈"字上的一撇移到一横上面去了，这一撇移动后，就不在"武"字的"戈"字上加一撇了。

成语"穷兵黩武"出自《三国志·吴书·陆抗传》"而听诸将徇名，穷兵黩武，动费万计，士卒雕瘁，寇不为衰，见我已大病矣"。穷兵，用尽全部兵力；黩武，随意、任意发动武力。该成语的大意是使用全部武力，任意发动侵略战争，如曹丕《车驾临江还诏三公》："穷兵黩武，古有成戒。"

1、2形是金文写法。1形从生井声；2形是在声符"井"形中添加一点或一短画，讹变为"丹"形。3形是小篆写法，承袭金文。4形是隶变后的楷书写法，"井"形逐渐讹变为"月"形。

形声字。《说文解字》："青，东方色也。木生火，从生丹。丹青之信，言象然。"《释名·释采帛》："青，生也，象物生时色也。""青"字本义就是草木初生时期的绿色，如辛弃疾《清平乐·村居》："茅檐低小，溪上青青草。"后泛指蓝绿一类的颜色，如刘禹锡《陋室铭》："草色入帘青。"《诗经·郑风·子衿》："青青子衿，悠悠我心。"王勃《滕王阁序》："舸舰弥津，青雀黄龙之舳。"李白《蜀道难》:"蜀道之难,难于上青天!"又引申为黑色,如李白《将进酒》:"君不见高堂明镜悲白发,朝如青丝暮成雪。"

成语"青出于蓝"出自《荀子·劝学》"青,取之于蓝,而青于蓝"。青色是从蓼蓝中提炼而成,但是颜色却比蓼蓝更深。后来用"青出于蓝"比喻学生胜过老师,后人胜过前人。

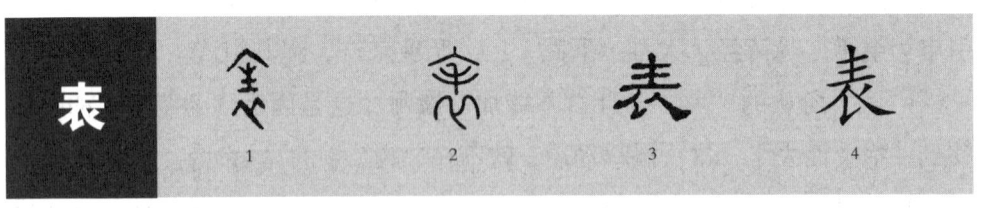

1形是金文写法,从衣从毛,像毛朝外的皮衣之形。2形是小篆写法。3、4形是隶变后的隶书和楷书写法。

象形字。《说文解字》:"表,上衣也。从衣,从毛。古者衣裘,以毛为表。"本义是外衣、罩衫,如《庄子·让王》:"子贡乘大马,中绀而表素,轩车不容巷,往见原宪。"引申表示外表、外面,如张养浩《山坡羊·潼关怀古》:"峰峦如聚,波涛如怒,山河表里潼关路。"进一步引申为标志、记号,如《战国策·燕策三》:"暮舍,使左右司马各营壁地,已,植表。"又引申为树立木石等标志用以表彰,如韦应物《石鼓歌》:"周宣大猎兮岐之阳,刻石表功兮炜煌煌。"又用作臣子给君主的奏章,如陆游《书愤》:"出师一表真名世,千载谁堪伯仲间!"

"表"是封建社会臣子对皇帝有所陈述、请求、建议时使用的一种文体,如李密的《陈情表》、诸葛亮的《出师表》等。表的主要作用是表达臣子对君主的忠诚和希望,因而动之以情是这种文体的一种特征。这种文体有其特殊格式,如开头有"臣某言",结尾有"臣某诚惶诚恐,顿首顿首,死罪死罪"等。

下篇/汉字解析500例

抱

1形是小篆写法,从手从包,会以手包聚之意,"包"也兼表声。2形是隶变后的楷书写法。

会意兼形声字。古又作"裒"。"抱"的本义为用手臂将对方整个身体包揽,如《诗经·大雅·抑》:"借曰未知,亦既抱子。"又如杜甫《茅屋为秋风所破歌》:"公然抱茅入竹去,唇焦口燥呼不得,归来倚杖自叹息。"引申表示两臂的长度,两臂合围夹持的容量,如《老子·德经》:"合抱之木,生于毫末。"葛洪《抱朴子·博喻》:"睹百抱之枝,则足以知其本之不细。"后引申为保持、持守,如《周礼·大史》:"大师,抱天时,与大师同车。"又引申为抱有、心存,如曾国藩《金陵湘军陆师昭忠祠记》:"今存者幸荷国恩,封赏进秩,而没者抱憾无穷。"

其

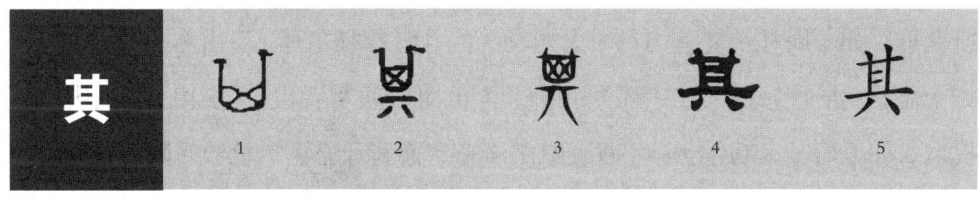

1形是甲骨文写法,像簸箕形。2形是金文写法,加了"丌",表示基座。3形是籀文写法,上部簸箕形繁化。4形是隶书写法。5形是楷书写法。

象形字。本义为簸箕。《说文解字》:"箕,簸也。"由于"其"长期被假借作虚词使用,簸箕义便另加义符"竹"写作"箕"来表示。"其"借为代词,如《庄子·逍遥游》:"北冥有鱼,其名为鲲。"韩愈《师说》:"余嘉其能行古道,作《师说》以贻之。""今之众人,其下圣人也亦远矣,而耻学于师。"林嗣环《口技》:"遥闻深巷中犬吠,便有妇人惊觉欠伸,其夫呓语。"《史记·廉颇蔺相如列传》:"怀其璧。"借为副词,表示反问,如《左传·僖公十年》:"欲加之罪,其无辞乎?"韩愈《杂说四·马说》:"其真无马邪?其真不知马也。"用作连词,如《庄子·逍遥游》:"天之苍苍,其正色邪?其远而无所至极邪?"韩愈《师说》:"惑而不从师,其为惑也,终不解矣。"用作助词,如屈原《离骚》:"路漫漫其修远兮,吾将上下而求索。"

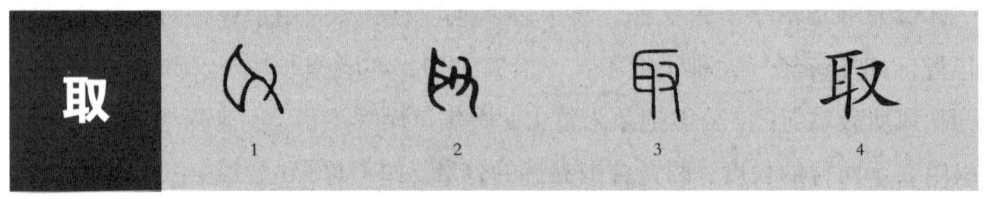

1形是甲骨文写法,从又持耳,"又"表示手。2形是金文写法,"耳"形发生变化。3形是小篆写法,"耳"形不再象形。4形是楷书写法。

会意字。表示在古代战争中,杀死敌人之后要取下敌人的左耳作为凭证。《说文解字》:"取,捕取也。""取"字的本义就是割取敌人的耳朵,有所获取,如《周礼·夏官司马·大司马》:"获者取左耳。"由本义引申为拿,如《孟子·告子上》:"二者不可得兼,舍鱼而取熊掌者也。"引申为从中取出、提取,如《荀子·劝学》:"青,取之于蓝,而青于蓝。"杜牧《阿房宫赋》:"奈何取之尽锱铢,用之如泥沙?"在古文中,"取"又指娶妻,后加义符"女"作"娶",如《诗经·齐风·南山》:"取妻如之何?必告父母。"《史记·孙子吴起列传》:"吴起取齐女为妻。"

1形是甲骨文写法,像跪坐的人用手梳理头发的样子。2形是金文写法,增添"口"形作为装饰性笔画。3形是小篆写法,双手形讹变为"艹"形,有头发的人形讹省为"又"形,加上下面的"口"形,构成"右"字。4形是楷书写法。

象形字。"若"字的本义是顺,如《诗经·小雅·大田》:"曾孙是若。"《诗经·鲁颂·閟宫》:"奚斯所作,孔曼且硕,万民是若。"假借为好像,如王勃《送杜少府之任蜀州》:"海内存知己,天涯若比邻。"引申为差不多,如《孟子·滕文公上》:"布帛长短同,则贾相若。"又可表示选择,《说文解字》:"若,择菜也。"如《国语·晋语二》:"夫晋国之乱,吾谁使先,若夫二公子而立之?以为朝夕之急。"又引申为及、比得上,如《战国策·齐策一》:"徐公不若君之美也。"用作第二人称代词,相当于"你",如《史记·项羽本纪》:"吾翁即若翁,必欲烹而翁,则幸分我一杯羹。"用作连词,表示假设,如沈括《梦溪笔谈·技艺》:"若止印三二张,未为简易;若印数十百千本,则极为神速。"用在句首,还可表示另说一事,如《孟子·梁惠王上》:"若民,则无恒产,因无恒心。"又可作为形容词的词尾,相当于"……的样子",如《诗经·卫风·氓》:"桑之未落,其叶沃若。""若"还是传说中海神的名字,如《庄子·秋水》:"于是焉,河伯始旋其面目,望洋向若而叹。"

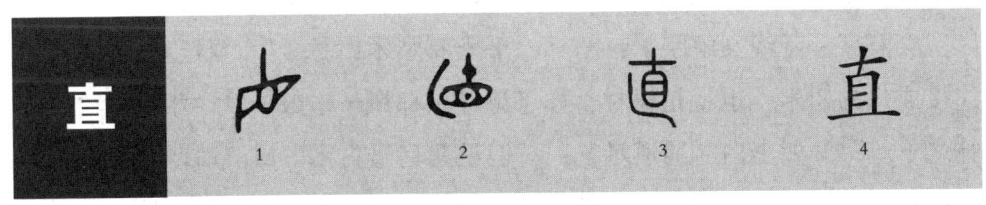

1形是甲骨文写法,像眼睛上面垂着一条直线,表示视线之直。2形是金文写法,字形繁复。3形是小篆写法。4形是隶变后的楷书写法。

会意字。《说文解字》:"直,正见也。"本义是不弯曲,与"曲"相对,如《荀子·劝学》:"木直中绳,輮以为轮,其曲中规。"由此引申出正直义,如《论语·季氏》:"友直、友谅、友多闻,益矣。"《荀子·修身》:"是谓是，非谓非，曰直。"用作副词，表示径直、直接，如《史记·绛侯周勃世家》："至霸上及棘门军，直驰入，将以下骑送迎。"

古代汉语中"直"又可通"只"，如《孟子·梁惠王上》："直不百步耳，是亦走也。"又可同"值"，表示价值，如李白《行路难》："金樽清酒斗十千，玉盘珍羞直万钱。"

成语"直言不讳"出自《晋书·刘波传》"臣鉴先征，窃惟今事，是以敢肆狂瞽，直言无讳"，指直截了当地说出来，没有丝毫顾忌。东晋军在淝水之战大败前秦军，孝武帝命刘波坐镇北方。刘波身患重病，估计不久就要离开人世，已经无能为力了。他上一道奏疏，直言不讳地把自己的情况与治国建议讲出来，希望孝武帝重用能人守卫疆土。

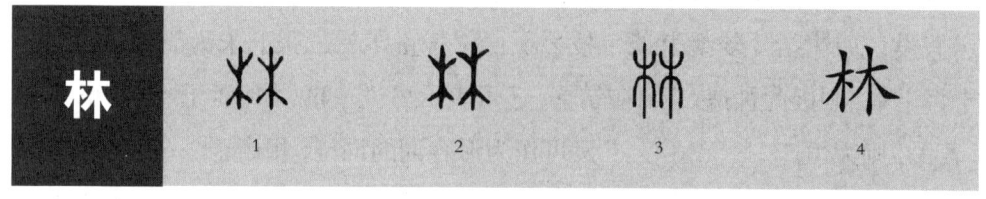

1形是甲骨文写法，像两个"木"并列，表示丛聚的树木。2形是金文写法。3形是小篆写法。4形是楷书写法。"林"字字形的变化不大。

会意字。《说文解字》："林，平土有丛木曰林。""林"字的本义是连接成片的树木，也就是树林，如《诗经·邶风·击鼓》："于以求之？于林之下。"又如李白《蜀道难》："但见悲鸟号古木，雄飞雌从绕林间。"常用来比喻聚集在一起的同类的人或事物，如《诗经·大雅·大明》："殷商之旅，其会如林。"又如司马迁《报任安书》："士有此五者，然后可以托于世，而列于君子之林矣。"再如萧统《文选序》："历观文囿，泛览辞林，未尝不心游目想，移晷忘倦。"

"林"字是由两个"木"字组成的，像这种把两个或三个同样的字放在一起以表示某事物数量多的字还有"森、品、磊"等。

成语"林林总总"出自柳宗元《贞符并序》"惟人之初，总总而生，林林而群"，是状态词，形容品种繁多。

1形是甲骨文写法，从木从日，表示太阳落到树下。2形是小篆写法，和甲骨文相仿。3形是楷书写法。

会意字。《说文解字》："杳，冥也。"本义是暗，如《管子·内业》："杲乎如登于天，杳乎如入于渊。"引申为远而没有尽头，如宋玉《对楚王问》："凤凰上击九千里，绝云霓，负苍天，足乱浮云，翱翔乎杳冥之上。"又如杜牧《阿房宫赋》："雷霆乍惊，宫车过也；辘辘远听，杳不知其所之也。"又引申为无踪影，如吴文英《夜游宫》："人去西楼雁杳。"我们现在经常使用的"杳无音讯"中的"杳"就是这个意思。

需要注意的是，"杳"所从的上下形体颠倒过来就是"杲"，二者意思完全相反。"杲"，日在树上面，表示光明的意思。《说文解字》："杲，明也。"如《诗经·卫风·伯兮》："其雨其雨，杲杲出日。"

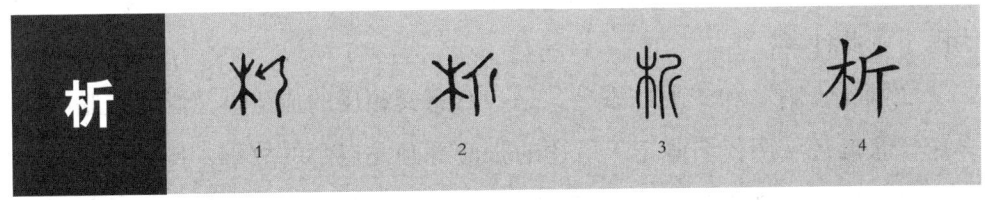

1形是甲骨文写法，从木从斤，会以斧头砍树之意。2形是金文写法，承袭甲骨文，右侧斧头的图像性减弱。3形是小篆写法，承袭金文，直笔变为曲笔。4形是隶变后的楷书写法。

会意字。《说文解字》:"析,破木也。"本义为用斧头劈开木头,如《诗经·齐风·南山》:"析薪如之何?匪斧不克。"引申泛指剖开,如《淮南子·俶真训》:"剖贤人之心,析才士之胫。"由剖开引申指分开、分散,如《论语·季氏》:"邦分崩离析而不能守也。"成语"分崩离析"即出自此。又引申为解释、辨别,用于抽象的事物,如《庄子·天下》:"判天地之美,析万物之理。"

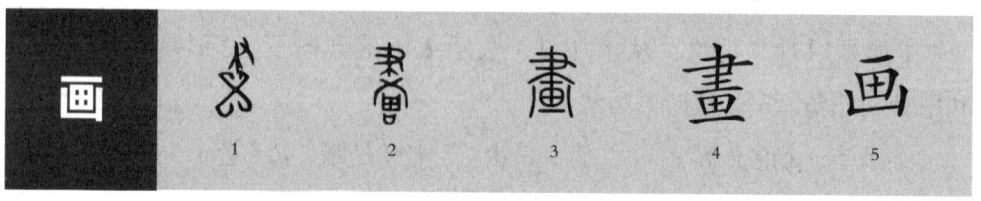

1形是甲骨文写法,上从聿(一只手握着笔的样子),下面是画出的图形,会以手持笔画图之意。2形是金文写法,笔画繁化。3形是小篆写法,承袭金文。4形是繁体楷书写法。5形是简化后的楷书写法。

会意字。本义是绘画,如《战国策·齐策二》:"请画地为蛇,先成者饮酒。"后来用作名词,指画出的图形,如苏轼《念奴娇·赤壁怀古》:"江山如画,一时多少豪杰。"进一步引申为用图画装饰,如杜牧《秋夕》:"银烛秋光冷画屏,轻罗小扇扑流萤。"又引申为划拨,如白居易《琵琶行》:"曲终收拨当心画,四弦一声如裂帛。"又表示谋划,如《史记·留侯世家》:"谁为陛下画此计者?"

"画龙点睛"和"画蛇添足"是一对意义相反的成语。"画龙点睛"出自唐代张彦远《历代名画记》所述的张僧繇画龙点睛的故事,比喻作文或说话时在关键地方加上精辟的语句,使内容更加生动传神。"画蛇添足"指蛇本来没有脚,画蛇人却给蛇画上脚,故事见于《战国策·齐策二》,比喻做多余的事,反而不恰当。

雨

1、2形是甲骨文写法，像天上落雨形。2形另加一横表示云层。3形是金文写法，承袭甲骨文。4形是小篆写法。5形是隶变后的楷书写法。

象形字。《说文解字》："雨，水从云下也。"《荀子·劝学》："积土成山，风雨兴焉。"张志和《渔歌子》："青箬笠，绿蓑衣，斜风细雨不须归。"王维《送元二使安西》："渭城朝雨浥轻尘，客舍青青柳色新。"王维《山居秋暝》："空山新雨后，天气晚来秋。"白居易《琵琶行》："大弦嘈嘈如急雨，小弦切切如私语。"用作动词读作"yù"，表示下雨，或像雨一样落下，如《诗经·小雅·采薇》："昔我往矣，杨柳依依；今我来思，雨雪霏霏。"《上邪》："冬雷震震，夏雨雪。"《淮南子·本经训》："昔者仓颉作书，而天雨粟，鬼夜哭。"

"雨"是一个部首字，从雨的字大都跟下雨、天气有关，如"雪、雷、零、霄、霹、雳、雾、霾、雹、霞、霜"等。

在现代汉语中，雨还有一些别称。"梅雨"指江南地区黄梅成熟时下的雨；"甘霖"指久旱以后所下的雨；"霈"指盛大的雨。

奇

1形是小篆写法，从大从可。2形是楷书写法，进一步简化。

会意字。《说文解字》："奇，异也。一曰不耦。从大从可。"读作"qí"，表示奇特、特殊，如苏洵《六国论》："以事秦之心礼天下之奇才。"又引申为奇观、胜景，如陶弘景《答谢中书书》："自康乐以来，未复有能与其奇者。"又指以……为奇，如《后汉书·张衡传》："大将军邓骘奇其才，累召不应。"

读"jī"，表示单数，如贺铸《寄汉阳赵尉沔》："人生奇偶类探筹，造物岂容人数料。"引申指零头、零数，如魏学洢《核舟记》："舟首尾长约八分有奇，高可二黍许。"

成语"飞将数奇"出自《史记·李将军列传》"以为李广老，数奇"。飞将，指汉朝名将李广；数奇，古人认为偶数吉利，奇数不吉利。该成语指人有能力，但是运气不佳。

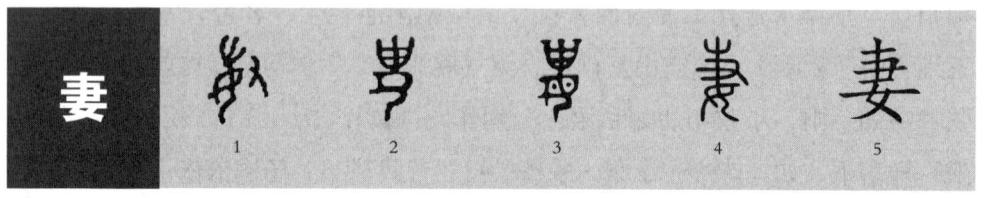

1形是甲骨文写法，从又（手），像以手抓取女子长发，强掳为妻之形。2、3形为金文写法，3形下改为从母。4形为小篆写法。5形为隶变后的楷书写法。

会意字。本义指妻子，《说文解字》："妻，妇与夫齐者也。"即男子的配偶，卜辞有用作本义者："贞：有于示壬妻妣庚。"（《合集》938正）《战国策·齐策一》："吾妻之美我者，私我也。"引申指娶女子为配偶，如《左传·桓公六年》："齐侯又请妻之。"

"妻子"在古代指妻子和子女，如陶渊明《桃花源记》："率妻子邑人来此绝境，不复出焉，遂与外人间隔。"杜甫《兵车行》："爷娘妻子走相送，尘埃不见咸阳桥。"杜甫《闻官军收河南河北》："却看妻子愁何在，漫卷诗书喜欲狂。"

"妻"是从古至今对妻子的最主要的称呼，可在"妻"之前加上各种附加成分，如"爱妻、贤妻、良妻"等。除此，妻还被称为"内助"，意为帮助丈夫处理家庭内部事务的人。旧时对别人谦称自己妻子为"拙内、贱内"。在地位较高的阶层中对妻子的称呼可反映出等级制度来，如诸侯之妻称"夫人"。

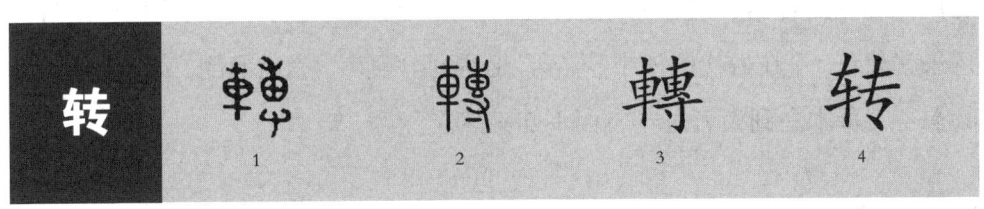

1形是金文写法，从车專声。2形是小篆写法，承袭金文。3形是隶变后的楷书写法。4形是简化后的楷书写法。

形声字。《说文解字》："转，运也。"本义为回环、转动，读作"zhuǎn"，如《诗经·邶风·柏舟》："我心匪石，不可转也。"白居易《琵琶行》："转轴拨弦三两声，未成曲调先有情。"引申表示转弯，如岑参《白雪歌送武判官归京》："山回路转不见君，雪上空留马行处。"辛弃疾《西江月·夜行黄沙道中》："旧时茅店社林边，路转溪头忽见。"又引申为掉转、转变，如贾谊《过秦论》："率罢散之卒，将数百之众，转而攻秦，斩木为兵，揭竿为旗。"又引申为辗转，如柳宗元《捕蛇者说》："号呼而转徙，饥渴而顿踣。"

"转"是一个多音字，读作"zhuàn"时，在古代汉语中用作量词，用来计算运转的次数，如《木兰诗》："策勋十二转，赏赐百千强。"

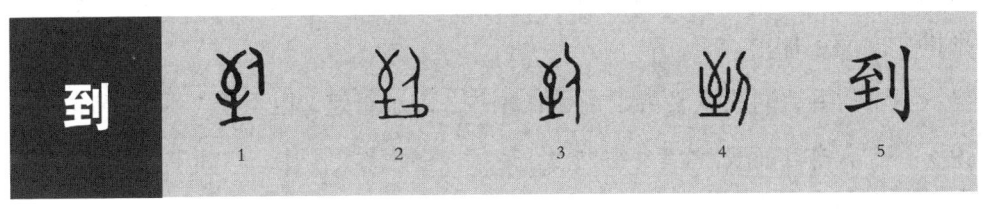

1、2、3形是金文写法，左从至，右从人，人至即为"到"。4形是小篆写法，讹变为从至刀声的形声字。5形是隶变后的楷书写法。

本为会意字，后改为形声字。《说文解字》："到，至也。"本义是到达，如《诗经·大雅·韩奕》："蹶父孔武，靡国不到。"又引申为往，后面加宾语，如李白《闻王昌龄左迁龙标遥有此寄》："我寄愁心与明月，随风直到夜郎西。"后用作动词的补语，表示有结果，如孟浩然《过故人庄》："待到重阳日，还来就菊花。"在古代汉语中，"到"还常通"倒"，表示颠倒，如《庄子·外物》："草木之到植者过半，而不知其然。"

1形是甲骨文写法，像二人相背，上加短横，与"北"相区别。2形是金文写法，承袭甲骨文。3形是小篆写法，对称的上下笔由横变曲。4形是隶变后的楷书写法，笔画变平直。

会意字。《说文解字》："非，违也。从飞下翅，取其相背。"本义为违背，如《论语·颜渊》："非礼勿视，非礼勿听，非礼勿言，非礼勿动。"引申表示不对的、错误的，陶渊明《归去来兮辞》："实迷途其未远，觉今是而昨非。"进一步引申为无、没有，如《荀子·劝学》："登高而招，臂非加长也，而见者远。"又引申为责怪，如《庄子·逍遥游》："且举世誉之而不加劝，举世非之而不加沮。"

"非"由动词的意义可以虚化作副词，表示否定，相当于"不"。韩愈《师说》："人非生而知之者，孰能无惑？"在现代汉语中，"非"又可作为否定前缀，如"非金属、非对抗性矛盾"。

成语"非驴非马"出自《汉书·西域传下》"驴非驴，马非马，若龟兹王，所谓骡也"，形容什么也不像，不伦不类。"非亲非故"出自唐代马戴《寄贾岛》"佩玉与铿金,非亲亦非故",指既不是亲属,也不是故旧,形容彼此之间毫无关系。

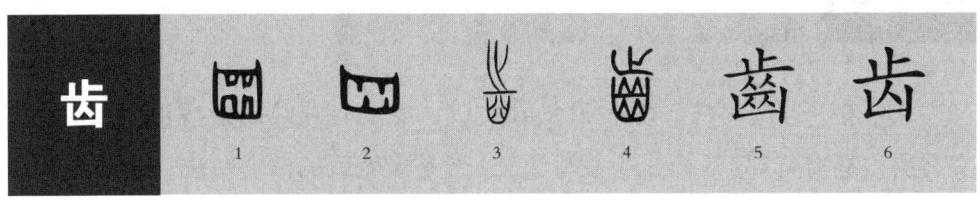

1、2形是甲骨文写法,1形像张开的大口里露出牙齿,2形在1形的基础上将牙齿部分简化。3形是战国三晋文字写法,增加声符"止",变成形声字。4形是小篆写法,直接由金文字形演变而来。5形是繁体楷书写法。6形是简化后的楷书写法。

本为象形字,后来加上声符"止"变成了形声字。《说文解字》:"齿,口断骨也。"本义是门牙,因为牙齿的数量与年龄有关,因此"齿"可以指年龄,"同齿"就是同岁,如《左传·昭公二十年》:"子之齿长矣,不能事人。"因为牙齿排列有序,还可以引申为次第、序列,如《庄子·天下》:"以法为分,以名为表,以参为验,以稽为决,其数一二三四是也,百官以此相齿。"

"齿"是一个部首字,从齿的字意思大多与牙齿或年龄有关,例如"龄、龇、龈、龋"等。

成语"唇亡齿寒"出自《左传·僖公五年》"晋侯复假道于虞以伐虢。宫之奇谏曰:'虢,虞之表也;虢亡,虞必从之。……谚所谓"辅车相依,唇亡齿寒"者,其虞虢之谓也'",意思是如果没有了嘴唇,牙齿就会寒冷,比喻双方关系十分密切,利害相关。

虎

1形是甲骨文写法，像一只张着大口、身上有花纹的老虎形。2形是金文写法，笔画简省。3形是小篆写法。4形是隶变后的楷书写法。

象形字。本义是老虎，如《后汉书·班超传》："不入虎穴，焉得虎子。"老虎是一种威猛的动物，因此"虎"字常用于跟军事有关的词语，如《汉书·叙传下》："武贤父子，虎臣之俊。"这里的"虎臣"比喻有胆略、武艺高强的勇武之臣。《尚书·牧誓》："武王有戎车三百辆，虎贲二百人。"这里的"虎贲"指勇士、猛士。后来"虎贲军"成为精锐军队的代名词。"虎"还有比喻残酷凶暴的用法，如《史记·项羽本纪》："夫秦王有虎狼之心，杀人如不能举，刑人如恐不胜，天下皆叛之。"

"虎"是一个部首字，从虎的字大都与虎类动物有关，如"彪、號、戲"等。

具

1形是甲骨文写法，从廾从鼎，像用双手捧着用来盛放食物的鼎。2形是金文写法，"鼎"讹写作从贝。3形是小篆写法，"鼎"又讹写作从目。4形是楷书写法。

会意字。《说文解字》："具，共（供）置也。"本义是备办酒食，如孟浩然《过故人庄》："故人具鸡黍，邀我至田家。"又如《千字文》："具膳餐饭，适口充肠。"引申为饭食、酒肴，如《战国策·齐策四》："左右以君贱之也，食以草具。"又进一步引申为准备、备办，如《左传·隐公元年》：

"缮甲兵,具卒乘。"又引申为具备、完备,如郦道元《水经注·江水》:"须发皆具,因名曰人滩也。"又引申作副词,表全、都,如《史记·项羽本纪》:"良乃入,具告沛公。"

在古文中,"具"与"俱"意义相近,都有全、都的意思,但"俱"的主要意义是两个以上的人同做一件事,这个意义一般不写作"具"。

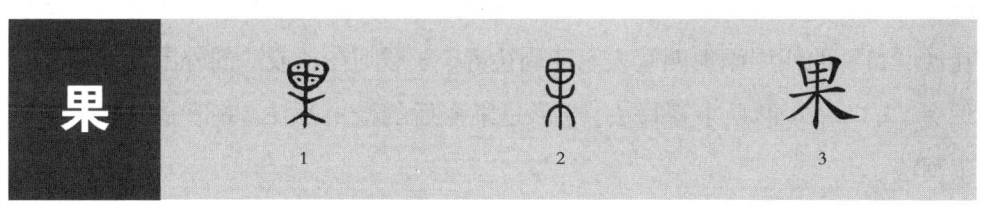

1形是金文写法,像树上生有果实的样子。2形是小篆写法,承袭金文,"木"上的果实简化为"田"形,字形趋于稳定。3形是隶变后的楷书写法。

象形字。本义是果实,《说文解字》:"果,木实也。象果形在木之上。"又因为果子形圆而饱满,因此"果"又有吃饱义,如《庄子·逍遥游》:"适莽苍者,三餐而反,腹犹果然。"因此常用"果腹"一词来形容吃饱肚子,如张耒《感春十三首》:"择食无果腹,贪藏有良金。"又引申指成为事实、实现,如陶渊明《桃花源记》:"闻之,欣然规往。未果,寻病终。"又作副词,表示现在的果然义,如《韩非子·说难》:"暮而果大亡其财,其家甚智其子,而疑邻人之父。"又有果敢、决断义,如《论语·雍也》:"由也果,于从政乎何有?"这是孔子对于其弟子仲由的评论:仲由果断,对于治理政事有什么难的呢?

由于"果"常用的引申义较多,于是后世常将表示果实本义的"果"字上添加"艹"分化出"菓"字,汉字规范化后,将"菓"作为异体字,又统一写成"果"字。

1形是甲骨文写法,初文写作"或",从囗(城邑)从戈,中间像"口"的指疆域,右侧"戈"为武器,以武器守卫国土。2、3形是金文写法,2形在像"口"的四周添加四笔表示四周边界,3形则在"或"的外围添加了表义偏旁"囗"。4形是小篆写法。5形是隶变后的楷书写法。6形是简化后的楷书写法。

会意字。本义为疆域、地域,这个意思后来写作"域"。"或、國、域"从而分化为三个不同的字。后引申指分封的诸侯国。《说文解字》:"國,邦也。"古时"天下"皆为周天子领地,"邦"指周天子分封诸侯的封地,"国"指诸侯封国,诸侯以下士大夫的统治区域则称为"家",其后才形成了国家义,如苏洵《六国论》:"六国破灭,非兵不利。"又有国都义,如杜甫《春望》:"国破山河在,城春草木深。"其中的"国破"即指国都被攻破。

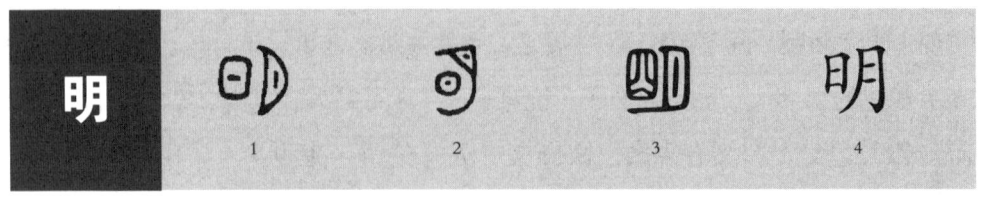

1形是甲骨文写法,从日从月。2形是金文写法,承袭甲骨文。3形是小篆写法,从囧从月,"囧"为窗户之意。4形是隶变后的楷书写法。

会意字。《说文解字》:"朙(明),照也。从月从囧。"本义是光照,有光为明,无光为暗,如《说苑·建本》:"老而好学,如炳烛之明。"引申表示明亮的，如苏轼《石钟山记》："至莫夜月明，独与迈乘小舟至绝壁下。"用作动词，表示照亮，如王安石《游褒禅山记》："方是时，余之力尚足以入，火尚足以明也。"又引申指视力，如《孟子·梁惠王上》："明足以察秋毫之末，而不见舆薪。则王许之乎？"又引申指明白、懂得，如屈原《卜居》："物有所不足，智有所不明。"又指明朝，如魏学洢《核舟记》："明有奇巧人曰王叔远，能以径寸之木，为宫室……"

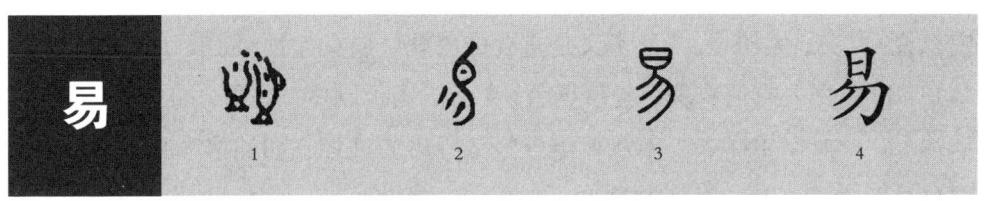

1形是甲骨文写法，把一个容器里的水倒进另一个容器里，表示给予。2形是金文写法，省去了一个器皿。3形是小篆写法，和金文相似并整齐化。4形是楷书写法。

会意字。《说文解字》："易，蜥易，蝘蜓，守宫也。"所释有误。本义为给予、赏赐，是"赐"的本字，如《商君书·错法》："夫离朱见秋豪百步之外，而不能以明目易人；乌获举千钧之重，而不能以多力易人。"引申表示更改、交换，如《列子·汤问》："寒暑易节，始一反焉。"李斯《谏逐客书》："孝公用商鞅之法，移风易俗。"还表示容易，如《孟子·公孙丑上》："饥者易为食，渴者易为饮。"彭端淑《为学一首示子侄》："为之，则难者亦易矣；不为，则易者亦难矣。"

《易经》即《周易》，是儒家"六经"之一，相传系周人所作，《周易》囊括了天文、地理、军事、科学、文学、农学等丰富的知识内容，被推为"六经"之首，对中国几千年来的政治、经济、文化等各个领域都产生了极其深远的影响，在我国文化史上享有崇高的地位。

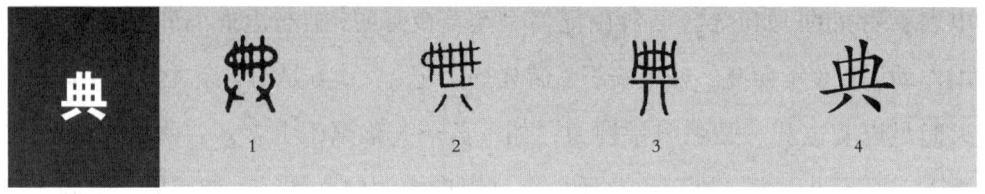

1形是甲骨文写法,从廾从册,像双手捧读典册之形。2形是金文写法,承袭甲骨文。3形是小篆写法。4形是隶变后的楷书写法。

会意字。《说文解字》:"典,五帝之书也。从册在丌上,尊阁之也。"庄都说:'典,大册也。'"本义是重要的书籍,如《尚书·周书·多士》:"惟尔知,惟殷先人有册有典,殷革夏命。"引申表示制度、法则,如《后汉书·张衡传》:"时国王骄奢,不尊典宪。"又假借为抵押,如杜甫《曲江》:"朝回日日典春衣,每日江头尽醉归。"

成语"典谟训诰"用以表示典籍精粹,出自《书序》"典谟训诰誓命之文,凡百篇"。"典、谟、训、诰"分别指《尚书》中《尧典》《大禹谟》《伊训》《汤诰》,也泛指经典之文。

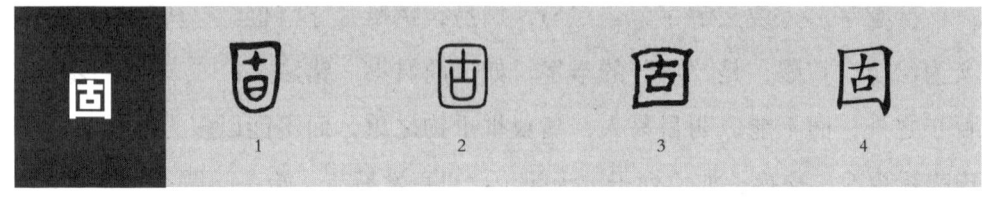

1形是金文写法,从囗古声,"囗"表示四面闭塞。2形是小篆写法,承袭金文。3形是隶书写法,进一步演变。4形是楷书写法。

形声字。《说文解字》:"固,四塞也。"本义指四周地势险要,如《论语·季氏》:"今夫颛臾,固而近于费。"进而引申表示顽固、固执,如《列子·汤问》:"汝心之固,固不可彻。"又虚化作副词,表示坚决、坚持,如《史记·廉颇蔺相如列传》:"蔺相如固止之,曰:'公之视廉将军孰与秦王?'"贾谊《过秦论》:"君臣固守以窥周室,有席卷天下,包举宇内,囊括四海之意,并吞八荒之心。"

成语"固步自封"比喻安于现状，不求进步，又写作"故步自封"。

成语"崤函之固"出自贾谊《过秦论》"秦孝公据崤函之固，拥雍州之地"。"崤函"亦写作"崤嵌"。崤，崤山；函，函谷关。古代将崤山与函谷关合称为"崤函之塞"，用以比喻地势十分险要。如苏轼《送孔郎中赴陕郊》："惊风击面黄沙走，西出崤函脱尘垢。"

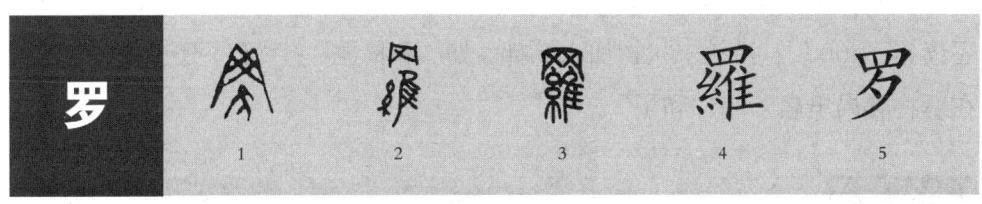

1形是甲骨文写法，从网从隹，会以网捕鸟意。2形是金文写法，承袭甲骨文，增加"糸"旁，表示丝线织成义。3形是小篆写法，承袭金文。4形是隶变后的楷书写法，所从"网"形写作"罒"。5形是简化后的楷书写法。

会意字。本义是捕鸟的网，也指用网捕鸟。如《韩非子·难三》："以天下为之罗，则雀不失矣。"成语"天罗地网"来源于此。引申为招致、搜求，如司马迁《报任安书》："网罗天下放失旧闻。"又因"罗"字的本义为丝网，引申为质地稀疏轻软而显现纹路的丝织品，如岑参《白雪歌送武判官归京》："散入珠帘湿罗幕，狐裘不暖锦衾薄。"

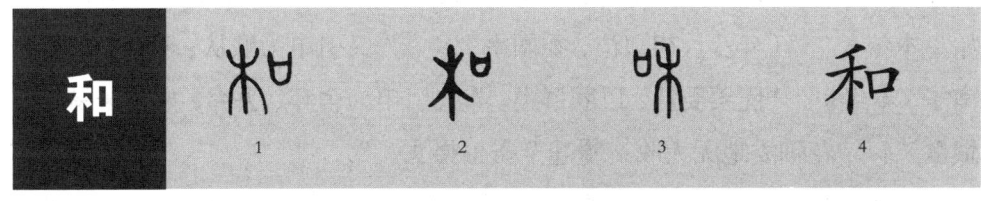

1、2形是金文写法。3形是小篆写法，承袭金文。4形是楷书写法。"和"或作"龢"。

会意兼形声字。本义为声音相应和，和谐地跟着唱或伴奏，如"曲高和寡、鸾凤和鸣、一唱百和"等。引申指附和相应，以及特指古人依照别人诗词的格律和题材作诗词，如白居易《初冬早起寄梦得》："诗成遣谁和，还是寄苏州。"以上字义的"和"皆音"hè"。"和"是一个多音字，读"hé"时，引申指乐声配合适当、谐调相和，泛指和谐、平和、顺和、和睦。中国自古就十分崇尚和谐统一，时至今日更是将"和"作为国家和民族重要的精神价值。

"和"还读作"huó"，指搅拌或揉弄使掺和在一起，如"和面"；"和"还读作"huò"，指粉末状物加水搅拌，如"和稀泥"；"和"还读作"hú"，在麻将牌局里赢了叫"和了"。

1形是甲骨文写法，从乚从禾，置放禾穗于"乚"之上。2形是金文写法，将"乚"形改成了"匕"形。3形是战国秦文字写法，改为从禾从女。4形是小篆写法。5形是隶变后的楷书写法。

会意字。《说文解字》："委，委随也。"本义为放置，如《世说新语·雅量》："羊了不眄，唯脚委几上，咏瞩自若。"引申为堆积，如周麟之《破虏凯歌》："五百万人存者几，淮南白骨委如山。"又引申为托付、委任，如《史记·秦始皇本纪》："王年少，初即位，委国事大臣。"又引申为顺从、听任，如《淮南子·本经》："优柔委从，以养群类。"又引申为舍弃、丢弃，如白居易《长恨歌》："花钿委地无人收，翠翘金雀玉搔头。"

成语"虚与委蛇"指对人假意敷衍应酬，出自《庄子·应帝王》"壶子曰：'乡吾示之以未始出吾宗，吾与之虚而委蛇'"。"委蛇"即随顺之貌，指敷衍应付。

隹

1形是甲骨文写法，像一只鸟的形状。2形是金文写法，字形与甲骨文大同。3形是小篆写法。4形是隶书写法，笔画更为平直。5形是楷书写法。

象形字。本义指鸟。甲骨卜辞有用作本义者："王田梌，往来无灾？获隹百四十八，象二。"（《合集》37513）"获隹二百五十，象一，雉二。"（《合集》41802）用作联绵词"隹隹"，表高大貌。用作句首或句中语气词，通"唯（惟、维）"。

"隹"是一个部首字，从隹的字大都跟鸟类等飞禽之意有关，如"雀、集、雉、雎、雏、雌、雄、雕、雁、隼"等。

在古代，把长尾巴的鸟写成"鳥（鸟）"，把短尾巴的鸟写成"隹"。

依

1形是甲骨文写法，外部从衣，里面从人，表示人依靠衣服遮蔽取暖。2形是小篆写法，变成左右结构。3形是楷书写法，直接由小篆演变而来。

会意兼形声字。《说文解字》："依，倚也。"本义是依靠，如曹操《短歌行》："绕树三匝，何枝可依？"引申为傍着，如王之涣《登鹳雀楼》："白日依山尽，黄河入海流。""依依"指轻柔的样子，如《诗经·小雅·采薇》："昔我往矣，杨柳依依。"陶渊明《归园田居（其一）》："暧暧远人村，依依墟里烟。"还表示留恋惜别的样子，如王逸《九思·伤时》："顾章华兮太息，志恋恋兮依依。"成语"依依惜别"。

从《说文解字》的解释可以看出，"依"和"倚"的意思很接近，但词义轻重不同。"依"的意义轻，而"倚"的意义重，比如"倚老卖老"。

1、2形是甲骨文写法，"正"是"征"字的表意初文，1形是"正"字，2形添加形旁"彳"，表示道路，形声字。3形是金文写法，上部的"口"形为实心点或一短横。4形是小篆写法，从辵正声。"辵"和"彳"是义近形符，可以通用。5形是《说文解字》中或体"征"字，现代汉字"征"字来源于此。6形是楷书写法。

会意字。《说文解字》："征，正行也。"即正义的行为。引申为征伐，如《孟子·尽心下》："征者，上伐下也。"《左传·僖公四年》："昭王南征而不复。"《木兰诗》："愿为市鞍马，从此替爷征。"引申为争夺、索取，如《孟子·梁惠王上》："上下交征利，而国危矣。"又引申为赋税，如《孟子·尽心下》："有布缕之征，粟米之征，力役之征。"

"征"又用作"徵"的简化字，表征集、调用人力或物资义，如白居易《新丰折臂翁》："无何天宝大征兵，户有三丁点一丁。"蒲松龄《聊斋志异·促织》："宣德间，宫中尚促织之戏，岁征民间。"又指现象，迹象，如《周书·乐运》："事由宦者，亡国之征。"引申指检验、证明，如《左传·襄公二十六年》："至，则歛，用牲，加书，征之。"《隋书·炀帝纪》："观隋室之存亡，斯言信而有征矣。"

成语"杞宋无征"出自《论语·八佾》"夏礼，吾能言之，杞不足征也；殷礼，吾能言之，宋不足征也。文献不足故也。足，则吾能征之矣"，指的是由于文献资料不足而无法证明。

往

1形是甲骨文写法,从止王声。2形是金文写法,增加义符"彳",表示行路。3形是小篆写法,线条规整化。4形是隶变后的楷书写法。

形声字。《说文解字》:"往,之也。""往"字本义为去、到,如陶渊明《桃花源记》:"闻之,欣然规往。未果,寻病终。"引申为交际往来,如《礼记·檀弓上》:"非兄弟,虽邻不往。"由本义还引申为过去,如《论语·微子》:"往者不可谏,来者犹可追。"又引申为以后,如《周易·系辞下》:"过此以往,未之或知也。"另外,"往"还可以引申为送去,如曹植《与杨德祖书》:"今往仆少小所著辞赋一通。""仆"是男子对自己的谦称。这句话的意思是现在送去我年少时所作的辞赋一份。

需要注意的是,在古代,"往"和"去"的含义有所不同,"往"相当于现在的"去",而"去"则为"离开"的意思,如"去留"即指离开和留下。

所

1形是石鼓文写法,从斤户声。2形是战国楚文字写法。3形是三晋文字写法。4形是小篆写法。5形是隶变后的楷书写法。

形声字。《说文解字》:"所,伐木声也。"本义是伐木的声音,最初读作"hǔ",《说文解字》引《诗经·小雅·伐木》曰:"伐木所所。""所所"表示伐木的声音,今传本改作"伐木许许"。"所"字后来假借表示处所,其本义逐渐不用,如干宝《搜神记》卷十六:"鬼问:'欲至何所?'答曰:

'欲至宛市。'"引申为适宜的地位、处所，如《诗经·魏风·硕鼠》："乐土乐土，爰得我所。"诸葛亮《前出师表》："必能使行阵和睦，优劣得所。"又引申为量词，用来计算建筑物，如《汉书·地理志下》："肤施，有五龙山、帝、原水、黄帝祠四所。""所"还用在动词前，与动词构成一个名词性短语，如韩愈《师说》："道之所存，师之所存也。"杜牧《阿房宫赋》："辘辘远听，杳不知其所之也。"陶渊明《桃花源记》："渔人一一为具言所闻。"

在现代汉语中，"所"字多用作助词，跟"为"或"被"合用，表示被动，如"为人所用"。用在做定语的主谓结构的动词前面，表示中心词是受事，如"我所认识的人"。用在"是……的"中的名词、代词和动词之间，强调施事和动作的关系，如"书上写的正是我所想的"。在书面语中，"所"用在动词前面，跟动词构成名词结构，如"所剩无几、各尽所能"等。

1、2形是金文写法，形声字，"土"为形，"今"为声，1形左侧的两小点表示埋在土中的金属矿石。2形像金属矿石的小点分置于两侧。3形是小篆写法。4形是隶变后的楷书写法。

象形字。《说文解字》："金，五色金也。黄为之长。……生于土，从土。左右注，象金在土中形，今声。"本义为金属的通称，如《荀子·劝学》："锲而不舍，金石可镂。"《木兰诗》："朔气传金柝，寒光照铁衣。"又特指黄金，如晁错《论贵粟疏》："夫珠玉金银，饥不可食，寒不可衣，然而众贵之者，以上用之故也。"又指货币、钱财，如《战国策·齐策四》："孟尝君予车五十乘，金五百斤，西游于梁。"《后汉书·杨震传》："故所举荆州茂才王密为昌邑令，谒见，至夜怀金十斤以遗震。"引申表示有价值的、宝贵的，如刘禹锡《陋室铭》："可以调素琴,阅金经。"

"金"是一个部首字。从金的字大都跟金属有关,如"银、铁、铜、锡、铸、针、钉、钢"等。

成语"金兰之契"出自《周易·系辞上》"二人同心,其利断金;同心之言,其臭如兰"。金,比喻坚;兰,比喻香;契,投合。指交情投合的朋友,如白居易《代书诗一百韵寄微之》："分定金兰契,言通药石规。"

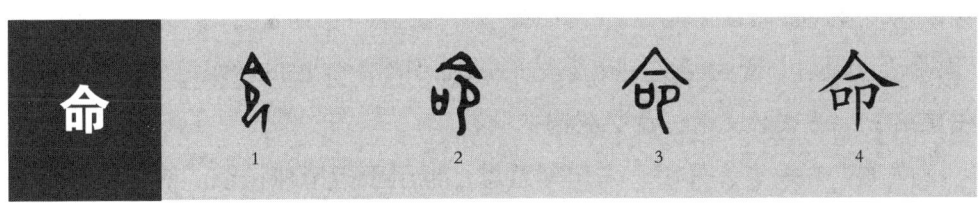

1形是甲骨文写法,像人在屋子里发号施令。甲骨文里"命"与"令"本为一字。2形是金文写法,增加了义符"口",强调用嘴发号命令,遂分化成"命""令"两个字。3形是小篆写法,承袭金文。4形是隶变后的楷书写法。

会意兼形声字。《说文解字》："命,使也。从口从令。"本义为发出指示、差遣,如白居易《琵琶行》："遂命酒,使快弹数曲。"用作名词,指上对下的指示,如诸葛亮《前出师表》："受任于败军之际,奉命于危难之间。"古人认为人的生命是上天赋予的,因而又引申指生命、性命,如《诗经·大雅·文王》："无念尔祖,聿修厥德。永言配命,自求多福。"《古诗为焦仲卿妻作》："命如南山石,四体康且直。"这里的"命"即指天命。

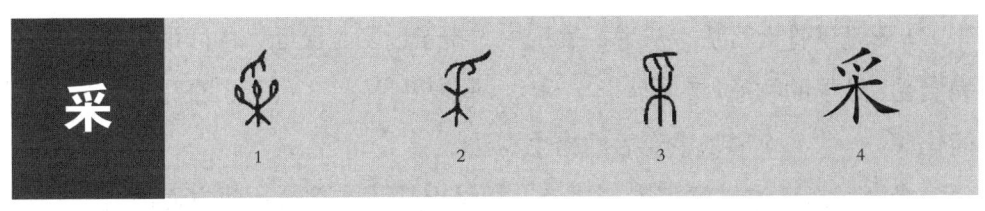

1形是甲骨文写法,从爪从枼,像手摘树叶之形。2形是金文写法,

树叶形省为"木"形。3形是小篆写法，承袭金文。4形是隶变后的楷书写法。

会意字。《说文解字》："采，捋取也。"本义是摘取，如《诗经·小雅·采薇》："采薇采薇，薇亦作止。"引申表示采取、选择，如《史记·秦始皇本纪》："采上古帝位号，号曰：'皇帝'。"又引申指文章的辞藻，如柳宗元《答韦中立论师道书》："乃知文者以明道，是固不苟为炳炳烺烺，务采色，夸声音而以为能也。"又通"彩"，如司马迁《史记·项羽本纪》："吾令人望其气，皆为龙虎，成五采。"进而引申为彩色的丝织品，如晁错《论贵粟疏》："衣必文采，食必粱肉。"

"采"有采集、采用、采访等意思；也用于指精神状态，如"风采、神采奕奕、兴高采烈"等。彩，形声字，从彡采声，指颜色丰富，如"丰富多彩、光彩照人"等。

"采采"指茂盛、众多，如《诗经·秦风·蒹葭》："蒹葭采采，白露未已。""采山"指上山砍柴，如梅尧臣《田家·四时》："采山持野斧，射鸟入烟林。""采菽"指采摘豆叶，如《诗经·小雅·小宛》："中原有菽，庶民采之。"以此比喻王位无常家，勤于德者则得之。

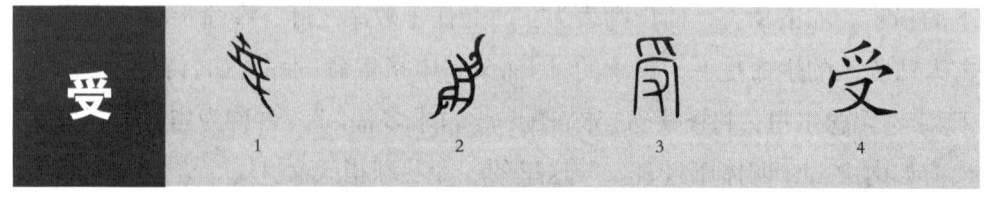

1形是甲骨文写法，从受，表示一方授予，一方接受，中间的"舟"形代表接受、给予的物品。2形是金文写法，承袭甲骨文。3形是小篆写法，将"舟"简化成"冖"。4形是隶变后的楷书写法。

会意字。《说文解字》："受，相付也。"本义包括两方面的含义，一是给予，一是接受。主要依靠上下文来区分其含义。如《论语·乡党》："康子馈药，拜而受之。"这里的"受"是接受义。再如《韩非子·外储说左上》："因能而受官。"这句话的意思是凭借才能给予官位，其中的"受"是给予义。

后来在"受"左边加注义符"扌"造"授"字，表示用手给的意思，将"受"的给予义分化出去，原来的"受"就专门用来表示接受义。

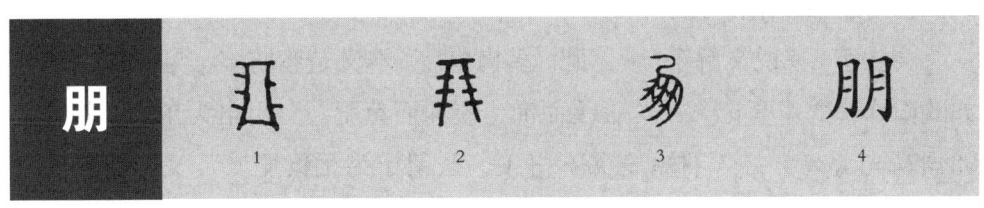

1形是甲骨文写法，像两串玉或贝连在一起之形。2形是金文写法，承袭甲骨文。3形是小篆写法，为"凤"字古文。4形是楷书写法。

象形字。本义是货币单位，通常十贝为一朋。《诗经·小雅·菁菁者莪》："既见君子，锡我百朋。"也有朋友、朋党之意，如李白《陈情赠友人》："斯人无良朋，岂有青云望。"作为动词，有结党、相互勾结之意，如屈原《离骚》："世并举而好朋兮，夫何茕独而不予听。"

在古代，"朋"和"友"是两个不同的概念。朋，同门曰"朋"，如"宾朋满座、朋比为奸"等。友，同志为"友"，指志同道合的人，如《荀子·性恶》："择良友而友之。"后来二字合用，如《论语·学而》："为人谋而不忠乎？与朋友交而不信乎？传不习乎？"

在古代，文人重视友情，部分诗人将这种友情表达在诗句中。如王勃《送杜少府之任蜀州》："海内存知己，天涯若比邻。"王昌龄《芙蓉楼送辛渐》："洛阳亲友如相问，一片冰心在玉壶。"李白《送孟浩然之广陵》："孤帆远影碧空尽，唯见长江天际流。"李白《赠汪伦》："桃花潭水深千尺，不及汪伦送我情。"

肥

1形是战国楚文字写法，从肉从卪，"卪"即"节"的初文。2形是小篆写法。3形是隶变后的楷书写法。

会意字。《说文解字》："肥，多肉也。"本义是脂肪多，与"瘦"相对，如欧阳修《醉翁亭记》："临溪而渔，溪深而鱼肥。"引申为茁壮、粗大，如司马光《鸡》："羽短笼深不得飞，久留宁为稻粱肥。"又引申形容土地肥沃、富饶，如《管子·八观》："壤地肥饶，则桑麻易植也。"

"肥"与"胖"作为近义词，还是有一些细微的区别的。"胖"一般指人有很多肉，体型宽广，如"心宽体胖"。"肥"指脂肪较多，通常形容动物，如张志和《渔歌子》："西塞山前白鹭飞，桃花流水鳜鱼肥。"除了"肥胖、减肥"外，"肥"字很少用于形容人。形容人，多带有贬义色彩或者蔑视，如"肥头大耳"。

周

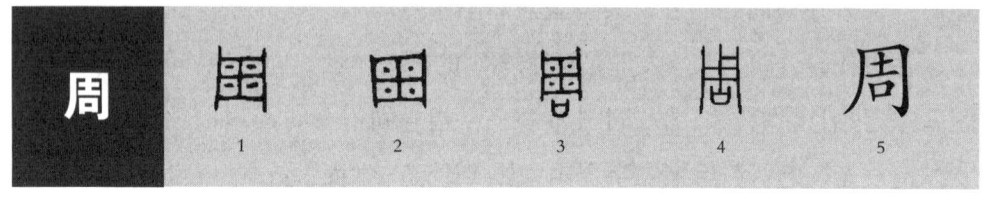

1形是甲骨文写法，像在玉片或钟一类的器物上雕刻细密的花纹。2、3形是金文写法，3形在甲骨文的基础上，增加了部件"口"，在甲骨文和金文中，国名往往加指事符号"口"。4形是小篆写法，将线条规整化。5形是隶变后的楷书写法。

象形字。本义为雕刻，是"彫"的本字，后来"周"的本义为"彫"字所代替。因为雕刻的图形花纹细密完备，因此引申为细密、周密之意。《说文解字》:"周,密也。从用口。"应为引申义,如《管子·九守》:"人主不可不周。人主不周,则群臣下乱。"由周密又可以引申为周遍、周览,如归有光《项脊轩志》:"前辟四窗,垣墙周庭,以当南日。"又引申指普遍、全面,如"众所周知"。又引申指环绕一圈,如《左传·成公二年》:"齐师败绩,逐之,三周华不注。"

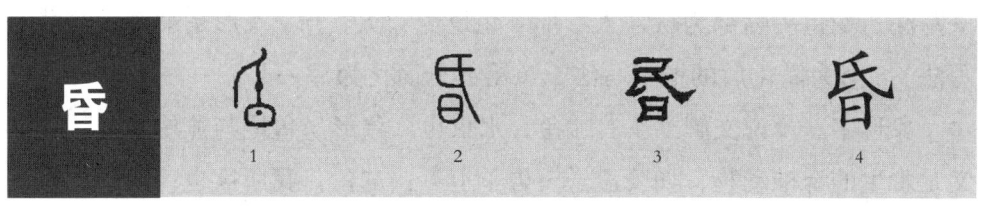

1形是甲骨文写法,会太阳从空中垂落之意。2形是小篆写法。3形是隶书写法。4形是楷书写法。

会意字。《说文解字》:"昏,日冥也。从日氐省。氐者,下也。一曰民声。"本义是太阳落入地平线、光线暗淡的夜晚,即日落。卜辞有用作本义者:"今日辛至昏雨。"(《合集》29328)今天从辛时一直到日落都下雨。引申表示昏暗的、黑暗的,如归有光《项脊轩志》:"又北向,不能得日,日过午已昏。"王安石《游褒禅山记》:"至于幽暗昏惑而无物以相之,亦不能至也。"又引申为昏庸的、糊涂的,如《史记·秦始皇本纪》:"燕王昏乱,其太子丹乃阴令荆轲为贼,兵吏诛,灭其国。"由于古代婚礼在傍晚举行,故又用作婚义,如《诗经·邶风·谷风》:"宴尔新昏,如兄如弟。"

"昏"字在书写过程中,"氏"经常会写作"氐",即多加一点。古字"氏"和"氐"都有落下的意思。但汉字规范化之后统一写作"昏"。

"黄昏"这一意象在古典诗词中经常出现,黄昏的出现为全诗奠定一种悲凉的情感基调。如陆游《咏梅》:"已是黄昏独自愁,更著风和雨。"李商隐《登乐游原》:"向晚意不适,驱车登古原。夕阳无限好,只是近黄昏。"

鱼

| 鱼 | 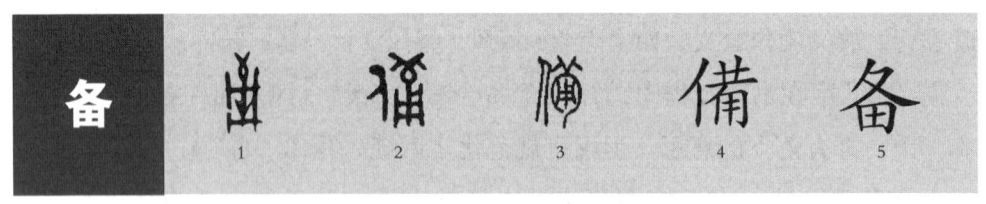 |

1形是甲骨文写法，像鱼之形。2形是金文写法，承袭甲骨文。3形是小篆写法，变鱼头嘴部为伏"人"形，鱼尾为"火"形。4形是隶变后的楷书写法。5形为简化后的楷书写法，鱼尾部分简化为"一"。

象形字。《说文解字》："鱼，水虫也。象形。鱼尾与燕尾相似。"本义是水生的脊椎动物，如《孟子·告子上》："鱼，我所欲也；熊掌，亦我所欲也，二者不可得兼，舍鱼而取熊掌者也。"《史记·项羽本纪》："如今人方为刀俎，我为鱼肉。"又通"渔"，表示捕鱼，如孔武仲《自宝丰仓归》："抛掉一官如粪壤，好随鱼舸此中闲。"又指贩卖鱼的人，如《孟子·告子下》："舜发于畎亩之中，傅说举于版筑之间，胶鬲举于鱼盐之中。"

"鱼"是一个部首字，从鱼的字大都跟鱼类动物有关，如"鳃、鳍、鳞、鳔、鲍、鲟、鲫、鲤"等。

成语"弹铗无鱼"出自《战国策·齐策四》"齐人有冯谖者，贫乏不能自存，使人属孟尝君，愿寄食门下……居有顷，倚柱弹其剑，歌曰：'长铗归来乎！食无鱼'"。铗，剑柄，或指代剑。后以此比喻处境窘迫，有求于人。

备

1形是甲骨文写法，像箭头朝下插在箭袋之形，表示准备好了箭，有所防备。2形是金文写法，添加意符"人"。3形是小篆写法。4形是隶变后的楷书写法。5形为简化后的楷书写法。

会意字。本义是准备、防备,如《左传·襄公十一年》:"居安思危。思则有备,有备无患。"引申表示预备、预先筹划,如《左传·僖公三十三年》:"居则具一日之积,行则备一夕之卫。"又引申为具备,如《荀子·劝学》:"积善成德,而神明自得,圣心备焉。"引申为周到的、全面的,如范仲淹《岳阳楼记》:"此则岳阳楼之大观也,前人之述备矣。"又引申为充数、充备,《史记·平原君虞卿列传》:"今少一人,愿君即以遂备员而行矣。"

"倍"表示与原数相等的数,在固定词组中表示数量成倍增长,如"事半功倍、勇气倍增、干劲倍增"等。"备"表示完全、程度深等意思,如"关怀备至、备受欢迎、备感欣慰"等。

成语"备失匕箸",出自《三国志·蜀书·先主传》"曹公从容谓先主曰:'今天下英雄,唯使君与操耳,本初之徒,不足数也',先主方食,失匕箸"。备,指刘备;匕,饭勺;箸,筷子。该成语比喻惊恐慌乱,如刘禹锡《平蔡州》:"四夷闻风失匕箸,天子受贺登高楼。"

1形是甲骨文写法,像一座高高的城,上面有城楼,下面有城墙之形。2形是金文写法,承袭甲骨文。3形是小篆写法,上、下两部分分开。4形是隶变后的楷书写法。

象形字。《说文解字》:"京,人所为绝高丘也。从高省,丨象高形。"本义是人工筑成的高丘。引申表示谷仓,如《史记·扁鹊仓公列传》:"往四五日,天雨,黄氏诸倩见建家京下方石,即弄之。"又指都城、城邑,如白居易《琵琶行》:"自言本是京城女,家在虾蟆陵下住。"

"京"是一个部首字,从京的字大都跟高大有关,如"高、亭"等。

夜

1、2形是金文写法，从夕或从月（甲骨文"夕"与"月"同形），"亦"省声。3形是小篆写法。4形是楷书写法。

形声字。《说文解字》："夜，舍也。天下休舍也。"本义是夜晚，日出为昼，月出为夜，如杜甫《茅屋为秋风所破歌》："自经丧乱少睡眠，长夜沾湿何由彻！"岑参《白雪歌送武判官归京》："忽如一夜春风来，千树万树梨花开。"李商隐《无题》："晓镜但愁云鬓改，夜吟应觉月光寒。"《诗经·召南·行露》："岂不夙夜，谓行多露。"在古文中，"夜"常假借为液、掖、射等。

成语"夜郎自大"出自《史记·西南夷列传》"滇王与汉使者言曰：'汉孰与我大？'及夜郎侯亦然。以道不通，故各以为一州主，不知汉广大"。汉代西南邻国中，夜郎国（在今贵州省西部）最大。夜郎国的国君问汉朝使臣道："是你们汉朝大呢？还是我们夜郎国大呢？"该成语比喻妄自尊大。

卒

1形是甲骨文写法，像"衣"形上加交叉线，表示衣服已经缝制完毕。2形是金文写法，衣形末尾加一笔表示结束。3形是小篆写法，承袭金文。4形是隶变后的楷书写法。

会意字。本义是完成、完结，如《古诗为焦仲卿妻作》："谓言无罪过，供养卒大恩。"李密《陈情表》："愿陛下矜悯愚诚，听臣微志，庶刘侥幸，保卒余年。"引申指士大夫去世，如《左传·僖公三十二年》："冬，晋文公卒。"虚化作副词，表示终于、最终，如《史记·廉颇蔺相如列传》："卒相与欢，为刎颈之交。"又指士兵，如贾谊《过秦论》："率疲弊之卒，将数百之众，转而攻秦。"又通"猝"，表示突然、仓促，如《战国策·燕策三》："以故荆轲逐秦王，而卒惶急无以击轲。"

成语"卒岁无褐"出自《诗经·豳风·七月》"无衣无褐，何以卒岁"。褐，粗布。该成语感叹生活困难，后用来比喻生活贫困，如韦庄《和郑拾遗秋日感诗一百韵》："卒岁贫无褐，经秋病泛漳。"

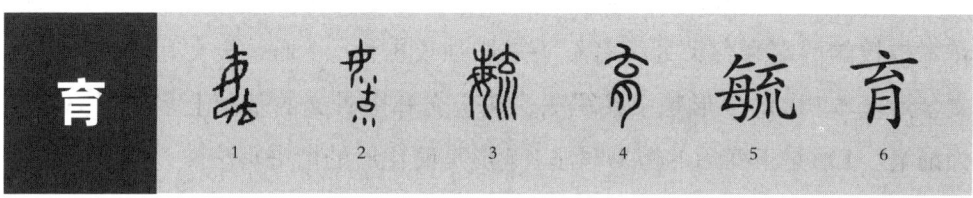

1形是甲骨文写法，从女从倒子，会女人生子之意。2形是金文写法，承袭甲骨文，小点表示羊水或血迹。3、4形是小篆写法，3形从每从倒子从巛；4形从倒子从肉。5、6形分别为隶变后的楷书写法。

会意字。《玉篇》："育，生也。"本义是生育、生养，如方回《春残归思》："果菜芳辛频代谢，禽鱼孕育各生成。"引申表示抚养、养活，如李密《陈情表》："伏惟圣朝以孝治天下，凡在故老，犹蒙矜育，况臣孤苦，特为尤甚。"《管子·牧民》："藏于不竭之府者，养桑麻育六畜也。"进一步引申为培养、培育，《说文解字》："育，养子使作善也。"如杨士奇《寄汴中广哲佥事》："庠序育才元不易，道途揽辔未曾停。"

《说文解字》："毓，育或从每。""育""毓"二字为异体字。在现代汉语中，指生育时用"育"，不能用"毓"；但指培养时，既可以用"育"，也可以用"毓"。

成语"贲育之勇"出自《抱朴子·内篇》"故三五丘旦之圣，弃疾良平之智，端婴随郦之辩,贲育五丁之勇,而咸死者,人理之常然,必至之大端也"。贲,孟贲;育,夏育。二人都是秦武王时的壮士。"贲育之勇"即孟贲、夏育的勇气,泛指壮士的勇气。

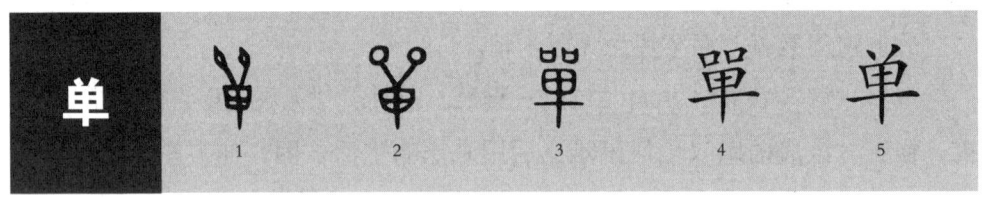

1形是甲骨文写法,是一种古代狩猎或作战用的武器,像带杈的木棍形状,在木棍杈的两端和分叉处绑有石头来增强攻击性。2形是金文写法,与甲骨文字形基本相同。3形是小篆写法,在金文和甲骨文的基础上多加了一横作为饰笔。4形是隶变后的楷书写法。5形是简化后的楷书写法。

象形字。《说文解字》:"单,大也。"本义是一种狩猎工具,假借作单一、单独之意,与"双"相对,如"形单影只、单枪匹马"。又由单独义引申出单薄、孤单等义,如白居易《卖炭翁》:"可怜身上衣正单,心忧炭贱愿天寒。"

"单"是一个多音字,用作地名或姓氏时读"shàn",甲骨文中有西单、东单等地名,金文中也有用"单"的国名、邑名、人名。专有名词"单于",读作"chán yú",为古代匈奴最高首领的称号。

"单"是一个部首字,凡是从单取义的字都与狩猎或战斗的工具有关,如"兽(獸)、战(戰)、弹"。

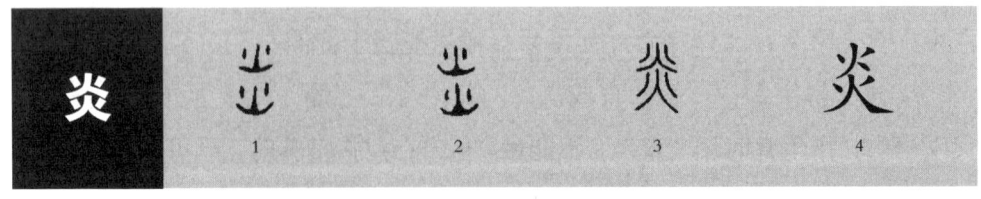

1形是甲骨文写法,从二"火"重叠,像火焰升腾之形。2形是金文写法,

下篇/汉字解析500例

承袭甲骨文。3形是小篆写法，进一步线条化。4形是隶变后的楷书写法。

会意字。《说文解字》："炎，火光上也。从重火。"本义是上升的火焰，如张衡《西京赋》："光炎烛天庭，嚣声震海浦。"引申表示焚烧，如《后汉书·肃宗孝章帝纪》："今时复旱，如炎如焚。"进一步引申出炎热的意思，如韩愈《南山诗》："夏炎百木盛，荫郁增埋覆。"

"炎"由两个"火"上下组合形成。类似结构的字还有"圭、出、吕、昌、多"等。三个相同部首组合的字有"焱、鑫、森、众、淼、垚、品、晶"等。

1形是小篆写法，从水戋声。2形是隶变后的楷书写法。3形是简化后的楷书写法。

形声字。《说文解字》："浅，不深也。"本义为水不深，如《庄子·逍遥游》："置杯焉则胶，水浅而舟大也。"林逋《山园小梅》："疏影横斜水清浅，暗香浮动月黄昏。"后泛指其他事物不深或不高，如苏轼《石钟山记》："徐而察之，则山下皆石穴罅，不知其浅深。"白居易《钱塘湖春行》："乱花渐欲迷人眼，浅草才能没马蹄。"又引申指时间短，如贾谊《过秦论》："延及孝文王、庄襄王，享国之日浅。"又引申指颜色淡，如杜甫《江畔独步寻花（其五）》："桃花一簇开无主，可爱深红爱浅红。"还引申指肤浅，如《三国志·蜀书·诸葛亮传》："孤不度德量力，欲信大义于天下，而智术短浅，遂用猖獗，至于今日。"

法

1形是金文写法，从水从去从廌，廌（zhì）是独角能断案之兽。2形是金文写法，各部件位置各有变化。3形是小篆写法，在金文的基础上将字形整齐化。4形是《说文解字》中的小篆或体，省略了"廌"形。5形是隶变后的楷书写法。6形是简化后的楷书写法，如今以"法"为正体。

会意字。《说文解字》："法，刑也。平之如水，从水。廌所以触不直者去之，从去。"本义为法律、法令，如《韩非子·五蠹》："儒以文乱法，侠以武犯禁。"《吕氏春秋·察今》："故治国无法则乱。"后来进一步引申表示标准、规律，如苏轼《潮州韩文公庙碑》："匹夫而为百世师，一言而为天下法。"又引申指方法、做法，如沈括《梦溪笔谈·采草药》："古法采草药多用二、八月。"《孙子兵法·九变》："凡用兵之法，将受命于君。"用作动词表示效法，如《三国志·魏志·崔林传》："太祖随宜设辟，以遗来今，不患不法古也。"

治

1形是小篆写法，从水台声。2形是隶变后的楷书写法。

形声字。《说文解字》："治，水。出东莱曲城阳丘山，南入海。"本义为水名，引申指整治水利，如《孟子·告子下》："禹之治水，水之道也，是故禹以四海为壑。"后泛指治理、管理，如《孟子·滕文公上》："或劳心，或劳力。劳心者治人，劳力者治于人。"引申指整理，如《战国策·齐策四》："于是约车治装，载券契而行。"又引申指医治，如《韩非子·喻老》："君有疾在腠理，不治将恐深。"又有惩治、处置之意，如诸葛亮《前出师表》："不效，则治臣之罪。"管制之下就有秩序，由此引申指有秩序，与"乱"相对，如《孙子兵法·军争》："以治待乱，以静待哗。"若统治者治理得当，则社会安定，由此又引申指太平、安定，如《汉书·贾谊传》："建久安之势，成长治之业。"成语"长治久安"即出自于此。

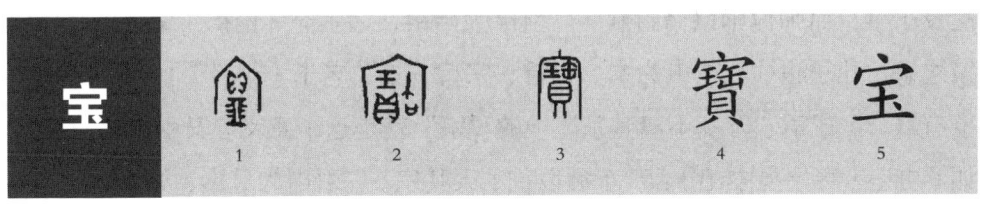

1形是甲骨文写法，"宀"表示房屋之形，里面是贝和玉。2形是金文写法，增加声符"缶"。3形是小篆写法，进一步规范。4形是繁体楷书写法，承袭小篆。5形是简化后的楷书写法，从宀从玉。

本为会意字，后加声符"缶"成为形声字。《说文解字》："宝，珍也。"本义是珍宝，如《史记·廉颇蔺相如列传》："和氏璧，天下所共传宝也。"《史记·李斯列传》："今陛下致昆山之玉，有随、和之宝。"辛弃疾《青玉案·元夕》："宝马雕车香满路。"作动词，指视……为珍宝，如《尚书·旅獒》："不宝远物，则远人格；所宝惟贤，则迩人安。"又指货币，如《旧唐书·食货志》："武德四年七月，废五铢钱，行开元通宝钱，径八分，重二铢四，积十文重一两，一千文重六斤四两。"又指皇帝的印信，《新唐书·车服志》载："至武后，改诸玺皆为宝。中宗即位，复为玺。开元六年，复为宝。天宝初，改玺书为宝书。十载，改传国宝为承天大宝。"

1形是甲骨文写法，从宀从示，"宀"表示房屋，"示"像神主牌位。

2形是金文写法，在甲骨文"示"形基础上加上分化符号。3形是小篆写法，字形基本固定。4形是隶变后的楷书写法。

会意字。《说文解字》："宗，尊祖庙也。"本义是宗庙（宗庙是放置神主牌位的房屋），如《尚书·大禹谟》："正月朔旦，受命于神宗，率百官若帝之初。"引申为祖宗，如《左传·成公三年》："若不获命，而使嗣宗职，次及于事，而帅偏师以脩封疆。"引申为始祖，如王充《论衡·案书》："儒家之宗，孔子也。"引申为本、主旨、宗旨，如《老子·德经》："言有宗，事有君。"成语"万变不离其宗"中的"宗"就是这个意义。又引申为宗族，如《史记·秦始皇本纪》："车裂以徇，灭其宗。"引申为尊奉，如《礼记·檀弓上》："夫明王不兴，而天下其孰能宗予？"在现代汉语中，"宗"还用作量词，指件或批，如"一宗离奇的案件"。

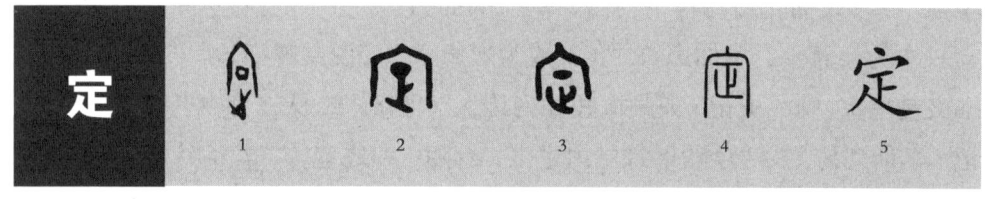

1形是甲骨文写法，从宀从正，"正"也表音。2、3形是金文写法，2形中"正"字所从的"口"形变为填实的长方形或圆形，3形中的"口"形简化为一横。4形是小篆写法，承袭金文。5形是隶变后的楷书写法。

形声兼会意字。《说文解字》："定，安也。"本义是安定、稳定，如《周易·彖传下》："正家，而天下定矣。"用作动词，表示平定，如陆游《示儿》："王师北定中原日，家祭无忘告乃翁。"引申为停止、静止，如杜甫《茅屋为秋风所破歌》："俄顷风定云墨色，秋天漠漠向昏黑。"引申为决定、确定，如《文心雕龙·情采》："经正而后纬成，理定而后辞畅。"用作副词，表示确实，如《史记·项羽本纪》："项梁闻陈王定死，召诸别将会薛计事。"又表示到底、究竟，如《世说新语·言语》："晋文王戏之曰：'卿云艾艾，定是几艾？'"

"定"和"订"是同音字，在许多地方也可以通用。如"订阅、订户、订单"，也可写作"定阅、定户、定单"，意思上没有差异。但是，"订"只表示双方事先有所约定，并不管约定能否保证确定不变，其强调的是过程；"定"表示事情已经确定下来了，不会轻易更改，其侧重的是结果。所以，像"订婚""订货"等一般用"订"而不用"定"；"定金""定购"等则用"定"更合适一些。"商品定价"不能写作"商品订价"，因为价格一旦确定了，就不能随意改动。

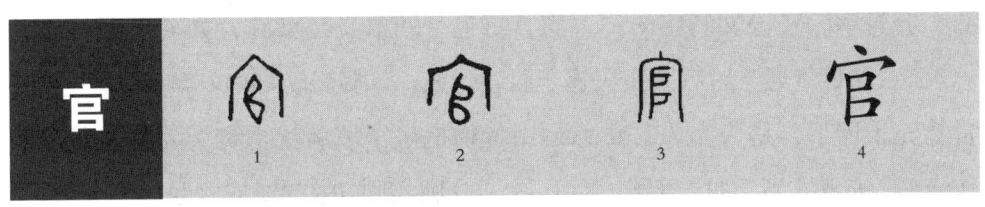

1形是甲骨文写法，外部是"宀"，内部字形与表示王权的斧形类似，是权威所在之地，即官府。2形是金文写法，承袭甲骨文。3形是小篆写法。4形是隶变后的楷书写法。

会意字。《说文解字》："史事君也。"本义为官府、官署，如《论语·子张》："不见宗庙之美，百官之富。"后来引申指官位或官职，如《荀子·君道》："论德而定次，量能而授官。"韩愈《师说》："位卑则足羞，官盛则近谀。"又引申为官吏，如王充《论衡·明雩》："百官共职于下。"用作动词，指管理、治理，如《左传·襄公九年》："晋君类能而使之，举不失选，官不易方。"

古诗文中经常出现的"锦官城"指的是今天的四川省成都市，古代成都以产锦闻名，蜀汉政权曾专门设立官署进行管理，用以保障锦制品的生产，从此成都又被称为"锦官城"或"锦城"，如李白《蜀道难》："锦城虽云乐，不如早还家。"杜甫《春夜喜雨》："晓看红湿处，花重锦官城。"《蜀相》："丞相祠堂何处寻，锦官城外柏森森。"

实

1 形是金文写法，从宀从田从贝，表示家里有田地和钱财，会富裕、充实之意。2 形是小篆写法，承袭金文。3 形是隶变后的楷书写法。4 形是简化后的楷书写法。

会意字。《说文解字》："实，富也。"本义是富有，如《汉书·食货志》："食足货通，然后国实民富，而教化成。"段玉裁《说文解字注》："以货物充于屋下，是为实。"意思是用货物把房子填满就是实，因此"实"字作充实、充满之意，如《管子·牧民》："仓廪实则知礼节，衣食足则知荣辱。"因为果子的形状比较饱满，因此可以引申为果实之意，如《韩非子·五蠹》："草木之实足食也。"《晏子春秋·内篇·杂下》："橘生淮南则为橘，生于淮北则为枳，叶徒相似，其实味不同。"由此又可以引申为真实的、不虚的，如王充《论衡·问孔》："世之儒生不能实道是非也。"诸葛亮《前出师表》："侍中、侍郎郭攸之、费祎、董允等，此皆良实，志虑忠纯，是以先帝简拔以遗陛下。"也可以用作副词，表示的确、确实，如《史记·李斯列传》："斯所以不死者，自负其辩，有功，实无反心。"又如李密《陈情表》："臣之进退，实为狼狈。"

1 形是小篆写法，从户（门）从方，"方"也表声。2 形是隶变后的楷书写法。

形声兼会意字。《说文解字》:"房,室在旁也。"房的本义为正室两旁的东西屋,也就是我们今天说的厢房。在中国古代,房屋内前部叫"堂",堂后以墙隔开,后部中央叫"室",室的东西两侧叫"房"。如成语"登堂入室",意思是按照进门的顺序先进前堂,而后才进入内室,后比喻学问或技能从浅到深,循序渐进,达到很高的水平。

由于家族的分支住在不同的地方,犹如正室两旁的侧室,故"房"又引申指家族的分支和妻妾等,如"长房、远房亲戚"。进一步引申指居住或商用的建筑空间,如《庄子·知北游》:"无门无房,四达之皇皇也。"后世人将住房、居所作为最常用的基本字义。

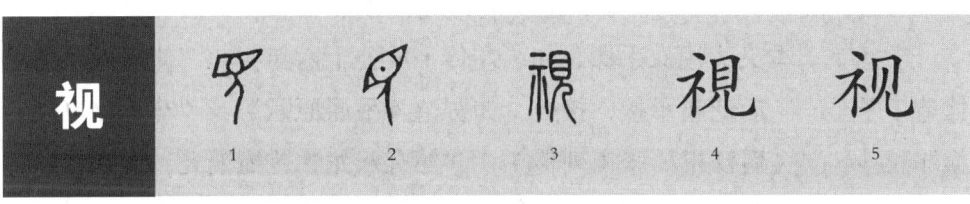

1形是甲骨文写法,像站立的人形,突出其"目",表示看东西。2形是金文写法,承袭甲骨文。3形是小篆写法,增加声符"示",变成形声字。4形是隶变后的楷书写法。5形是简化后的楷书写法。

会意字。后加声符"示"变成形声字。《说文解字》:"视,瞻也。"本义是看,如《荀子·劝学》:"目不能两视而明,耳不能两听而聪。"引申为看待,如《左传·成公三年》:"贾人如晋,荀䓨善视之。"又引申为按照、比照,如《孟子·万章下》:"天子之卿受地视侯,大夫受地视伯,元士受地视子、男。"

"视"与"见"、"观"既有区别,又有联系,详见"观"字。

成语"非礼勿视"出自《论语·颜渊》"颜渊问仁。子曰:'克己复礼为仁'",具体说就是"非礼勿视,非礼勿听,非礼勿言,非礼勿动"。

意思是不符合礼教的东西不能看，不符合礼教的东西不能听，不符合礼教的话不能说，不符合礼教的事不能做。这也是儒家的重要思想：约束自己，使每件事都归于西周之"礼"。

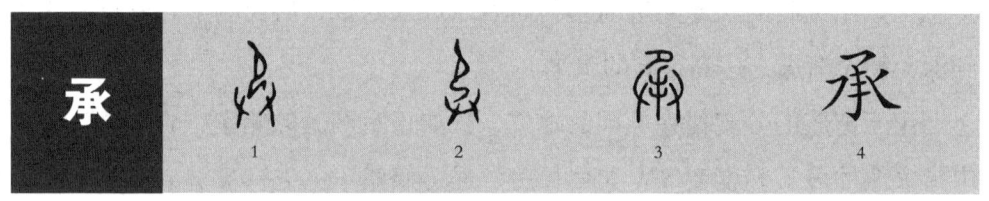

1形是甲骨文写法，像两只手托举着一个半跪着的人形。2形是金文写法，承袭甲骨文。3形是小篆写法，在两只手中间又添了一只手。4形是隶变后的楷书写法，既看不出手的样子，也看不到人形了。

会意字。本义为用双手捧，如《左传·成公十六年》："使行人执榼承饮造于子重。"后泛指承接、接受，如贾谊《吊屈原赋》："恭承嘉惠兮，俟罪长沙。"《后汉书·张衡列传》："外有八龙，首衔铜丸，下有蟾蜍，张口承之。"寇准《送左眉州之任》："分官离法署，承命守眉州。"引申指接受、承受，如《左传·僖公十五年》："敢不承命？"又引申为继承、接续的意思，如《三国志·吴书·鲁肃传》："孤承父兄余业，思有桓文之功。"司马光《训俭示康》："吾本寒家，世以清白相承。"

在古代史籍中，常见"承乏"一词，一般为在任的官吏的自谦之词。另有"承尘"一词，其义指天花板，这是因为天花板能"捧住"屋顶上的尘土，使之不得下落，此为比喻义。

1、2形是金文写法，从子皿声。3形是小篆写法。4形是隶书写法。5形

是楷书写法。

形声字。《说文解字》:"孟,长也。"本义为头生子,即兄弟姊妹中排行最大的,如周密《癸辛杂识前集·向胡命子名》:"胡卫道三子,孟曰宽,仲曰定,季曰宕。"引申表示初始,如屈原《离骚》:"摄提贞于孟陬兮,惟庚寅吾以降。"进一步引申指每季中第一个月,如曹操《步出夏门行》:"孟冬十月,北风徘徊。"陶渊明《读山海经》:"孟夏草木长,绕屋树扶疏。"李白《出自蓟北门行》:"孟冬沙风紧,旌旗飒凋伤。"

孟子,姬姓,孟氏,名轲,字子舆,战国时期邹城(今山东省邹城市)人。我国古代伟大的思想家、教育家,儒家学派的代表人物,被后世奉为"亚圣",地位仅次于孔子,与孔子并称为"孔孟",儒家学说也被称作"孔孟之道"。孟子的弟子将其言行辑录成《孟子》一书,他倡导"以仁为本",宣扬"仁政",最早提出了"民贵君轻"的思想主张。

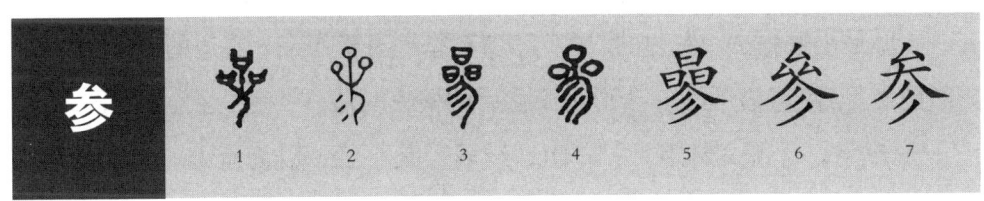

1形是甲骨文写法,从人,头上有三星,会参宿(星宿名)三星之意。2形是金文写法,在"人"形旁边加了三笔,表示星光闪烁。3、4形小篆分为繁简两种写法。5、6形分别是3、4形隶变后的楷书写法,如今两种字形都简化写作7形。同时"参"又被用作"薓(蓡、葠)"的简化字。

会意字。本义为星宿名,如《诗经·召南·小星》:"嘒彼小星,维参与昴。"李白《蜀道难》:"扪参历井仰胁息,以手抚膺坐长叹。""参、商"常同时使用,指二十八宿中的参宿和商宿在天空中运行,此出彼没,两不相见,用以比喻亲朋久别、互相隔绝,也比喻感情不和睦、有隔阂,如杜甫《赠卫八处士》："人生不相见，动如参与商。"此句表达了与故友难得相见的感慨和无奈。又如《红楼梦》第五回："言合意顺，略无参商。"

"参"是一个多音字，上述字义都读作"shēn"。由其三颗亮星之形，"参"字又借以表示数目"三"，读作"sān"，此义后来写作"叁"。读作"sān"时，引申指配合成三的，还特指在车右陪乘的第三个人，如《史记·项羽本纪》："沛公之参乘樊哙者也。"此义后另加义符"马"写作"骖"。又泛指配合、等同、加入。又引申指参拜。读"cēn"时，用作联绵词"参差"，如《诗经·周南·关雎》："参差荇菜，左右流之。"

组	組	組	组
	1	2	3

1形是小篆写法，左边的"糸"表义，指一种丝织品，右边的"且"表音。2形是隶变后的楷书写法。3形是简化后的楷书写法。

形声字。《说文解字》："组，绶属。其小者，以为冕缨。"本义是用来系佩玉或印章的宽丝带，如《礼记·玉藻》："天子佩白玉而玄组绶，公侯佩山玄玉而朱组绶，大夫佩水苍玉而纯组绶，世子佩瑜玉而綦组绶，士佩瓀玟而缊组绶。"后泛指丝带、丝织品，如《诗经·郑风·大叔于田》："执辔如组，两骖如舞。"《史记·李斯列传》："子婴与妻子自系其颈以组，降轵道旁。"吴当《徐州赠同邸客》："共知吾邦是乐土，男勤耕桑女织组。"由于丝织品是编织而成的，又引申为编织，如《诗经·鄘风·干旄》："素丝组之，良马五之。"

九 画

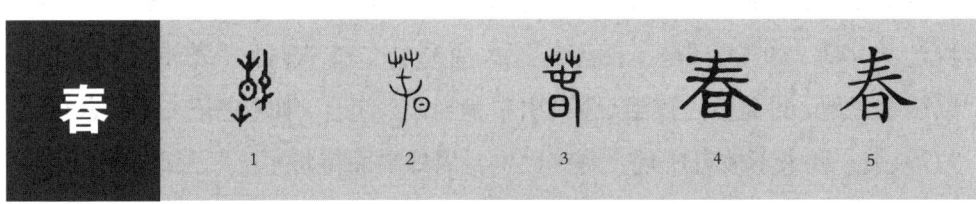

1形是甲骨文写法，从木从日屯声。2形为金文写法。3形为小篆写法，字形固定下来，从艹从日，屯声。4形是隶书写法，字形简化，成为现在所写的"春"字的来源。5形是简化后的楷书写法。

形声字。《说文解字》："萅，推也。从艸从日，艸春时生也，屯声。"本义指恢复生机、回春，如刘禹锡《酬乐天扬州初逢席上见赠》："沉舟侧畔千帆过，病树前头万木春。"引申为四季中的第一季，即春季，如杜甫《春夜喜雨》："好雨知时节，当春乃发生。"韩愈《早春呈水部张十八员外》："最是一年春好处，绝胜烟柳满皇都。"孟浩然《春晓》："春眠不觉晓，处处闻啼鸟。"张若虚《春江花月夜》："春江潮水连海平，海上明月共潮生。"毛泽东《卜算子·咏梅》："俏也不争春，只把春来报。"后来引申为春天的景色，如杜牧《阿房宫赋》："歌台暖响，春光融融。"

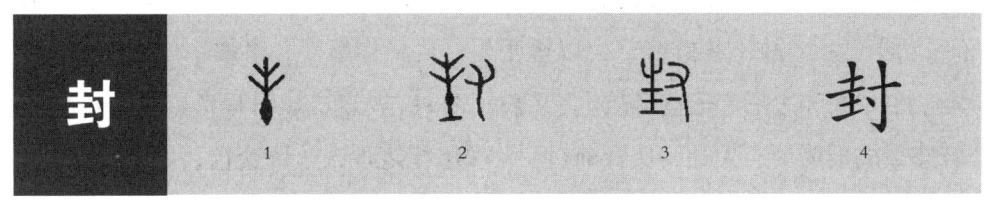

1形是甲骨文写法，从丰从土，会将树栽种于土上之意。2形是金文写法，添加义符"又（手）"。3形是小篆写法，"又"变为"寸"。4形是隶变后的楷书写法。

会意字。《说文解字》："封,爵诸侯之土也。"古人在受赐的土地四周种树,以此为界,因此"封"的本义是边界,如《左传·僖公三十年》:"既东封郑,又欲肆其西封,若不阙秦,将焉取之？"引申表示古代帝王给臣属封地、封官、封号等,如王勃《滕王阁序》:"冯唐易老,李广难封。"苏洵《六国论》:"以赂秦之地,封天下之谋臣。"又引申为封闭、闭合,如《史记·项羽本纪》:"吾入关,秋毫不敢有所近,籍吏民,封府库,而待将军。"张籍《秋思》:"复恐匆匆说不尽,行人临发又开封。"

成语"封狼居胥"指霍去病追击匈奴至狼居胥山,封山而还。后来用以比喻建立显赫战功,成为武将的最高荣誉之一,如辛弃疾《永遇乐·京口北固亭怀古》:"元嘉草草,封狼居胥,赢得仓皇北顾。"

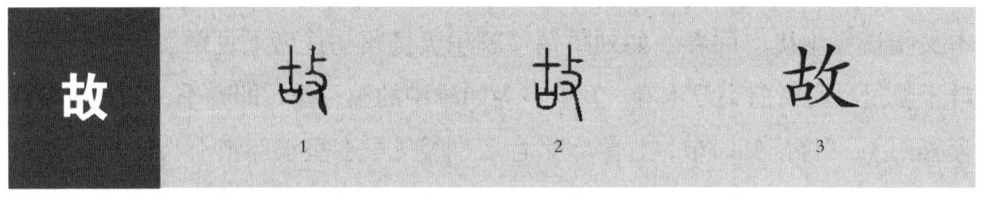

1形是金文写法,从攴从古,古亦声。2形是小篆写法,承袭金文。3形是隶变后的楷书写法。

形声兼会意字。《说文解字》："故,使为之也。"本义是原因,如《左传·隐公元年》："公语之故,且告之悔。"引申作连词,表示所以,如《荀子·劝学》："故不积跬步,无以至千里。"又作事变、事故,如《史记·周本纪》："共和之后,王室多故。"又表示旧时、从前,如归有光《项脊轩志》："轩东,故尝为厨,人往,从轩前过。"引申指老朋友、旧交情,如《史记·项羽本纪》："君安与项伯有故？"进而引申为衰退、衰老,如白居易《琵琶行》："弟走从军阿姨死,暮去朝来颜色故。"后作副词,表示故意、特意,如《史记·陈涉世家》："将尉醉,广故数言欲亡,忿恚尉。"又表示还是、仍然,如《古诗为焦仲卿妻作》:"三日断五匹,大人故嫌迟。"

"故事"是古今异义词。古义指旧事、先例,如苏洵《六国论》:"苟以天下之大,下而从六国破亡之故事,是又在六国下矣。"今义指前后连贯、有吸引力、可用来讲述的事情。

"故侯瓜"即东陵瓜,出自《史记·萧相国世家》:"召平者,故秦东陵侯。秦破,为布衣,贫,种瓜于长安城东,瓜美,故世俗谓之'东陵瓜',从召平以为名也"。常用作失意隐居之典。如王维《老将行》:"路旁时卖故侯瓜,门前学种先生柳。"苏轼《次韵王郁林》:"汉使节空馀皓首,故侯瓜在有颓垣。"

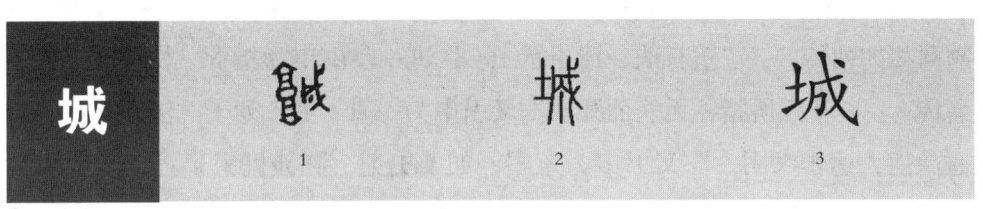

1 形是金文写法,左半部分是义符,中间表示城围,上下是两座城楼;右半部分为"成",表示一种武器,像用武器保卫城池之形,同时"成"又作声符。2 形是小篆写法,将金文的左边义符简化写成"土",右边为"成",作声符。3 形是隶变后的楷书写法。

形声兼会意字。《说文解字》:"城,以盛民也。"本义是城墙,即都城四周用来防守的墙垣,如《左传·隐公元年》:"都城过百雉,国之害也。"《孟子·公孙丑下》:"三里之城,七里之郭,环而攻之而不胜。"《墨子·七患》:"城者,所以自守也。"后来词义扩大,表示用城墙围起来的地方,即城市,如《史记·孙子吴起列传》:"击秦,拔五城。"又如杜甫《春望》:"国破山河在,城春草木深。"张籍《秋思》:"洛阳城里见秋风,欲作家书意万重。"

当"城"与"郭"对称时,"城"指内城,"郭"指外城,如李白《送友人》:

"青山横北郭，白水绕东城。"当"城"与"郭"连用的时候，则泛指城市，如《古诗为焦仲卿妻作》："东家有贤女，窈窕艳城郭。"

1形是小篆写法，从手旨声。2形是隶书写法。3形是楷书写法。

形声字。《说文解字》："指，手指也。"本义为手指，如白居易《卖炭翁》："满面尘灰烟火色，两鬓苍苍十指黑。"引申为用手指指，如《史记·廉颇蔺相如列传》："璧有瑕，请指示王。"进一步引申为指责，如《汉书·王嘉传》："千人所指，无病而死。"又引申为一直，如《列子·汤问》："指通豫南，达于汉阴。"又引申为意图，如《史记·陈涉世家》："卜者知其指意。"《史记·屈原贾生列传》："其称文小而其指极大，举类迩而见义远。"

成语"指鹿作马"，又作"指鹿为马"，出自《史记·秦始皇本纪》："赵高欲为乱，恐群臣不听，乃先设验，持鹿献于二世，曰：'马也。'二世笑曰：'丞相误邪？谓鹿为马。'问左右，左右或默，或言马以阿顺赵高。"

1形是甲骨文写法，像去掉毛的兽皮之形。2形是金文写法。3形是小篆写法，进一步简化。4形是隶变后的楷书写法。

象形字。《说文解字》："革，兽皮治去其毛，革更之。象古文革之形。"本义为去掉毛的兽皮，如《诗经·召南·羔羊》："羔羊之革，素丝五緎。"

因古代战士的铠甲多为皮革制成,故又指铠甲,如《孟子·公孙丑下》:"城非不高也,池非不深也,兵革非不坚利也,米粟非不多也。"又引申指变革、除去,如苏洵《六国论》:"且燕赵处秦革灭殆尽之际,可谓智力孤危,战败而亡,诚不得已。"

"革"是一个部首字,从革的字大都跟皮革有关,如"靰、靴、鞒、靳、鞯、鞍、鞭"等。

成语"洗心革面",出自《周易·系辞上》:"圣人以此洗心,退藏于密。"《周易·革卦》:"君子豹变,小人革面。"指除掉旧思想,改变旧面貌。比喻彻底悔改。"革故鼎新"出自《周易·杂卦》:"革,去故也;鼎,取新也。"

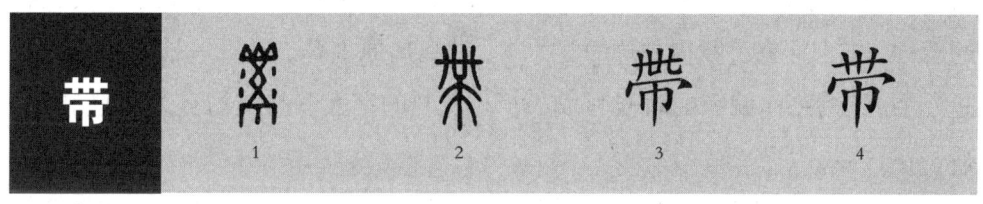

1形是甲骨文写法,像扎衣服的腰带。2形是小篆写法。3形是隶变后的楷书写法。4形是简化后的楷书写法。

象形字。《说文解字》:"带,绅也。男子鞶带,妇人带丝。象系佩之形。佩必有巾,从巾。"本义指系在腰间的带子,柳永《蝶恋花》:"衣带渐宽终不悔,为伊消得人憔悴。"姚鼐《登泰山记》:"望晚日照城郭,汶水、徂徕如画,而半山居雾若带然。"由衣带引申为环绕,如王羲之《兰亭集序》:"又有清流激湍,映带左右。"又可比喻各种带子或像带子一样长条形状的东西,故又引申泛指地区、地带,如李白《菩萨蛮》:"平林漠漠烟如织,寒山一带伤心碧。"因为衣带是挂在身上的,因而又引申为佩戴之意,如李贺《南园》:"男儿何不带吴钩,收取关山五十州。"黄巢《不第后赋菊》:"冲天香阵透长安,满城尽带黄金甲。"又指连带、附带、捎带,如白居易《长恨歌》:"玉容寂寞泪阑干,梨花一枝春带雨。"

1形是甲骨文写法,像小草之形,即"屮"。2形是小篆写法,从两屮,即"艸"。3形是楷书写法,变成一个从艹早声的形声字。在古文中表示小草之意一直写成"艸",简化后即"艹"。"草"字本表示"栎实",后来"艹"俗作"草"字。

"屮"为象形字,"艸"为会意字,"草"为形声字。本义是一类植物的总称,如白居易《赋得古原草送别》:"离离原上草,一岁一枯荣。""草"是一个部首字,作偏旁的时候写成"艹",从艹的字大多与植物有关,例如"芝、荷、花、菜、萱"等。

成语"草木皆兵"的意思是把山上的草木都当作敌兵,形容人在惊慌时疑神疑鬼。典故出自《晋书·苻坚载记》:"坚与苻融登城而望王师,见部阵齐整,将士精锐;又北望八公山上草木,皆类人形,顾谓融曰:'此亦勃敌也,何谓少乎?'怃然有惧色。"

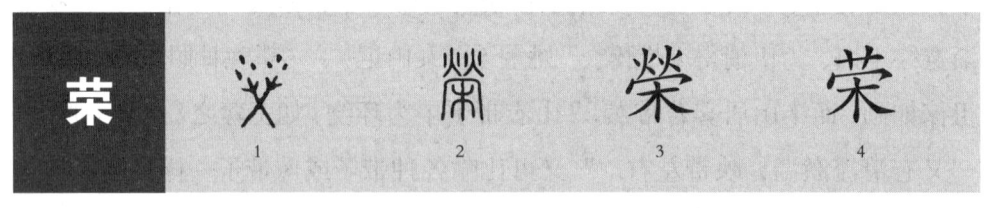

1形是金文写法,像两支争相开放的花枝交叉之形。2形是小篆写法,添加义符"木"。3形是隶变后的楷书写法。4形是简化后的楷书写法。

象形字。《说文解字》:"荣,桐木也。"非本义。其本义应为花朵,如《庭中有奇树》:"攀条折其荣,将以遗所思。"用作动词,则为开花,如陶渊明《桃花源诗》："草荣识节和，木衰知风厉。"白居易《荔枝图序》："树形团团如帷盖，叶如桂，冬青；华如橘，春荣；实如丹，夏熟。"引申指繁茂，如陶渊明《归去来兮辞》："木欣欣以向荣，泉涓涓而始流。"由茂盛引申为光荣、荣誉，如《古诗为焦仲卿妻作》："否泰如天地，足以荣汝身。"又如《淮南子·修务训》："死有遗业，生有荣名。"

1形是甲骨文写法，像悬挂着的敲击乐器形，上为悬结，下为器体。2形是金文写法，与甲骨文大体相同，中间多加一横一竖使字形更加平稳。3形是小篆写法，承袭金文，4形是隶变后的楷书写法。

象形字。本义是敲击的乐器，引申为演奏的乐曲，如《诗经·小雅·鼓钟》："鼓钟钦钦，鼓瑟鼓琴，笙磬同音。以雅以南，以籥不僭。"假借作方位词，如《诗经·邶风·凯风》："凯风自南，吹彼棘薪。"白居易《卖炭翁》："卖炭翁，伐薪烧炭南山中。"引申表示向南、朝南，如曹操《短歌行》："月明星稀，乌鹊南飞。"另外，古代所说的"南面"，并非现代所说的"南面"，而是指面朝南，古代帝王的座位是面朝南的，所以称居帝位为"南面"，如贾谊《过秦论》："秦并海内，兼诸侯，南面称帝，以养四海。"

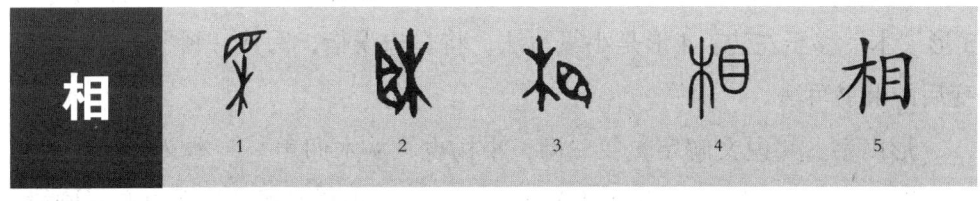

1、2形是甲骨文写法，从木从目，像用眼睛看树木。3形是金文写法。

4形是小篆写法，字形整齐化。5形是楷书写法。

会意字。《说文解字》："相，省视也。"本义指观看、观察，读作"xiàng"，如《左传·隐公十一年》："许无刑而伐之，服而舍之，度德而处之，量力而行之，相时而动，无累后人，可谓知礼矣。"引申为帮扶盲人的人，如《论语·季氏》："危而不持，颠而不扶，则将焉用彼相矣。"引申为辅佐君王的人，即丞相、宰相，如《史记·陈涉世家》："王侯将相宁有种乎！"又表示相貌，如《古诗为焦仲卿妻作》："儿已薄禄相，幸复得此妇。"

又读作"xiāng"，表示相互、共同等义。如《史记·陈涉世家》："苟富贵，无相忘。"李密《陈情表》："茕茕孑立，形影相吊。"陶渊明《桃花源记》："阡陌交通，鸡犬相闻。"柳宗元《捕蛇者说》："往往而死者相藉也。"

在现代汉语中，"相"字常常和"象""像"两字发生混同。三者都有表示事物外观、形态的意思。"象"指自然界或人、物的形态，如气象、现象等。"像"多用于比较或模仿，指人、物相似或相同的图景，如雕像、摄像等。"相"侧重指外观形态与内部实质的相似之处，如真相、相貌等。

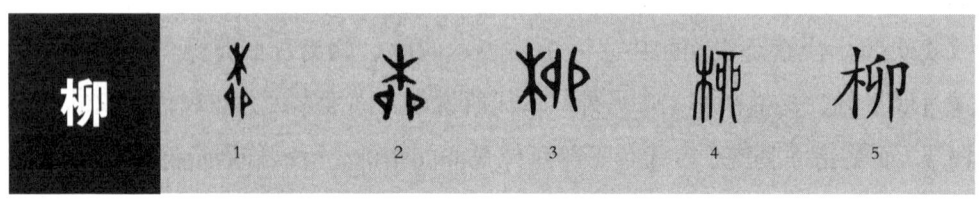

1形是甲骨文写法，从木卯声。2、3形是金文写法，2形承袭甲骨文。3形"木"移至左边。4形是小篆写法，将右边误衍，写成"桺"。5形是隶变后的楷书写法。

形声字。《说文解字》："柳，小杨也。从木卯声。"本义为柳树，如陶渊明《五柳先生传》："先生不知何许人也，亦不详其姓字，宅边有五柳树，因以为号焉。"王之涣《凉州词》："羌笛何须怨杨柳，春风不度玉门关。"

陆游《游山西村》:"山重水复疑无路,柳暗花明又一村。"又常用来比喻像柳枝一样柔软,如秦观《浣溪沙》:"香靥凝羞一笑开,柳腰如醉暖相挨,日长春困下楼台。"

古人有折柳送别的习俗。因"柳"与"留"谐音,可以表示挽留之意。"折柳"一词寓含惜别怀远之意。折柳送别的习俗最早见于《诗经·小雅·采薇》:"昔我往矣,杨柳依依。"在我国古代,亲朋好友一旦分离,送行者总要折一支柳条赠给即将远行的亲友,如李白《宣城送刘副使入秦》:"无令长相忆,折断杨柳枝。"雍陶《题情尽桥》:"从来只有情难尽,何事名为情尽桥?自此改名为折柳,任他离恨一条条。"

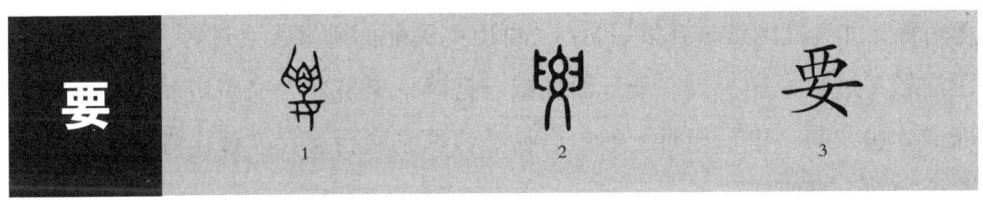

1形是金文写法,像双手叉腰之形。2形是小篆写法,承袭金文,下部所从"女"形写作"人"形。3形是隶变后的楷书写法。

会意字。《说文解字》:"要,身中也。"本义为人体腰部,是"腰"的本字,如《墨子·兼爱中》:"昔者楚灵王好士细要,故灵王之臣,皆以一饭为节,胁息然后带,扶墙然后起。"引申指半路阻拦,如《孟子·公孙丑下》:"使数人要于路。"又引申为邀请,如陶渊明《桃花源记》:"便要还家,设酒杀鸡作食。"以上两个义项后来分化写作"邀"字。"要"是一个多音字,读作"yāo"时,除了以上古义,还有有所倚仗而强求之意,如要求、要挟。读作"yào"时,有重要、要点之意,如贾谊《过秦论》:"北收要害之郡。"又有表示期许、希望的动词义,如于谦《石灰吟》:"粉骨碎身全不怕,要留清白在人间。"

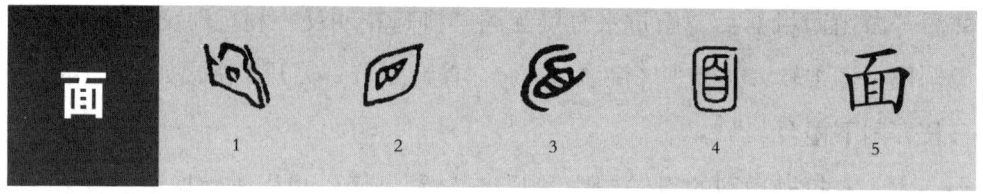

1、2形是甲骨文写法。1形从首,用一曲笔表示面部;2形从目,外框代表面部的范围。3形是金文写法,从首,曲笔指示面部所在。4形是小篆写法,从首,用外框表示面部范围。5形是隶变后的楷书写法。

指事字。《说文解字》:"面,颜前也。"本义是脸,头的前部,如《战国策·赵策四》:"有复言令长安君为质者,老妇必唾其面。"引申为面对、面向,如《列子·汤问》:"北山愚公者,年且九十,面山而居。"引申为当面、面对面,如《战国策·齐策一》:"群臣吏民能面刺寡人之过者,受上赏。"孟浩然《过故人庄》:"开轩面场圃,把酒话桑麻。"又引申表示物体的表面或上边,与"里"相对,如白居易《钱塘湖春行》:"孤山寺北贾亭西,水面初平云脚低。"

在古代,"面"与"脸"有区别,"脸"比"面"出现得晚。古代"脸"指"颊",指妇女目下颊上可以施粉、涂胭脂的地方,即颧骨部分;"面"的范围比"脸"大,包括整个头的前部,而"脸"只是"面"的一部分。

1形是小篆写法,左边是"歹(歺)",表示危险;右边是"台",表音。2形是楷书写法。

形声字。《说文解字》:"殆,危也。"本义是危险,如《庄子·秋水》:"今我睹子之难穷也,吾非至于子之门,则殆矣。吾长见笑于大方之家。"

引申指疲困,如《论语·为政》:"学而不思则罔,思而不学则殆。"又如《庄子·养生主》:"吾生也有涯,而知也无涯,以有涯随无涯,殆已!"用作副词,表示估计,相当于"几乎""差不多",如苏洵《六国论》:"且燕赵处秦革灭殆尽之际,可谓智力孤危,战败而亡,诚不得已。"又表示范围,相当于"只""仅仅",如《汉书·赵充国传》:"此殆空言,非至计也。"还通"怠",表示怠惰、懒惰,如《商君书·农战》:"农者殆则土地荒。"

成语"知己知彼,百战不殆",出自《孙子兵法·谋攻篇》:"知己知彼者,百战不殆;不知彼而知己,一胜一负;不知彼,不知己,每战必殆。"意思是如果对敌我双方的情况都能了解透彻,打多少次仗都不会失败;不了解敌人而了解自己,胜负各半;既不了解敌人,又不了解自己,每战必败。

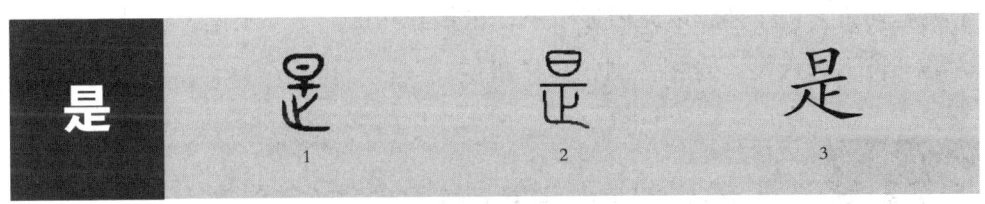

1形是金文写法,从早从止,造字本义不明。2形是小篆写法,从日从正。3形是楷书写法。

会意字。《说文解字》:"是,直也。"为正、直之意,如《周易·未济卦》:"濡其首,有孚失是。"又指正确,如《论语·阳货》:"偃之言是也。"陶渊明《归去来兮辞》:"觉今是而昨非。"用为指示代词,表示这、这个、这样,如范仲淹《岳阳楼记》:"是进亦忧,退亦忧。"用为复指代词,放在前置宾语和动词之间,复指前置宾语,如"唯命是从""唯马首是瞻"。还用作系词,表判断,如韩愈《早春呈水部张十八员外》:"最是一年春好处,绝胜烟柳满皇都。"引申为凡是,如贾岛《送孙逸人》:"是药皆谙性。"

显

1 形是金文写法，从日㬎声。2 形是小篆写法，承袭金文。3 形是隶变后的繁体楷书写法。4 形是简体楷书写法，成为记号字。

象形字。《说文解字》："顯，头明饰也。从页㬎声。"本义指头上明亮的饰物，引申为明显，如《诗经·大雅·抑》："无曰不显，莫予云觏。"《韩非子·难三》："故法莫如显，而术不欲见。"引申为显贵、显赫，如《战国策·齐策四》："千金，重币也；百乘，显使也。"引申为表现、露出，如柳宗元《钴𬭁潭西小丘记》："美竹露，奇石显。"引申为显扬、传扬，如《史记·孙子吴起列传》："孙膑以此名显天下，世传其兵法。"《史记·管晏列传》："晏子长不满六尺，身相齐国，名显诸侯。"

星

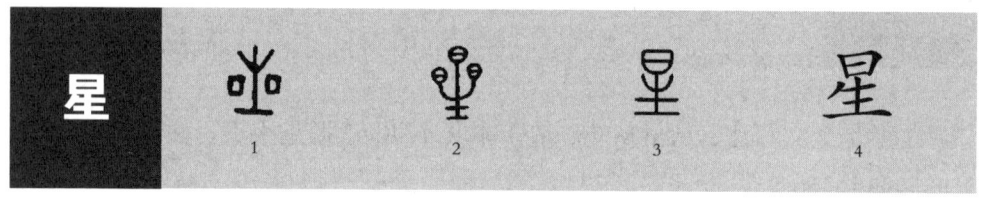

1 形是甲骨文写法，小方块像群星之形，"生"为声旁。2 形是金文写法，从晶生声。3 形是小篆写法，"晶"省形作"日"。4 形是隶变后的楷书写法。

形声字。《说文解字》："曐，万物之精，上为列星。"本义指天上的星星，如《荀子·天论》："列星随旋，日月递照（炤）。"曹操《观沧海》："日月之行，若出其中；星汉灿烂，若出其里。"辛弃疾《西江月·夜行黄沙道中》："七八个星天外，两三点雨山前。"

胃

1形是金文写法，上部是胃的象形，里面的小点表示胃中食物，下面从肉，表示与"肉"相关。2形是小篆写法，上部胃形变为方形。3形是楷书写法，胃形简化作"田"。

象形兼会意字。《说文解字》："胃，谷府也。"本义是脊椎动物身体里主管消化食物的器官，如《韩非子·喻老》："君之病在肠胃，不治将益深。"在古文中，"胃"常通作"谓"，如马王堆汉墓帛书《老子》甲本："异名同胃。"

"谓"与"曰"都是说的意思，后面都接所说的话。但"谓"不与所说的话紧接，而"曰"则与所说的话紧接，如《韩非子·外储说左上》："楚王谓田鸠曰：'墨子者，显学也。'"

界

1形是小篆写法，从田从介（分割），"介"同时也表音。2形是隶变后的楷书写法。3形是简化后的楷书写法，如今规范化，以"界"为正体。

会意兼形声字。《说文解字》："界，境也。从田介声。"本义是田地的边界，如《孟子·滕文公上》："夫仁政，必自经界始。"又引申泛指边界、界线、相连之处，如黄遵宪《水滨》："东西市舶无分界，南北藩封此要津。"又引申为界限、范围，如刘沧《过铸鼎原》："仙界日长青鸟度，御衣香散紫霞飘。"吕敦礼《感怀次邱仙根工部粤台秋唱原韵》："学界盛衰关国运，中原北望寄幽思。"用作动词，指接界、毗连，如《战国策·齐策三》："三国之与秦壤界而患急，齐不与秦壤界而患缓。"又用来表示划分，如李白《舍利弗》："金绳界宝地，珍木荫瑶池。"

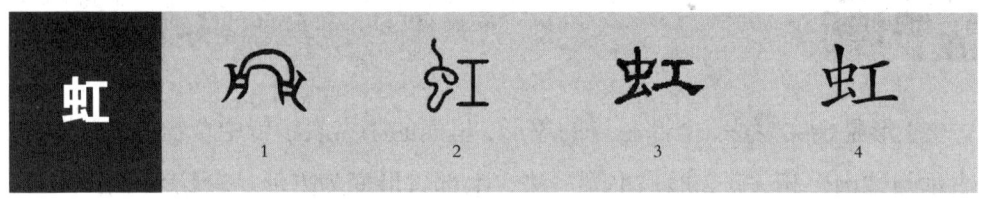

1形是甲骨文写法，像彩虹状。由于古人认为虹是龙蛇类的活物，所以在两端加两首。2形是小篆写法，从虫工声。3、4形分别是隶书写法和隶变后的楷书写法。

象形字。《说文解字》："虹，螮蝀也，状似虫。"本义指雨后天空出现的彩色圆弧，如杜牧《阿房宫赋》："复道行空，不霁何虹？"因"虹"形状像桥，故又引申指桥，如陆龟蒙《和袭美咏皋桥》："横截春流架断虹，凭栏犹思五噫风。"

"虹"又通"讧"，读为"hòng"，表示惑乱，如《诗经·大雅·抑》："彼童而角，实虹小子。"

红色在外，紫色在内，颜色鲜艳的叫"虹"，也叫"正虹"；红色在内，紫色在外，颜色淡的叫"霓"，也叫"副虹"。

在古代文化中，"虹"被赋予了很多美好的意义。如"虹女"，古代把"虹"比作美人，故称"虹霓"为"虹女"。"虹玉"指彩色的美玉。"虹霓吐颖"指吐气成虹霓，形容有过人的诗文才华。

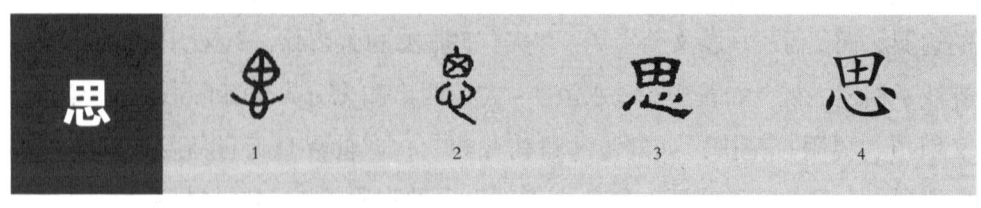

1形是甲骨文写法，从心从囟，古人认为心和脑是人用来思考的器官。

2形是小篆写法。3形是隶书写法，将"囟"讹变为"田"。4形是楷书写法。

会意字。《说文解字》："思，容也。"本义指思考，如《荀子·劝学》："吾尝终日而思矣，不如须臾之所学也。"引申表示思念、想念，如《诗经·周南·关雎》："求之不得，寤寐思服。"陶渊明《归园田居》："羁鸟恋旧林，池鱼思故渊。"李白《静夜思》："举头望明月，低头思故乡。"王维《九月九日忆山东兄弟》："独在异乡为异客，每逢佳节倍思亲。"进一步引申为心绪、情思，如曹操《短歌行》："慨当以慷，忧思难忘。"柳永《八声甘州》："不忍登高临远，望故乡渺邈，归思难收。"又可作语气助词，多见于《诗经》，如《诗经·小雅·采薇》："今我来思，雨雪霏霏。"

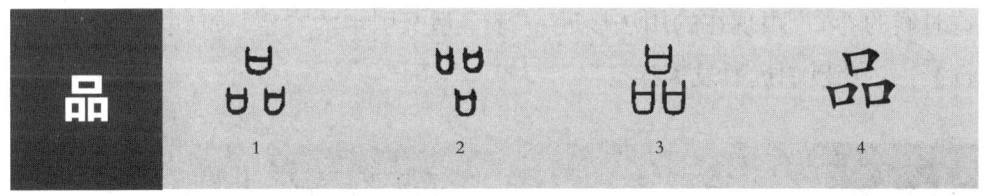

1形是甲骨文写法。2形是金文写法，承袭甲骨文。3形是小篆写法，笔画规整化。4形是隶变后的楷书写法。"品"的字形变化不大，可谓一脉相承。

会意字。《说文解字》："品，众庶也。从三口。"本义表示众多平民、百姓，又引申为人的类型、等级，如韩愈《原性》："性之品有上、中、下三。"由此引申为品种、种类，如司马光《训俭示康》："果、肴非远方珍异，食非多品。"因等级需要评比得出，所以又可以引申为品评，如在《资治通鉴·汉纪五十七》："品其名位，犹不失下曹从事。"又引申指人的思想道德方面的品质、品德等。

看

1 形是小篆写法，从手从目，会以手加于目上遮光远望之意。2 形是《说文解字》中所附篆文的或体字形，从龣省声。3 形是隶变后的楷书写法，沿用至今。

会意字。《说文解字》："看，睎也。从手下目。"本义是用手遮住眼睛上部远望，如李白《望庐山瀑布》："日照香炉生紫烟，遥看瀑布挂前川。"又如韩愈《早春呈水部张十八员外》："天街小雨润如酥，草色遥看近却无。"引申泛指瞅、瞧，如杜甫《石壕吏》："老翁逾墙走，老妇出门看。"又如辛弃疾《破阵子·为陈同甫赋壮词以寄之》："醉里挑灯看剑，梦回吹角连营。"这时候的"看"跟现在的用法接近。"看"后又引申为看望，如《世说新语·德行》："荀巨伯远看友人疾。"

牲

1 形是金文写法。2 形是小篆写法，承袭金文，笔画更为整齐化。3 形是隶变后的楷书写法。

形声字。《说文解字》："牲，牛完全也。"本义为古代用于祭祀的家畜，如《字汇》："祭天地宗庙之牛，完全曰牲。"《玉篇》："牺，纯色牛。"也就是说，祭祀用的牛，毛色要纯，称为"牺"。祭祀的"牺""牲"二字组成了最早的"牺牲"一词，与现在为了正义的事业而奉献生命有很大不同。在"牲"字所组成的词中，还有"牲口"一词，古今义不同，今义指牛、驴、马等,而在古代"牲口"指禽兽类动物,明朝人口中"牲口房"即为收养异兽珍禽的处所,而不是牛棚马厩。

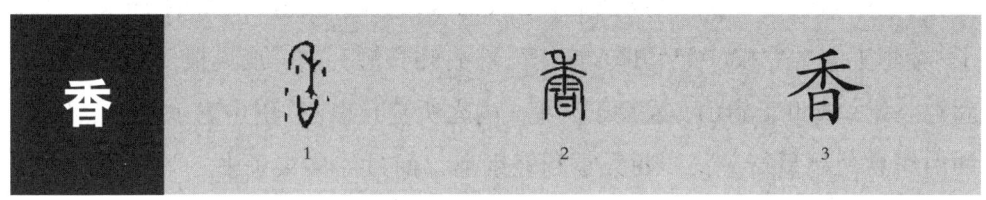

1形是甲骨文写法,从黍从口。2形是小篆写法,下部分讹变为"甘",表示五谷的甜美芳香。3形是隶变后的楷书写法,将"黍"的上部省简为"禾",下部的"甘"改为"日",意义不变。

会意字。《说文解字》:"香,芳也。"本义指谷物的芳香,如陆游《旅食》:"炊黍香浮甑,烹蔬绿映盘。"后来泛指香气及其他气味,如李清照《鹧鸪天·桂花》:"暗淡轻黄体性柔,情疏迹远只香留。"辛弃疾《青玉案·元夕》:"蛾儿雪柳黄金缕,笑语盈盈暗香去。"又指香料,或特指祭祖、敬神所燃的细条状香料,如陆游《秋思》:"世间生灭无穷境,尽付山房一炷香。"

《楚辞》中的很多作品都提到过香草、香木,这些作品也是最早记录先民认识香草的文学作品。其中香草包括江蓠、白芷、泽兰、蕙、茝、留夷(芍药)、揭车、杜衡、菊、杜若、胡、绳、荪、苹、蘘荷、石兰、枲、三秀、藁本、芭、射干及捻支等,香木有木兰、椒、桂、薜荔、橘、柚、桂花、桢、甘棠、竹及柏等。

1形是甲骨文写法,为一人身背橐囊之形。2形是金文写法,添加义符"土"。

3形是小篆写法，承袭金文。4形是隶变后的楷书写法。

会意字。《说文解字》："重，厚也。从壬東声。"本义是沉、分量大，如《左传·宣公三年》："周德虽衰，天命未改，鼎之轻重，未可问也。"《孟子·梁惠王上》："权，然后知轻重；度，然后知长短。"司马迁《报任安书》："人固有一死，或重于泰山，或轻于鸿毛，用之所趋异也。"引申表示重视、看重，如白居易《琵琶行》："商人重利轻别离，前月浮梁买茶去。"又引申为程度加深、严重，如《汉书·苏武传》："见犯乃死，重负国。"又引申为贵重，如贾谊《过秦论》："诸侯恐惧，会盟而谋弱秦，不爱珍器重宝肥饶之地。"又表示庄重，如《论语·学而》："君子不重则不威，学则不固。"

"重"又读作"chóng"，指同事物又一次出现，即重复、重叠，如张籍《秋思》："洛阳城里见秋风，欲作家书意万重。"范仲淹《岳阳楼记》："越明年，政通人和，百废具兴，乃重修岳阳楼。"又引申为加上，如屈原《离骚》："纷吾既有此内美兮，又重之以修能。"

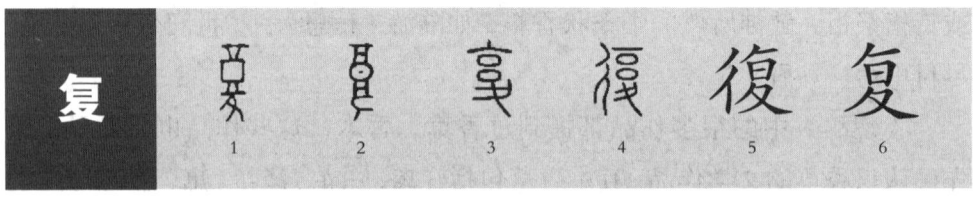

1形是甲骨文写法，上边像有两个出入口的地穴形，下边从夂，表示进出往来。2形是金文写法，承袭甲骨文。3、4形是小篆写法，笔画整齐化。3形隶变后写作楷书6形。4形添加表示行动义符"彳"。5形是隶化后的楷书写法。6形是简化后的楷书写法。

会意字。本义是出城门后返回，《说文解字》："复，行故道也。"如《诗经·豳风·九罭》："鸿飞遵陆，公归不复。"又如桓宽《盐铁论》："纵无被坚执锐者北面复匈奴之志。"引申为回应，如宋濂《送东阳马生序》："或遇其叱咄，色愈恭，礼愈至，不敢出一言以复。"《史记·魏公子列传》："数请之,朱亥故不复谢。"《孟子·梁惠王上》:"有复于王者曰,'吾力足以举百钧。'"《左传·宣公四年》:"遂归,复命而自拘于司败。"又引申为重新开始、循环进行,如诸葛亮《前出师表》:"攘除奸凶,兴复汉室,还于旧都。"又如柳宗元《捕蛇者说》:"更若役,复若赋,则何如?"进一步引申为又、再一次,如白居易《琵琶行》:"轻拢慢捻抹复挑,初为《霓裳》后《六幺》。"又如《聊斋志异·狼三则》:"一狼得骨止,一狼仍从,复投之。"

"复"是一个简化字,对应的繁体字有"復"和"複"。前者表示往复,后者表示有夹层的衣服,如《释名·释衣服》:"有里曰複,无里曰禅。"引申为多重的、双重的,如陆游《游山西村》:"山重水复疑无路,柳暗花明又一村。"

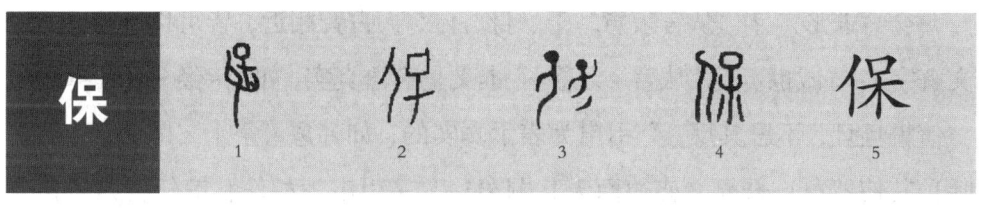

1、2形是甲骨文写法,1形从人从子,像背负孩子之形。2形字形简化,手臂与人形断开。3形是金文写法,背负孩子的手形简省为一点。4形是小篆写法,在3形"子"的左侧增添一点饰笔。5形是楷书写法。

会意字。本义是负子于背,即把孩子背在背上,如《尚书·周书·召诰》:"夫知保抱携持厥妇子,以哀吁天。"杨慎《双节篇为参戎郭云屏二母》:"保抱自黄口,相依到白头。"引申表示养育、抚养,如《说文解字》:"保,养也。"进一步引申为保护、安抚之意,如《孟子·梁惠王上》:"保民而王,莫之能御也。"又引申为守住,如《左传·哀公二十七年》:"乃先保南里以待之。"

成语"明哲保身",出自《诗经·大雅·烝民》:"既明且哲,以保其身,夙夜匪解,以事一人。"原指明智的人不参与可能给自己带来危险的事,现在指因怕犯错误或有损自己利益而对原则性问题不置可否的处世态度。"持盈保泰"出自《诗经·大雅·凫鹥》小序："太平之君子，能持盈守成。"盈，盛满。泰，平安。旧指在富贵极盛的时候要小心谨慎，避免灾祸，以保持住原来的地位。

信　䚈　𧥺　𢓜　𠊱　信
　　　1　　2　　3　　4　　5

1形是战国齐文字，从言千声。2形是战国燕文字，从言身声。3形是战国秦文字，从言仁声。4形是小篆写法，从言人声。5形是楷书写法。

会意兼形声字。从言表意，千、身、仁、人古音相近，皆可作声符，《说文解字》："诚也。从人从言。会意。"本义是言语真实，如《诗经·卫风·氓》："信誓旦旦，不思其反。"引申为表示真实的，如韩愈《祭十二郎文》："呜呼！其信然矣！吾兄之盛德而夭其嗣矣！"又引申为相信、信任，如诸葛亮《前出师表》："此悉贞良死节之臣，愿陛下亲之信之。"又虚化作副词，表示放任、随便、的确等意思，如白居易《琵琶行》："低眉信手续续弹，说尽心中无限事。"李白《梦游天姥吟留别》："海客谈瀛洲，烟涛微茫信难求。""信"是儒家"五常"之一，是一种最基本的为人处世的品格和德行，如《三国志·蜀书·诸葛亮传》："将军既帝室之胄，信义著于四海，总揽英雄，思贤若渴。"

成语"信及豚鱼"，出自《周易·中孚卦》："豚鱼吉，信及豚鱼也。"及，达到。豚，小猪。意思是信用及于小猪和鱼那样微贱的东西，比喻非常有信用。如杜光庭《谢允上尊号表》："百揆时叙，六乐克和。信及豚鱼，恩加动植。"

鬼

1形是甲骨文写法,像跪坐之人,突出其大头形。2形是金文写法,承袭甲骨文,下面所从人形由跪坐改为站立。3形是小篆写法,在2形基础上增加"厶"形。4形是隶变后的楷书写法。

象形字。《说文解字》:"鬼,人所归为鬼。"特指人死后魂魄离开形体而形成的鬼魂,文学作品中十分常见,如干宝《搜神记》:"南阳宋定伯,年少时,夜行逢鬼。"李清照《夏日绝句》:"生当作人杰,死亦为鬼雄。"引申泛指万物精怪,如《史记·秦始皇本纪》:"山鬼固不过知一岁事也。"用作形容词,指神秘的、阴险邪恶的,如《新唐书·康承训传》:"勋好鬼道,有言汉高祖庙夜阅兵,人马流汗,勋日往请命。"

由于鬼的阴暗性,从鬼的词往往含贬义,如"鬼鬼祟祟、心怀鬼胎"等。但也有例外,如"鬼工"一词则为褒义,表精巧的技艺,简直非常人所不能及;又如"鬼才",也用来作赞叹才华出众的奇才;还有常用作形容小孩聪明伶俐的"机灵鬼""小鬼头",也都表达了一种亲昵的感情色彩,并无贬义。

"鬼"是一个部首字,从鬼的字多半与鬼神有关,如"魄、魁、魑、魔"等。

须

1形是甲骨文写法,像人口部有毛须的样子。2形是金文写法,突出人的面部。3形是小篆写法,从彡从页(表示"头"),表示人的面部长有胡须。4形是楷书写法。"须"是"鬚"的本字,后加"髟"表示与毛发相关,特指胡须；汉字简化后，又合为一个字。

象形字。《说文解字》："须，面毛也。"本义是胡须，如杜甫《洗兵马》："张公一生江海客，身长九尺须眉苍。"白居易《曲江亭晚望》："尘路行多绿袍故，风亭立久白须寒。"引申指昆虫的触角，如蒲松龄《聊斋志异·促织》："俄见小虫跃起，张尾伸须，直龁敌领。"假借为表示必须、应当，如李白《将进酒》："人生得意须尽欢，莫使金樽空对月。"杜甫《闻官军收河南河北》："白日放歌须纵酒，青春作伴好还乡。"李白《月下独酌》："暂伴月将影，行乐须及春。"又有等待之意，如《左传·成公十二年》："日云莫（暮）矣，寡人须矣，吾子其入也。"又作须臾，指时间短、片刻，如《荀子·劝学》："吾尝终日而思矣，不如须臾之所学也。"

"须"和"需"音同而形义不同。"须"本义指胡须，常用义为"一定要"，多副词用法。"需"本义指遇雨停下来等待，常用义为"需要"，现不单用，只能组成合成词或固定短语，如"需求"。"必须"和"必需"在使用上是有区别的。"必须"，表示必要，多少带有些命令的语气，即一定要的意思，如"明天你必须来上班"。"必需"，表示一定需要、不可缺少的意思，如"粮食是人类必需的食物"。

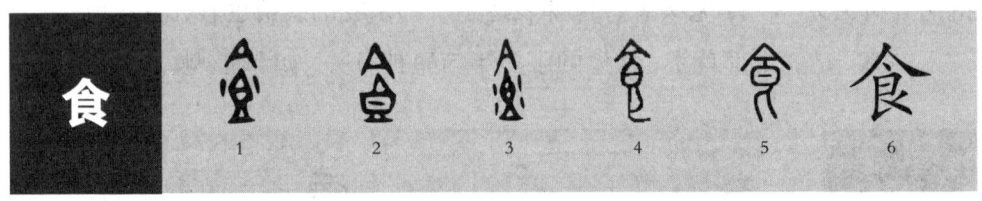

1、2、3形是甲骨文写法。1形上面像一个盖子，也可看作是倒着的"口"，下面像一个盛放着食物的容器。2、3形均是1形的变体。从人从皀，"皀"是由"簋"（一种食器）简化而来。4形是金文写法。5形是小篆写法。6形是隶变后的楷书写法。

会意字。《说文解字》："食，一米也。"结合字形，可知食的本义为吃，如《诗经·魏风·硕鼠》:"硕鼠硕鼠,无食我黍。"韩愈《杂说四·马说》:"是马也,虽有千里之能,食不饱,力不足,才美不外见。"同时可以表示食物,如《孟子·告子上》:"一箪食,一豆羹,得之则生,弗得则死。"进一步引申为使动义,表示使……食,读作"sì",后来写作"饲",如《战国策·齐策四》:"左右以君贱之也,食以草具。"韩愈《杂说四·马说》:"食马者,不知其能千里而食也。"

"食"是一个部首字,从食的字大多与食物或吃的动作有关,如"饭、饥、饱、饲、餐、飨"等。

在现代汉语中,"食"字在左右结构的汉字中写作"饣",如"饮、饭"等。食字用作偏旁在右或在下时写作"食",如"飨、饕、餮"等。

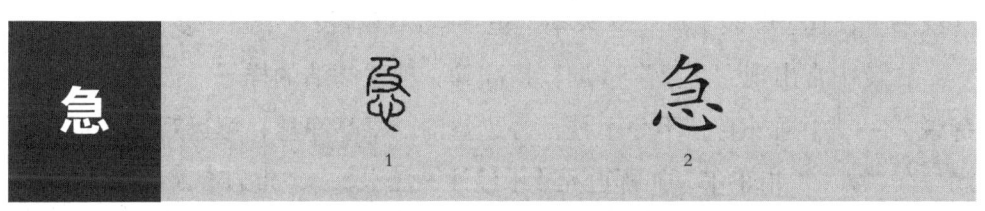

1形是小篆写法,从心及声。2形是隶变后的楷书写法,"及"字变为"刍"。

形声字。《说文解字》:"急,褊也。"本义为急躁、焦躁,《韩非子·观行》:"西门豹之性急,故佩韦以自缓。"《孟子·滕文公下》:"三月无君则吊,不以急乎?"又引申为迫切、紧迫、紧要、危急,如《孟子·尽心上》:"知者无不知也,当务之为急。"《战国策·燕策三》:"时恐急,剑坚,故不可立拔。"引申为匆促、迅猛、急速、猛烈、剧烈等意,如白居易《琵琶行》:"大弦嘈嘈如急雨,小弦切切如私语。"《史记·秦始皇本纪》:"项羽急击秦军,虏王离,邯等遂以兵降诸侯。"也用作名词,指紧要或严重的事情,如《史记·廉颇蔺相如列传》:"吾所以为此者,以先国家之急而后私仇也。"

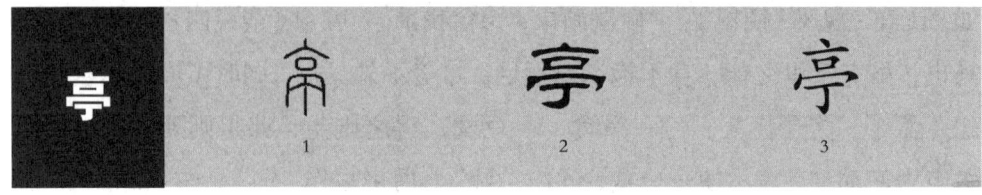

1形是小篆写法,像一种尖顶的建筑物。2形是隶书写法,笔画进一步简化。3形是楷书写法。

象形字。《说文解字》:"亭,民所安定也。亭有楼。从高省,丁声。"本义为亭子,即古代路旁供人临时休息的地方,如《墨子·备城门》:"百步一亭,高垣丈四尺,厚四尺,为闺门两扇。"引申为秦汉时基层行政单位,如《史记·高祖本纪》:"及壮,试为吏,为泗水亭长,廷中吏无所不狎侮。"《汉书·百官公卿表上》:"大率十里一亭,亭有长,十亭一乡。"

古诗中常出现"亭亭"一词,指高耸、独立高洁的样子。如周敦颐《爱莲说》:"中通外直,不蔓不枝,香远益清,亭亭净植,可远观而不可亵玩焉。""亭午"指正午,如郦道元《水经注·江水》:"重岩叠嶂,隐天蔽日,自非亭午夜分,不见曦月。"

"长亭"在古代送别诗词中经常出现,是一个蕴含依依惜别之情的意象。如柳永《雨霖铃·寒蝉凄切》:"寒蝉凄切,对长亭晚,骤雨初歇。"李白《菩萨蛮》:"何处是归程?长亭更短亭。"

1形是金文写法,从见从亲,亲亦声,表示常见。2形是小篆写法。3形是隶变后的楷书写法。4形是简化后的楷书写法,省去形旁"见"。

会意兼形声字。《说文解字》:"亲,至也。"本义是至亲、父母,如《庄子·养生主》:"可以全生,可以养亲。"《战国策·齐策四》:"冯公有亲乎?"意义扩大可以泛指所有的亲戚,如司马迁《报任安书》:"早失父母,无兄弟之亲,独身孤立。"又如李密《陈情表》:"外无期功强近之亲,内无应门五尺之僮。"又引申为亲信之人,如李白《蜀道难》:"所守或匪亲,化为狼与豺。"用作动词,表示亲近,如《韩非子·爱臣》:"爱臣太亲,必危其身。"诸葛亮《前出师表》:"亲贤臣,远小人,此先汉所以兴隆也。"又引申表示亲自,如《国语·越语上》:"然后卑事夫差,宦士三百人于吴,其身亲为夫差前马。"《孟子·万章上》:"吾岂若于吾身亲见之哉?"读作"qìng"时,表示姻亲关系,如卢纶《王评事驸马花烛诗》:"人主人臣是亲家,千秋万岁保荣华。"

"六亲"有多种说法,一指父子、兄弟、从父兄弟、从祖兄弟、从曾祖兄弟、同族兄弟;二指父子、兄弟、姑姊、甥舅、婚媾、姻娅;三指父、母、兄、弟、妻子、子女;四指父、子、兄、弟、夫、妇;五指外祖父母、父母、姊妹、妻兄弟之子、从母之子、女子之子;六指天、地、君、亲、师、友。当今的"六亲"泛指亲属。

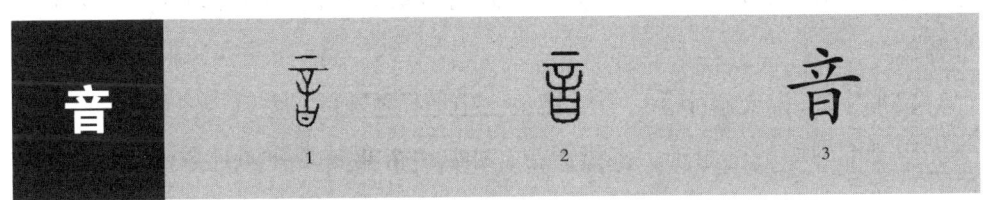

1形是金文写法,与"言"同源,由"言"字所从的"口"中加区别符号形成。2形是小篆写法,承袭金文,笔画更加规整。3形是隶变后的楷书写法。

指事字。《说文解字》:"音,声也。生于心,有节于外,谓之音。"本义为语音,如谢灵运《酬从弟惠连》:"岩壑寓耳目,欢爱隔音容。"贺知章《回乡偶书》:"少小离家老大回,乡音无改鬓毛衰。"引申为消息,如《诗经·郑风·子衿》："纵我不往，子宁不嗣音。"又指音乐，如《礼记·乐记》："凡音者，生人心者也。情动于中，故形于声。声成文，谓之音。"白居易《琵琶行》："浔阳地僻无音乐，终岁不闻丝竹声。"后泛指声响，与"声"义同，如《庄子·胠箧》："昔者齐国邻邑相望，鸡狗之音相闻。"苏轼《石钟山记》："扣而聆之，南声函胡，北音清越。"

古代有"八音"之说，指中国古代乐器的总称，《周礼·春官宗伯·大师》云："皆播之以八音，金、石、土、革、丝、木、匏、竹。"

"音"是一个部首字，从音的字大都与声音有关，如"响（響）、韵、喑"等。

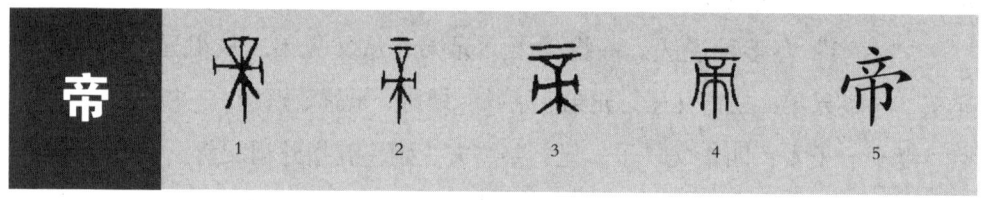

1、2形是甲骨文写法，构形不明，一说像花蒂之形，是"蒂"字的表意初文。3形是金文写法，承袭了2形的写法。4形是小篆写法。5形是楷书写法。

象形字。《说文解字》："帝，谛也。王天下之号也，从丄（上）朿声。""帝"字在甲骨卜辞中就已出现，多指天帝，如："帝弗其及今四月令雨。"（《合集》14138）。又如《尚书·周书·吕刑》："上帝监民。"后指君王，如《战国策·赵策三》："秦所以急围赵者，前与齐闵王争强为帝。"

三皇，指燧人（燧皇）、伏羲（羲皇）、神农（农皇）；五帝，指黄帝、颛顼、帝喾、尧、舜。三皇五帝，并不是真正的帝王，指的是原始社会中后期出现的为人类做出卓越贡献的部落首领或部落联盟首领，后人追尊他们为"皇"或"帝"。道教则把他们奉为神灵，以各种美丽的神话传说来宣扬他们的伟大业绩。

闻

1形是甲骨文写法，像跪坐着的人形，以手附耳，夸大了耳朵在听的动作。2形是金文写法，耳与身体分离，小点表示听到的声音。3形是小篆写法，改为从耳门声的形声字。4形是隶书写法。5形是楷书写法。6形是简化后的楷书写法。

象形字，后改为形声字。《说文解字》："闻，知闻也。"本义为听见、听到，又如《史记·项羽本纪》："夜闻汉军四面皆楚歌。"辛弃疾《菩萨蛮·书江西造口壁》："江晚正愁予，山深闻鹧鸪。"引申为听说，如《左传·隐公元年》："公闻其期，曰：'可矣！'"《史记·廉颇蔺相如列传》："相如闻，不肯与会。"又引申为懂得、知道，如《论语·里仁》："朝闻道，夕死可矣。"又引申为被听到，即达到、传布，如《战国策·齐策一》："能谤讥于市朝，闻寡人之耳者，受下赏。"又引申为闻名，如诸葛亮《前出师表》："苟全性命于乱世，不求闻达于诸侯。"

成语"闻风破胆"出自唐代李德裕《授张仲武东面招抚回鹘使制》"故能望影揣情，已探致虏之术；岂止闻风破胆，益坚慕义之心"。指听到一点儿风声就吓破了胆，形容对某种力量极端恐惧。现代汉语中，用作"闻风丧胆"。

美

1形是甲骨文写法，下面像人形，上面像羊角或羽饰，人头上戴着好看的装饰物，就是美字。一说，从大从美，羊大为美。2形是金文写法，头上的饰物更加复杂。3形是小篆写法，从金文演变而来。4形是楷书写法。

会意字。《说文解字》："美，甘也。"从字形来看，美的本义是美丽，如《诗经·邶风·静女》："匪女之为美，美人之贻。"又如《战国策·齐策一》："吾与徐公孰美？"引申为味美，如《孟子·尽心下》："脍炙与羊枣孰美。"又可引申为善的、好的，如屈原《离骚》："好蔽美而称恶。"

中国古代的四大美人为西施、王昭君、貂蝉、杨贵妃。成语"沉鱼落雁""闭月羞花"分别形容这四位美女。"沉鱼"形容的是西施的美貌令水底的鱼儿都忘记游水而沉到河底；"落雁"说的是王昭君出塞和亲，天上的大雁都为之倾倒，落在昭君的周围；"闭月"讲的是貂蝉的美丽连天上的月亮都自愧不如，要躲到云彩的后面；"羞花"说的是花儿见了杨贵妃都害羞地低下头。

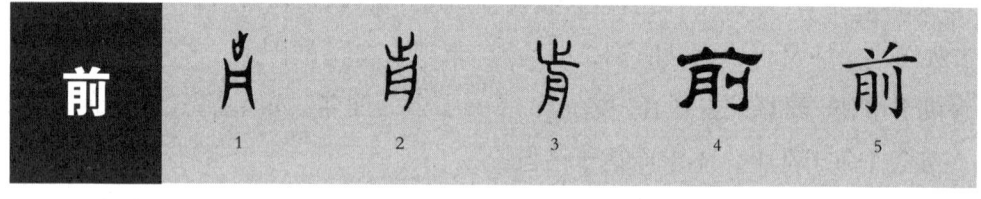

1形是甲骨文写法，从止从舟，隶作"歬"。2形是金文写法。3形是小篆写法，承袭金文。4形是隶书写法，"止"讹变为"䒑"，"舟"讹变为"月"，并增加"刂"形。5形是楷书写法。

会意字。《说文解字》："歬，不行而进谓之歬。从止在舟上。"本义是乘舟前进，后泛指向前，如《史记·廉颇蔺相如列传》："乃前曰：'璧有瑕，请指示王。'"高适《别董大》："莫愁前路无知己，天下谁人不识君。"进一步引申为方位在前、时间在先等意思，如蒲松龄《聊斋志异·狼三则》："少时，一狼径去，其一犬坐于前。"范仲淹《岳阳楼记》："此则岳阳楼之大观也，前人之述备矣。"

成语"前事不忘，后事之师"出自《战国策·赵策一》"前事之不忘，后事之师"。师，师表，榜样。意思为记住过去的经验教训，可以作为以后的借鉴。如陈子昂《谏用刑书》："臣读《汉书》至此，未尝不为戾太子流涕也。古人云：'前事之不忘，后事之师。'伏愿陛下念之。"

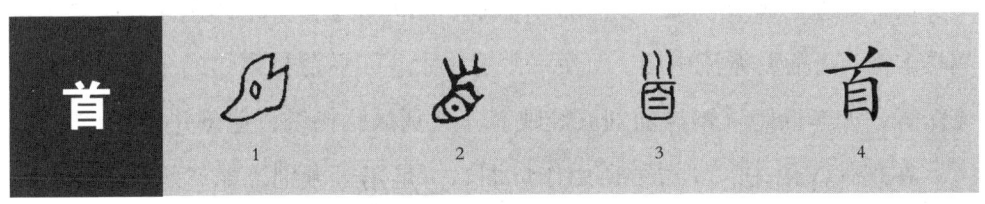

1形是甲骨文写法，像人头之形。2形是金文写法，突出眼睛与头发。3形是小篆写法，承袭金文。4形是楷书写法，进一步简化。

象形字。《说文解字》："首，𦣻同。古文𦣻也。巛象发，谓之鬊，鬊即巛也。"本义是头部，如《山海经·北山经》："有鸟焉，其状如乌，文首，白喙，赤足。"引申为首领、领导人，如贾谊《治安策》："凡天子者，天下之首，何也？上也。"引申为开端、开始，如陆游《过大孤山小孤山》："七月二十六日至是，首尾才六日。"又引申为首倡、起首，如《史记·陈涉世家》："且楚首事，当令于天下。"

"首"是一个部首字，从首的字大都跟头有关，如"馗（kuí）、馘（guó）"。

"皓首"出自扬雄《法言义疏》："文选李少卿与苏武诗'皓首以为期'。"皓首，白首，即年老，如杜甫《舟月对驿近寺》："皓首江湖客，钩帘独未眠。"徐铉《闻查建州陷贼寄钟郎中》："皓首应全苏武节，故人谁得李陵书。"

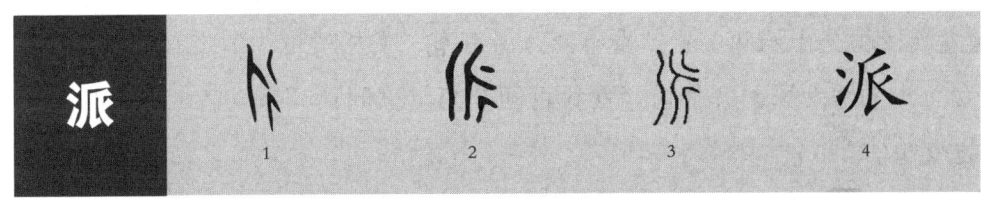

1形是甲骨文写法,与"永"本为一字,中间像河流的主干分出一条支流,后分化出"派"字。2形是金文写法,作反"永"形。3形是小篆写法。4形是隶变后的楷书写法。

会意字。《说文解字》:"派,别水也。"本义是水的支流,即水流别出支流,如左思《吴都赋》:"百川派别,归海而会。"毛泽东《菩萨蛮·黄鹤楼》:"茫茫九派流中国,沉沉一线穿南北。"后泛指事物的分支、派别、流派等,如李商隐《赠送前刘五经映》:"别派驱杨墨,他镳并老庄。"

在现代汉语中,"派"还用作量词。一是用于派别,如"两派学者";一是用于景色、气象、声音、语言等,这种情况下,数词限用"一",如"一派新气象""一派胡言"等。

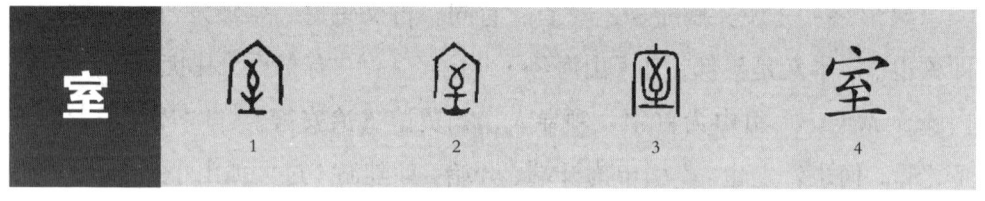

1形是甲骨文写法,外面是房屋之形,里面是"至",表示止息之意。2形是金文写法,承袭甲骨文。3形是小篆写法。4形是隶变后的楷书写法。

会意兼形声字。《说文解字》:"室,实也。"本义是居室、房间,如刘禹锡《陋室铭》:"斯是陋室,惟吾德馨。"宋濂《送东阳马生序》:"门人弟子填其室。"引申为家,如柳宗元《捕蛇者说》:"曩与吾祖居者,今其室十无一焉。"又引申为妻子,《礼记·曲礼上》:"三十曰壮,有室。"《左传·桓公十八年》:"女有家,男有室,无相渎也,谓之有礼。""室女"指未婚女子,齐仲甫《女科百问》第十三问:"室女者,乃未出闺门之女也。"

宫

1 形是甲骨文写法，"宀"表示房屋，两"口"表示房间众多。2 形是小篆写法，承袭甲骨文。3 形是隶变后的楷书写法。

会意字。《说文解字》："宫，室也。"本义是房屋，如《诗经·豳风·七月》："我稼既同，上入执宫功。"《墨子·号令》："父母妻子，皆同其宫。"《诗经·召南·采蘩》："于以用之？公侯之宫。"后专指帝王的宫殿，如王建《宫词》："宫人早起笑相呼，不识阶前扫地夫。"又指宫刑，也称为腐刑，是古代五刑之一，如《尚书·周书·吕刑》："宫辟疑赦，其罚六百锾，阅实其罪。"

"宫"是古代"五音"中的第一音。"五音"包括宫、商、角、徵、羽，类似现在简谱中的1、2、3、5、6。

说

1 形是小篆写法，从言兑声。2 形是隶书写法。3 形是楷书写法，承袭隶书。4 形是简化后的楷书写法。

形声字。《说文解字》："说，释也。从言从兑。一曰谈说。"本义是用言语说明、开导。引申为说明、解释，如陶渊明《桃花源记》："及郡下，诣太守，说如此。"进一步引申为说服，如司马迁《史记·魏公子列传》："公子患之，数请魏王，及宾客辩士说王万端。"又引申为言论、说法，如屈原《离骚》："众不可户说兮，孰云察余之中情。"

古代"说"与"脱"相通，如《诗经·卫风·氓》)："士之耽兮，犹可说也。女之耽兮，不可说也。"又与"悦"相通，如《论语·学而》："学而时习之，不亦说乎？"

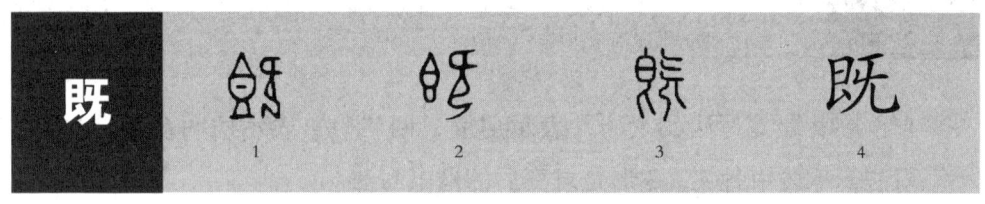

1形是甲骨文写法，从皀从旡，像人背身向后不再进食，表示吃完饭。2形是金文写法，承袭甲骨文。3形是小篆写法，所从"旡"有变形。4形是楷书写法，笔画进一步规范化。

会意字。《礼记·玉藻》："君未覆手，不敢飧。君既食，又饭飧。饭飧者，三饭也。"本义是餐毕离席，引申为完成、结束，如《左传·僖公二十二年》："彼众我寡，及其未既济也，请击之。"韩愈《进学解》："言未既，有笑于列者曰：'先生欺余哉！'"又虚化作副词，表已经，如《诗经·卫风·氓》："不见复关，泣涕涟涟。既见复关，载笑载言。"《史记·廉颇蔺相如列传》："既罢，归国，以相如功大，拜为上卿。"又作连词，表示并列关系，如《孙子兵法·谋攻篇》："三军既惑且疑，则诸侯之难至矣。"与"即"通，表示就、便，如《战国策·燕策三》："轲既取图奉之，发图，图穷而匕首见。"

"即"与"既"易混淆。"即"从皀从卩（跪坐的人），会人正在吃饭之意，引申表示即将。"既"表示已经发生、完成。

1形是《说文解字》籀文写法，上部从尸从厂，下部为"至"，表示人

休息的地方。2形为小篆写法,"至"的上面为"尸"。3形是隶变后的楷书写法。

会意字。《说文解字》:"屋,居也。"本义为房屋,如杜甫《茅屋为秋风所破歌》:"八月秋高风怒号,卷我屋上三重茅。"又如范成大《颜桥道中》:"一段农家好风景,稻堆高出屋山头。"

中国古代对房屋的称谓很多,如供奉神佛或帝王受朝理政的房屋称为"殿";大官、贵族的住宅称为"府";高级官员的住所称为"邸";宫庙、墓门前记官爵、功绩和装饰用的双柱楼观称为"阙"。

1形是甲骨文写法,像目上有眉毛之形。2形是金文写法,眉毛与目分离。3形是小篆写法,笔画进一步演变。4形是楷书写法。

象形字。《说文解字》:"眉,目上毛也。从目,象眉之形,上象额理也。"本义是眉毛,如李白《长干行》:"十五始展眉,愿同尘与灰。"也比喻物体上端或旁侧像眉毛的位置,如扬雄《酒箴》:"观瓶之居,居井之眉。"又引申为书写于上方的题额,《穆天子传》:"眉曰'西王母之山。"又通"媚",表示美女的意思,如苏轼《苏州闾丘江君二家雨中饮酒》:"五纪归来鬓未霜,十眉环列坐生光。"

由于人老的时候眉毛中会有长毛,被称为"秀眉",因此把长寿称为"眉寿",如《诗经·豳风·七月》:"为此春酒,以介眉寿。"《诗经·小雅·南山有台》:"乐只君子,遐不眉寿。"

"蛾眉"一词在古诗中经常遇到,有以下几个意思:蚕蛾触须细长而弯曲,因此用以比喻女子美丽的眉毛,如李白《怨情》:"美人卷珠帘,深坐颦蛾眉。"（颦一作：蹙）叶梦得《虞美人·雨后同干誉才卿置酒来禽花下作》："美人不用敛蛾眉，我亦多情无奈、酒阑时。"又借指女子美丽的容貌，如屈原《离骚》："众女嫉余之蛾眉兮，谣诼谓余以善淫。"也指蛾眉月，如纳兰性德《点绛唇·对月》："一种蛾眉，下弦不似初弦好。"

1形是战国楚文字写法。2形是小篆写法。3形是隶变后的楷书写法。4形是简化后的楷书写法。

形声字。从糸（mì）吉声。"糸"的甲骨文写作" "，像打了结的丝绳，以"糸"为形旁的字多与丝织品有关。《说文解字》："结，缔也。"本义为打结。《周易·系辞下》："上古结绳而治。"远古的人们用结绳的方法来记事，即用长条物绾系成疙瘩，《春秋左传集解》："古者无文字，其有约誓之事，事大大其绳，事小小其绳，结之多少，随扬众寡，各执以相考，亦足以相治也。"后引申为结交、结盟，如《三国志·蜀书·诸葛亮传》："外结好孙权，内修政理。"又引申为凝聚、聚合，如《古诗为焦仲卿妻作》："寒风摧树木，严霜结庭兰。"又引申为构建、建造，如陶渊明《饮酒》："结庐在人境，而无车马喧。"又引申为问题的关键，如纪昀《阅微草堂笔记·如是我闻四》："斯言洞见症结矣。"又引申为心情烦郁，如司马迁《报任安书》："此人皆意有所郁结，不得通其道，故述往事、思来者。"

绝

1形是甲骨文写法，从刀从糸，会以刀断丝之意。2形是金文写法，在甲骨文的基础上，所从的"糸"繁化为四"糸"，并用刀形分割开。3形是《说文解字》中的古文写法。4形是小篆写法，从糸从刀从卩。5形是隶变后的楷书写法，右旁讹变为"色"。6形是简化后的楷书写法。

会意字。《说文解字》："绝，断丝也。"本义是断开，如《吕氏春秋·本味》："钟子期死，伯牙破琴绝弦，终身不复鼓琴。"引申为阻断、隔断，如陶渊明《桃花源记》："自云先世避秦时乱，率妻子邑人来此绝境，不复出焉，遂与外人间隔。"又引申为停止，如白居易《琵琶行》："冰泉冷涩弦凝绝，凝绝不通声暂歇。"杜甫《石壕吏》："夜久语声绝，如闻泣幽咽。"引申为抛弃、免除，如《道德经》："绝巧弃利，盗贼无有。"还有极、非常之意，如《史记·伍子胥列传》："秦女绝美，王可自取。"杜甫《望岳》："会当凌绝顶，一览众山小。"又引申为完全、绝对，如蒲松龄《聊斋志异·促织》："而心目耳力俱穷，绝无踪响。"引申为超过、超越。又引申为横渡、横穿，如《荀子·劝学》："假舟楫者，非能水也，而绝江河。"

"决"和"绝"同音且意思相近，区别在于"决"强调坚决，而"绝"强调完全、绝对，不能混淆。比如，"决不动摇""决不等闲视之"是"坚决"的意思，不能用"绝"。"绝无次品""绝无恶意"是"绝对"的意思，不能用"决"。

十　画

班

1 形是金文写法，从珏（二玉），中从刀，会以刀分玉之意。2 形是小篆写法，字形与金文大体相同。3 形是隶书写法，中间刀形稍变。4 形是楷书写法。

会意字。《说文解字》："班，分瑞玉。从珏从刀。"引申为分开、分别之意，如《左传·襄公十八年》："有班马之声，齐师其遁。"李白《送友人》："挥手自兹去，萧萧班马鸣。"进一步引申为分给、赏赐，次第、位次以及铺开、排列等意思，如《左传·襄公二十六年》："遇之于郑郊，班荆相与食。"《隋书·百官志上》："徐勉为吏部尚书，定为十八班。""班"又通"斑"，杂色，亦指杂色斑点或斑纹，如屈原《离骚》："纷总总其离合兮，班陆离其上下。"

成语"班荆道故"，出自《左传·襄公二十六年》："伍举奔郑，将遂奔晋。声子将如晋，遇之于郑郊，班荆相与食，而言复故。"意思是铺开荆草，坐于道边，指老友相逢叙旧。

素

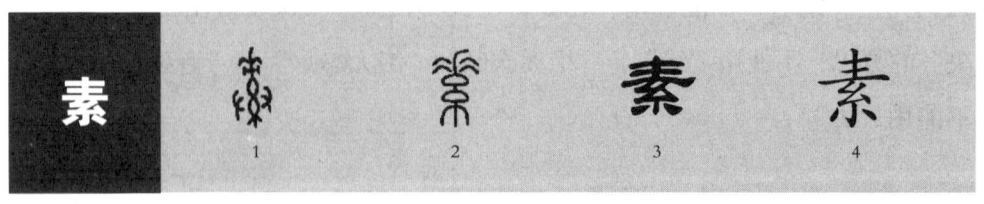

1 形是金文写法，像双手加工架子上的丝线之形。2 形是小篆写法，省

去双手形。3形是隶书写法,进一步演化。4形是楷书写法。

象形字。素的本义是指未经加工、染色处理的丝,如《古诗为焦仲卿妻作》:"十三能织素,十四学裁衣。"进而引申为白色,如郦道元《水经注·江水》:"春冬之时,则素湍绿潭,回清倒影。"《古诗十九首》:"纤纤擢素手,札札弄机杼。"又引申为朴素的、原始的、不加修饰的意思,如刘禹锡《陋室铭》:"可以调素琴,阅金经。无丝竹之乱耳,无案牍之劳形。"后又作副词,表示平素、一向,如《史记·廉颇蔺相如列传》:"且相如素贱人,吾羞,不忍为之下。"

成语"素丝羔羊",出自《诗经·召南·羔羊》:"羔羊之皮,素丝五紽,退食自公,委蛇委蛇。"素紽,白色的丝,即指正直廉洁的官吏。如《后汉书·宋弘传》:"其令将相大夫会葬,加赐钱十万,及其在殡,以全素丝羔羊之洁焉。"

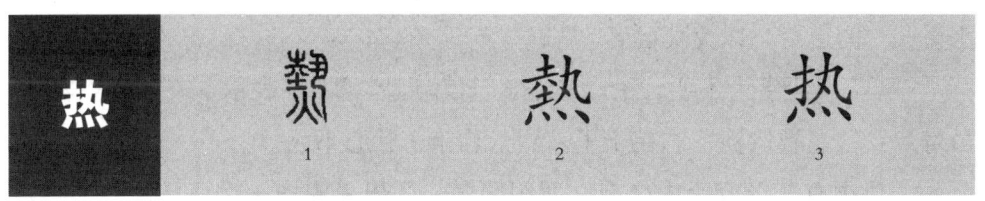

1形是小篆写法,上面"埶"表声,下面"火"表意。2形是隶变后的楷书写法。3形是简化后的楷书写法。

形声字。《说文解字》:"热,温也。"本义是温度高,与"冷"相对,如《列子·汤问》:"日初出沧沧凉凉,及其日中如探汤,此不为近者热而远者凉乎?"又如白居易《观刈麦》:"力尽不知热,但惜夏日长。"由温度高可以引申为加热、使温度升高,特指由生病引起的高体温,如"热病"专指急性发作、以发烧为主要特征的病症。也可以用"热"喻指感情深厚而强烈,也可以喻指受喜爱的、被关注的,如陶渊明《影答形》:"身没名亦尽,念之五情热。"又用来比喻官员的地位高,如陆游《初春遣兴》:"烂熟思来怕热官,退飞心地喜轻安。"

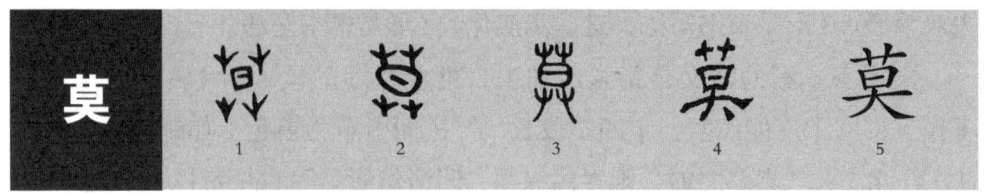

1形是甲骨文写法,从日从四中,表示天快黑时日落于草木中。2形是金文写法,与甲骨文大体相同。3形是小篆写法。4形是隶书写法,下部从的"艸"变为"大"。5形是楷书写法。

会意字。《说文解字》:"莫,日且冥也。从日在茻中。"本义指日落的时候,即傍晚,如《诗经·齐风·东方未明》:"不能辰夜,不夙则莫。"假借为副词,表示否定,不要、不能等意,如李白《蜀道难》:"剑阁峥嵘而崔嵬,一夫当关,万夫莫开。"高适《别董大》:"莫愁前路无知己,天下谁人不识君。"又作否定的不定代词,相当于没有谁、没有什么,如《庄子·秋水》:"闻道百,以为莫己若。"

"莫"字假借为不要,后又加义符"日"新造"暮"字表示本义,如曹操《龟虽寿》:"老骥伏枥,志在千里。烈士暮年,壮心不已。"

"莫须有"形容无中生有,罗织罪名。语出《宋史·岳飞传》:"狱之将上也,韩世忠不平,诣桧诘其实。桧曰:'飞子云与张宪书虽不明,其事体莫须有。'世忠曰:'"莫须有"三字何以服天下?'"后用以表示凭空诬陷。

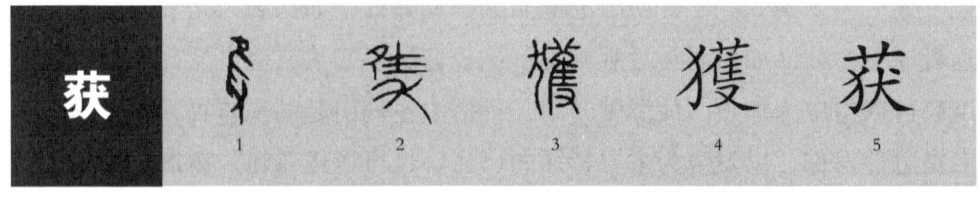

1形是甲骨文写法,从又(手)持隹(鸟),会获捕之意,即"隻"。2形是金文写法,承袭甲骨文。3形是小篆写法,从犬从萑从又。4形是隶变后的楷书写法。5形是简化后的楷书写法。

会意字。《说文解字》:"获,猎所获也。"本义为打猎抓获禽兽,如《诗经·小雅·巧言》:"跃跃毚兔,遇犬获之。"引申为所猎获之兽,如《吕氏春秋·不苟论》:"田猎之获,常过人矣。"进一步引申为战争中的俘获,如《左传·僖公二十二年》:"虽及胡耇,获则取之,何有于二毛?"又引申指收获庄稼,如《诗经·豳风·七月》:"八月剥枣,十月获稻,为此春酒,以介眉寿。"又引申为取得、得到,如宋濂《送东阳马生序》:"故余虽愚,卒获有所闻。"

成语"如获至宝",出自李光《与胡邦衡书》:"忽蜀僧行密至,袖出'寂照庵'三字,如获至宝。"表示对所得到的东西非常珍视、喜爱。"不勤而获"出自王谠《唐语林·补遗三》:"吾闻不勤而获犹谓之灾,士君子所慎者,非常之得也。"指不劳而获,自己不劳动而取得别人劳动的成果。

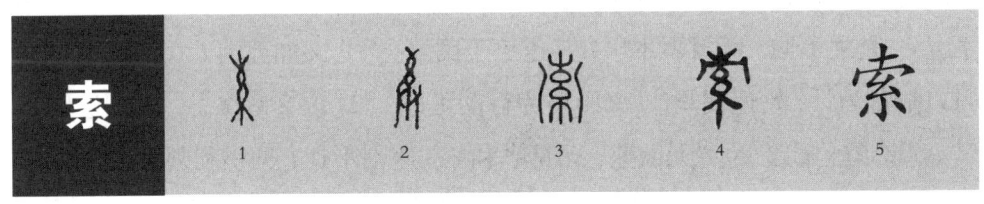

1、2形是甲骨文写法。1形像搓成一段的绳索形,绳索两端扎系起来;2形增加两只手,表示搓制绳索。3形是小篆写法,手形发生讹变。4形是秦隶书写法,此后字形基本固定,沿用至今。5形是楷书写法。

象形字。《说文解字》:"索,草有茎叶,可作绳索。"本义是大绳子,后泛指绳索,《小尔雅·广器》:"大者谓之索,小者谓之绳。"司马迁《报任安书》:"其次关木索,被箠楚受辱。"引申为求索、寻找,如屈原《离骚》:"路漫漫其修远兮,吾将上下而求索。"引申为请求、索取,如《史记·平原君虞卿列传》:"秦索六城于王,而王以六城赂齐。"引申为尽、完结,如《韩非子·初见秦》:"士民病,蓄积索。"

成语"离群索居",出自《礼记·檀弓上》:"吾离群而索居,亦已久矣。"指离开同伴而过孤独的生活。这里的"索"为单独、孤独义。

1形是甲骨文写法,从止楝(棟)声。2形是金文写法,改从辵(chuò)表意,束(束)声。甲骨文、金文中的"东""束"本为一字,均像囊橐束其两端之形。3形是小篆写法,承袭金文写法。4形是隶变后的楷书写法。

形声字。本义为邀请、招待,《诗经·小雅·伐木》:"既有肥羜,以速诸父。"《周易·需卦》:"有不速之客三人来,敬之终吉。"成语"不速之客"即出于此。又引申为招致,表示引来不好的结果,如《国语·楚语下》:"是之不恤,而蓄聚不厌,其速怨于民多矣。"又如苏洵《六国论》:"至丹以荆卿为计,始速祸焉。"又引申为行动迅速,如《说文解字》:"速,疾也。"又如《论语·子路》:"无欲速,无见小利。欲速则不达,见小利则大事不成。"成语"欲速则不达"即出于此。由于"速"的本义为迅速,现在又被用来作物理学中的概念,表示快慢的速度,如音速、光速、加速等。

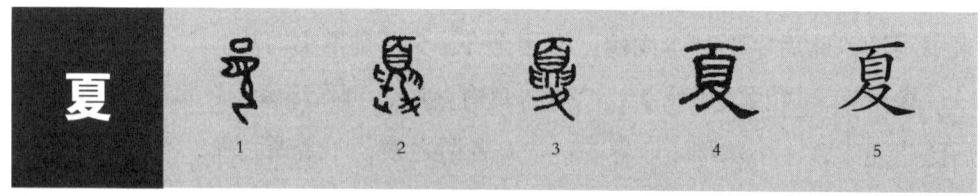

1形是甲骨文写法。2形是金文写法。3形是小篆写法,承袭金文,并将下部进行简化。4形是隶书写法。5形是楷书写法。

会意字。夏的本义为天热,引申为一年之中的第二个季节,一般指立夏到立秋的三个月,或农历四、五、六三个月,如《上邪》:"山无陵,江水为竭,冬雷震震,夏雨雪,天地合,乃敢与君绝!"司马光《客中初夏》:"更无柳絮因风起,惟有葵花向日倾。"白居易《观刈麦》:"力尽不知热,但惜夏日长。"杜甫《夏夜叹》:"仲夏苦夜短,开轩纳微凉。"

《说文解字》:"夏,中国之人也。"即中原地区的古部族名,与四周少数部族相对,也叫"华夏";相沿遂用以称中国人,泛指中国。《春秋公羊传·成公十五年》:"《春秋》内其国而外诸夏。"又有大的意思,如《诗经·秦风·权舆》:"于,我乎!夏屋渠渠。"又通"厦",指高大的房子,如屈原《九章·哀郢》:"曾不知夏之为丘兮,孰两东门之可芜?"

"夏"又作朝代名,是我国历史上第一个朝代。相传由大禹及其子启创立,都安邑、夏邑、阳城等地。《左传·僖公三十二年》:"其南陵,夏后皋之墓也。"

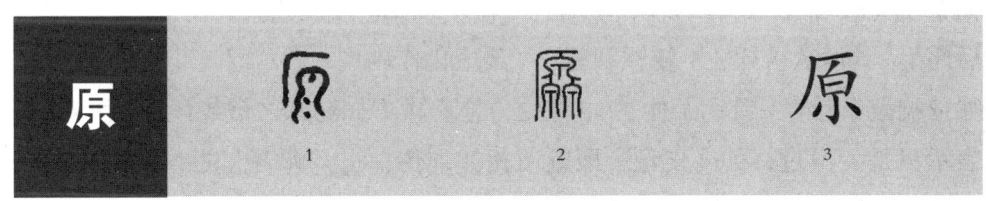

1形是金文写法,"厂"表示山崖,其下像水流之形,即"泉"字。2形是小篆写法,字形繁复,一泉变成三泉。3形是隶变后的楷书写法。

会意字。《说文解字》:"原,水泉本也。"本义是源泉,如《左传·昭公九年》:"木水之有本原。"引申为开始、起源,如《管子·水地》:"地者,万物之本原。"又引申为广阔而平坦的地方,如白居易《赋得古原草送别》:"离离原上草,一岁一枯荣。"

"源"字晚出,此前用"原"表示水源、源头,后来增加义符"氵"分化出"源","原"表示原来、本原之意。

顾

1 形是小篆写法,从页雇声。2 形是隶书写法。3 形是隶变后的楷书写法。4 形是简化后的楷书写法。

形声字。《说文解字》:"顾,还视也。"还视,即返而视,本义是回头、回头看,如《庄子·秋水》:"庄子持竿不顾。"后泛指看,如曹植《白马篇》:"长驱蹈匈奴,左顾凌鲜卑。"白居易《长恨歌》:"君臣相顾尽沾衣,东望都门信马归。"引申为看望、拜访,如诸葛亮《前出师表》:"先帝不以臣卑鄙,猥自枉屈,三顾臣于草庐之中。"进一步引申为照顾、顾念,如司马光《资治通鉴·汉纪五十七》:"子布、元表诸人,各顾妻子,挟持私虑,深失所望。"又如曹植《白马篇》:"父母且不顾,何言子与妻!"又引申为考虑、顾虑,如曹植《白马篇》:"名编壮士籍,不得中顾私。"又如文天祥《〈指南录〉后序》:"但欲求死,不复顾利害。"又虚化作副词,表示但是、反而、竟然,如彭端淑《为学一首示子侄》:"人之立志,顾不如蜀鄙之僧哉!"又作连词,表示只是、不过,如《史记·廉颇蔺相如列传》:"顾吾念之,强秦之所以不敢加兵于赵者,徒以吾两人在也。"

成语"顾复之恩",出自《诗经·小雅·蓼莪》:"父兮生我,母兮鞠我。拊我畜我,长我育我,顾我复我,出入腹我。"顾,回头看,复,反复。意思为反复回头看的恩德,比喻父母的养育之恩。

哭

1 形是小篆写法,从两口从犬。2 形是楷书写法。

会意字。《说文解字》:"哭,哀声也。"本义指哭丧,即因悲痛而对死者哀泣流泪发声,如《论语·先进》:"颜渊死,子哭之恸。"意思是,颜渊死了,孔子大哭,为之悲恸。为哀悼死者而哭泣,是一种礼仪。又可以引申为吊唁、哭诉等义,如《淮南子·说林训》:"(夏)桀辜谏者,(商)汤使人哭之。"这里"辜"是分裂人肢体的酷刑。

注意区分"哭"与"泣",两者虽然在现代汉语中经常连起来使用,但在古代汉语中是有所区别的,有泪有声是"哭",有泪无声是"泣"。

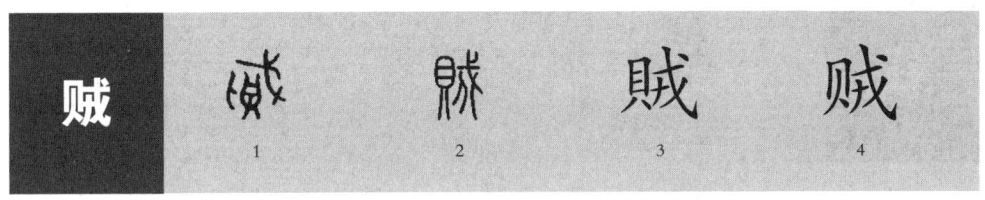

1形是金文写法,从人持戈击贝,表毁坏之意。2形是小篆写法,承袭金文,将所从人形移到右边并讹为"刀",成为从戈则声的形声字。3形是隶变后的楷书写法。4形是简化后的楷书写法。

会意字,后变为形声字。《说文解字》:"贼,败也。从戈则声。"本义为破坏、毁坏,如《孟子·梁惠王下》:"贼仁者谓之贼,贼义者谓之残,残贼之人谓之一夫。"后来特指杀害,如《左传·宣公二年》:"宣子骤谏,公患之,使鉏麑贼之。"在先秦两汉时用作名词,指作乱叛国、危害人民的人,如《三国志·吴书·周瑜传》:"操虽托名汉相,其实汉贼也。"后引申为名词,表刺客之意,如《史记·秦始皇本纪》:"燕王昏乱,其太子丹乃阴令荆轲为贼。"又引申为强盗,如柳宗元《童区寄传》:"贼二人得我,我幸皆杀之矣。"

现代汉语中,把偷东西的人称为"贼",抢东西的人称为"盗";而在古代汉语中,则把偷东西的人称为"盗",抢东西的人称为"贼",也称为"盗"。

如《荀子·儒效》："故人无师无法而知（智），则必为盗，勇则必为贼。"可见"盗"是偷窃的人，"贼"是抢劫的人。古书中的"盗"，相当于今天的"偷"，如《左传·僖公二十四年》："窃人之财，犹谓之盗。"《荀子·修身》："窃货曰盗，匿行曰诈，易言曰诞。"后来"盗"又成为古代统治阶级对起义的奴隶或农民的称呼，如《旧唐书·黄巢传》："仍岁凶荒，人饥为盗，河南尤甚。"

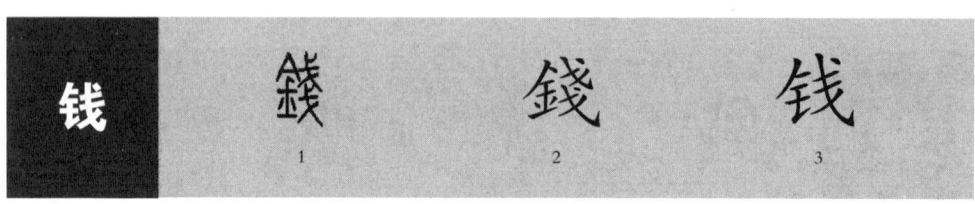

1形是小篆写法，从金从戋，"戋"也表声。2形为隶变后的楷书写法。3形是简化后的楷书写法。

会意兼形声字。《说文解字》："钱，铫也。古田器。"本义为古代一种用来铲土的农具，古音"jiān"，从戋的字都表示小、少或者残的意思，如小水为"浅"、价少为"贱"、小竹片为"笺"等。上古曾以农具"钱"作为等价交易物，所以在铸造货币的时候仿其形状，金属铸币也就称作"钱"，如干宝《搜神记》卷十六："得钱千五百，乃去。"又如李白《行路难》："金樽清酒斗十千，玉盘珍羞直万钱。"再如欧阳修《卖油翁》："乃取一葫芦置于地，以钱覆其口，徐以杓酌油沥之，自钱孔入，而钱不湿。"引申比喻形状像铜钱的东西，如秦观《满庭芳》："舞困榆钱自落，秋千外、绿水桥平。""钱"同时还是古代的一种重量单位，十钱为一两，折合成现在的质量单位，一钱约为五克。

造 | 1 | 2 | 3

1形是金文写法，从宀表示房屋之形，内部左边从舟，表示"造"的对象，右边"告"表声。2形是小篆写法，从辵告声。3形是楷书写法。

形声字。《说文解字》："造，就也。"本义是制造，如《诗经·郑风·缁衣》："缁衣之好兮，敝予又改造兮。"又如苏轼《前赤壁赋》："取之无禁，用之不竭，是造物者之无尽藏也。"可以引申为成就，如《诗经·大雅·思齐》："肆成人有德，小子有造。"

"造物者"特指创造万物的神，在古代就有很多学者讨论过这个哲学问题，如《庄子·大宗师》："伟哉！夫造物者，将以予为此拘拘也。"又如柳宗元《始得西山宴游记》："洋洋乎与造物者游，而不知其所穷。"

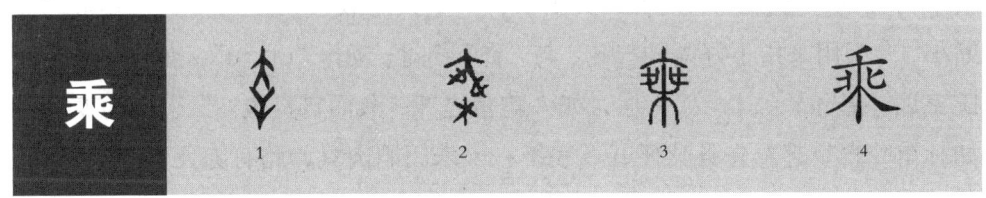

1形是甲骨文写法，像人立于树上。2形是金文写法，突出人的脚形。3形是小篆写法。4形是隶变后的楷书写法。

会意字。本义是登、登上，读为"chéng"，如《诗经·卫风·氓》："乘彼垝垣，以望复关。"引申为乘车、船等，如苏轼《石钟山记》："独与迈乘小舟，至绝壁下。"又如李白《赠汪伦》："李白乘舟将欲行，忽闻岸上踏歌声。"再如苏轼《水调歌头》："我欲乘风归去，又恐琼楼玉宇，高处不胜寒。"又引申为凭借、趁着，如贾谊《过秦论》："因利乘便，宰割天下，分裂山河。"用作名词，读作"shèng"，古代一车四马为乘，如《战国策·赵

343

策四》:"于是为长安君约车百乘,质于齐,齐兵乃出。"

"乘"与"乖"易混淆。"乖"是二人相背,表示违背、分离、差错,引申为机灵、乖巧等意。"乘"表示人立于木上。

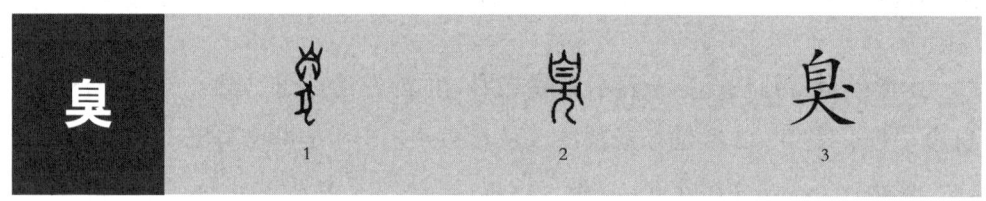

1形是甲骨文写法,上部分从自(鼻子),下部分从犬,因狗的嗅觉很灵敏,表示用犬鼻辨别气味之意。2形是小篆写法。3形是楷书写法,与甲骨文字形一脉相承。

会意字。《说文解字》:"臭,禽走臭而知其迹者,犬也。"本义是用鼻子辨别气味,读作"xiù",为"嗅"的本字,如《荀子·荣辱》:"彼臭之而嗛于鼻,尝之而甘于口,食之而安于体,则莫不弃此而取彼矣。"由此引申为气味,《诗经·大雅·文王》:"上天之载,无声无臭。"后来词义缩小,专门用来指不好闻的气味,与"香"相对,读作"chòu",如颜之推《颜氏家训·慕贤》:"与恶人居,如入鲍鱼之肆,久而自臭也。"引申为变臭,如杜甫《自京赴奉先县咏怀五百字》:"朱门酒肉臭,路有冻死骨。"

成语"臭(xiù)味相投"出自《左传·襄公八年》"今譬于草木,寡君在君,君之臭味也"。指彼此的思想作风、兴趣等相同,很合得来。如蔡邕《玄文先生李休碑》:"凡其亲昭朋徒,臭味相与,大会而葬之。"如今常作贬义使用,读成"臭(chòu)味相投"。

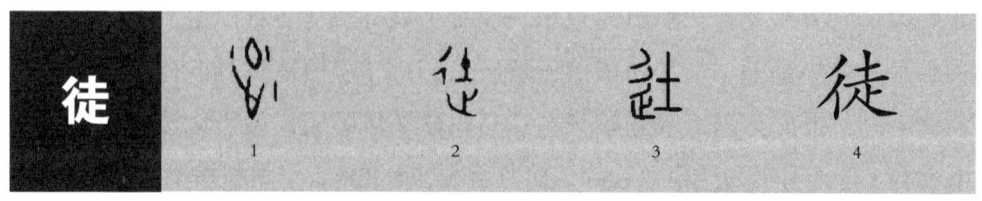

1形是甲骨文写法,从止土声,止为形旁。2形是金文写法,在甲骨文

字形的基础上，又增加表义偏旁"彳"。3形是小篆写法，此时表义偏旁变为"辵"，"止""彳""辵"为义近偏旁，在古文字中常通用。4形是楷书写法。

形声字。"徒"字在《说文解字》中写作"辻"，"辻，步行也。"本义为步行，现在仍有"徒步"一词，如《周易·贲卦》："舍车而徒。"引申为步兵、跟从的人，或泛指人、众等，如韩愈《师说》："孔子师郯子、苌弘、师襄、老聃、郯子之徒，其贤不及孔子。"又如《孟子·梁惠王上》："仲尼之徒，无道桓文之事者。"步行是不借助交通工具而行，由此引申为空，如刘禹锡《天论·上》："夫实已丧而名徒存。"由"空"义引申为副词，表示白白地、仅仅、只，如《长歌行》："少壮不努力，老大徒伤悲。"又如孟浩然《望洞庭湖赠张丞相》："坐观垂钓者，徒有羡鱼情。"再如李白《月下独酌》："月既不解饮，影徒随我身。"

从徒字的成语多带有贬义色彩，如成语"徒劳无功"表示白费力气，没有成就或好处。也说"徒劳无益"。"徒托空言"指只说空话，并不实行。"徒有虚名"表示空有某种名声，指名不副实。也说"徒有其名"。

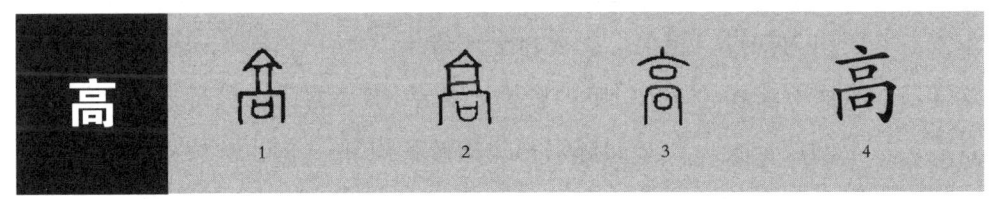

1形是甲骨文写法，像楼阁形，用具体楼阁的"高"代表一切事物的"高"。2形是金文写法。3形是小篆写法。4形是楷书写法。

象形字。《说文解字》："高，崇也。象台观高之形。"本义为由下至上的距离大，与"低"相对，如曹操《短歌行》："山不厌高，水不厌深。"又如刘禹锡《陋室铭》："山不在高，有仙则名。"由高低之意可以引申为等级高、程度深，如李白《夜宿山寺》："不敢高声语，恐惊天上人。"还可以引申为高超、高尚之意，如《汉书·晁错传》："臣窃观皇太子材智高奇。"

成语"高山仰止"出自《诗经·小雅·车辖》"高山仰止，景行行止"。意思为品德崇高的人，就会有人敬仰他。后比喻对有气质、有修养或有崇高品德之人的崇敬、仰慕之情。《史记·孔子世家》专门引以赞美孔子："《诗》有之：'高山仰止，景行行止。'虽不能至，然心乡（向）往之。"

病	疒丙	病
	1	2

1 形是小篆写法，从疒丙声。2 形是隶变后的楷书写法。

形声字。《说文解字》："病，疾加也。"本义指重病，如《汉书·霍光传》："后元二年春，上游五柞宫，病笃。"又如陶渊明《桃花源记》："未果，寻病终。"后来泛指疾病，如《战国策·赵策四》："老臣病足，曾不能疾走，不得见久矣。"又如杜甫《登高》："万里悲秋常作客，百年多病独登台。"再如刘禹锡《酬乐天扬州初逢席上见赠》："沉舟侧畔千帆过，病树前头万木春。"引申为缺点、错误，如《孟子·告子下》："夫道，若大路然，岂难知哉？人病不求耳。"又引申为疲惫、困苦，如《孟子·公孙丑上》："今日病矣！予助苗长矣！"又如柳宗元《捕蛇者说》："向吾不为斯役，则久已病矣。"又引申为担心、忧虑，如《论语·卫灵公》："君子病无能焉，不病人之不己知也。"

在现代汉语中，常常把"疾""病"并作一个词使用。而在古代汉语中，"疾"指小病、不严重的病；"病"则指比较严重的病。《韩非子·喻老》中有一个"讳疾忌医"的故事：扁鹊第一次见蔡桓公时说："君有疾在腠理，不治将恐深。"蔡桓公拒绝治疗。过了十天，扁鹊又进见他说："君之病在肌肤，不治将益深。"蔡桓公由开始身有小"疾"，因为讳疾忌医，延误了治疗时间，最终"疾"

变成了"病"。

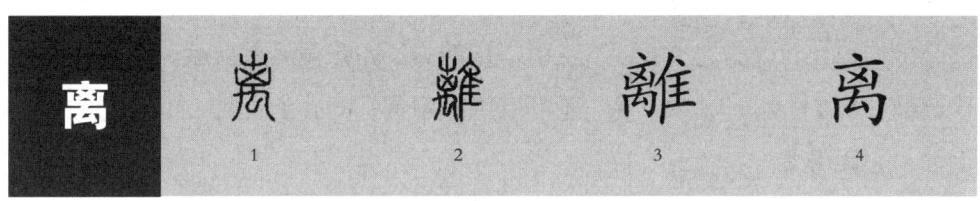

1、2形是小篆写法。2形左边表示捕鸟的工具，即"禽"字，右边从隹，即鸟，明确了捕获鸟这一含义。3形是繁体楷书的写法。4形是简化后的楷书写法。

会意字。《说文解字》："离，山神兽也。"本义为张网捕获鸟雀，如《诗经·王风·兔爰》："有兔爰爰，雉离于罗。"引申为遭受、受害，如贾谊《吊屈原赋》："嗟苦先生，独离此咎兮。"后来此义写作"罹"。后假借为离开，如贺知章《回乡偶书》："少小离家老大回，乡音无改鬓毛衰。"

成语"鱼网鸿离"出自《诗经·邶风·新台》"鱼网之设，鸿则离之，燕婉之求，得此戚施"。本来张网是想捕鱼，却捕到了癞蛤蟆，本是求年轻美好的如意郎君，得到的却是一个癞蛤蟆一样的老头子。这个成语用来比喻得到的并不是自己想要的。

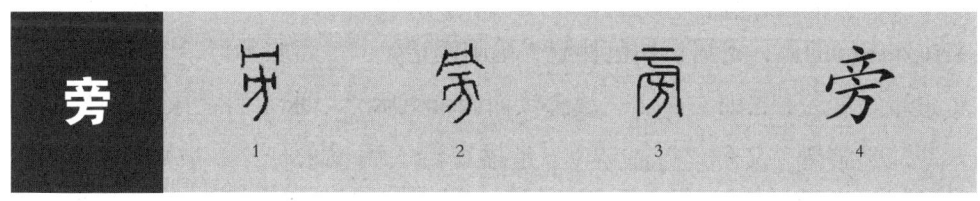

1形是甲骨文写法，从凡方声。2形是金文写法，承袭甲骨文。3形是小篆写法，将下部分两侧拉长。4形是隶变后的楷书写法。

形声字。《说文解字》："旁，溥也。"广大之意，后引申为名词，意思是边、侧、端等，如《礼记·丧大记》："于士旁三拜。"在名词基础之上又引申为形容词性的边上、附近等意,如《墨子·节用中》:"旁足以圉风寒,上足以待霜雪雨露。"又如柳宗元《答韦中立论师道书》:"此吾所以旁推交通,而以为之文也。"又引申指四方,如张衡《东京赋》:"撞洪钟,伐灵鼓,旁震八鄙。"此外"旁"还可以用作副词,表示在边上、向边上的意思,例如"心无旁骛"。

旅　1　2　3　4

1形是甲骨文写法,从㫃(飘扬的旗子),从人(表示军旗下人数众多)。2形是金文写法,承袭甲骨文。3形是小篆写法。4形是隶变后的楷书写法。

会意字。《说文解字》:"旅,军之五百人为旅。"本义是军队的编制单位,五百人为一旅,如《左传·哀公元年》:"有田一成,有众一旅。"后泛指军队,如《诗经·大雅·常武》:"左右陈行,戒我师旅。率彼淮浦,省此徐土。"又如《论语·先进》:"加之以师旅,因之以饥馑。"再如岳飞《满江红·登黄鹤楼有感》:"何日请缨提锐旅,一鞭直渡清河洛。"又引申为众多、众人,如黄宗羲《柳敬亭传》:"华堂旅会,闲亭独坐。"又进一步引申为离家在外旅行的人,寄居,如范仲淹《岳阳楼记》:"商旅不行,樯倾楫摧。"又如韩愈《祭十二郎文》:"故舍汝而旅食京师,以求斗斛之禄。"

"羁旅诗"又称"行旅诗",是描写诗人因谋求仕途、被贬赴任途中、拜访亲友、游历祖国、长期客居他乡时的所见、所闻、所感的诗歌。中国古代诗人常用诗歌表达客居异乡的艰难、漂泊无定的痛苦、对亲人的思念、对故乡的思念、对人生的迷茫、报国无门的愤怒。代表诗人有王维、孟浩然、张继、李白等。如王维《九月九日忆山东兄弟》:"遥知兄弟登高处,遍插茱萸少一人。"又如张继《枫桥夜泊》:"姑苏城外寒山寺,夜半钟声到客船。"

1形是甲骨文写法，上部是"羊"，下部是"火"，表示用火烤羊，会嫩而味美的小羊羔之意。2形是金文写法。3形是小篆写法，下部"火"逐渐演变分离。4形是简化后的楷书写法。

会意字。《说文解字》："羔，羊子也。"本义为初生的小羊，如《诗经·召南·羔羊》："羔羊之皮，素丝五纽。"引申为幼小的动物或植物，如苏轼《东坡集》："黄蒽养土羔，老楮生树鸡。"又如元好问《种松》："百钱买松羔，植之我东墙。"

在古代，"羔"被赋予了很多文化意义。如"羔裘"指古代诸侯当作朝服的小羊皮袍，《诗经·郑风·羔裘》："羔裘如濡，洵直且侯。""羔雁"指羔羊和大雁，作为订婚的一种礼物，是卿、大夫的贽礼；"羔币"指古代用羔皮做币帛，是行聘问时用的礼品；"羔犊"指羊羔和犊，常比喻弱的一方。

上古时，许多家畜的幼崽都有专门的名称，如羊的幼崽叫"羔"，猪的幼崽叫"豚"，鹿的幼崽叫"麛"，牛的幼崽叫"犊"，驴、马、骡的幼崽叫"驹"，鸟类的幼崽叫"雏"等。

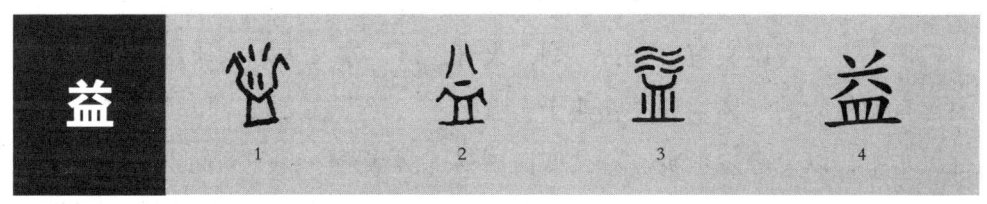

1形是甲骨文写法，像水满而流出器皿以外的样子，从水从皿，是"溢"

的本字。2形是金文写法,承袭甲骨文。3形是小篆写法,将"水"形横置,是现代"益"字字形的来源。4形是隶变后的楷书写法。

会意字。《说文解字》:"益,饶也。"说的是"益"字的引申义,其本义是水溢出,如《吕氏春秋·慎大览》:"灉水暴益,荆人弗知,循表而夜涉。"此义加"氵"旁,另造"溢"字表示。引申为富裕、富足,如《吕氏春秋·不苟论》:"其家必日益,身必日荣矣,所谓吉人也。"引申为利益、好处,如《尚书·大禹谟》:"满招损,谦受益。"引申为增加,如《韩非子·定法》:"穰侯越韩、魏而东攻齐,五年而秦不益尺土之地,乃城其陶邑之封。"引申为副词,表示更加,如《韩非子·喻老》:"君之病在肌肤,不治将益深。"

成语"精益求精"出自朱熹所注《论语·学而》"如切如磋,如琢如磨"。朱熹注云:"言治骨角者,既切之而复磋之;治玉石者,既琢之而复磨之,治之已精,而益求其精也。"比喻已经很好了,还要求更好。

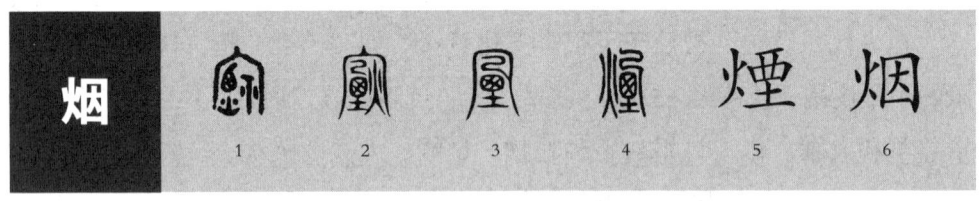

1形是金文写法,从宀从火,禋省声。2形是《说文解字》籀文写法,构形与金文相似。3形是《说文解字》中的古文写法,省去"火"形。4形是小篆写法,变为左右结构,省去"宀"形,"火"形在左,"垔"形在右,字形基本固定。5形是隶变后的楷书写法。6形是简化后的楷书写法。

形声字。《说文解字》:"烟,火气也。"本义表示物质燃烧时所产生的含有颗粒物的气体,如《韩非子·喻老》:"千丈之堤,以蝼蚁之穴溃;百尺之室,以突隙之烟焚。"又如白居易《卖炭翁》:"满面尘灰烟火色,两鬓苍苍十指黑。"表示这个意义时,古代多写作"煙",很少写作"烟"。后泛指烟状物质,如李白《黄鹤楼送孟浩然之广陵》:"故人西辞黄鹤楼,烟花三月下扬州。"又如杜牧《泊秦淮》:"烟笼寒水月笼沙,夜泊秦淮近酒家。"

"烟(yīn)煴"同"絪缊",指弥漫于天地之间的云气,如班固《东都赋》:"降烟煴,调元气。"这里的"烟"不能写作"煙"。

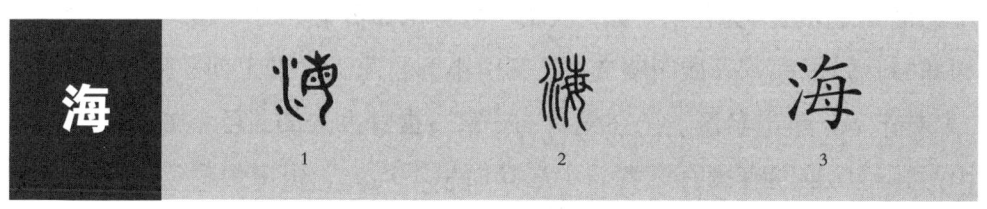

1形是金文写法,左边是流动的"水"形,表义;右边是"每",表声。2形是小篆写法。3形是隶变后的楷书写法。

形声字。《说文解字》:"海,天池也,以纳百川者。"本义是指地球上最大的水域,后来指靠近陆地比洋小的水域,如苏轼《赤壁赋》:"寄蜉蝣于天地,渺沧海之一粟。"又如李商隐《锦瑟》:"沧海月明珠有泪,蓝田日暖玉生烟。"后比喻人或事物的数量极多,如岑参《白雪歌送武判官归京》:"瀚海阑干百丈冰,愁云惨淡万里凝。"又如李鸿章《入都》:"六年宦海持清节,千里家书促远行。"

"四海之内皆兄弟",出自《论语·颜渊》:"君子敬而无失,与人恭而有礼,四海之内皆兄弟也。"表示天下的人都像兄弟一样相亲相爱、和睦共处。后用"四海"来表示四方、天下,地域广大,如杜牧《阿房宫赋》:"六王毕,四海一。"

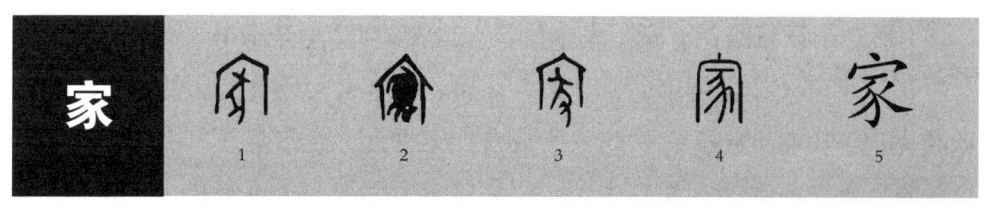

1形是甲骨文写法,从宀从豕。2、3形是金文写法。4形是小篆写法,

承袭金文。5 形是隶变后的楷书写法。

会意字。《说文解字》："家,居也。"房屋之下有猪,家猪是上古社会的重要财产,因此家的本义是指在同一房屋中拥有共同财产的人群集合,即家族,如《孟子·梁惠王上》:"百亩之田,勿夺其时,数口之家,可以无饥矣。"引申为住所,如《汉书·司马相如传上》:"文君夜亡奔相如,相如与驰归成都,家徒四壁立。"又引申为自家的,如王勃《滕王阁序》:"家君作宰,路出名区。"在先秦,"家"指卿大夫的封邑,如《论语·季氏》:"丘也闻有国有家者,不患寡而患不均。"引申为朝廷、官府,如白居易《长恨歌》:"闻道汉家天子使,九华帐里梦魂惊。"又指学术或政治派别,如贾谊《过秦论》:"于是废先王之道,焚百家之言,以愚黔首。"引申为专门从事某种职业的人,如白居易《观刈麦》:"田家少闲月,五月人倍忙。"

成语"家无儋石"出自《汉书·扬雄传上》"家产不过十金,乏无儋石之储,晏如也"。"儋"同"担",容量单位。儋石,米粟为数不多,比喻家中没有多余的粮食,生活贫困,如苏轼《乞赙赠刘季孙状》:"今年五月卒于官所,家无儋石。"

1 形是小篆写法,"安"表声,"木"表义。2 形是楷书写法。

形声字。《说文解字》:"案,几属。"本义为盛食物用的短足木盘,如《史记·田叔列传》:"赵王张敖自持案进食,礼恭甚。"引申为几案、矮长桌,如归有光《项脊轩志》:"每移案,顾视,无可置者。"因为官府的文书要放在奏案上,故引申为文书、案卷,如刘禹锡《陋室铭》:"无丝竹之乱耳，无案牍之劳形。"与"按"通假，表示审察、审看，如《史记·廉颇蔺相如列传》："召有司案图，指从此以往十五都予赵。""有司"指主管某部门的官吏。

成语"举案齐眉"出自《后汉书·梁鸿传》"为人赁舂，每归，妻为具食，不敢于鸿前仰视，举案齐眉"。它的意思是丈夫每次回家，妻子为其准备饭食时，从不仰视丈夫，而是把托盘举得跟眉毛一样高，恭敬地呈给丈夫，常用来形容夫妻之间互相敬重。

读

讀	讀	讀	读
1	2	3	4

1形是小篆写法，从言賣声。2形是隶书写法，字形大同。3形是繁体楷书写法。4形是简化后的楷书写法。

形声字。《说文解字》："读，诵书也。"本义为分析理解书上文字的意思，引申为看、研究，如陶渊明《五柳先生传》："好读书，不求甚解，每有会意，便欣然忘食。"进一步引申为念出声、宣扬和说出、上学等。

"读"是一个多音字，也读作"dòu"，指一句之内需要停顿的地方。在文言文里，长的停顿叫"句"，短的停顿叫"读"，合称"句读"，如韩愈《师说》："句读之不知，惑之不解，或师焉，或否焉。"

在古代汉语中，"读""讽""诵"都泛指诵读。相对而言，"读"侧重理解，"讽"侧重背诵，"诵"侧重节奏和腔调。

关于"读书"的成语有很多，如囊萤映雪、学而不厌、悬梁刺股、废寝忘食、穿壁引光、枕籍经史等。

被

1 形是金文写法，从衣皮声。2 形是小篆写法，笔画进一步简化。3 形是楷书写法。

会意兼形声字。《说文解字》："被，寝衣，长一身有半。"本义为人睡觉时盖的被子，如李清照《金石录后序》："必不得已，先弃辎重，次衣被，次书册卷轴，次古器，独所谓宗器者，可自负抱，与身俱存亡，勿忘之。"引申为覆盖，如蒲松龄《聊斋志异·促织》："成归，闻妻言，如被冰雪。"进一步引申为遭受、蒙受，如《战国策·燕策三》："秦王复击轲，被八创。"中古以后又虚化作介词，表示被动，如白居易《琵琶行》："曲罢曾教善才服，妆成每被秋娘妒。"

"被"通"披"，读作"pī"，如《论语·宪问》："微管仲，吾其被发左衽矣！"《史记·绛侯周勃世家》："已而之细柳军，军士吏被甲，锐兵刃，彀弓弩，持满。"

在古代汉语中，常见的被动句式有"见……于"式，如《庄子·秋水》："吾长见笑于大方之家。"还有"为……所"式，如《史记·项羽本纪》："不者，若属皆且为所虏。""被"可以用作介词，表示被动，如辛弃疾《永遇乐·京口北固亭怀古》："舞榭歌台，风流总被雨打风吹去。"还可以用介词"为"表示被动，如贾谊《过秦论》："身死人手，为天下笑者。"另外，无标志被动句往往用动词直接表示被动，如李密《陈情表》："而刘夙婴疾病，常在床蓐。"

能				
	1	2	3	4

1形是甲骨文写法，像熊形，前面是熊的头，中间是熊的身体和四肢，后面是熊的短尾巴，形象地描绘出熊嘴大尾短、四肢短粗的基本特征。2形是金文写法。3形是小篆写法。4形是隶变后的楷书写法。

象形字。《说文解字》："能，熊属，足似鹿。"本义为熊，如《左传·昭公七年》："今梦黄能入于寝门，其何厉鬼也？"假借义为能力、才能，如《论语·子罕》："固天纵之将圣，又多能也。"屈原《楚辞·离骚》："纷吾既有此内美兮，又重之以修能。"《战国策·齐策四》："客果有能也，吾负之，未尝见也。"引申为有才能的人，如司马迁《报任安书》："次之又不能拾遗补阙，招贤进能，显岩穴之士。"进一步引申为动词，表示能够、可以，如《木兰诗》："双兔傍地走，安能辨我是雄雌？"苏轼《浣溪沙·游蕲水清泉寺》："门前流水尚能西，休将白发唱黄鸡。"陶渊明《饮酒·其五》："问君何能尔？心远地自偏。"又引申为擅长，如《荀子·劝学》："假舟楫者，非能水也，而绝江河。"后来，"能"字的假借义逐渐取代了本义，其本义则另造"熊"字来表示。

在现代汉语中，"能"和"会"是近义词。在表示具备某种技能的时候，可以用"能"，也可以用"会"，如"他能写会算"。"能"还表示达到某种程度，如"他一分钟能打一百五十个字"。此外，"会"表示习得某种本领，当初次学会某种动作时用"会"，如"弟弟会走路了"。"能"表示恢复某种能力，如"他病好了，能下床了"。

　　1形是甲骨文写法，像长着桑叶的桑树。2形是小篆写法，将桑叶形写作三个"又"（即"叒"）。3形是楷书写法，承袭小篆字形，笔画变平直。

　　象形字。《说文解字》："桑，蚕所食叶木。"本义为桑树，如刘禹锡《酬乐天咏老见示》："莫道桑榆晚，为霞尚满天。"陶渊明《归园田居·其二》："相见无杂言，但道桑麻长。"引申为桑叶、采桑或种桑养蚕等，如《诗经·卫风·氓》："桑之落矣，其黄而陨。"《陌上桑》："罗敷喜蚕桑，采桑城南隅。"孟浩然《过故人庄》："开轩面场圃，把酒话桑麻。"

　　在我国古代，"桑麻"指桑树和麻。植桑饲蚕取茧和植麻取其纤维，同为古代农业解决衣着的最重要的经济活动，亦泛指农作物或农事。"桑户"指编桑条作为门户，是贫者所居，比喻家贫。"桑梓"指古代常在家屋旁栽种桑树和梓树，因为家乡的桑树和梓树是父母种的，所以要对它们表示敬意，后来便用"桑梓"比喻故乡。

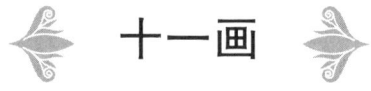

十一画

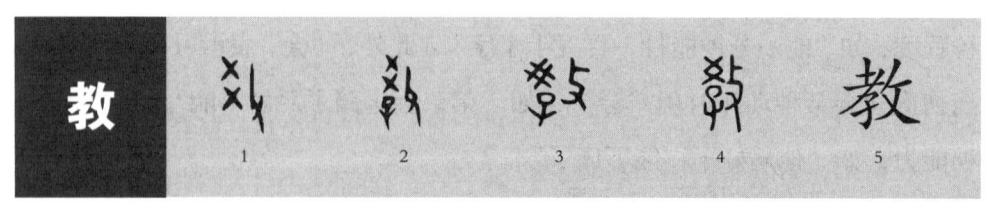

　　1、2形是甲骨文写法，1形从攴爻声，2形添加表意偏旁"子"。3形是

金文写法，承袭甲骨文。4形是小篆写法。5形是隶变后的楷书写法。

形声字。《说文解字》："教，上所施下所效也。"本义为指导、启发、教化，读作"jiào"，如《论语·为政》："举善而教不能，则劝。"韩愈《师说》："爱其子，择师而教之。"引申为教育，如《孟子·梁惠王上》："谨庠序之教，申之以孝悌之义，颁白者不负戴于道路矣。"

"教"又读作"jiāo"，可作动词，表示传授，如《古诗为焦仲卿妻作》："十三教汝织，十四能裁衣。"引申为动词，表示使、让，如王昌龄《出塞》："但使龙城飞将在，不教胡马度阴山。"白居易《琵琶行》："曲罢曾教善才服，妆成每被秋娘妒。"

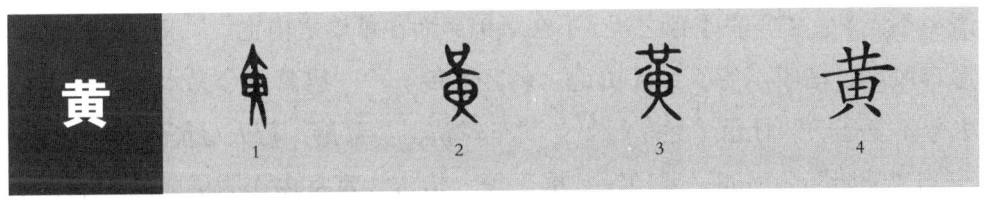

1形是甲骨文写法，像人腰间佩玉的形状。2形是金文写法，承袭甲骨文。3形是小篆写法，承袭金文。4形是隶变后的楷书写法。

象形字。本义为人佩戴的玉环，这个意义后来加"玉"旁写作"璜"。假借义为颜色"黄"，本义废而假借义行。《说文解字》："黄，地之色也。"这里的"黄"是其假借义，如李清照《醉花阴》："帘卷西风，人比黄花瘦。"引申为黄颜色的东西，如苏轼《江城子·密州出猎》："左牵黄，右擎苍。"这个"黄"指黄狗。又特指传说中的远古帝王轩辕黄帝，如《汉书·魏豹田儋韩王信传》："周室既坏，至春秋末，诸侯耗尽，而炎、黄、唐、虞之苗裔尚犹颇有存者。""黄帝"是一个专有名词，与"皇帝"不同，需要区别开。

1形是小篆写法，从艸肃声。2形是隶变后的楷书写法。3形是简化后的楷书写法。

形声字。《说文解字》："萧，艾蒿也。"本义为一种植物名，用来表示凄凉、冷落，如曹操《观沧海》："秋风萧瑟，洪波涌起。"姜夔《扬州慢·淮左名都》："入其城，则四顾萧条，寒水自碧，暮色渐起，戍角悲吟。"范仲淹《岳阳楼记》："满目萧然，感极而悲者矣。"引申为恭敬、严肃，如《论语·季氏》："吾恐季孙之忧，不在颛臾，而在萧墙之内也。"又作拟声词，形容风声、马叫声等，如《史记·刺客列传》："风萧萧兮易水寒，壮士一去兮不复还。"杜甫《兵车行》："车辚辚，马萧萧，行人弓箭各在腰。"

"萧墙"，又叫"塞门""屏"等，指古代宫室内作为屏障的矮墙，臣至此屏，便会肃然起敬。该典故出自《论语·季氏》"吾恐季孙之忧，不在颛臾，而在萧墙之内也"。后人根据这个典故，把内部祸乱称作"萧墙之祸"或"祸起萧墙"。

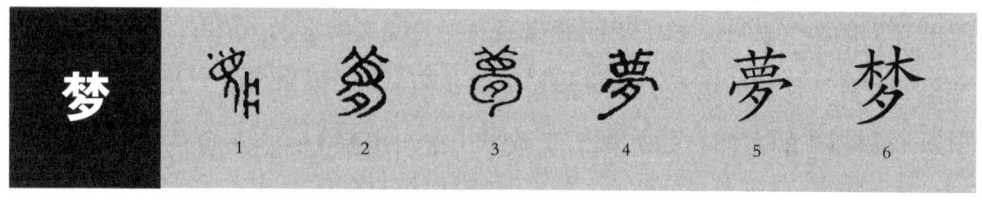

1形是甲骨文写法，像一个人躺在床上睡觉时手舞足蹈做梦之状。2形是战国楚文字写法，省略"床"形，并另加义符"夕"，以突出夜间看不明之意。3形是小篆写法。4形是隶书写法。5形是隶变后的楷书写法。6形是简化后的楷书写法。

会意字。本义为做梦、梦见，如《庄子·齐物论》："昔者庄周梦为胡蝶，栩栩然胡蝶也。"白居易《琵琶行》："夜深忽梦少年事，梦啼妆泪红阑干。"李白《梦游天姥吟留别》："我欲因之梦吴越，一夜飞度镜湖月。"又指做梦时脑中呈现的幻象，即梦境，如范仲淹《苏幕遮·怀旧》："夜夜除非，好梦留人睡。"苏轼《念奴娇·赤壁怀古》："人生如梦，一尊还酹江月。"陆游《十一月四日风雨大作》："夜阑卧听风吹雨，铁马冰河入梦来。"

1形是小篆写法，从木每声。2形是隶变后的楷书写法。

形声字。《说文解字》："梅，枏也，可食。"《说文解字》或体写作"楳"，本义是酸果，即梅树的果实，如李白《长干行》："郎骑竹马来，绕床弄青梅。"又指梅树的花，如王安石《梅花》："墙角数枝梅，凌寒独自开。"卢梅坡《雪梅》："梅须逊雪三分白，雪却输梅一段香。"

梅、兰、竹、菊，被称为"花中四君子"。梅，高洁傲岸；兰，幽雅空灵；竹，虚心有节；菊，冷艳清贞。"梅"作为"四君子"之一，千百年来以其清雅淡泊的品质，一直为世人所钟爱，是咏物诗和文人画中最常见的表现对象，如陆游《卜算子·咏梅》："零落成泥碾作尘，只有香如故。"林逋《山园小梅·其一》："疏影横斜水清浅，暗香浮动月黄昏"。毛泽东《卜算子·咏梅》："俏也不争春，只把春来报。待到山花烂漫时，她在丛中笑。"

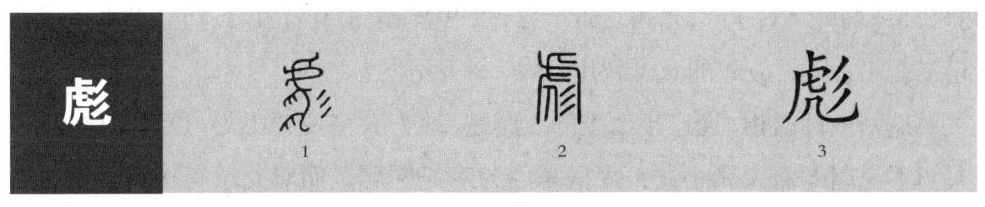

1形是金文写法，像虎形，三道斜画表示老虎身上的花纹。2形是小篆写法，

从虎从彡。3形是楷书写法。

会意字。《说文解字》："彪，虎文也。从虎，彡象其文也。"本义为老虎身上的斑纹，后用来比喻有文采，如"彪炳"，扬雄《法言·君子》："或问：'君子言则成文，动则成德，何以也？'曰：'以其弸（弸：充满）中而彪外也。'"引申为人身材魁梧，如施耐庵《水浒传》："但见：人人虎体，个个彪形。"

"彪"是"彡"部字，从彡的字大多带有装饰、修饰的意思，如"彩、彫、修、彰"等。

1形是甲骨文写法，像一条蛇的形状，上面是蛇头，下面是蛇身，即"它"字。2形是金文写法，承袭甲骨文，蛇身变粗。3形是小篆写法，蛇头部分变大，蛇身变得短小，蛇形渐失。4形是隶变后的楷书写法，增加"虫"符，强调本义，像蛇头的部分逐渐演变成"宀"形，像蛇身的部分逐渐演变成"匕"形。

象形字，后改为形声字。《说文解字》："它或从虫。"本义为蛇，如《战国策·齐策二》："请画地为蛇，先成者饮酒。"曹操《龟虽寿》："腾蛇乘雾，终为土灰。"李白《蜀道难》："朝避猛虎，夕避长蛇，磨牙吮血，杀人如麻。"柳宗元《捕蛇者说》："永州之野产异蛇，黑质而白章。"由于"它"借用为"其它"之"它"，故蛇的意思就用"蛇"来表示。

蛇是生肖属相，逢巳年出生的人属蛇，北方大多说属小龙，也有说属长虫。人们不说属蛇而说属小龙，大概是因为对蛇厌恶，而对龙情有独钟，或者是因为龙为神物，有点"攀龙附凤"的味道。

患

1 形是战国楚文字写法，从心从串，会忧心如穿之意，串兼表音。2 形是小篆写法。3 形是隶变后的楷书写法。

形声兼会意字。《说文解字》："患，忧也。"本义为忧虑、担心，如《论语·宪问》："不患人之不己知，患其不能也。"《史记·廉颇蔺相如列传》："欲勿予，即患秦兵之来。"后用作名词，指忧虑的事情、灾祸、麻烦，如《孟子·告子下》："入则无法家拂士，出则无敌国外患者，国恒亡。"《宋史·胡宿传》："南北通好六十载，内外无患。"又引申为生病、疾病，如《太平广记·神二十三》："中途复患疟疾，求药无所。"

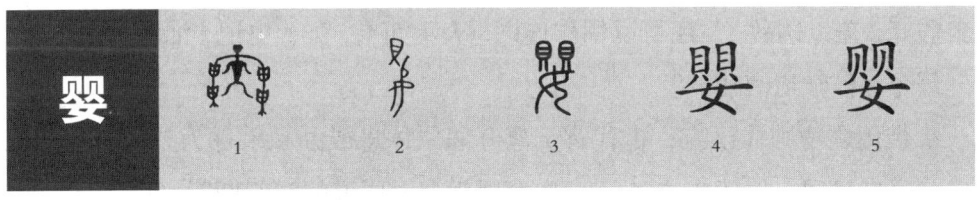

婴

1、2 形是金文写法。1 形从大从賏（两串贝），会人脖子上戴有饰物之意；2 形从女从贝。3 形是小篆写法，从女从賏。4 形是隶变后的楷书写法。5 形是简化后的楷书写法。

会意字。《说文解字》："婴，颈饰也。从女，賏。賏，其连也。"本义为女子颈饰，引申为围绕、缠绕，如李密《陈情表》："而刘夙婴疾病，常在床蓐，臣侍汤药，未曾废离。"杜甫《前出塞》："公家有程期，亡命婴祸罗。"又指刚初生的婴孩，如《老子·道经》："专气致柔，能婴儿乎？"通"撄"，表示触犯、触碰等，如《荀子·乐论》："民和齐则兵劲城固，敌国不敢婴也。"

"儿"的本义为幼儿。在古代汉语中,男孩称为"儿",女孩称为"婴"。后来,孩童都统称为"婴"。

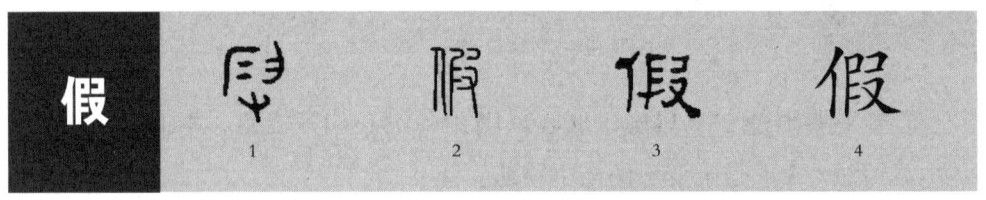

1形是金文写法,从石从殳,写作"叚",会厉石之意,即"碬"的本字。2形是小篆写法,从人叚声。3形是隶书写法,笔画进一步演变。4形是楷书写法。

会意字。《说文解字》:"假,非真也。"本义为碬石、厉石,《说文解字》的解释为其假借义,引申为借,如宋濂《送东阳马生序》:"以是人多以书假余,余因得遍观群书。"进一步引申为凭借,如《荀子·劝学》:"君子生非异也,善假于物也。"又引申为假装,如蒲松龄《聊斋志异·狼三则》:"乃悟前狼假寐,盖以诱敌。"还可以用作连词,表示如果,如《史记·淮阴侯列传》:"假令韩信学道谦让。"

借用之物则非己有,古代官员离开职位休息或办私事称为"告假",即向公家借时间,故读作"jià",后发展为今天所说的"假期"。

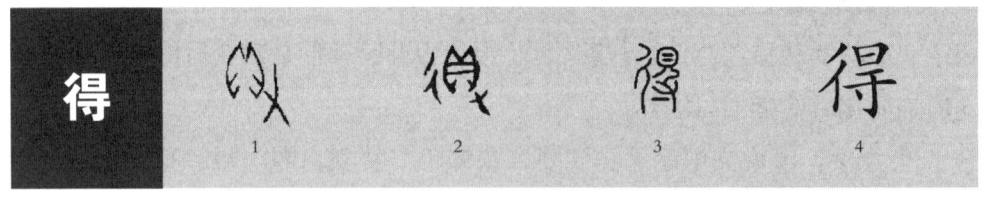

1形是甲骨文写法,上面是张开的贝壳形,下面是手形,像手拿贝壳,表示得到、获得。2形是金文写法,增加"彳"旁,增添了"拿走"的含义。3形是小篆写法,"贝"讹变为"见"。4形是楷书写法,右上方直接讹变为"日"。

会意字。《说文解字》："得，行有所得也。"本义为得到、获得，如《后汉书·班超传》："不入虎穴，不得虎子。"引申为相遇、投合、适当等，进一步引申为完成、满足、能够等，如晁错《论贵粟疏》："春不得避风尘，夏不得避暑热。"也可以用作副词，表示反问，相当于岂、难道，如《庄子·盗跖》"得微往见跖邪？"今又读作"děi"，意为必须、应该。还可以用作助词，放在动词后面使用，读作"de"。

成语"得道多助"出自《孟子·公孙丑下》"得道者多助，失道者寡助"。它的意思是坚持正义就能得到多方面的支持。

1形是小篆写法，从肉却声。2形是楷书写法，将小篆字形中的"肉"写成"月"。

形声字。《说文解字》："脚，胫也。"本义为小腿，是胫、足的总称，如《汉书·司马迁传》："孙子膑脚，《兵法》修列。"中古以后词义缩小，指身体最下部接触地面的部分，如《木兰诗》："雄兔脚扑朔，雌兔眼迷离。"李白《梦游天姥吟留别》："脚著谢公屐，身登青云梯。"引申为物体下端与地面接触的部分，如山脚、墙脚等，甚至下垂的云、下射的光芒也可以用"脚"称之，如白居易《钱塘湖春行》："孤山寺北贾亭西，水面初平云脚低。"

"韵脚"是诗、词、歌、赋等韵文押韵的字。古人一般是自上而下纵向书写的，而押韵的字往往处在一句话的末尾，也就是这句话的最下端，所以被称为"韵脚"。

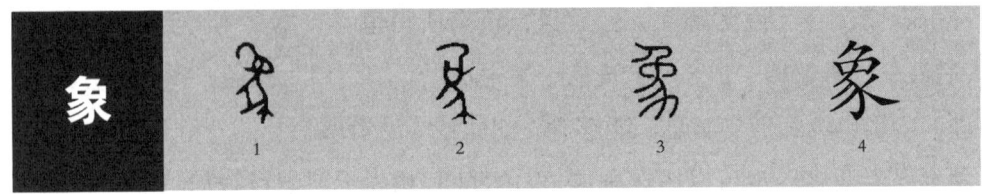

　　1形是甲骨文写法，像大象形，突出大象的长鼻子。2形是金文写法，承袭甲骨文。3形是小篆写法，笔画进一步演化。4形是楷书写法。

　　象形字。《说文解字》："象，长鼻牙，南越大兽，三年一乳。象耳牙四足之形。"本义为鼻子超长、形体超大的动物，如《三国志·魏书·武文世王公传》："置象大船之上，而刻其水痕所至，称物以载之，则校可知矣。"引申为现象、景象，如范仲淹《岳阳楼记》："朝晖夕阴，气象万千，此则岳阳楼之大观也。"进一步引申为仿效，如魏学洢《核舟记》："罔不因势象形，各具情态。"

　　在现代汉语中，"像"与"象"易混淆。"像"从人从象（相似），表示比照人物做成的图形，如肖像、遗像、蜡像、雕像等。

　　成语"象床宝帐"出自温庭筠《经五丈原》"铁马云雕共绝尘，柳营高压汉宫春。天清杀气屯关右，夜半妖星照渭滨。下国卧龙空寤主，中原得鹿不由人。象床宝帐无言语，从此谯周是老臣"。原指诸葛亮祠庙神龛中的设计，后指诸葛亮，如舒位《卧龙冈作》："象床宝帐悄无言，草得降书又几番。"

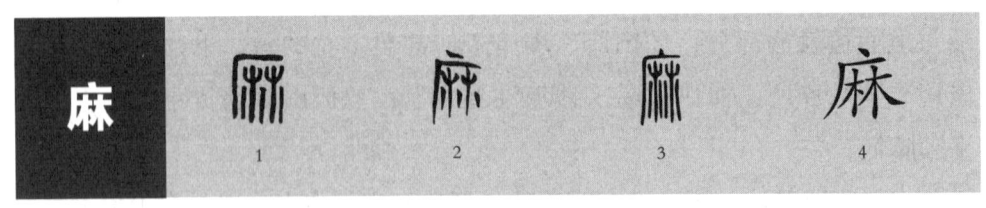

　　1形是金文写法，上半部分"厂"字像山石崖岩的形状，人可以居住，表示晾晒或放置麻的处所，下半部分则是表皮被剥下的麻茎皮纤维。2形是战国三晋文字写法，上部加一短横作为饰笔。3形是小篆写法，短横讹变为点。

4形是隶变后的楷书写法。

会意字。本义为大麻、亚麻、黄麻、剑麻等麻类植物的统称，如《荀子·劝学》："蓬生麻中，不扶而直；白沙在涅，与之俱黑。"引申为麻布丧服，如《礼记·杂记下》："麻者不绅，执玉不麻，麻不加于采。"进一步引申为不平滑，如说衣服"多麻"，就是指衣服不平滑。人的脸上不平滑，坑坑洼洼的或有斑点，叫作"麻子"。

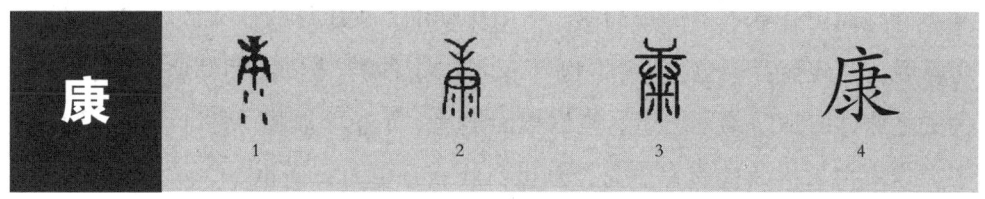

1形是甲骨文写法，上面从庚，是一种有耳可摇的乐器，下面四点表示摇动乐器发出的声音。2形是金文写法，承袭甲骨文。3形是小篆写法，左右两侧讹变为两"手"形，其内小点讹变为"米"形。4形是隶变后的楷书写法，又讹变为"水"形。

会意字。本义为一种和乐之音，引申为安乐、安定，如《诗经·周颂·天作》："彼作矣，文王康之。"屈原《楚辞·离骚》："日康娱而自忘兮，厥首用夫颠陨。"进一步引申为安康、健康，如王观《减字木兰花·多愁早老》："休管浮名，安乐身康似宝珍。"又指平坦宽阔，如《史记·孟子荀卿列传》："于是齐王嘉之，自如淳于髡以下，皆命曰列大夫，为开第康庄之衢，高门大屋，尊宠之。"

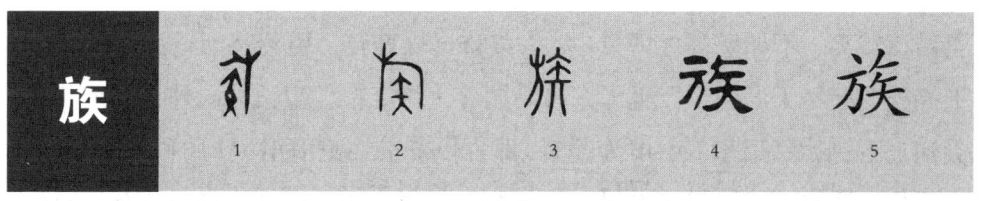

1形是甲骨文写法，从㫃（旗）从矢，"旗"用以聚众，"矢"用以战斗。

2形是金文写法,字形与甲骨文大体相同。3形是小篆写法。4形是隶书写法。5形是楷书写法。

会意字。《说文解字》:"族,矢锋也。束之族族也。"卜辞有用作本义者:"己亥卜:令王族追召方。"(《合集》33017)意思是王决定追剿召方,下令由族军去完成。引申为家族、氏族、部落等,如贾谊《过秦论》:"山东豪俊遂并起而亡秦族矣。"进一步引申为聚集,如《庄子·在宥》:"云气不待族而雨,草木不待黄而落。"用作动词,表示诛灭、灭族,如杜牧《阿房宫赋》:"族秦者秦也,非天下也。"又可以指种类、类属,如韩愈《师说》:"士大夫之族,曰师曰弟子云者,则群聚而笑之。"还可以指一般、普通,如《庄子·养生主》:"良庖岁更刀,割也;族庖月更刀,斫也。"

由于"族"后来专用于表示宗族,故箭头义便另加义符"金"写作"鏃",简化为"镞"。聚集义另用"簇"表示。

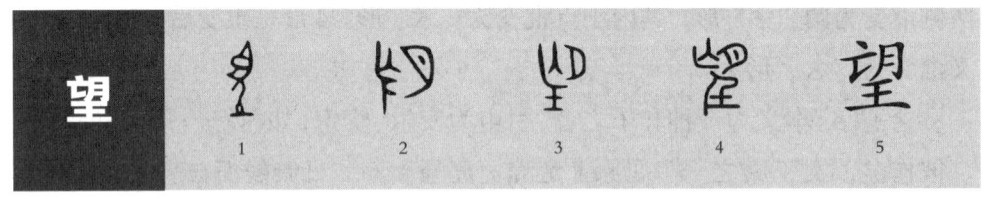

1形是甲骨文写法,像人站在土堆上远望,以突出"目"形。2、3形是金文写法,"目"形讹变为"亡"形和"月"形,变为形声字。4形是小篆写法。5形是隶变后的楷书写法。

会意字,后改为形声字。本义为举目向高远处看,如《荀子·劝学》:"吾尝跂而望矣,不如登高之博见也。"晏殊《蝶恋花·槛菊愁烟兰泣露》:"独上高楼,望尽天涯路。"毛泽东《沁园春·雪》:"望长城内外,惟余莽莽;大河上下,顿失滔滔。"引申为遥祭,即古代帝王祭祀山川、日月和星辰,如《尚书·虞书·舜典》:"望于山川,遍于群神。"进一步引申为期盼、希望,如《孟子·梁惠王上》:"王如知此,则无望民之多于邻国也。"《史记·项羽本纪》:

"日夜望将军至,岂敢反乎?"又引申为声誉、声望,如宋濂《送东阳马生序》:"先达德隆望尊,门人弟子填其室,未尝稍降辞色。"

"望"也指每月农历十五,此时从地球上看到的月亮最圆,这种月相叫"望",这天叫"望日",如苏轼《前赤壁赋》:"壬戌之秋,七月既望,苏子与客泛舟游于赤壁之下。"

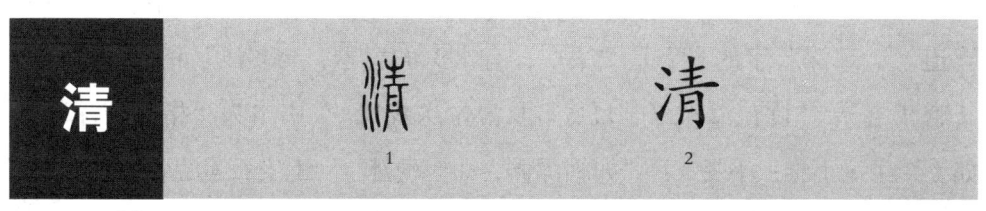

1形是金文写法,从艸(艹)盍(盛食物的器皿)声。2形是小篆写法,承袭金文。3形是隶书写法。4形是楷书写法,为讹变之形。

形声字。《说文解字》:"盖,苫也。"本义为盖屋的茅苫,引申为遮盖、掩盖,如《古诗为焦仲卿妻作》:"枝枝相覆盖,叶叶相交通。"又指车盖,如《史记·魏公子列传》:"平原君使者冠盖相属于魏。"还可以虚化作副词,表示大概、大约,如王安石《游褒禅山记》:"盖余所至,比好游者尚不能十一。"

成语"盖棺事定"出自《晋书·刘毅传》"丈夫盖棺事方定"。它的意思是一个人的功过是非,只有到生命终了时,才能做出全面正确的结论,如陆游《病起书怀》:"位卑未敢忘忧国,事定犹须待阖棺。"

1形是小篆写法,左边为流水之形,右边"青"表声,兼表河水清澈时呈青色。2形是隶变后的楷书写法。

形声兼会意字。《说文解字》："清，朗也，澄水之貌。"本义为水澄澈透明、无杂质，如周敦颐《爱莲说》："出淤泥而不染，濯清涟而不妖。"林逋《山园小梅·其一》："疏影横斜水清浅，暗香浮动月黄昏。"引申为纯净、纯洁、无混杂的东西，如屈原《楚辞·渔父》："举世昏浊我独清，众人皆醉我独醒。"王羲之《兰亭集序》："是日也，天朗气清，惠风和畅。"进一步引申为清廉、清白，如李商隐《蝉》："烦君最相警，我亦举家清。"又引申为安静，如杜甫《大云寺赞公房四首》："灯影照无睡，心清闻妙香。"还可以引申为清香，如周敦颐《爱莲说》："香远益清，亭亭净植，可远观而不可亵玩焉。"也指清冷、凄清，如柳宗元《小石潭记》："以其境过清，不可久居，乃记之而去。"柳永《雨霖铃·寒蝉凄切》："多情自古伤离别，更那堪冷落清秋节。"姜夔《扬州慢·淮左名都》："渐黄昏，清角吹寒，都在空城。"

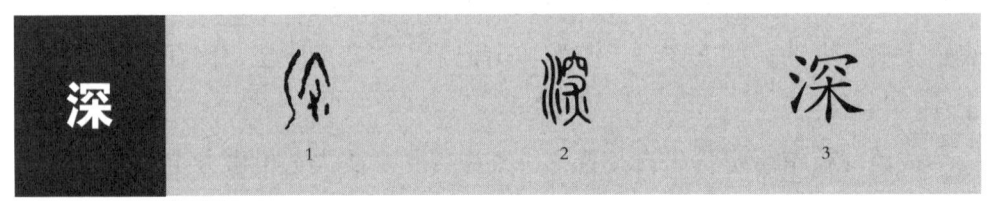

1形是甲骨文写法，从水罙声。2形是小篆写法。3形是隶变后的楷书写法。

形声字。本义为水名。《说文解字》："深，水。出桂阳南平，西入营道。""深"字的本字是"罙"，有水深的意思，与"浅"相对，如李白《赠汪伦》："桃花潭水深千尺，不及汪伦送我情。"引申为泛指一切深度，如《诗经·小雅·小旻》："如临深渊，如履薄冰。"王安石《游褒禅山记》："由山以上五六里，有穴窈然，入之甚寒，问其深，则其好游者不能穷也，谓之后洞。"李清照《如梦令·常记溪亭日暮》："兴尽晚回舟，误入藕花深处。"林嗣环《口技》:"遥闻深巷中犬吠,便有妇人惊觉欠伸,其夫呓语。"陶渊明《归园田居·其一》:"狗吠深巷中,鸡鸣桑树颠。"进一步引申为表示时间久,如白居易《琵琶行》:"夜深忽梦少年事,梦啼妆泪红阑干。"刘禹锡《石头城》:"淮水东边旧时月,夜深还过女墙来。"又指程度深、颜色重,如杜甫《春望》:"国破山河在,城春草木深。"

成语"深藏若虚"出自司马迁《史记·老子韩非列传》"吾闻之,良贾深藏若虚,君子盛德,容貌若愚"。它的意思是把宝贵的东西收藏起来,好像没有这东西似的,形容人有知识才能但不爱在人前表现。"深居简出"和"深入浅出"看似意思相近,但实际相去甚远。"深居简出"指平日老在家里待着,很少出门;而"深入浅出"指文章或言论的内容很深刻,而措辞却浅显易懂。

1形是小篆写法,从辵从隶,隶亦声。2形是楷书写法。

形声兼会意字。《说文解字》:"逮,唐逮,及也。"本义为捉住,如《史记·孝文本纪》:"五月,齐太仓令淳于公有罪当刑,诏狱逮徙系长安。"引申为及、到,如李密《陈情表》:"逮奉圣朝,沐浴清化。"叠用时读作"dì",表示闲适安和的样子,如《礼记·孔子闲居》:"威仪逮逮,不可选也。"

"捕""逮""捉"比较。"捕"和"逮"都指抓人,"捕"还可用于其他动物,如"捕鱼";"捉"在上古是"握"的意思,如"捉刀","捕捉"的意思大概是从唐代才开始使用的。

十二画

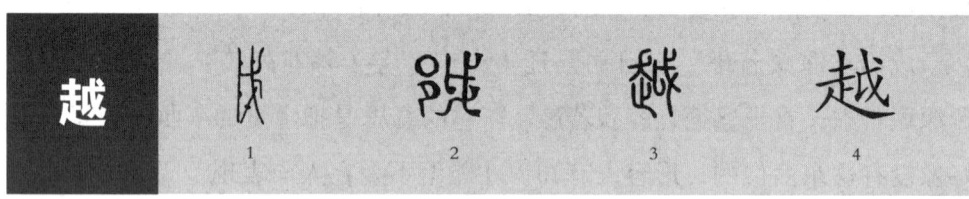

1、2形是金文写法，1形像一种宽刃长柄的武器，2形添加义符"邑"，表示越国。3形是小篆写法，从走戉声，变为形声字。4形是楷书写法。

象形字，后改为形声字。《说文解字》："越，度也。"本义为越过、度过，如屈原《楚辞·天问》："阻穷西征，岩何越焉？"曹操《短歌行》："越陌度阡，枉用相存。"引申为超越、超出，如《汉书·宣帝纪》："越职逾法，以取名誉。"

在古汉语中，"越"多用作国名，即越国，也表示及、到，如范仲淹《岳阳楼记》："越明年，政通人和，百废具兴。"还用作副词，表示程度加深，如"越来越好"。

成语"越俎代庖"出自《庄子·逍遥游》"庖人虽不治庖，尸祝不越樽俎而代之矣"。它的意思是假若厨子不做饭，掌管祭祀神主的人不能越过自己的职守，放下祭器去代替厨子做饭，一般用来比喻超出自己的职务范围去处理别人所管的事情。

在古代汉语中，"越""逾""过""超"意思相近，但有着细微差别。"过"一般指经过。"越""逾"有时表示爬过，如"越墙""逾墙"。"超"的本义是跳过。

喜

1形是甲骨文写法，上部分"壴"像鼓形，为"鼓"的初文，下部分从口以发声。2形是金文写法，承袭甲骨文。3形是小篆写法。4形是楷书写法。

会意字。《说文解字》："喜，乐也。"本义为喜悦、高兴，如《诗经·小雅·菁菁者莪》："既见君子，我心则喜。"范仲淹《岳阳楼记》："不以物喜，不以己悲。"苏轼《前赤壁赋》："客喜而笑，洗盏更酌。"引申为喜好，如《诗经·小雅·彤弓》："我有嘉宾，中心喜之。"进一步引申为值得喜悦的事情，如白居易《五弦》："又如鹊报喜，转作猿啼苦。"在古代又经常用"喜"来表示女子怀孕。

在中国传统中，用红色来表示"喜"，"红喜事"特指结婚，"喜糖"是指结婚时招待亲友的糖果，"喜酒"是指结婚时招待亲友的酒或酒席。而高寿的人去世也可以称为"喜"，一般民间称为"白喜事"，也叫"喜丧"。

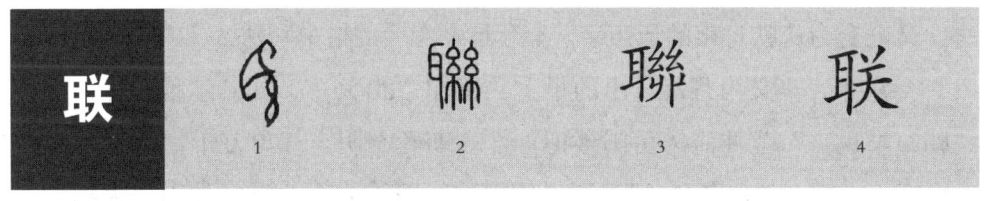

1形是甲骨文写法，从耳从糸。2形是小篆写法，从耳从丝。3形是隶变后的楷书写法。4形是简化后的楷书写法。

会意字。《说文解字》："联，连也。"本义为连缀、连接，如东方朔《七谏·沉江》："联蕙芷以为佩兮，过鲍肆而失香。"引申为联合、结合，如柳宗元《与崔策登西山》："联袂度危桥，萦回出林杪。"《汉书·赵充国传》："臣恐羌变未止此，且复结联他种，宜及未然为之备。"又可作为周代户口编制单位，如《周礼·地官司徒·族师》："五家为比，十家为联；五人为伍，十人为联；四闾为族，八闾为联。"

在现代汉语中，"联"常常会与"连"产生混同。"联""连"两字同音同源，意思基本相同，都表示连接。但在有些词中，"连"侧重于相接相续，线性连接，如"牵连""连缀"；"联"偏重于结合成一个整体，不可分割，如"联营""联邦"。

"联"又指古代诗文中的对句，比如一般情况下，一首律诗共八句，分为四联：首联、颔联、颈联和尾联。首联是第一、二句，颔联是第三、四句，颈联是第五、六句，尾联是第七、八句。

1形是甲骨文写法，从日从月从二中，表示太阳从草中升起，而残月未落之时，即早晨。2形是金文写法，"月"形讹变为"水"形。3形是小篆写法，又讹变为从倝舟声的形声字。4形是隶变后的楷书写法。

会意字。本义为月落日出的早上，读作"zhāo"，如《尔雅·释诂》："朝，早也。"范仲淹《岳阳楼记》："朝晖夕阴，气象万千，此则岳阳楼之大观也，前人之述备矣。"因为古代臣工在早晨朝见君王，故引申为朝见、拜访，读作"cháo"，如《史记·项羽本纪》："项羽晨朝上将军宋义。"宋濂《送东阳马生序》："余朝京师，生以乡人子谒余。"进一步引申为朝代、朝廷等，如李密《陈情表》："逮奉圣朝，沐浴清化。"黄宗羲《柳敬亭传》："尝奉命至金陵，是时朝中皆畏宁南。"

"朝暾（tūn）"指初升的太阳，也指早上的晨光，如《浮生六记·闺房记乐》："每见朝暾上窗，即披衣急起，如有人呼促者然。"

下篇／汉字解析500例

"朝代"指某一世系帝王或某一帝王的统治时期。我国的古代王朝，始于夏朝，终于清朝。朝代的更迭可以借助朝代歌来记忆：夏商与西周，东周分两段。春秋和战国，一统秦两汉。三分魏蜀吴，两晋前后延。南北朝并立，隋唐五代传。宋元明清后，王朝至此完。

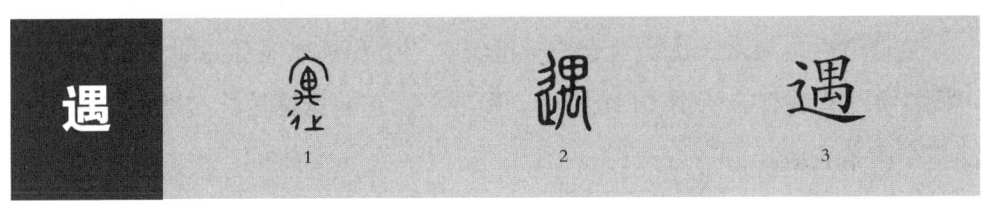

1形是金文写法，从辵寓声。2形是小篆写法，变为从辵禺声，"辵"表示与行走有关。3形是楷书写法。

形声字。《说文解字》："遇，逢也。"本义为相遇、相逢，如《论语·阳货》："孔子时其亡也，而往拜之，遇诸涂。"引申为接触，如苏轼《前赤壁赋》："耳得之而为声，目遇之而成色。"进一步引申为遭受、遭遇等，如《诗经·王风·中谷有蓷》："遇人之艰难矣。"又引申为对、对待，如《汉书·季布栾布列传》："遇人恭谨。"还可以引申为待遇，如诸葛亮《前出师表》："盖追先帝之殊遇。"在古文中，与"愚"相通，表示愚笨，如《墨子·非儒下》："盛为声乐，以淫遇民。"

1形是金文写法，上部是烟囱形，下部从炎，会烧火将烟囱熏黑之意。2形是小篆写法，承袭金文。3形是楷书写法，"火"讹变为"灬"形。

会意字。《说文解字》："黑，火所熏之色也。"本义为被熏黑的颜色，泛指黑色，如白居易《卖炭翁》："满面尘灰烟火色，两鬓苍苍十指黑。"杜甫《春夜喜雨》："野径云俱黑，江船火独明。"李贺《雁门太守行》："黑云压城城欲摧，甲光向日金鳞开。"又指昏黑的、没有光亮的，如杜甫《茅屋为秋风所破歌》："俄顷风定云墨色，秋天漠漠向昏黑。"还可以作名词，表示黑天，如杜甫《陪章留后侍御宴南楼》："出号江城黑，题诗蜡炬红。"

成语"白山黑水"出自《金史·世纪》"生女真之地有混同江、长白山。混同江亦号黑龙江，所谓'白山黑水'是也"。它的意思是长白山和黑龙江，泛指中国东北地区。

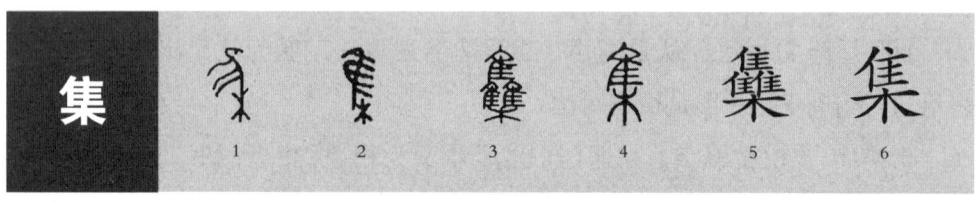

1形是甲骨文写法，从隹从木，会鸟栖息在树上之意。2形是金文写法，字形与甲骨文大体相同。3、4形是小篆写法，分为繁简二体。5形是隶变后的楷书写法。6形是楷书写法。

会意字。《说文解字》："雧（集），群鸟在木上也。"本义为鸟落在树上，如范仲淹《岳阳楼记》："沙鸥翔集，锦鳞游泳。"引申为集合、会合，《国语·晋语二》："人皆集于苑。"王羲之《兰亭集序》："群贤毕至，少长咸集。"进一步引申为完成、成功，如《左传·成公二年》："此车一人殿之，可以集事。"《左传·襄公二十六年》："今日之事，幸而集，晋国赖之。"又引申为多篇诗文汇编而成的书，如《三国志·蜀书·诸葛亮传》："亮言教书奏多可观，别为一集。"

成语"集腋成裘"出自《慎子·知忠》"故廊庙之材，盖非一木之枝也；粹白之裘，盖非一狐之皮也"。它的意思是狐狸腋下的皮虽然很小，但是聚集起来就能缝成一件皮袍，比喻积少成多。

就

1形是金文写法，从㐭在京上。2形是小篆写法，变成从京尤声的形声字。3形是隶书写法，笔画进一步演变。4形是楷书写法，笔画进一步简化。

会意字，后改为形声字。《说文解字》："就，高也。从京从尤。尤，异于凡也。"本义为到高处去，引申为接近、靠近，如《荀子·劝学》："故木受绳则直，金就砺则利。"进一步引申为就职、赴任，如李密《陈情表》："臣具以表闻，辞不就职。"《战国策·齐策四》："孟尝君就国于薛。"又引申为成功，如《战国策·燕策三》："轲自知事不就，倚柱而笑。"《战国策·齐策四》："三窟已就，君姑高枕为乐矣。"还可以作连词，表示便、即，如蒲松龄《聊斋志异·促织》："及扑入手，已股落腹裂，斯须就毙。"

成语"就有道而正焉"出自《论语·学而》"君子食无求饱，居无求安，敏于事而慎于言，就有道而正焉"。就，靠近。有道，有道德的人。它的意思是接近有德之人，向他学习，以改正自己的错误。

尊

1形是甲骨文写法，像以双手托举酒杯之形。2形是金文写法，承袭甲骨文，略加繁化。3形是小篆写法，又在金文写法上增加酒器盖之形，将双手简化为一只手（寸）。4形是隶变后的楷书写法。

会意字。本义为酒器，如苏轼《念奴娇·赤壁怀古》："人生如梦，一尊还酹江月。"后加义符"木"，写作"樽"。在古代，举杯敬酒表示尊重，因此引申为敬重，如贾谊《过秦论》："尊贤而重士。"进一步引申为尊贵、高贵，如宋濂《送东阳马生序》："先达德隆望尊，门人弟子填其室。"

在古籍中常见"尊公"一词，如《晋书·陈寿传》："当为尊公作佳传。"这里的"尊公"是称呼对方父亲的敬辞，其用法同"令尊"。

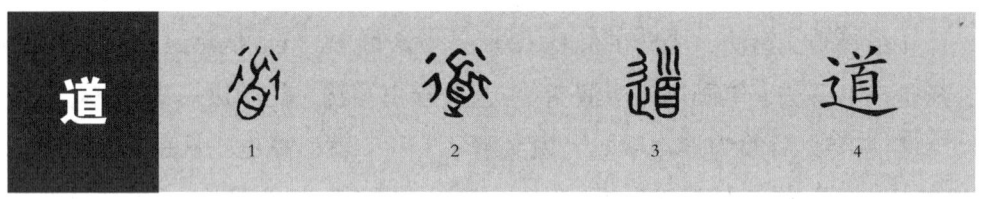

1、2形是金文写法，1形从行，表示十字路口；从首，表示人在路上行走。2形增加义符"止"，变为从首从辵。3形是小篆写法，承袭金文。4形是隶变后的楷书写法。

会意字。《说文解字》："道，所行道也。"本义为路，如《史记·陈涉世家》："会天大雨，道不通。"引申为抽象意义的方法、规律、学说、道义等，如《论语·卫灵公》："道不同，不相为谋。"这里的"道"是指思想学说。《荀子·天论》："循道而不贰。"这里的"道"是规律，指遵循事物发展的规律而不背离。"道"的引申义极为广泛，因为其有道路、方法的含义，所以也用作动词，表示疏通，读作"dǎo"，后来写作"導"，简化为"导"。

《礼记》中有记载"大道"的思想，所谓"大道"就是指政治上的最高理想，即天下是人们共同所有的，人们把品德高尚、德才兼备的人选举出来做领导者，人人讲究诚信，营造和睦的气氛。

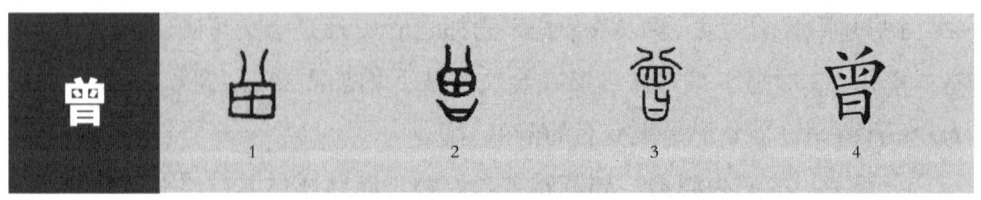

1形是甲骨文写法，下面"田"形像古代蒸食物的笼屉，上面像散发出

来的蒸气形。2形是金文写法，下面增加锅具之形，使炊具的形体更加形象。3形是小篆写法，承袭金文。4形是楷书写法。

象形字。"曾"是"甑"的本字，在"曾"被借去呈现虚词用法后，就又造出"甑"来表示本义。《说文解字》："曾，词之舒也。"说的就是其假借义。"曾"作虚词，读作"céng"，表示乃、竟，可以与"不"连用，表示连……都不……，如《列子·汤问》："曾不若孀妻弱子。"还表示曾经，如李白《猛虎行》："萧曹曾作沛中吏，攀龙附凤当有时。"

曾（zēng）子，姓曾，名参，字子舆，儒家主要代表人物之一。孔子的弟子，勤奋好学，颇得孔子真传。他提出"吾日三省吾身"的修养方法，其修齐治平的政治观、省身慎独的修养观、以孝为本的孝道观至今仍有重要影响。关于曾子的轶事典故有很多，如曾子烹彘、曾子避席、不受君邑等。

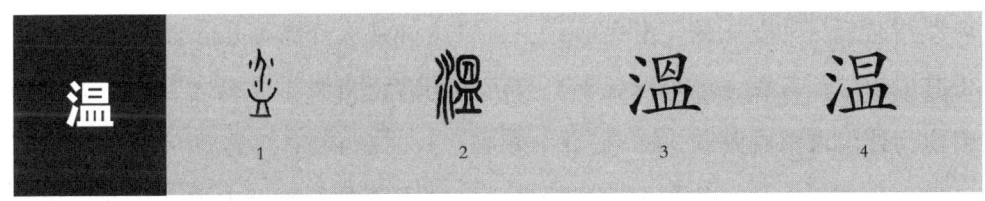

1形是甲骨文写法，像人在容器中洗澡并有水汽的样子。2形是小篆写法，从水从皿，皿亦声。3形是隶变后的楷书写法，承袭小篆。4形是楷书写法，留有水形和器皿形，"囚"变成"日"。

会意字，后改为形声兼会意字。《说文解字》："温，水，出犍为涪，南入黔水。"认为是河流的名字，不可信。本义为暖，如王充《论衡·寒温》："夫近水则寒，近火则温，远之渐微。"《礼记·乡饮酒义》："天地温厚之气，始于东北而盛于东南。"因为温暖有慢慢渗透的含义，所以引申为平和，如《诗经·邶风·燕燕》："终温且惠，淑慎其身。"进一步引申为温习、复习，如《论语·为政》："温故而知新，可以为师矣。"黄庭坚《答阎求仁》："君心温良志则刚，不能牛下学歌商。"

游	㫺	㳺	游	遊	遊	游
	1	2	3	4	5	6

1形是甲骨文写法，为一子立于旌旗之下。2形是金文写法，增加"水"旁。3形是小篆写法，形体结构基本固定下来。4形是《说文解字》中的古文写法，无"水"旁，增加表示行动的"辵"旁。5、6形分别是隶变后的楷书写法。

会意字。本义为连缀在旗帜边幅上的摆穗，后指在水中游泳，如《庄子·秋水》："儵鱼出游从容，是鱼之乐也。"《韩非子·说林上》："假人于越而救溺子，越人虽善游，子必不生矣。"吴均《与朱元思书》："游鱼细石，直视无碍。"引申为游走、闲逛，如《楚辞·渔父》："屈原既放，游于江潭。"可以指游玩，如欧阳修《醉翁亭记》："人知从太守游而乐，而不知太守之乐其乐也。"苏轼《前赤壁赋》："苏子与客泛舟游于赤壁之下。"进一步引申为外出求学或做官，如《论语·里仁》："父母在，不远游，游必有方。"又引申为游说，如《战国策·齐策四》："孟尝君予车五十乘，金五百斤，西游于梁。"还可以指交往、交游，如陶渊明《归去来兮辞》："归去来兮，请息交以绝游。"韩愈《柳子厚墓志铭》："号为刚直，所与游皆当世名人。"

在古代汉语中，"游"与"遊"二字是有区别的。在水中活动，如"游泳""浮游"，只能用"游"；在陆地活动，则二字可以通用，如"遊戏""遊览"或写作"游戏""游览"。但在现代汉语中，"遊"已不再使用，都用"游"字来表示。

在古代，"游学"指离开自己熟悉的环境，到另一个全新的环境学习和游玩，既不是单纯的旅游，也不是单纯的学习，而是在学习之中潜移默化地体验人生，在体验之中学习，如商鞅游学到魏国，后在秦国成就事业。游学精神源于孔子，孔子周游列国，其治学精神是现代游学的始源。

谢

1 形是小篆写法,从言射声。2 形是楷书写法,承袭小篆。3 形是简化后的楷书写法。

形声字。《说文解字》:"谢,辞去也。"本义为辞谢,如《史记·吕太后本纪》:"太后使使告代王,欲徙王赵,代王谢,愿守代边。"引申为辞别,如《古诗为焦仲卿妻作》:"往昔初阳岁,谢家来贵门。"还表示道歉,如《战国策·赵策四》:"入而徐趋,至而自谢。"后又表示感谢,如《汉书·张安世传》:"尝有所荐,其人来谢。"

"谢公屐"据说是南朝诗人谢灵运发明的一种登山时穿的木鞋。鞋底安有两个木齿,上山去其前齿,下山去其后齿,以便于走山路,如李白的《梦游天姥吟留别》:"脚著谢公屐,身登青云梯。"

强

1 形是《说文解字》中的籀文写法,从蚰彊声。"蚰"与"虫"同义,"彊"与"强"同音。2 形是小篆写法,从虫弘声。3、4 形分别是两种隶变后的楷书写法,现以 4 形为规范字,3 形作为异体字不再使用。

形声字。《说文解字》:"强,蚚也。"本义为米中的小黑虫,但这一本义逐渐消失不再使用,而主要用其假借义"彊",指弓弩有力,如贾谊《过秦论》:"秦人阻险不守,关梁不闭,长戟不刺,强弩不射。"欧阳询《嘲萧瑀射》:"急风吹缓箭,弱手驭强弓。"引申为强大、强盛,如桓宽《盐铁论·非鞅》："秦任商君，国以富强。"进一步引申为刚强、坚硬，如《荀子·劝学》："蚓无爪牙之利，筋骨之强。"又引申为有余、略多，如《木兰诗》："策勋十二转，赏赐百千强。"表示以上意思的"强"均读作"qiáng"。当引申为竭力、尽力时，读作"qiǎng"，如《战国策·赵策四》："太后不肯，大臣强谏。"在现代汉语中还有倔强的意思，读作"jiàng"，如黄庭坚《次韵子瞻送穆父二绝》："张敞忬眉应急召，董宣强项莫低回。"

成语"强弩之末"出自《汉书·韩安国传》"强弩之末，力不能入鲁缟"。它的意思是强弩射出的箭，到最后力量弱了，连薄绸子都穿不破，比喻起初很强，后来变得很微弱的力量。

十三画

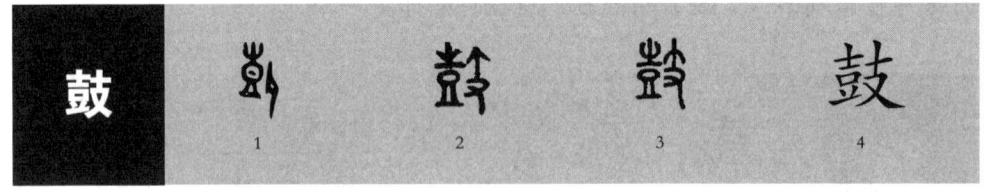

1形是甲骨文写法，从壴（鼓形）从攴，像手持鼓槌击鼓。2形是金文写法。3形是小篆写法，承袭甲骨文。4形是隶变后的楷书写法。

会意字。《说文解字》："鼓，击鼓也。"本义为击鼓。卜辞有用作本义者，如"辛亥卜，出贞：'其鼓彡（肜）告于唐（汤），九牛，一月？'"（《合集》22749）意思是卜问要击鼓进行对先祖汤的肜祭，用九头牛是否可以。后特指击鼓进击，如《左传·庄公十年》："战于长勺，公将鼓之。""一鼓作气，再而衰，三而竭。"引申为敲击或弹奏，如曹操《短歌行》："我有嘉宾，鼓瑟吹笙。"李白《梦游天姥吟留别》："虎鼓瑟兮鸾回车,仙之人兮列如麻。"

辛弃疾《永遇乐·京口北固亭怀古》："可堪回首，佛狸祠下，一片神鸦社鼓。"

成语"鼓腹讴歌"出自《五灯会元·文准禅师》"鼓腹讴歌笑不彻"。它的意思是拍着肚皮唱歌，表示吃得饱而歌颂世道好。"鼓腹含哺"出自《庄子·马蹄》"夫赫胥氏之时，民居不知所为，行不知所之，含哺而熙，鼓腹而游，民能以此矣"。它的意思是口含食物，手拍肚子，形容太平时代无忧无虑的生活。

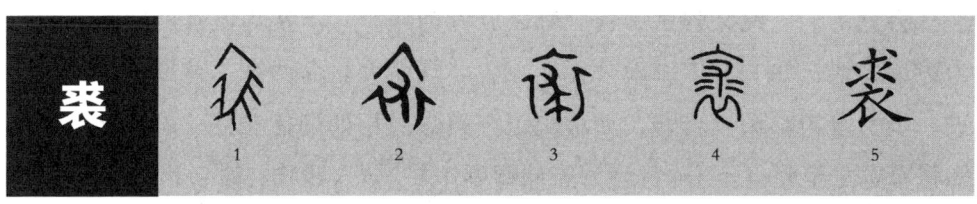

1形是甲骨文写法，字形像毛在外的皮衣。2、3形是金文写法，2形在甲骨文字形的基础上省去皮毛之形，加上"又"形作为声符，成为形声字；3形又演变为从衣求声的形声字。4形是小篆写法，承袭金文。5形是隶变后的楷书写法。

象形字。《说文解字》："裘，皮衣也。"本义为皮衣，如《诗经·豳风·七月》："一之日于貉，取彼狐狸，为公子裘。"岑参《白雪歌送武判官归京》："散入珠帘湿罗幕，狐裘不暖锦衾薄。"苏轼《江城子·密州出猎》："锦帽貂裘，千骑卷平冈。"用作动词，表示穿上冬衣，如杜甫《西山三首》："风动将军幕，天寒使者裘。"

裘皮，是带毛鞣制而成的动物毛皮，用作服饰材料，常见的裘皮有狐皮、貂皮、羊皮和狼皮等。裘皮服装在我国有很长的历史，在商代甲骨文中已有表现"裘之制毛在外"的象形字。在古代，裘皮服装是只有贵族才能穿着的服装，现在是冬季高档服饰之一，穿着后显得雍容华贵。

鄙

1形是甲骨文写法，像仓廪形，隶作"啚"。2形是金文写法，发生讹变。3形是小篆写法，添加义符"邑"，表示远离城市聚集地。4形是隶变后的楷书写法。

会意字。《说文解字》："鄙，五酇为鄙。"本义为城外的粮仓，引申为边远之地，如《左传·隐公元年》："既而大叔命西鄙、北鄙贰于己。"进一步引申为鄙陋、轻贱，如《史记·廉颇蔺相如列传》："鄙贱之人，不知将军宽之至此也。"《古诗为焦仲卿妻作》："人贱物亦鄙，不足迎后人。"又引申为轻视、鄙薄，如司马光《训俭示康》："管仲镂簋朱纮，山棁藻棁，孔子鄙其小器。"还可以用作自谦的称呼，如王勃《滕王阁序》："敢竭鄙诚，恭疏短引，一言均赋，四韵俱成。"王褒《四子讲德论》："鄙人黯浅，不能究识。"

辞

1形是金文写法，从𤔲，是"乱"的本字，表示治理；从司，表示掌管。2形是小篆写法，从𤔲从辛，代表刑法。3形是隶变后的楷书写法。4形是简化后的楷书写法。

会意字。《说文解字》："辞，讼也。从𤔲，𤔲犹理辜也。𤔲，理也。"本义为诉讼的文辞、口供，如《周礼·秋官司寇·乡士》："乡士，掌国中，各掌其乡之民数而纠戒之，听其狱讼，察其辞，辨其狱讼，异其死刑之罪而要之。"引申为言辞、文辞,如宋濂《送东阳马生序》:"撰长书以为贽,辞甚畅达。"进一步引申为外交辞令,如《晏子春秋·内篇杂下》:"晏婴,齐之习辞者也。"又引申为借口,如《论语·季氏》:"君子疾夫舍曰欲之而必为之辞。"后泛指言辞,如《吕氏春秋·察传》:"辞多类非而是,多类是而非。"还可以引申为辞别、辞行,如《木兰诗》:"旦辞爷娘去,暮宿黄河边。"另外,也可以引申为推辞、拒绝,如《战国策·齐策四》:"梁使三反,孟尝君固辞不往也。"李密《陈情表》:"臣以供养无主,辞不赴命。"

"辞"与"词"在许多合成词中可以通用,如辞典、词典,辞赋、词赋,辞藻、词藻等。但二者也有区别,"辞"有推脱、推辞等意思,"词"是语言里最小的能够独立运用的单位。

"辞"也是古代的一种文体,介于散文与诗歌之间,起源于楚国,故称"楚辞"。汉代常把"辞"与"赋"合称为"辞赋",但二者有区别。"辞"注重言情,如刘彻《秋风辞》,陶渊明《归去来兮辞》等;"赋"注重铺陈,如司马相如《子虚赋》《上林赋》等。

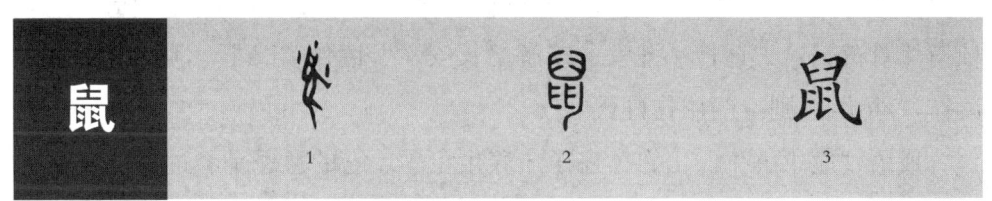

1形是甲骨文写法,像一只直立老鼠之形,头部周围的小点像被咬碎的东西。2形是小篆写法,头部变成"臼"形以突出牙齿,老鼠的身体、腿、尾巴之形均有保留。3形是隶变后的楷书写法,与小篆写法基本一致。

象形字。《说文解字》:"鼠,穴虫之总名也。"本义为穴居兽类动物,后专门指老鼠,如《诗经·魏风·硕鼠》:"硕鼠硕鼠,无食我黍。"林嗣环《口技》:"微闻有鼠作作索索,盆器倾侧。"

成语"鼠目寸光"出自陈登科《赤龙与丹凤》第一部十五"这种鼠目寸光、

有眼无珠之徒，成不了气候"。它形容眼光短，见识浅。与之意思相近的成语还有"目光如豆""目光浅短""坐井观天"。

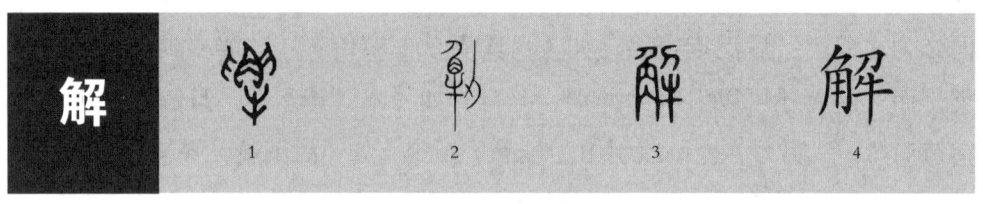

1形是甲骨文写法，像两手分割牛角之形。2形是金文写法，增加"刃"形。3形是小篆写法，"刃"形变为"刀"形。4形是隶变后的楷书写法。

会意字。《说文解字》："解，判也。"本义为将东西剖开，如《庄子·养生主》："庖丁为文惠君解牛。"引申为解下、脱掉，如扬雄《解嘲》："叔孙通起于桴鼓之间，解甲投戈，遂作君臣之仪，得也。"姜夔《扬州慢·淮左名都》："淮左名都，竹西佳处，解鞍少驻初程。"进一步引申为调节、排解，如曹操《短歌行》："何以解忧？唯有杜康。"又引申为消除，如韩愈《师说》："师者，所以传道授业解惑也。"还表示理解、懂得，如杜甫《月夜》："遥怜小儿女，未解忆长安。"读作"jiè"，则表示押送；读作"xiè"，则专门用作姓氏。

成语"庖丁解牛"出自《庄子·养生主》。它的意思是经过反复实践，掌握了事物的客观规律，做事得心应手，运用自如。后常用"庖丁解牛"作为奇妙的技艺的典型。

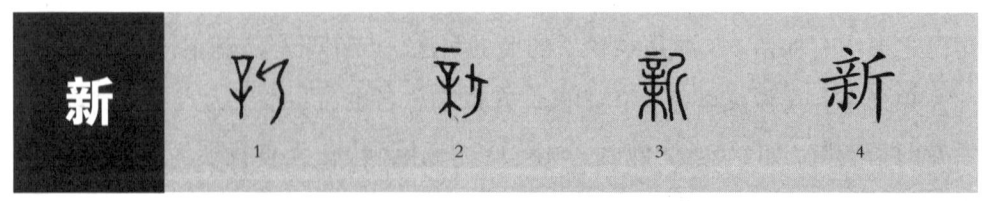

1形是甲骨文写法，由声符"辛"和义符"斤"构成。2形是金文写法，

演变为从斤亲声。3形是小篆写法。4形是楷书写法。

形声字。《说文解字》："新,取木也。"本义为伐木,是"薪"的初文,如马王堆汉墓帛书《十六经·顺道》："百姓斩木艾新而各取富焉。"假借义为新生、新旧之新,如白居易《钱塘湖春行》："几处早莺争暖树,谁家新燕啄春泥。"赵翼《论诗》："李杜诗篇万口传,至今已觉不新鲜。"引申为清新,如王维《山居秋暝》："空山新雨后,天气晚来秋。"《送元二使安西》："渭城朝雨浥轻尘,客舍青青柳色新。"用作副词,表示刚刚,如白居易《问刘十九》："绿蚁新醅酒,红泥小火炉。"

以"新"为语素的部分词语与结婚相关,如新婚、新房、新郎、新娘、新人等。

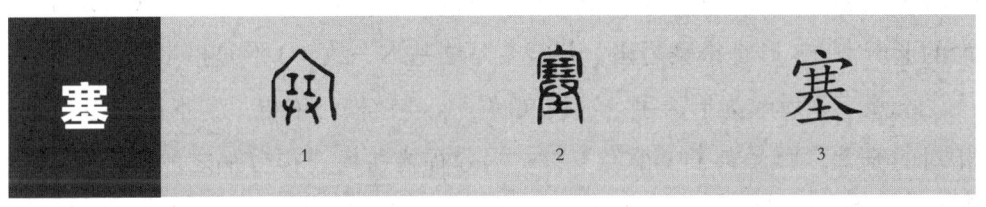

1形是甲骨文写法,从宀从二工从二又(手),上面是房屋顶部的形状,"工"形表示物品,整个字表示双手持物将其塞进屋中。2形是小篆写法,由二工变为四工,并添加义符"土",表示塞好之后用泥土封住。3形是隶变后的楷书写法。

会意字。《说文解字》："塞,隔也。"本义为堵塞、填塞,读作"sè",如《诗经·豳风·七月》："穹窒熏鼠,塞向墐户。"引申为闭塞,如《列子·汤问》："惩山北之塞,出入之迂也。"进一步引申为填充、充满,如《孟子·公孙丑上》："其为气也,至大至刚,以直养而无害,则塞于天地之间。"用作名词,读作"sài",表示要塞,指边界上险要的地方,如《荀子·强国》："若是,则兵不复出于塞外,而令行于天下矣。"《汉书·晁错传》："错复言守边备塞,劝农力本,当世急务二事。"

成语"塞翁失马"出自《淮南子·人间训》"近塞上之人有善术者，马无故亡而入胡，人皆吊之。其父曰：'此何遽不为福乎？'居数月，其马将胡骏马而归，人皆贺之……故福之为祸，祸之为福，化不可极，深不可测也"。它的意思是坏事在一定条件下可以变为好事。

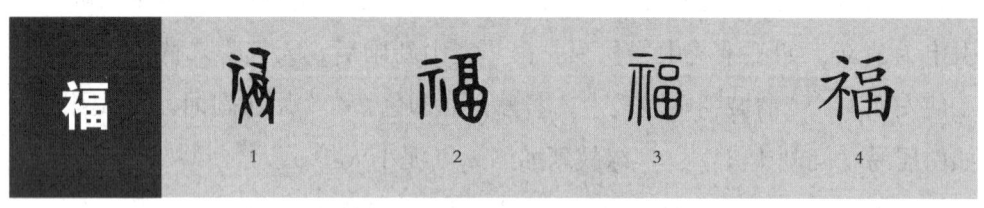

1形是甲骨文写法，右边是酒樽形，左边是祭祀的牌位形，像拿着酒樽在牌位前祭拜之形。2形是金文写法，酒樽形下部变成"田"，成为从示畐声的形声字。3形是小篆写法，与金文写法基本一致。4形是楷书写法。

会意字，后改为形声字。《说文解字》："福，佑也。"本义为与"祸"相对的概念，如《老子·德经》："祸兮福之所倚，福兮祸之所伏。"引申为保佑、造福，如《左传·庄公十年》："小信未孚，神弗福也。"

在中国的传统文化中，人们追求福满临门，过年的时候都会将"福"字倒贴在家里，以表达"福到人家"的寓意。据说，这个习俗来自清代恭亲王府。一年春节前夕，大管家为讨主子欢心，照例写了许多个"福"字，并让下人贴在库房和大门上，有个下人不识字，误将大门上的"福"字贴倒了。为此，恭亲王福晋十分恼火，大管家能言善辩，说："奴才常听人说，'恭亲王寿高福大造化大'，如今大福真的到（倒）了，乃吉庆之兆。"从此以后，倒贴"福"字之俗就流传下来。

十四画

蔽

1 形是小篆写法，上面"艸"形表义，下面"敝"表声。2 形是楷书写法。形声字。《说文解字》："蔽，蔽蔽，小草也。"本义为小草，由草覆盖地面引申为遮盖、遮挡，如司马迁《史记·项羽本纪》："项伯亦拔剑起舞，常以身翼蔽沛公，庄不得击。"苏轼《前赤壁赋》："舳舻千里，旌旗蔽空。"进一步引申为蒙蔽、受蒙蔽，如魏征《谏太宗十思疏》："虑壅蔽，则思虚心以纳下。"又引申为概括、总结，如《论语·为政》："《诗》三百，一言以蔽之，曰：'思无邪。'"

"蔽"与"掩"都有遮盖的意思，但是"掩"比较具体，"蔽"比较抽象。此外，"蒙蔽"的意思是"掩"所没有的。

成语"衣不蔽体"出自杜甫的《进雕赋表》"惟臣衣不盖体，常寄食于人"。它的意思是衣服很破烂，连身子都遮盖不住，形容生活十分贫苦。

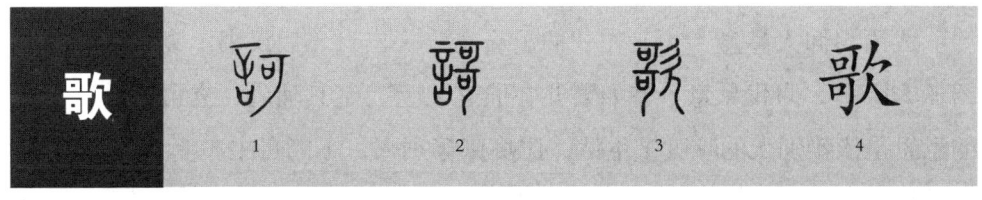

1 形是金文写法，从言可声。2 形是《说文解字》中的或体写法，变为

从言哥声。3形是小篆写法，又演变为从欠哥声，用"欠"替代"言"，也表示与"口"相关。4形是隶变后的楷书写法。

形声字。《说文解字》："歌，咏也。"本义为咏唱，如《诗经·魏风·园有桃》："心之忧矣，我歌且谣。"《论语·述而》："子于是日哭，则不歌。"曹操《短歌行》："对酒当歌，人生几何？"苏轼《前赤壁赋》："歌曰：'桂棹兮兰桨，击空明兮溯流光；渺渺兮予怀，望美人兮天一方。'"欧阳修《醉翁亭记》："至于负者歌于途，行者休于树。"用作名词，表示歌曲，如《尚书·虞书·舜典》："诗言志，歌永言，声依永，律和声。"王勃《滕王阁序》："爽籁发而清风生，纤歌凝而白云遏。"引申为歌颂，如《论衡·须颂》："虞氏天下太平，夔歌舜德。"

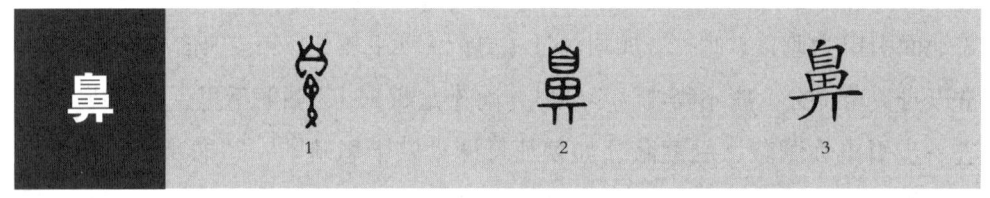

1形是甲骨文写法，上部分"自"指鼻子，下部分"畀"表声，读作"bí"。2形是小篆写法。3形是楷书写法。

形声字。《说文解字》："鼻，引气自畀也。"本义与"自"有关，表示呼吸与嗅觉器官。由于表示"鼻子"义的"自"被借用去表示"自己"，故在"自"上加注声符分化出"鼻"。由"鼻"组成的汉字多与鼻子有关，如"鼾、齁、齉"等。

成语"仰人鼻息"（又作"仰承鼻息"）出自《后汉书·袁绍传》"袁绍孤客穷军，仰我鼻息，譬如婴儿在股掌之上，绝其哺乳，立可饿杀"。它的意思是依赖别人的呼吸来生活，比喻依赖别人，不能自主。

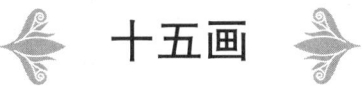

1形是金文写法，从鱼从羊。2形是小篆写法，变为左右结构。3形是隶变后的楷书写法。4形是简化后的楷书写法。

会意字。《说文解字》："鲜，鱼名。出貉国。"本义为一种鱼的名称，引申为活鱼，如《老子·德经》："治大国，若烹小鲜。"进一步引申为食物新鲜，如《仪礼·士昏礼》："腊必用鲜，鱼用鲋，必殽全。"又引申为滋味美好，如苏洞《夜读杜诗四十韵》："耒阳一裔炙，饮食知味鲜。"宋濂《送东阳马生序》："主人日再食，无鲜肥滋味之享。"还可以引申为事物光鲜亮丽，如陶渊明《桃花源记》："忽逢桃花林，夹岸数百步，中无杂树，芳草鲜美，落英缤纷。"

"鲜"是一个多音字，还读作"xiǎn"，表示少、尽，如《诗经·大雅·荡》："靡不有初，鲜克有终。"李密《陈情表》："既无伯叔，终鲜兄弟，门衰祚薄，晚有儿息。"

十五画

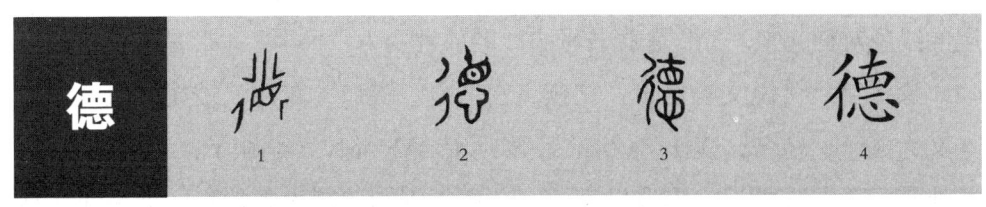

1形是甲骨文写法，从彳直声（"目"上一竖，为古"直"字）。2形

是金文写法，添加义符"心"。3形是小篆写法。4形是楷书写法，笔画进一步简化。

形声字。本义为行得正、真诚、表里如一，引申为道德、品德，如《荀子·劝学》："积善成德，而神明自得，圣心备焉。"进一步引申为恩德、恩惠，如《史记·项羽本纪》："日夜望将军至，岂敢反乎！愿伯具言臣之不敢倍德也。"又引申为感激，如《史记·魏公子列传》："赵孝成王德公子之矫夺晋鄙兵而存赵，乃与平原君计，以五城封公子。"

"道德"与"品德"易混淆。"道德"指人们行为的规范和准则，"品德"是社会规范在一个人身上的具体体现；"道德"的形成和发展受社会发展规律的制约，"品德"的形成和发展不仅受社会的制约，还受个体生理、心理活动的制约。

十六画

1形是甲骨文写法，像飞动的燕子之形。2形是小篆写法，将口、翼、尾的线条对称起来。3形是隶书写法，尾部讹变为"灬"。4形是楷书写法。

象形字。《说文解字》："燕，玄鸟也。䇂口，布翅，枝尾。象形。"本义为燕子，鸟名，读作"yàn"，如《诗经·邶风·燕燕》："燕燕于飞，差池其羽。"《史记·陈涉世家》："燕雀安知鸿鹄之志哉！"刘禹锡《乌衣巷》："旧时王谢堂前燕，飞入寻常百姓家。"晏殊《浣溪沙·一曲新词酒一杯》："无可奈何花落去，似曾相识燕归来。"引申为安闲、安宁，如《诗经·小雅·北山》："或燕燕居息，或尽瘁事国。"与"宴"通假，表示用酒菜招待客人，如《史记·齐悼惠王世家》："尝入侍高后燕饮，高后令朱虚侯刘章为酒吏。"

"燕"是一个多音字，也读作"yān"，有三种含义：①古国名，如《左传·庄公二十年》："二十年春，郑伯和王室，不克。执燕仲父。"②指河北北部，如李白《春思》："燕草如碧丝，秦桑低绿枝。"毛泽东《浪淘沙·北戴河》："大雨落幽燕，白浪滔天。"③指姓。

辨

1形是金文写法，从刀从辡，"辡"从两"辛"，像两个錾凿之形，表示剖分，"辡"亦作声符。2形是小篆写法。3形是隶变后的楷书写法。

形声兼会意字。《说文解字》："辨，判也。从刀辡声。"本义为剖分、区分，如《论语·颜渊》："子张问崇德，辨惑。"《庄子·秋水》："泾流之大，两涘渚崖之间，不辨牛马。"《荀子·荣辱》："目辨白黑美恶。"经常与"辩"通假，表示辩论，如《战国策·赵策二》："穷乡多异，曲学多辨。"与"遍"通假，表示普遍，如《史记·礼书》："万民和喜，瑞应辨至。"

"辨"与"辩"易混。"辨"从刀，表示辨别、分辨。"辩"从言，表示辩解、辩论，侧重语言上的行为。

笔画索引

一画
一 47

二画
十 48
七 49
卜 50
人 50
入 51
八 52
儿 52
几 53
刀 54
力 54
又 55

三画
三 56
土 57
士 58
工 59
才 59
下 60
寸 61
大 61
万 62
上 63
口 63

山 64
巾 65
千 66
夕 66
广 67
亡 68
门 69
之 69
己 70
弓 71
子 71
女 72
飞 73
习 73
马 74
乡 75
幺 76

四画
王 76
开 77
天 77
夫 78
元 79
无 80
韦 80
云 81

艺 82
木 83
支 83
犬 84
区 85
历 85
友 86
歹 86
车 87
牙 87
屯 88
戈 89
比 89
瓦 90
止 91
少 92
日 92
中 93
内 94
贝 95
见 95
手 96
牛 97
毛 97
气 98
长 99

片 100
化 100
币 101
斤 102
爪 102
从 103
父 104
今 104
分 105
乏 105
公 106
月 107
勿 107
欠 108
风 109
丹 109
六 110
文 111
火 111
为 112
斗 113
户 114
心 114
引 115
队 116
双 116

书 117
毋 117

五画
玉 118
未 119
末 119
正 120
去 121
世 122
古 122
本 123
左 123
右 124
石 125
布 126
龙 126
东 127
北 127
占 128
业 129
归 129
且 130
旦 131
目 131
电 132
田 133

史 133
皿 134
囚 135
生 135
失 136
矢 137
禾 138
丘 138
白 139
瓜 140
令 140
印 141
乐 142
尔 142
句 143
册 144
处 145
鸟 145
包 146
主 147
立 147
半 148
必 149
永 149
司 150
民 150

下篇/汉字解析500例

出	151	光	171	各	191	观	211	困	231	君	252
召	152	虫	172	名	192	欢	212	员	232	改	253
孕	152	曲	172	多	193	买	213	听	232	陆	253
圣	153	同	173	争	193	红	213	邑	233	**八画**	
对	154	因	174	色	194	**七画**		告	234	武	254
母	154	岁	175	亦	195	弄	214	我	235	青	255
丝	155	回	175	齐	195	麦	215	利	236	表	256
六画		则	176	交	196	进	216	私	236	抱	257
末	156	肉	177	衣	197	远	216	每	237	其	257
刑	157	年	177	问	197	走	217	兵	238	取	258
戎	157	缶	178	羊	198	赤	217	何	238	若	258
考	158	先	179	并	199	志	218	作	239	直	259
老	159	舌	179	关	199	块	219	身	240	林	260
耳	159	竹	180	米	200	声	220	近	240	杳	261
共	160	传	181	州	201	把	220	余	241	析	261
亚	161	伏	182	兴	201	报	221	坐	242	画	262
过	161	臼	182	安	202	克	222	谷	243	雨	263
臣	162	伐	183	字	203	更	222	龟	243	奇	263
再	163	延	184	军	203	束	223	角	244	妻	264
在	163	伤	184	设	204	豆	224	饭	245	转	265
有	164	华	185	聿	205	丽	224	系	245	到	265
百	165	自	186	尽	205	豕	225	言	246	非	266
而	165	血	186	导	206	来	225	辛	247	齿	267
页	166	向	187	异	206	轩	226	忘	247	虎	268
灰	167	行	188	孙	207	步	227	闲	248	具	268
列	168	舟	188	阳	208	卤	227	间	249	果	269
死	168	合	189	如	209	时	228	弟	250	国	270
至	169	兆	190	妇	209	里	229	快	250	明	270
师	170	众	190	好	210	足	230	良	251	易	271
尘	170	创	191	羽	211	男	230	初	252	典	272

固	272	官	293	品	313	素	334	桑	356	集	374
罗	273	实	294	看	314	热	335	十一画		就	375
和	273	房	294	牲	314	莫	336	教	356	尊	375
委	274	视	295	香	315	获	336	黄	357	道	376
佳	275	承	296	重	315	索	337	萧	358	曾	376
依	275	孟	296	复	316	速	338	梦	358	温	377
征	276	参	297	保	317	夏	338	梅	359	游	378
往	277	组	298	信	318	原	339	彪	359	谢	379
所	277	九画		鬼	319	顾	340	蛇	360	强	379
金	278	春	299	须	319	哭	340	患	361	十三画	
命	279	封	299	食	320	贼	341	婴	361	鼓	380
采	279	故	300	急	321	钱	342	假	362	裘	381
受	280	城	301	亭	322	造	343	得	362	鄙	382
朋	281	指	302	亲	322	乘	343	脚	363	辞	382
肥	282	革	302	音	323	臭	344	象	364	鼠	383
周	282	带	303	帝	324	徒	344	麻	364	解	384
昏	283	草	304	闻	325	高	345	康	365	新	384
鱼	284	荣	304	美	325	病	346	族	365	塞	385
备	284	南	305	前	326	离	347	望	366	福	386
京	285	相	305	首	327	旁	347	盖	367	十四画	
夜	286	柳	306	派	327	旅	348	清	367	蔽	387
卒	286	要	307	室	328	羔	349	深	368	歌	387
育	287	面	308	宫	329	益	349	逮	369	鼻	388
单	288	殆	308	说	329	烟	350	十二画		鲜	389
炎	288	是	309	既	330	海	351	越	370	十五画	
浅	289	显	310	屋	330	家	351	喜	371	德	389
法	290	星	310	眉	331	案	352	联	371	十六画	
治	290	胃	311	结	332	读	353	朝	372	燕	390
宝	291	界	311	绝	333	被	354	遇	373	辨	391
宗	291	虹	312	十画		能	355	黑	373		
定	292	思	312	班	334						